insel taschenbuch 201

Keller

Zuricher Novellen

Gottfried Keller
Züricher Novellen

Mit einem Nachwort von
Werner Weber

Insel

insel taschenbuch 201
1. Auflage 1977
Der Text folgt der von Jonas Fränkel
und Carl Helbling 1926-1949
herausgegebenen Ausgabe: *Gottfried Keller, Sämtliche Werke*
Vertrieb durch den Suhrkamp Taschenbuch Verlag
Umschlag nach Entwürfen von Willy Fleckhaus
Satz: Librisatz, Kriftel/Ts.
Druck: Ebner, Ulm
Printed in Germany

Züricher Novellen

Gegen das Ende der achtzehnhundert und zwanziger Jahre, als die Stadt Zürich noch mit weitläufigen Festungswerken umgeben war, erhob sich an einem hellen Sommermorgen mitten in derselben ein junger Mensch von seinem Lager, der wegen seines Heranwachsens von den Dienstboten des Hauses bereits Herr Jacques genannt und von den Hausfreunden einstweilen geihrzt wurde, da er für das Du sich als zu groß und für das Sie noch als zu unbeträchtlich darstellte.

Herrn Jacques' Morgengemüt war nicht so lachend wie der Himmel; denn er hatte eine unruhige Nacht zugebracht, voll schwieriger Gedanken und Zweifel über seine eigene Person, und diese Unruhe war geweckt worden durch den am Abend vorher in irgend einem vorlauten Buche gelesenen Satz, daß es heutzutage keine ursprünglichen Menschen, keine Originale mehr gebe, sondern nur noch Dutzendleute und gleichmäßig abgedrehte Tausendspersonen. Mit Lesung dieses Satzes hatte er aber gleichzeitig entdeckt, daß die sanft aufregenden Gefühle, die er seit einiger Zeit in Schule und Haus und auf Spaziergängen verspürt, gar nichts anderes gewesen, als der unbewußte Trieb, ein Original zu sein oder eines zu werden, das heißt sich über die runden Köpfe seiner guten Mitschüler zu erheben. Schon hatte sich in seinen Schulaufsätzen die kurze, dürftige Schreibweise ganz ordentlich zu bewegen und zu färben angefangen; schon brachte er hier und da, wo es angezeigt schien, ein kräftiges *sic* an und wurde deshalb von den Kameraden der Sikamber geheißen. Schon brauchte er Wendungen, wie »obgleich es scheinen möchte«, oder »nach meiner unmaßgeblichen Meinung«, oder »die Aurora dieser neuen Aera«, oder »gesagt, getan« u. dergl. Ein historisches Aufsätzchen, in welchem er zwei entschieden einander entgegenwirkende Tatsachen rasch aufgezählt hatte, versah er sogar mit dem pomphaften Schlusse: »Man sieht, die Dinge standen so einfach nicht, wie es den Anschein haben mochte!«

Auch gab es unter seinen Sachen ein Heft immer weiß bleibenden Papiers, überschrieben: »Der neue Ovid«, in welches eine neue Folge von Verwandlungen eingetragen werden sollte, nämlich Verwandlungen von Nymphen und Menschenkindern in Pflanzen der Neuzeit, welche die Säulen des Kolonialhandels waren, dem das elterliche Haus sich widmete. Statt des antiken Lorbeers, der Sonnenblume, der Narzisse und des Schilfes sollte es sich um das Zuckerrohr, die Pfefferstaude, Baumwoll- und Kaffeepflanze, um das Süßholz handeln, dessen schwärzlichen Saft sie in jener Stadt Bärendreck nennen. Namentlich von den verschiedenen Farbhölzern, dann vom Indigo, Krapp u.s.w. versprach er sich die wirkungsreichsten Erfindungen, und alles in allem genommen schien es ihm ein zeitgemäßer und zutreffender Gedanke zu sein.

Freilich boten die Erfindungen selbst nirgends eine Handhabe dar, bei welcher er sie anpacken konnte; sie waren sämtlich wie schwere, große runde Töpfe ohne Henkel, und aus diesem Grunde blieb jenes Heft bis auf die stattliche Überschrift durchaus rein und weiß. Aber das Dasein desselben, sowie noch einige andere Erscheinungen ungewöhnlicher Art, deren Aufzählung hier unterbleiben kann, bildeten eben dasjenige, was er nunmehr als Trieb zur Originalität entdeckte in dem gleichen Augenblicke, da diese Tugend dem damaligen Geschlechte rundweg abgesprochen wurde.

Ängstlich und fast traurig betrachtete Herr Jacques den schönen Tag, faßte dann aber seiner Jugend gemäß einen raschen Entschluß, nahm sein Taschenbuch, das für mannigfache Aufzeichnungen sinnreich eingerichtet war, zu sich und begab sich auf einen Spaziergang für den ganzen Tag, um seine Sache, die er meinte, zu erwägen, zu erproben und in Sicherheit zu bringen.

Erstlich bestieg er eine hohe Bastion, die sogenannte Katze, an welcher jetzt der botanische Garten liegt, und arbeitete sich so über seine Mitbürger empor, indem er über die Stadt hinblickte.

Alles war in täglicher Arbeit und Tätigkeit begriffen; nur ein kleiner, schulschwänzender Junge schlich um Herrn Jacques herum und schien ebenfalls ein Original werden zu wollen, ja ihn an Begabung bereits zu übertreffen; denn man konnte beobachten, wie der Kleine in ein Kasemattengemäuer schlich, dort einen künstlich angelegten Behälter öffnete, Spielsachen und Eßwaren hervorholte und sich mutterseelenallein aber eifrig zu unterhalten begann.

So war alles betätigt, selbst der blaue See fernhin von den Segeln der Last- und Marktschiffe bedeckt, müßig allein die stille weiße Alpenkette und Herr Jacques.

Da sich nun auf dieser Katze keine erfreuliche Erfahrung oder Auszeichnung darbieten wollte, so stieg er wieder hinunter und ging aus dem nächsten Tore, sich bald an den einsamen Ufern des Sihlflusses verlierend, der wie herkömmlich durch die Gehölze und um die aus dem Gebirge herabgewälzten Steinblöcke schäumend dahineilte. Seit hundert Jahren war diese dicht vor der Stadt liegende romantische Wildnis von den zürcherischen Genies, Philosophen und Dichtern mit Degen und Haarbeutel begangen worden; hier hatten die jungen Grafen Stolberg als Durchreisende genialisch und pudelnackt gebadet und dafür die Steinwürfe der sittsamen Landleute eingeerntet. Die Felstrümmer im Flusse hatten schon hundertmal zu den Robinsonschen Niederlassungen junger Schulschwänzer gedient; sie waren geheimnisvoll von dem Feuer geschwärzt, in welchem geraubte Kartoffeln oder unglückselige Fischchen gebraten worden, die den Robinsons in die Hände gefallen. Herr Jacques selber hatte mehrere dergleichen Projekte hervorgebracht. Allein, ein besserer Kaufmann als Robinson, hatte er dieselben, d. h. die Wahl des Platzes und das einzelne der Ausführung jedesmal für bares Geld an andere Knaben abgetreten, worauf die Käufer dann ebenso regelmäßig infolge dieser Wahl und Ausführung von den Bauern als Holzfrevler und Felddiebe überfallen und geprügelt worden waren.

Dieses erinnerungsreiche Ufer entlang wandelte Herr Jacques, die offene Schreibtafel in der einen, den Stift in der andern Hand und ganz gewärtig, die Zeugnisse seiner Originalität zu beglaubigen, welche die rauschenden Wasser ihm bringen sollten. Allein der fleißige Strom hatte anderes zu tun; er mußte den Bürgern von Zürich das gute Buchenholz zutragen, welches sie aus dem schönen Walde bezogen, den ihnen nach der Überlieferung zur alten Reichszeit die Kinder König Albrechts von Österreich aus dem Gute eines seiner Mörder für loyales Verhalten geschenkt, oder aus jenem Forste, den Ludwig der Deutsche der Abtei Zürich gewidmet. Zu vielen Tausenden kamen, den Fluß bedeckend, die braven Holzscheite aus den mächtigen Wäldern stundenweit hergeschwommen, und der Fluß, von früherem Regenwetter angeschwollen, mit weggeschwemmtem Erdreich gesättigt und schmutzig gefärbt, warf die Last mit wilder Kraft vor sich her, als der ungeschlachte Holzknecht der guten Stadt, daß das Holz gar eilig in deren Bereich sich sputete.

An diesem Anblicke hätte nun Herr Jacques sich zu einem fruchtbringenden Gedanken erheben und, den Lauf der Zeiten verfolgend, das Auge in die graue Vorzeit versenkend, den Bestand der menschlichen Dinge erwägen, oder er hätte das Lob jenes grünen Waldes singen können, der in der Hand ausdauernder Bürgerkraft allein noch lebte von all der Herrlichkeit verschollener Ritter und Abteien, noch so frisch und grün wie vor einem halben oder bald ganzen Jahrtausend.

Doch konnte er nicht auf solche Abschweifungen geraten, weil er sofort begann, die Holzscheite, so schnell er konnte, innerhalb eines ungefähren quadratischen Bezirkes zu zählen, die mutmaßliche Fläche, welche zu einem Klafter wohlgemessenen Buchenholzes gehören mochte, zu überschlagen, dann solche Flächen abzugrenzen und zu zählen, und endlich den Wert des vorüberschwimmenden Holzes auszurechnen, so daß er, nachdem er kein Auge verwendend und die Uhr in der Hand eine halbe Stunde flußaufwärts gegangen war, auf seiner Schreibtafel die ziemlich wahrscheinliche Summe trug, für welche die Stadt während zweier Tage Brennholz einführte. Denn er kannte die gegenwärtigen Holzpreise genau und freute sich, die heutige Mission ganz vergessend, seines Fleißes und seiner Geschicklichkeit.

Plötzlich erwachte er aus seinen Berechnungen, als die Flußgegend sich erweiterte und er eine von Hügeln und Bergen eingeschlossene Ebene betrat, die Wollishofer Allmende genannt, auf welcher sich ihm ein neues Schauspiel darbot.

Auf dieser Allmende sah er nämlich ein Häuflein meistens älterer Herren sich rüstig und doch gemächlich durcheinander bewegen und alle Vorbereitungen zu einem erklecklichen Bombenwerfen ausführen. Es waren die Herren der löblichen alten Gesellschaft der Konstaffleren und Feuerwerker, welche dieses kriegerische Wesen zu ihrem Privatvergnügen sowohl, als zu gemeinem Nutzen betrieben und heute ihr jährliches Mörserschießen feierten.

Da waren also mehrere solcher Geschütze, in der Sonne glänzend, aufgepflanzt; daneben stand ein großes offenes Zelt; der Tisch darunter trug Papiere, Instrumente, sowie Flaschen und Gläser und eine blanke Zinnschüssel mit Tabak nebst langen irdenen Pfeifen. Eine der letzteren trug beinahe jeder der Herren in der Hand, feine Räuchlein ausblasend in Erwartung des Pulverdampfes. Zwei oder drei von den ältesten trugen noch Haarzöpfchen und mehrere andere gepuderte Haare. Im übrigen gingen sie in blauen oder grünen Fräcken einher, in weißen Westen und Halsbinden.

Sie säuberten aufmerksam die Bettungen der Geschütze und brachten alles wohl in seine Lage; denn wie es schon in dem »einer ehr- und tugendliebenden Jugend« gewidmeten Neujahrsblatte der Gesellschaft vom Jahr 1697 hieß:

Was die Werlet ist und heget,
Auf ein Pfimmet ist geleget.

Endlich aber begann

Das schleunige Schießen,
Des Feindes Verdrießen!

Bald wälzten sich die Rauchwolken über die Fläche, während die Bomben in hohem Bogen am blauen Himmel nach der Scheibe hinfuhren und die weißen Herren in stiller Fröhlichkeit hantierten wie die baren Teufel. Hier setzte einer die Bombe in den Mörser, dort senkte ein anderer das Geschütz und richtete es kunstgerecht, ein dritter zündete an und

der vierte den Mörsel schon wieder ausbutzt,
Vulkanens Gesinde hier dienet und trutzt!

wie es in einem anderen Neujahrsstücke von 1709 heißt.

Bei aller Furia leuchtete aber doch eine altväterische Frömmigkeit aus den Augen dieser Vulkansdiener, abgesehen davon, daß auch ein Chorherr vom Stift unter ihnen arbeitete, und man konnte sich an jenes andere Fragment ihrer artilleristischen Poesie erinnern, welches lautet:

Wann der Satan mit Haubitzen
Seine Plagen auf dich spielt,
Dann so wisse dich zu schützen
Mit Gebet als einem Schildt,
Sein Geschütz, gepflanzt zu haglen,
Wird dein' Andacht bald vernaglen!

Herr Jacques, der nichts zu tun hatte, schaute diesem Spiele wehmütig und bescheiden im Schatten eines Baumes zu, bis ihn einer der Bombenschützen, der sein Pate war, erkannte, heranrief und ihm die lange Tonpfeife zu halten gab, während er mit dem Pulversacke zu schaffen hatte. Diese Bequemlichkeit merkten sich die andern Herren auch, und so stand der junge

Originalmensch bis zum Mittag, stets eine oder zwei Pfeifen in der Hand vor sich hinstreckend. Nur der Chorherr, welcher statt der Pfeife eine längliche, mit einem Federkiel versehene Zigarre rauchte, legte diese nicht weg, sondern brannte kühn seinen Mörser mit ihrem Feuer los.

Für seine Mühewaltung wurde Jacques dann aber zu dem Mittagessen gezogen, welches die heutige Tathandlung der Feuerwerker krönte und auf einem nahen Bühel unter den Bäumen bereitet war. Wenn diese wackeren Geister schon durch den Pulvergeruch verjüngt worden, so fühlten sie sich nun durch den blauen Himmel, die grünen Wälder ringsumher und durch den goldnen Wein noch mehr erheitert, und nachdem in vollem Chor ein Kriegslied erschollen, versuchten sie sich in einem Rundgesange, in welchem auch nicht einer seinen Beitrag verweigerte. Da kamen allerlei schnurrenhafte Liedchen zum Vorschein, von deren Dasein Herr Jacques keine Ahnung gehabt. Er lauschte lautlos und sah einen der Singenden nach dem andern an, und seine weithin ragende bleiche Nase drehte sich dabei langsam in die Runde gleich dem Lafettenschwanz einer Kanone, wie einer der Feuerwerker meinte.

Als nun die Reihe an ihn kam und die Männer darauf hielten, daß er auch seinen Vers singe, wußte er keinen und es fiel ihm nicht der geringste sangbare Gegenstand ein. Darüber wurde er ganz betreten und niedergeschlagen.

Die Feuermänner aber achteten nicht darauf, sondern begannen den Rundgesang: »Lasset die feurigen Bomben erschallen«, in welchem an jeden die Frage gerichtet wurde:

Herr Bruder, deine Schöne heißt?

welche Schöne jeweilig nach ihrer Namhaftmachung hoch leben mußte. Da riefen nun die einen, mit Schonung der würdigen Hausfrau, den verstellten Namen irgend einer Jugendfreundin, wie Doris, Phillis oder Chloe. Andere nannten Diana, Minerva, Venus, oder Constantia, Abundantia u. dergl. Das waren aber keine Damen, sondern Lieblingsgeschütze, die ehrbar im Zeughause standen. Diese Geschütznamen wurden jedesmal wie Kanonenschüsse, mit furchtbarer Donnerstimme ausgestoßen, so daß es fast tönte, wie wenn die Rohre einer Zwölfpfünderbatterie eines nach dem andern abgefeuert würden. Als nun auch hier wieder die Reihe an Herrn Jacques kam, gedachte er sich endlich hervorzutun, und bezeichnete so laut er konnte seine Geliebte als »Sapientia!« Da aber seine Stimme zu jener Zeit eben im Brechen war, erdröhnten nur die ersten Silben des Wortes in tiefer Tonlage, während das Ende überschlug und ganz in die Höhe schnappte, was bei seinem tiefen Ernste sich so lustig ausnahm, daß alle Herren in ein fröhliches Gelächter ausbrachen.

Da wurde er noch stiller und blickte lange nicht mehr auf.

Dies bemerkend, klopfte ihm der Herr Pate auf den Rücken und sagte: »Was ist's mit Euch, Meister Jacques? Warum so mauserig?«

Der kleine Mann schwieg aber noch eine Weile unbeholfen fort, bis ihm einige Schlücke besseren Weines plötzlich die Zunge lösten und er unversehens sein Herz auszuschütten begann. So eröffnete er denn dem alten Herrn seine Klage: Jene hätten gut lachen; er dagegen sei in einer Zeit geboren, in der man unbedingt kein Originalmensch mehr werden könne und am Gewöhnlichen haften bleiben müsse, was um so schmerzlicher sei, wenn man die letzten Überbleibsel schönerer Tage noch vor sich sehe. Diese alten Bombenwerfer mit ihren gepuderten Köpfen und Tonpfeifen seien ja die originellsten Käuze von der Welt, und ein junger Schüler von heute zerbreche sich ganz vergeblich den Kopf, ausfindig zu machen, was etwas dem Ähnliches darstellen würde. Dieses sei der beseufzenswerte Nachteil des Jahrhunderts, in dem man leben müsse, und kein Kraut sei für solches Übel gewachsen.

Der Alte beschaute den Sprecher von der Seite, ohne etwas zu sagen. Die Nächstsitzenden jedoch sahen sich untereinander an und murrten vernehmlich über ein Zeitalter, in welchem Kinder sich herausnehmen dürften, über die Alten naseweise

Bemerkungen zu machen und ihnen Spitznamen zu geben, wie originelle Käuze u. dergl.

Da wurde der Ärmste ganz eingeschüchtert und beschämt und ließ feuerrot seinen Blick herum irren, nach welcher Seite hin er entwischen könne. Der Herr Pate nahm ihn aber unter den Arm und sprach: »Kommt, Meister Jakobus! Ich will Euch den Überbleibsel dieses heitern Tags widmen, da wir beide wohl nicht mehr viel zur Arbeit taugen werden! Wir wollen einen Gang auf die Manegg machen und bis dahin des lieblichen Waldes genießen.«

Sie spazierten also über die weite Allmende und über den Sihlfluß, stiegen durch schönes junges Buchengehölz die jenseitigen Höhen empor und gelangten auf einen ebenen Absatz, von zwei mächtigen, breitästigen Buchen beschattet, wo aber schon ein neues Abenteuer auf den jungen Verehrer der Sapientia heranstürmte.

Die Terrasse war bevölkert und belebt von einer Schar junger Schulmädchen, welche zur Begehung des jährlichen sogenannten Lustigmachens aus der engen Stadt ins Freie geführt worden waren und hier unter der Obhut einiger Herren Vorsteher und Lehrerinnen ihren unschuldigen Ringeltänzen und Fangspielen oblagen. Sie waren alle weiß oder rosenrot gekleidet; einige trugen zur Erhöhung der Lust bunte Trachten als Bäuerinnen oder Hirtinnen, wie zu solchem Behufe die geeigneten Gewänder da und dort in den Familien aufbewahrt und im Stande gehalten wurden. Das alles verursachte eine heitere und glänzende Erscheinung in der grünschattigen Umgebung, und gern hielt der Herr Pate einen Augenblick an, um sich an dem lieblichen Anblick zu erfrischen. Er begrüßte die ihm bekannten Vorsteher und scherzte mit den verkleideten kleinen Schönheiten, sie nach Stand und Herkommen befragend, ob sie hier in Dienst zu treten oder weiter zu reisen gedächten u.s.w.

Sogleich kam aber die ganze Mädchenschar herbeigelaufen und umringte den alten Herrn samt seinem jungen Schützling, welcher jetzt in noch größere Bedrängnis geriet, als er heute je erlebt. Wo er hin sah, erblickte er in dichter Nähe nichts als blühende und lachende Gesichter, die an der Grenze der Kindheit noch alle frisch und lieblich waren und das ihrer wartende Reich der Unschönheit noch nicht gesehen hatten. Hier das schönäugige Gesichtchen mit den etwas starken, familienmäßigen Vorderzähnchen ahnte nicht, daß es in weniger als zehn Jahren ein sogenannter Totenkopf sein würde; dort das regelmäßige ruhige Engelsantlitz schien unmöglich Raum zu bieten für die Züge anererbter Habsucht und Heuchelei, welche in kurzer Zeit es durchfurchen und verwüsten sollten; wer glaubte von jenem rosigen Stumpfnäschen, daß es zu einem Thron und Sitz unerträglicher Neugierde und Spähsucht bestimmt war und die beiden Sternäugelein links und rechts in falsche Irrlichter verwandeln würde? Wer hätte von dem küßlichen Breitmäulchen da denken können, daß seine jetzo so anmutigen Lippen dereinst, von ewiger Bewegung kleiner Leidenschaften und Müßigkeiten ausgedehnt und formlos geworden, sich bald gegen das rechte, bald gegen das linke Ohr hin verziehen, bald die untere die obere, bald die obere die untere bedecken, dann plötzlich wieder beide vereint sich verlängern und als Entenschnabel schnattern würden? Ei, und dort das angehende Spitznäschen, das die erhabene Beatrix für einen kommenden Dante zu verkünden scheint und sich zu einem Geierschnabel auswachsen wird, der einem ehelichen Dulder täglich die Leber aufhacket, unversehrt von seinem schweigenden Hasse! Und wiederum diese in gleichmütiger Unschuld und zarter Heiterkeit lachende junge Rose, die vor der Zeit entblättert sein wird von tausend Sorgen und ungeahnten Erfahrungen, gebleicht von Kummer und zu schwach auch nur für den Widerstand der Verachtung!

Nichts von alledem war hier zu ahnen; wie eine lebendige Rosenhecke umdrängte das Mädchenvolk den hochragenden Herren Paten und den etwas kürzeren Herren Jakobus, welchen die losen Kinder so oft auf dem Schulwege als ernsthaften, pedantischen Großschüler trafen, schwere Bücher unter dem

Arm. Neugierig betrachteten sie ihn jetzt nach Herzenslust und so recht in der Nähe, und erforschten unverzagt sein tiefsinniges Gesicht, seine verlegene Haltung, seine etwas langen Hände und Füße, und kicherten dabei fortwährend, so daß es ihm unangenehm zu Mute wurde. Während der Alte fortfuhr, mit ihnen zu scherzen und das eine oder andere Köpfchen streichelte, drängten sie sich immer näher und schoben dabei diese oder jene im Hintertreffen Stehende mutwillig in den Vordergrund. Plötzlich stieß auf diese Weise ein langes, stärkeres Mädchen, das allgemein der Holzbock genannt wurde, eine zarte Gestalt so gewaltsam hervor und gegen den Herrn Jacques, daß sie errötend und aufschreiend die Hände wider seine Brust stemmen mußte, um nicht an dieselbe hinzufallen, während er überrascht und erschrocken die Ärmste gleicherweise von sich stieß, wie ein unvorhergesehenes großes Übel.

Und doch war es seine von ihm selbst erwählte und festgesetzte erste Liebe, seine Jugendflamme, welche ohne zu brennen still auf allen seinen Pfaden leuchtete, ein schmales Jungfräulein mit sieben oder acht lang gedrehten, auf den Rücken fallenden blonden Locken, angetan mit einem blendend weißen Kleide und himmelblauen Schuhen mit kreuzweise um die Knöchel gewundenen Bändern.

Diese äußere Erscheinung war der Wille und das Werk der Mutter, welche die vermeintlich verscherzte eigene Bedeutung auf solche Weise an dem Kinde nachholen wollte, ihm mit Sorgfalt alle Tage eigenhändig die Locken wickelte und es so herumlaufen ließ, daß es sich von allen anderen Kindern unterschied, obgleich es ein ganz gewöhnliches Wesen war.

Eben diese Auszeichnung aber hatte den wählerischen jungen Scholaren bestimmt, bei Gründung der ersten Liebe sein Auge auf das Mädchen zu werfen. Im übrigen begnügte er sich damit, dasselbe von ferne anzusehen und die Wege zu wandeln, auf denen es zur Kirche oder Schule ging, in der Nähe aber immer das Gesicht abzuwenden, so daß ihm die Gesichtszüge der Geliebten eigentlich fast unbekannt waren und er nur ein ungefähres Bild im Kopfe trug, an welchem die Locken und das Kleid die Hauptsache bildeten. Auch war sein Gefühl noch kühl und schwach und mit keinerlei Schlagen des Herzens verbunden. Dieses klopfte ihm jetzt nicht einmal, als er die Jugendgeliebte so unverhofft nahe sah und sie von sich stoßen mußte, wobei er einen Augenblick lang zum ersten Male die Gesichtszüge der Teuren deutlich erkannte, und zwar nicht ohne ein rasches, kurzes Befremden; denn die Züge entsprachen gar nicht der Vorstellung, die er davon hatte. Überdies waren sie etwas entstellt von Scham und Unwillen über den empfangenen Stoß und Gegenstoß. Trotz dieser scheinbar gefährlichen Sachlage kann jetzt schon erzählt werden, daß Herr Jacques pedantisch genug war, an seiner Jugendneigung festzuhalten, dieselbe immer mehr auszubilden und um das Mädchen späterhin zu werben mit der Ruhe und Gemessenheit einer guten Wanduhr, ohne je den Schlaf zu verlieren, oder, wenn er schlief, von der Sache zu träumen.

Für jetzt aber nahm der Auftritt eine abermalige plötzliche Wendung; denn von dem nahen Meierhofe her, dessen Pächter eine Wirtschaft betrieb, wurden große Körbe voll eines goldbraunen, duftenden Gebäckes gebracht, welches nur hier verfertigt wurde und den Namen des Hofes trug. Die Halbkinder rauschten wie ein Flug Tauben auf und davon und flogen ohne zurückzublicken nach dem lockenden Speiseplatz, also daß Jacques mit seinem Paten unversehens allein dastand und jetzt mit ihm weiterziehen mußte. Und doch drang auch ihm der süße Duft der Kuchen in die Nase; er hatte zudem aus Blödigkeit nicht genug gegessen bei den Vulkansdienern und verspürte starke Eßlust. Daher bedrückte es wie eine große Unbilligkeit sein Herz, daß es klopfte, als er vergeblich nach den glückseligen Körben zurückschaute, während der alte Herr ihn entführte. Unmut und Bekümmernis wurden jetzt so stark, daß sie ihm das Wasser in die Augen trieben, die er verstohlen abwischte. Der alte Herr bemerkte es aber wohl und sah ihn kopfschüttelnd wieder von der Seite an; er hielt jedoch dafür, daß nicht die Kuchen, sondern seine jugendlichen Originalitätssorgen ihm noch zu schaffen machten und das Herz bedrängten, und führte den trauernden Heranwüchsling schweigend den steiler werdenden Pfad empor, bis sie auf dem Vorsprung des Berges anlangten, auf welchem noch die letzten Steintrümmer der ehemaligen Burg Manegg zu sehen waren.

Am Fuße des Gemäuers floß ein Brünnlein mit frischem Bergwasser, geziert mit einer Inschrift zum Andenken des ehemaligen Eigners der Burg, des Ritters und Freundes der Minnesinger, Herrn Rüdiger Manesse. Die beiden Wanderer erquickten sich an dem kühlen Wasser, und da überdies von Burgen und Rittern die Rede war, so lebte der Jünglingsknabe wieder auf und erklomm mit dem Alten beruhigter vollends die Burgstätte. Hier setzten sie sich auf eine Bank und betrachteten die reiche Fernsicht; über ihnen ragten schlanke Föhrenbäume, während hundertjährige Stämme gleicher Art aus der Tiefe emporstiegen und ihre schönen Kronen mit gewaltigen, im Abendlichte rötlich glühenden Armen zu ihren Füßen ausbreiteten. Von Süden her leuchtete der wolkenlose Berg Glärnisch über grüne Waldtäler und im Nordosten über dem See lagerte die alte Stadt im Sonnenglanze.

»Also ein Original möchtet Ihr gerne sein, Meister Jacques?« sagte nunmehr der Pate und strich seinem Schützlinge das Haar aus der erhitzten Stirne. »Ei, das kommt nur darauf an, was für eines! Ein gutes Original ist nur, wer Nachahmung verdient! Nachgeahmt zu werden ist aber nur würdig, wer das, was er unternimmt, recht betreibt und immer an seinem Orte etwas Tüchtiges leistet, und wenn dieses auch nichts Unerhörtes und Erzursprüngliches ist! Jenes ist aber im ganzen so wenig häufig oder recht betrachtet so selten, daß, wer es kann und tut, immer den Habitus eines Selbständigen und Originalen haben und sich im Gedächtnis der Menschen erhalten wird, ganze Stämme sowohl, wie einzelne.

Da haben wir dieses längst verschwundene Geschlecht der Manesse, die in ihrer Blütezeit alles, was sie unternahmen, ausführten, und, ohne sich durch seltsame Manieren bemerklich zu machen, mustergültig ihren Platz ausfüllten, auch wenn es nicht der oberste war. Hier sitzen wir auf einem ihrer Burgställe, dort drüben in der Stadt können wir noch das hohe Dach ihres Ritterturmes erblicken. Laß sehen! Zwischen dem Fraumünster und dem Großmünster muß er stehen! Da sind freilich noch andere solche Spitzdächer von ehemaligen Geschlechtertürmen. Zu äußerst links der Glentnerturm, dicht über ihm der Wellenberg, mehr rechts der Grimmenturm, gleich daneben, scheinbar, der Escherturm, unten, hinter der Wasserkirche, ragt der Turm der Herren von Hottingen; wo ist denn nun der große Erker, der ehemalige Turm der Manessen? Halt, wenn du mit dem Finger dort vom Wettingerhause, das am Wasser steht, über das Gewirre der Dächer aufwärts fährst, so tupfst du auf das sogenannte grüne Schloß, dann ziehst du nur eine gerade Linie nach links bis zu dem ragenden dicken Turmkorpus, dort hausten sie zu einer Zeit und zu einem Teile!«

Der Junge folgte mit Aufmerksamkeit und einiger Mühe dem Finger des Alten; denn innerhalb der Wälle und Tore der Stadt stand noch eine Zahl grauer Türme der früheren Ringmauer und alter Tore, zwischen welchen jene hohen Ritterbedachungen zu suchen waren.

»Jetzt«, fuhr der Alte fort, »hausen die Spinnen und Fledermäuse auf den dunklen Estrichen; der Metzger trocknet seine Felle dort, oder es hämmert ein einsamer Schuster im hohen Gemach! Aber einst war es lustiger; dort und hier, wo wir sitzen, brachte Rüdiger Manesse von Manegg eines der schönsten Bücher der Welt zusammen, die Lieder der Minnesänger, die sogenannte Manessische Handschrift, die jetzt in Paris liegt auf der Bibliothek des Königs. Wenn du hinkommst zu deiner Zeit, so mußt du das alte Buch sehen; es ist in rotes Leder gebunden und der schnöde Name Ludwigs XV. ist ihm auf den Rücken gestempelt. Der Name des Sammlers aber, unsers Rüdiger, ist in aller Welt verbreitet, eben weil er die liebe- und freudenvolle und doch so bescheidene Unternehmung beharrlich durchgeführt hat; sein Name lebt, obgleich ein Schulfuchs neulich den Ton angab, ihm sein Verdienst streitig zu machen, ein Bakel, welchem das Werk selbst doch nach fünfhundert Jahren noch Quelle und Werkzeug seiner Tagesarbeit wurde.

Die Entstehung der Handschrift aber bewirkte, daß wiederum andere Originale sich zeigten und entwickelten; das ereignete sich alles gar heiter und ergötzlich und hat mich in jüngeren Jahren gereizt, mir die Geschichte etwas zusammen zu denken und auszumalen, also daß ich dieselbe fast so erzählen kann, als ob ich sie aufgeschrieben hätte, und ich will dir sie jetzt erzählen. Es wird eine schöne Mondnacht werden, und bis wir zu Hause sind, bin ich fertig. Es handelt sich dabei hauptsächlich um den Meister Hadlaub, der das Buch geschrieben, wie ich annehme, die vielen Bilder darin zum Teil gemalt hat und darüber selbst zum Dichter geworden ist durch das Minnewesen und den Scherz, den die Herren mit ihm treiben wollten. Von anständigen Minnesachen aber darfst du allenfalls schon etwas vernehmen.«

Hier schaute der Alte den Herrn Jacques wieder schalkhaft seitwärts an und gedachte, den hölzernen und einbildischen Ernst desselben ein wenig zu verwirren. Er erzählte ihm, indem sie die Heimkehr nach der Stadt antraten, die nachfolgende Geschichte von der Entstehung des Manesseschen Codex zu Paris.

Hadlaub

Gleich unterhalb des aargauischen Städtchens Kaiserstuhl stehen die beiden Schlösser Schwarz- und Weiß-Wasserstelz, jenes mitten im Rhein, d. h. näher dem linken Ufer und jetzt noch von allerlei Leuten bewohnt, die es kaufen mögen, dieses zerfallen auf dem rechten Ufer. Zu den Zeiten Rudolfs von Habsburg aber saßen zwei Schwestern auf den beiden Burgen als Erbinnen eines mäßigen Lehnswesens, das nach seiner Teilung keiner großes Gut übrig ließ. Darum suchte die ältere derselben, Mechthildis, welche auf Weiß-Wasserstelz hauste und dessen ungeachtet eine fast rußige, finstere und gewalttätige Person war, unablässig ihre jüngere Schwester, Kunigunde auf Schwarz-Wasserstelz, von ihrem Erbe zu verdrängen und mit allen möglichen Ränken in ein Kloster zu treiben. Denn diese Kunigunde war von schöner und lieblicher Gestalt, von der weißesten Hautfarbe und anmutig heitern Wesens und besaß viel bessere Aussichten für eine günstige Heirat, als jene bösartige.

Trotzdem war sie den Bewerbungen nicht zugänglich und verwahrte sich gegen solche beinah ebenso sorgfältig, wie gegen die Listen und Überfälle ihrer Schwester, welche diese in Verbindung mit andern Übeltätern ins Werk zu setzen suchte. Die schöne Kunigunde verschloß sich zuletzt ganz in ihr festes Wasserhaus, das rings von den tiefen grünen Wellen des Rheines umflossen war. Am Ufer besaß sie eine Mühle, betrieben von einem treuen wehrbaren Dienstmann, der Zufahrt und Eingang des Schlosses bewachte mit seinen bestäubten Knechten. Im übrigen war ringsum Stille der Wälder und man hörte nichts, als das Ziehen des Flusses, bis einmal jemand sagte, er habe in der Nacht durch ein offenes Fenster des Schlosses ein kleines Kind schreien hören, und ein anderes Mal ein anderer, er habe es auch gehört und zwar bei hellem Tage. Bald aber ging das Gerücht im Land, die Dame auf Schwarz-Wasserstelz werde von einem gewaltigen Manne besucht, der niemand anderes sei, als des Kaisers Kanzler, Heinrich von Klingenberg, mit dem nicht gut Kirschen essen wäre. Ihm sei die schöne Frau in Liebe ergeben, und als starker Nekromant wandle er, wenn er in die Gegend komme, nächtlich über das Rheinwasser trokkenen Fußes, um sie ungesehen zu besuchen; er gleite auf einer wie Gold leuchtenden Strickleiter oder, wie andere meinten, von Dämonen getragen an der Turmmauer empor bis zum offenen Fenster der Dame; denn er hielt sich alsdann im nahen Schloß Röteln oder im Städtchen zu Kaiserstuhl auf, das er später als Bischof von Konstanz von einem der letzten Regensberger auch käuflich erwarb.

Tatsache war, daß nach etwa sieben oder acht Jahren die Frau von Schwarz-Wasserstelz ein gar anmutiges Mädchen nach Zürich bringen ließ, daß sie bald darauf selber und zwar freiwillig als Klosterfrau in die Abtei Zürich ging und daß sie nach Ablauf einer weiteren Zeit durch den Einfluß eben desselben Bischofs Heinrich zur Fürstäbtissin gewählt wurde.

Ob diese Geistlichwerdung aus Reue geschah und um die Jahre der Leidenschaft abzubüßen, oder ob es sich für das vornehme Liebespaar darum handelte, als kirchenfürstliche Personen in freier Gesellschaftlichkeit sich öfter zu sehen und einer beruhigten Zuneigung froh zu werden, ist jetzt nicht mehr zu ermitteln; doch spricht damalige Sitte und das weiter sich Begebende eher für den letzteren Fall.

Denn es gab in unserer Stadt Zürich eine mannigfache und ansehnliche Gesellschaft. Neben den Prälaten und ihren Amtsleuten waren da angesessene schon mehrere hundert Jahre alte Geschlechter, die Nachkommen königlicher Verwalter mit seltsam abgedrehten altdeutschen Namen, die, meistens einoder zweisilbig, aus ehemaligen Personen- oder Spitznamen zu rätselhaften Familiennamen geworden, mancher verhallende

Naturlaut aus dem Rauschen der Völkerwanderung darunter; kleinere Edelleute der umliegenden Landschaften mit den Namen ihrer Wohnsitze zu Berg und Tal drängten sich herbei, und eine Reihe wichtiger Dynasten der oberdeutschen Lande waren in Zürich verbürgert und gingen ab und zu. Unter allem dem waltete eine nicht unzierliche freie Geselligkeit, und wie einst in solchen Kleingebieten der romanische Baustil noch gepflegt wurde, nachdem er in den offenen Großländern längst dem Gotischen gewichen, so erfreute man sich eines verspäteten Minne- und Liederwesens ritterlicher Art, nachdem dessen Blütezeit schon vorüber war.

Jetzt müssen wir uns aber nach dem Kinde Fides umsehen, welches eben das natürliche Töchterlein der Fürstäbtissin war. Das tun wir am besten, wenn wir auf der andern Seite der Stadt am Zürichberg hinaufgehen, wo wir das Kind alsbald antreffen werden und zwar auf einem Spaziergang an der Hand des alten Meister Konrad von Mure, des rühmlichen Vorstehers der Singschule am Großmünsterstift. Der sehr betagte Mann hat das lebhafte Mädchen, das durch den Einfluß des Kanzlers im Hause des Herrn Rüdiger Manesse erzogen wurde, unter die Fittige seiner besonderen Freundschaft genommen und, da er häufig in der nahen Ritterwohnung verkehrt, aus welcher auch sein Vorsteher der Propst Heinrich Manesse stammt, seine kleine Freundin zu dem Gange abgeholt.

Je weiter es aber in die Höhe ging, desto weniger vermochte er das rasche und etwas heftige Kind an der Hand zu behalten wegen überhandnehmender Schwäche und Engbrüstigkeit, wie der treffliche Mann denn auch dazumal nicht manches Jahr mehr lebte. Er ließ also das Mägdlein laufen, wie es mochte, und half sich an seinem Stabe in den schattigen Wegen weiter, die zwischen den vielen zerstreuten Bauernhöfen auf die Höhe des Berges führten.

Als er eine genügende Umsicht erreicht, ruhte er eine Weile auf einem Steine sitzend aus und ließ mit Behagen seinen Blick über die weite Landschaft gehen oder vielmehr über die Versammlung von Landschaften, welche ebenso widerspruchsvoll sich aufreihte, wie unser Zürich, seine Leute und seine Geschichte überhaupt. Das Gebirgsland gegen Süden war urhelvetischen Charakters, in unruhigem und ungefügem Zickzack, eine wilde Welt, die nur durch das Blau der Sommerluft und den Glanz von Schnee und See einigermaßen zusammengehalten war. Wendete der Kantor aber den Blick rechts, gegen Abend, so sah er in das ruhige Tal der Limmat hinaus, durch welches der Fluß, an wenigen Punkten aufleuchtend, hinzog und in den sanft gerundeten und geschmiegten Höhelinien sich verlor. Von einem massigen Nußbaum und ein paar jungen Eschen eingefaßt, glich das Tal, wenn es im Abendgolde schwamm, in seiner maßvollen Einfachheit einem Bilde des Lothringers, der vierhundert Jahre später malte. Nach dieser Richtung hin schaute der alte Herr Konrad am liebsten, wenn er hier oben ausruhte; denn der Frieden dieses Anblickes ergötzte und beruhigte sein trotz der Jahre immer erregtes Gemüt.

Als er sich nun zum Weitergehen wendete und die Höhe vollends gewann, zeigte sich auf dem Rücken des Berges abermals ein neues Landschaftsbild. Jenseits waldiger Gründe und Hänge dehnte sich gegen Norden und Osten flacheres Land, am weiten Horizonte von tiefblauen schmalen Höhenzügen begrenzt. Im vordersten Plane aber standen Gruppen hoher Eichbäume, zwischen deren Kronendunkel die weißen Wolken glänzten. Diese Gegend konnte ebensogut im Spessart oder im Odenwalde liegen, wenn man das Auge nicht rückwärts wandte.

Da und dort zwischen den Bäumen war die Hofstätte eines der Berggenossen zu erblicken, die bis hier hinauf ihre Wohnungen zerstreut hatten, mehr als einer noch von den ursprünglichen freien Männern der Berggemeinde abstammend und den Hof in alter Freiheit fortführend. Unbezweifelt war ein solcher der Bauer Ruoff oder Rudolf am Hadelaub, dessen Haus am Rande eines diesen Namen tragenden Laubgehölzes stand. Der

Name deutet auf einen Streit, der einst in dem Holz oder um das Holz geschehen sein mag; er kommt aber unter den jetzigen Flurnamen nicht mehr vor, weil das ganze Grundstück in einem größeren Besitz aufgegangen und auch der Hof längst verschwunden ist; indessen heißt heutigen Tages noch eine kaum fünfhundert Schritte weiter nördlich gelegene Waldparzelle das Streitholz. Damals aber lag das Haus, aus größeren und kleineren Bach- und Feldsteinen gebaut und mit einem niedrigen Schindeldache versehen, samt dem hölzernen Viehstalle dicht an einer der Schluchten, in welchen der Wolfbach hernieder fließt.

Hieher lenkte aber jetzt Herr Konrad, das Mädchen an sich rufend, seinen Schritt und sprach bei dem Hofbesitzer vor. Der lange knochige Mann war eben von einem Gerüste aufgestanden, an welchem er in Mußestunden lange Speerschäfte herzurichten pflegte. Das Holz hiezu gaben ihm die schlanken Eschen, die reichlich am Bache und auf den Höhen wuchsen. Er prüfte den Schaft, an dem er eben schnitzte, nach seiner Länge und Gräde, indem er ihn wagrecht vor das Gesicht hielt und darüber hin blinzelte. Dabei entdeckte er die Ankunft des Kirchenmannes und legte langsam seinen Schaft auf den Haufen der bereits glatt geschnittenen Stangen, um jenen zu begrüßen.

»Ruoff, du verdienst den Namen deines Wohnsitzes!« rief der von Mure ihm entgegen, »wo in aller Welt ist denn schon wieder Streit und Mannschlacht, daß du deine Spießmacherei so eifrig betreibst!«

»Es geht immer etwas«, erwiderte der andere, »bald hie, bald da! Übrigens muß ich die Schäfte machen, wenn ich Zeit habe und das Holz trocken ist, so gibt's etwa einen Pfennig Geld! Seid willkommen, Herr Konrad, was bringt Ihr Gutes?«

»Du bleibst halt immer ein gewerbsamer Züricher, ihr seid alle gleich und habt nie genug, unten am Wasser und hie oben auf dem Berg!«

»Ja, wir haben's wie die Wildheuer dort drüben am Hochgebirge, wir müssen trachten, da und dort ein herrenloses Gras zu raffen; statt der hohen Felswände haben wir die Kirchenmauern, drum herum zu klettern! Hofft man ein bequem gelegenes Wieslein oder Äckerlein für sein hart erspartes Geld zu erwerben, so ist schon ein Gotteshaus da, unten, oben, hinten, vorn am Berge, das es nimmt, und man muß es sich noch zur Ehre anrechnen, wenn der bescheidene Mann als Zeuge zugelassen wird!«

»Ruf deine Wirtin herbei«, sagte der Magister lachend, »daß sie dem Kinde hier etwas Milch gibt! Es ist erhitzt und durstig. Oder eher wollen wir einen Augenblick ins Haus gehen, denn ihr Landbebauer kennt ja nicht die höfische Freude, im grünen Klee und unter Blumen zu sitzen, wenn ihr tafelt!«

Der Mann vom Hadelaub schüttelte die Späne von seinem starken Lederschurz, indem er leicht die Stirne runzelte; er liebte nicht, sich gelegentlich, im Gegensatz zu den Herrensitten, gewissermaßen als bäuerisch hingestellt zu sehen. Schon sein sorgfältig rasiertes Gesicht, das nur von einem Kranzbart eingerahmt war, und das halblange Haupthaar bewiesen, daß er als Freier sich zur guten Gesellschaft zählte und nicht mit einem ungeschorenen Hörigen oder Leibeigenen verwechselt werden wollte. Denn die Sitte hatte in diesem Stücke, wie noch in manchem, sich geändert. Geschoren waren jetzt die Herren und langhaarig die Knechte, und nur die Apostel und Könige dachte man sich langbärtig.

»Wenn es höfisch ist, im Freien zu speisen«, sagte er, »so leben wir hier bei Hofe, da wir in Sommertagen hinter dem Hause am Schatten essen. Dort mag auch Euer Mägdlein die Milch trinken, Ihr selbst aber einen Schluck dauerhaften alten Mostes von Holzbirnen, den Ihr kennt.«

»Er ist kühlend und nicht ohne Würze«, erwiderte der Kantor; »kommst du mit deinem Weib nächstens einmal zum Münster, so werde ich euch dafür ein Becherlein welschen Weines vorsetzen, den mir ein sangliebender Herr gebracht hat.«

Sie begaben sich demnach auf die Rückseite des Hofes, wo in

der Tat ein uralter Steintisch unter den Bäumen stand, welche vom tiefen Bachtobel herauf stiegen und kühlen Schatten verbreiteten. Nebeneinander gelegte und mit Kies und Rasen bedeckte Baumstämme bildeten eine fahrbare Brücke in den Wald hinüber. An einem laufenden Brunnen wirtschaftete Rudolfs Eheweib, Frau Richenza. Sie war kaum zwei Zolle kürzer, als ihr Mann, so daß man erst jetzt, als das Paar beieinander stand, den hohen Wuchs derselben recht gewahrte. Ihr Haar war an Stirne und Schläfen straff zurückgestrichen und hinten in einen starken Zopf gebunden, wie es arbeitende Frauen nötig haben. Auch das Kleid war etwas kürzer, als es bei Leuten freien Standes damals zu sein pflegte, was ihr, mit ihren raschen Bewegungen verbunden, ein rüstiges Ansehen verlieh, das wiederum durch einen gewissen alemannischen Liebreiz des hellen Gesichtes gemildert wurde.

Richenza schüttelte dem Geistlichen und dem Kinde treuherzig die Hand und brachte bald die Milch sowohl als den gelben klaren Most herbei, nebst kräftigem Roggenbrot, während der Mann selbst ebenfalls ins Haus ging und von den geräucherten Vorräten über dem Herde, worüber die Verfügung ihm vorbehalten war, langsam und bedächtig eine Wurst herunterschnitt. Denn ihm stand zu, zu ermessen, wie auf dem Heerzuge des Lebens die köstlichere Speise abzuteilen war, daß der Vorrat langte und niemals Mangel, Schuldbedrängnis und Verpflichtung eintraten, die von allen Seiten feindlich lauerten.

Nicht lange saß nun die kleine Gesellschaft an dem steinernen Tische, als aus dem Walde drüben heller Gesang eines Kindes schallte und bald eine kleine Herde von Kühen erschien, welche von dem zehnjährigen Knaben des Bauern von der Weide heim und über die Brücke geleitet wurde. Nur mit einem langen blauen Leinenrocke bekleidet, barfuß, von reichem blondem Goldhaar Gesicht und Schultern umwallt, ein hohes Schilfrohr in Händen tragend, gab das Kind mit den Tieren ein ungewöhnlich anmutiges Bild, welches zudem samt dem Waldesgrün vom Lichte der Abendsonne gestreift war, soweit sie durch die Belaubung dringen mochte. Mit Wohlgefallen folgten Konrads Augen der Erscheinung, bis der unbekümmert weiter singende und sich kaum umsehende Knabe die Kühe in den Stall gebracht hatte und nun zum Tische kam, um sein Abendbrot zu empfangen. Er gab dem alten Herren ungeheißen die Hand; dann aber legte er erstaunt die Hände auf den Rücken und betrachtete unverwandt das Mägdlein Fides, welches eben sein Milchbecken am Munde hielt und darüber hinweg seine Äuglein gehen ließ. Einen Augenblick setzte es ab und sagte: »Du dummer Bub!« worauf es fertig trank und den Mund wischte.

Er schlug beschämt die Augen nieder und wendete sich seitwärts mit zuckendem Munde; denn eine so unhöfliche Anrede war ihm in seinem kurzen Leben noch nie zuteil geworden. Als nun aber Frau Richenza den Knaben an sich zog und beschwichtigte und der Kantor dem Mädchen seine Unart verwies, fing dieses seinerseits an zu weinen, so daß die Frau auch hier einschreiten und besänftigen mußte.

»Sieh, Johannes«, sagte sie zum Knaben, »das Schäppelein des Dämchens ist fast verwelkt, geh mit ihm an den Bach hinunter, wo die vielen Blaublümel stehen, und holet zusammen zu einem frischen Kranze, aber kommt bald wieder, eh' es zu kühl wird!«

Das Blumenkränzchen, womit das fliegende Haar des Herrenkindes geziert war, befand sich wirklich nicht mehr im besten Zustande, und es wurde das Vornehmen auch von dem Kantor gebilligt. Die Kinder gingen also, leidlich versöhnt, den schmalen Pfad hinunter, wo der Wolfbach heute noch sich durch Steinblöcke von allen Farben, unterwaschene Baumwurzeln und andere Geheimnisse drängt, kleine Wasserfälle und hundert kleine Theater von Merkwürdigkeiten bildet. Sie gelangten auch bald an eine Stelle, wo das Bord länger von der Sonne beschienen und daher fast immer mit blühenden Pflanzen bedeckt war. Besonders von Vergißmeinnicht erschien alles blau, aber auch weiße Sternchen und rote Glöckchen gab's darunter, in jenem blumenliebenden Zeitalter eine Augenfreude nicht nur für Kinder.

Die kleine Fides machte sich auch gleich darüber her und band mit Behendigkeit einen Kranz, zu welchem Johannes ihr kaum genug Blumen reichen konnte, je nach Auswahl und Befehl. Ring und Faden hiezu nahm sie vom alten Kranz und ließ die Überreste desselben den Bach hinabschwimmen. Nachdem sie die neue Zierde aufgesetzt, sah sie sich im Weitern um und fing an auf den Steinen herumzuspringen, welche aus dem rinnenden Wasser hervorragten, bis sie auf einen kam, wo sie nicht mehr fort konnte, ohne durch das Wasser zu gehen. Das war aber wegen der feinen Schuhe und des Kleides untunlich; nach kurzem Besinnen befahl sie dem Knaben, der ihr nachgesprungen war und ratlos bei ihr auf dem Steine stand, sie ans Ufer zu tragen. Er glitt auch sofort ins Wasser und trug das angehende Frauenwesen auf dem Arme und mit schwerer Mühe über die eckigen und runden Bachsteine, indessen sie sich an seinem Halse hielt, aufs Trockene.

Inzwischen rückte Meister Konrad von Mure dem Ziele seines heutigen Ausganges näher. Er hatte, seit längerer Zeit mit den Leuten am Hadlaub in guter Freundschaft lebend, die zarte, aber auch aufgeweckte und gelehrige Beschaffenheit des Knaben Johannes bemerkt und wünschte denselben zu sich zu nehmen, um ihn zunächst zu einem Schreiberlein und Schüler heranzubilden, dessen er zu allerlei Aushülfe ermangelte, dann aber auch einem besseren Lebenslose entgegenzuführen, als er ihm auf dieser Berghöhe beschieden wähnte. Er begann daher von dem Singen des Knaben zu sprechen, wie er allerhand Singspiel in Worten und Weisen richtig aufgefaßt und, wenn auch nur stückweise, inne habe, ohne daß man wisse, wie es zugehe. Dann brachte er allmählig sein Anliegen vor, fand aber keine Zustimmung beim Vater. Der unterbrach ihn, als er im besten Zuge war, und sagte: »Lieber Herr! Wir wollen hierin nicht weiter gehen! Statt eines ehrlichen Christennamens, wie sie auf diesem Berge und rings im Lande altherkömmlich sind,

Heinz, Kunz, Götz, Siz, Frick, Gyr, Ruof, Ruegg, hat man dem Buben einen von den neumodischen Pfaffennamen verschafft, Johannes, ohne daß ich weiß, wie es eigentlich gekommen ist. Aber weiter soll es nun mit dem Pfaffwerden nicht gehen. Es ist mein einziges Kind. Seit unvordenklicher Zeit haben sich meine Väter auf der hiesigen Hofstatt gehalten; ich will mir nicht vorstellen, daß das durch meine Schuld anders werden soll und keiner der Meinigen mehr seinen Pflug hier führe, sein Vieh hier weide und von hier aus mit Schild und Speer zum Heerbann niedersteige.«

»Ei, was die ehrlichen Christennamen betrifft«, antwortete ihm der Alte lächelnd, »so seid Ihr nicht gut berichtet! Ihr habt als solche lauter wilde alte Heidennamen genannt, Euren und meinen nicht ausgeschlossen. Wißt Ihr, wie Euer Name Rudolf sich ehemals geschrieben hat? Hruodwolf, *lupus gloriosus*, ein berühmter Wolf, ein Hauptwolf, ein Wolf der Wölfe! Schönes Christentum! Wie heilig klingt dagegen das biblische Johannes, sei es nun der Täufer, oder der Lieblingsjünger des Heilands, oder der Evangelist!«

Soeben kamen nun die beiden Kinder an und der Kantor zog gleich den Knaben herbei, ergriff dessen Hände und rief: »Seht, Kapitan aller Wölfe, sind diese schmalen Händchen diejenigen eines Pflugführers und Speerträgers? Oder nicht vielmehr diejenigen eines Pfaffen oder Magisters? Eines sanften gelehrten Johannes? Merkt Ihr denn nicht die Weisheit der guten Mutter Natur, die aus so reisigem Volk von Zeit zu Zeit selber ein zarteres Pflänzlein schafft, aus dem ein Lehrer oder Priester werden mag, wo Ihr sonst bei aller Stärke in Unwissenheit und Sünde verderben müßtet? Übrigens ist gar nicht gesagt, daß er durchaus geistlich werden soll; ich bin zufrieden, wenn er nur vorerst etwas lernt und die Zeit nicht verloren geht!«

»Willst du in die Schule gehen zu den Herren am Münster?« sagte nun die Mutter zu dem Knaben, welcher verwundert alle der Reihe nach ansah.

»Willst du schöne Bücher schreiben und malen lernen mit

Gold und bunten Farben, Lieder singen und die Fiedel spielen«, sagte der Singmeister, »schöne Mailieder, kluge Sprüche und das Michaelslied: *O heros invincibilis dux* – oder wie hast du heut gesungen?«

»O Herr, o Vizibilidux! heißt es«, rief Johannes eifrig, und lachend fragte Konrad, wer ihn das gelehrt habe?

»Der Bruder Radpert im Klösterlein«, versetzte jener selbstzufrieden.

»Das ist ein uralter Mönch bei den Augustinerbrüdern dort hinter den Eichen, der einst als Kriegsmann noch den Heerzug ins heilige Land mitgemacht hat und dem Kinde zu erzählen pflegt, wie sie das Lied immer gesungen, wenn es in den Streit ging.«

Dies bemerkte die Frau Richenza; Rudolf, ihr Mann, aber sagte jetzt zu dem Knaben: »Nun, was ziehst du nun vor? Willst du bei den Mönchen in der Schule sitzen und eine Glatze tragen, oder willst du hier oben in der freien Luft bleiben und ein wahrhafter Geselle werden?«

Johannes begriff den Sinn der Unterhaltung nur etwa zur Hälfte; er sah sich nochmals um und vermutete zuletzt, daß es sich um eine Schule handle, in welcher solche kleine Dämchen säßen, wie der Chorherr eines zur Probe mitgebracht habe, und da dieses ihm gefiel, so erklärte er, er wolle in die Schule gehen.

»Genug«, rief der Vater in strengerem Tone, »wir wollen mit solcher Sache nicht länger spielen! Geh hinein, Johannes, und hole das Horn, daß wir die Knechte und Dirnen heimrufen!«

Der Chorherr merkte, daß er jetzt nichts weiter ausrichten werde, nahm, da die Sonne sich zum Untergange neigte, Abschied und begab sich auf den Heimweg. Gleichzeitig kamen ein alter und ein junger Knecht mit Ochsen und Eggen in raschem Laufe auf der Hofstatt an, mit lautem Geschrei und Heio, Menschen und Tiere gleich ungeduldig. Während hiedurch die Aufmerksamkeit des Meisters in Anspruch genommen wurde, benutzte Johannes die Gelegenheit, vom Hofe zu entfliehen und dem Kantor und dem Mädchen den Berg hinunter nachzulaufen. Da er barfuß war, so hörten sie ihn nicht. Wenn Herr Konrad einen Augenblick still stand, um auszuruhen und zu husten, so hielt Johannes in einiger Entfernung ebenfalls an und blieb schüchtern stehen, und wenn sie weitergingen, so lief er wieder hinter ihnen drein. Bei einem solchen Halt entdeckte ihn die zurückschauende Fides; aber sie sah ihn jetzt wieder so stolz und fremd an und schien nicht einmal den alten Herren von seiner Nachfolge in Kenntnis zu setzen, so daß er verschüchtert zurück blieb und ihnen traurig nachblickte, bis sie in den Abendschatten verschwanden. Dann lief er voll Furcht, teils vor den Folgen seines Ungehorsams, teils vor den Geheimnissen der hereinbrechenden Nacht, eilig zurück, bis ihn die Mutter, die ihn bereits suchte, empfing und unbemerkt ins Haus brachte und auf seinem Lager versorgte, dem Anerbieten des ehrwürdigen Kapitelsmannes mütterlich nachsinnend.

Als sie nach Jahr und Tag ihrem Eheherren einen zweiten Sohn schenkte, ein Knäblein, das auffallend groß und kräftig war, wurde Rudolf am Hadelaub anderen Sinnes und der Wunsch des Singmeisters der Propstei Zürich erfüllt.

Nach ungefähr acht Jahren finden wir den Johannes Hadlaub, wie er jetzt genannt wurde, als blondgelockten feinen Jüngling unermüdlich bei allerhand gelehrter Arbeit. Konrad von Mure hatte ihn unter seine ganz besondere Obhut genommen und zu allererst so schnell schreiben und lesen gelehrt, wie ein Kriegsmann seinen Knaben reiten und fechten. Gleichzeitig mit dieser Übung und durch dieselbe mußte er die Sprache deutsch und lateinisch verstehen lernen, denn der Meister gönnte ihm nicht so viel Zeit hiezu, wie den Pfaffen- und Herrenknaben der Stiftsschule. Nach Brauch und Art des Handwerks mußte er so bald als möglich Nützliches hervorbringen, was an seiner Stelle in sauberer und genauer Abschrift bestand; den Inhalt aus den vertrauten Worten des Alten gewissermaßen im Fluge verstehen zu lernen, mußte er sich still und aufmerksam angewöhnen. Mit der Zeit mochte er dann sehen, was er weiter aus sich machte, wenn er ein wirklicher Gelehrter und Theolog werden wollte. Inzwischen mußte er nicht nur Noten und Worte der Kirchenmusik schreiben, sondern auch die Reimwerke Konrads, seine mythologischen, geographischen, naturkundlichen und historischen Traktate fleißig kopieren, bis sein Taufgevatter Johannes Manesse, der Kustos und Scholaster der Propstei Zürich, der Sohn des Herrn Rüdiger, hinter die Sache kam und der flinken und zierlichen Hand des Knaben gewahr wurde. Der zögerte nicht lange, sondern ließ sich von ihm alle die alten und neuen Minnelieder und Rittergedichte abschreiben, deren er habhaft werden konnte in seinem weltlichen Sinne, und Konrad von Mure machte sich eifrig herbei und wachte darüber, daß sie richtig in Ton und Maß geschrieben und vorhandene Fehler ausgemerzt wurden. Hiedurch erlangte der junge Hadlauber, gelehrig und stets munter, eine neue Kenntnis und Übung.

Einige Verzierung der Schrift mit schönfarbigen Tinten gehörte an sich schon zum klösterlichen Schreibewerk; allein hiebei blieb er nicht stehen, sondern suchte bei naiven Bildkünstlern jener Zeit, wie sie etwa in den Bauhütten der beiden Münster zu treffen waren, so viel Erfahrung abzulauschen, als zur Bemalung eines halben oder ganzen Pergamentblattes erforderlich war.

Seit mehreren Jahren war nun der greise Kantor und Stiftsherr von Mure tot, Johannes Hadlaub aber an der Singschule und Bücherei beschäftigt geblieben, ohne sich für den Stand der Geistlichkeit bereit zu machen. Sein Vater schien hiemit zufrieden, obgleich sein zweitgeborner Sohn kräftig heranwuchs und ebenso groß und stark zu werden versprach, wie er selbst. Wenn Johannes ein geschäftskundiger weltlicher Bürgersmann in der Stadt würde, so war ihm das auch recht, und jener begann in der Tat von verschiedenen Herren bei ihren Verhandlungen als Schreiber benützt zu werden; besonders war es der jüngere

Leuthold, Freiherr von Regensberg, der seine Dienste andauernd in Anspruch nahm bei Ordnung seiner schwankenden Verhältnisse.

Noch näher trat er in der Folge dem älteren Manesse, Herrn Rüdiger, als dessen Sohn, der »Küster«, ihn eines Tages aufforderte, schleunig seine Fiedel zu nehmen und mit ihm auf den Hof des Manesse zu kommen.

Johannes ergriff freudig errötend augenblicklich die Geige und schritt mit dem Chorherren gar stattlich die Kirchgasse, so jetzt Römergasse heißt, hinauf. Freundlich nickte der goldgelockte Jüngling an der Seite des Chorherrn Bekannten zu, welche in den volkreichen Gassen vorübergingen, und er wurde von jedermann ebenso freundlich wieder gegrüßt, weil er eine liebenswürdige Erscheinung war. In einen faltigen Rock gekleidet, der sich in breite, weiße und blaue Querstreifen teilte und fast bis auf die Füße ging, trug er ein purpurrotes Barett, besteckt mit einem weißen Tuche, das Nacken und Schultern deckte.

Bald gelangten sie zu der Behausung der Herren Maneß; erregt blickte Johannes an das steinerne Haus empor, welches damals an dem Turme lehnte und das Wohnhaus war. Im zweiten Stock war die Mauer unterbrochen von einer Rundbogenstellung auf zierlichen Säulen, hinter welchen der Saal sich befand, überragt von den Eichenbalken des Daches. Das Erdgeschoß zeigte ein paar Fenster mit ebenfalls verzierten Rundbogen, daneben aber hauptsächlich ein großes Einfahrtstor, das unter dem Hause durch in den Hof führte zu verschiedenen Aufgängen und Treppen. Unter dem Torbogen waren die Steinstufen angebracht, von welchen die Frauen zu Pferde stiegen, wenn sie ausritten. Eine jener steinernen Schneckenstiegen, deren Tritte uns jetzt, wo sie noch erhalten sind, so hoch und beschwerlich vorkommen, führte zum Saale hinauf.

Als Johannes Hadlaub mit seinem Führer in die Türe desselben trat, verließ ihn plötzlich sein frischer Mut. Er war nicht auf die ansehnliche Gesellschaft gefaßt, die da um einen großen

Tisch herum in Lehnstühlen oder auf kissenbedeckten Schemeln saß.

Da war vor allem Bischof Heinrich von Konstanz, ein schöner Mann mit dunklen Augen und Haar, mit ernsten, aber geistvollen Gesichtszügen; mit der beringten Hand hielt er die Hand der Fürstäbtissin von Zürich, die in weltlicher Damentracht neben ihm saß, eine still vorübergehende Erscheinung, die nur im Lichte jener Augen aufblühte. Zu seiner anderen Seite saß die Hausfrau des Ritters, von dem ebenfalls alt eingewohnten Stamme der Wolfleipsch, gleich neben ihr eine andere Konventualin der Abtei, Frau Elisabeth von Wetzikon, Muhme des Bischofs, die später die bedeutendste Äbtissin wurde, diese auch in weltlicher Tracht. Neben ihr saß der Toggenburger Graf Friedrich, Nachkomme des Minnesingers Kraft von Toggenburg, dann der Herr von Trostberg, Enkel des Sängers gleichen Namens, dann Herr Jakob von Wart, endlich Herr Rüdiger selbst mit ergrauten Locken aber blühendem Antlitz, in pelzverbrämtem Rocke. Einige Sitze waren leer, da die junge Fides aufgestanden war und mit zwei anderen Frauen im Hintergrunde des Saales auf und nieder ging.

Auf dem Tische standen Blumen und Früchte, Gebäcke und silberne Schalen mit südlichem Weine, dazwischen aber kleine Pergamentbüchlein, größere Hefte und schmale, lange aufgerollte Streifen von gleichem Stoffe, alles dies mit Reimstrophen beschrieben, gedrängt und endlos wie Heerzüge der Völkerwanderung.

Der Hausherr erhob sich und empfing seinen Sohn samt dessen Begleiter.

»Hast du uns den jungen Spielmann mitgebracht?« fragte er, »das ist gut, denn wir haben durch die Gunst dieser Herren einige neue Sachen erjagt und möchten dieses und jenes gerne singen hören; aber niemand singt, als der hochwürdigste Fürst Heinrich und der will nicht mehr, seit er Bischof ist! Da hat uns Graf Friedrich noch einige Lieder seines Großvaters gebracht, die wir nicht besessen; Freund Trostberg nicht weniger als zwei

Dutzend Gesänge seines würdigen Vorfahren und hier Baron Jakobus von der Wartburg, rate einmal! sein eigenes Jugendbüchlein, das er uns so lange hinterhalten, achtzehn Lieder, ich hab's schon gezählt! Aber auch er will nicht mehr singen!«

»Wenn ich nicht mehr singen darf«, nahm jetzt der Bischof das Wort, »so habe ich dafür Buße gebracht, nämlich die Lieder des edlen und ritterlichen Herzogen von Breslau, meines schönen und guten Heinrich! Leider zugleich mit der Nachricht, daß der Treffliche unverhofft und in jungen Jahren Todes verblichen ist, eine Kunde, die mich tief betrübt hat!«

Er zog eine kleine Liederrolle aus seinem Gewande, durchmusterte sie und fuhr fort:

»Hier ist eines der anmutvollsten Lieder, die wir von dem seligen Manne haben, könnte uns der wackere Knabe das wohl vortragen?«

Er winkte Johannes herbei, gab ihm das Lied zu lesen und unterrichtete ihn in halblauten Tönen rasch in der Weise, die jener bald begriff. Johannes legte hierauf die viersaitige Geige vor seine Brust und sang das Lied, indem er die Weise eine Terz tiefer dazu spielte und nur jeweilig mit den zwei vorletzten Noten einer Zeile harmonierend ausbog. Es war das Lied:

Dir klag' ich, Mai, ich klag' dir's Sommerwonne,
Dir klag' ich, leuchtende Heide weit,
Ich klage dir's, o blühender Klee,
Ich klag' dir, Wald, ich klag' dir Sonne,
Dir klag' ich, Venus, sehnendes Leid,
Daß mir die Liebste tut so weh!

und so weiter, wie von den angerufenen Richtern jeder seine Strafe verheißt, der Ankläger aber schließlich seine Klage zurückzieht und lieber sterben will, als daß solches Ungemach die Schöne treffe.

Der Gesang war aus der frischen Kehle des frohen unschuldigen Jünglings so wohltönend hervorgequollen, daß alle davon ergriffen und gerührt waren, zumal die Nachricht von dem frühen Ende des Dichters die Gemüter schon weicher gestimmt hatte. Der Bischof aber bereinigte sofort mit dem Johannes und Herrn Rüdiger, der eifrig herzutrat, den Text, in welchem sich durch den gesanglichen Vortrag einige offenbare Unrichtigkeiten in der Silbenzählung bemerklich gemacht hatten.

Jetzt sprang aber der von Wart auf, der sein eigenes Büchlein vom Tisch genommen hatte, und rief: »Nur das erste beste von meinen schwachen Gesätzlein möchte ich nochmals von dem Munde dieses Knaben hören.« Er zeigte ihm eines der Liedchen und Johannes spielte und sang:

Voll Schönheit wie der Morgenstern
Ist meine Fraue, der ich gern
Für jetzt und immer dienen will!
Wie wenig sie mir Trost gewähre:
Ich wünsche, daß sie Glück und Ehre
Begleiten an der Freuden Ziel!
Ihre Güte und Bescheidenheit
Sind leider gegen mich entschlafen;
Doch muß ich sie drum tadelnd strafen,
Ist eben dies mein schweres Herzeleid!

Indessen hatte der Bischof die Lieder des älteren Trostberg durchgangen, erhob sich unversehens, nahm von dem jungen Spielmann die Fiedel an sich, und sang und spielte mit schönen korrekten Tönen:

Rosenblühend ist das Lachen
Der viel lieben Frauen mein,
Wie konnt' er solch Wunder machen,
Der ihr gab so lichten Schein?
Sie ist meines Herzens Osterspiel,
Des Herzens, das sie niemals lassen will!

»Verzeiht, edle Freunde«, sagte er dann, »daß ich mich habe hinreißen lassen! Aber das ist die erste frohe Stunde, die ich genieße, seit ich armer und getreuer Kanzler meinen Herrn Rudolf in der Kaisergruft zu Speier begraben habe!«

Er warf dabei ein blitzendes Auge auf die errötende Äbtissin Kunigunde, und alle bezeugten ihre wohlwollende Teilnahme, obschon jeder wußte, daß der Sangesgruß des Kirchenfürsten der Fürstäbtissin gegolten, welche er heute nach längerem Zeitraume wiedersah.

Schon hatte jetzt Jakob von Wart aber eine kleine Harfe, die ihm geschickter war, von der Wand genommen, und angefeuert von dem Beispiel des Bischofs sowohl als durch den edlen Wein, sang der nicht mehr junge Herr das schöne Tagelied, das am Schlusse der von ihm uns erhaltenen Sammlung steht und sich mit den vorzüglichsten Gedichten dieser Art aus der Staufenzeit vergleichen lassen kann.

»Nun habt Ihr mir die größte Freude und Ehre gewährt!« sagte Herr Rüdiger, »ja ich bin froh, dieses Lied und die anderen von Euch zu besitzen! Wer möchte uns aber jetzt eine Probe von des Toggenburgs Liedern singen, daß wir von allem etwas hören?«

Graf Friedrich dagegen meinte, er sei für seine Person nicht besonders erpicht auf das eigene Hausgewächs und wäre eher begierig, von dem jungen Spielmann ein paar allbekannte gute Stücke zu hören.

»Nun«, rief der Bischof, »so soll er uns einiges von dem alten Vogelweider zum besten geben; der steht immer noch über allen an Wohlklang und Geist!«

Walthers gangbarste Weisen waren allerdings dem Jüngling geläufig und er spielte sogleich das sechsstrophige Lied:

Wollt ihr schauen, was im Maien
Wunders ist beschert:
Seht die Pfaffen, seht die Laien,
Wie sich's kehrt und fährt!

Groß ist sein' Gewalt!
Bringt er Zauberstab und Krone?
Wo er naht mit seiner Wonne,
So ist niemand alt!

Dann folgte das Lied:

Immer nimmt mich wunder, was ein Weib
An mir hab' ersehen u.s.w.

Wie nun der hübsche Knabe weiter sang:

Hat sie keine Augen im Gesicht?
Aller Männer schönster bin ich nicht,
Das ist nicht zu leugnen.
– – – –
Schaut nur, wie der Kopf mir steht,
Der ist gar nicht wohlgetan!

und dabei den feierlichsten Ernst bewahrte, brach die ganze Gesellschaft in ein fröhliches Gelächter aus.

Zuletzt sang er das »Unter der Linde auf der Heide« mit dem Tandaradei-Refrain mit so naiver Unschuld, daß er alle sich geneigt machte und der Bischof ihn umarmte und küßte.

Herr Johannes, der Küster, freute sich der guten Aufnahme, welche sein Schützling gefunden, und stellte denselben erst jetzt genauer vor. »Er ist guter Leute Kind«, fügte er hinzu, »sein Vater war anno 78 mit Rudolf auf dem Marchfelde und einer der wenigen Züricher, die von dort zurückgekommen sind.«

»Dann würde ich ihn wohl wieder erkennen, wenn ich ihn sähe«, antwortete Herr Heinrich von Klingenberg; »denn ich sah sie alle, als sie in dem Völkerstreit standhaft vordrangen mit denen von Schwyz und Uri und der König auf ihre Tapferkeit hinwies.«

»Er ist auch ein Kenner alter Bräuche und weiß stets ohne Schrift, was Rechtens ist«, sagte der ältere Maneß; »mehr als einmal habe ich Gelegenheit gefunden, das zu erproben.«

Johannes Hadlaub mischte sich bescheiden in die Rede, indem er bemerkte, sein Vater habe, seit er, der Sohn, schreiben könne, ihn an stillen Winterabenden schon manches aufzeichnen lassen von dem, was ihm als auf den Höfen weit herum von altersher üblich bekannt sei und nicht in den Rechtsbüchern stehe.

Begierig rief sogleich der Ritter: »Mein Sohn! von allem, was der Vater dich solchergestalt niederschreiben läßt, solltest du mir Copia geben, das heißt, wenn er es gestatten will! denn ich fürchte, er gehört zu denen, welche glauben, das Alleinwissen verleihe Macht im Rechtsleben, oder die gar den Aberglauben hegen, solche Kunde sei als etwas Übermenschliches und Gefährliches zu hüten!«

»Das tut er nicht«, antwortete Johannes, »denn er hält es für ein Gemeingut und hält es für ein Übel, daß alles nur in den Gotteshäusern aufgeschrieben und bewahrt werde, wenigstens hier.«

»Sieh, mein Sohn, schon manches hab' ich hier, was dir auch zugute kommen kann und was du mir wiederum kannst vermehren helfen!« fuhr der Ritter fort und führte ihn zu einem offen stehenden, in die dicke Mauer des Saales eingelassenen Schranke, aus welchem ein Teil der auf dem Tische liegenden Handschriften entnommen war, in welchem aber noch viele Bücher und Pergamentrollen geschichtet lagen.

Da waren neben dem Parzival, dem Erec, Iwein und Armen Heinrich, dem Tristan, dem Wartburgstreit und anderen poetischen Werken auch verschiedene Bücher beschreibender oder historischer Natur, wie sie damals geschrieben und gelesen wurden, vornehmlich aber sah man da Abschriften wichtiger Rechtsdenkmäler und Urkunden, wie sie nur ein einflußreicher und hochstehender Mann zu sammeln in der Lage war. Herr Rüdiger holte ein besonders eingewickeltes Buch hervor und zeigte es dem Jüngling. Es war die Handschrift des Schwabenspiegels.

»Vorzüglich das Buch hier möchte ich besitzen, denn diese Schrift gehört nicht mir, sondern den Herren am Münster«, sagte er; »wolltest du zuweilen herkommen, so könntest du es hier abschreiben, indem wir es gleicher Zeit zusammen lesen; denn es wird etwas schwierig sein, da manches gar alter und eigentümlicher Art ist. Haben wir die Schrift fertig, so wollen wir auch den Spruch an den Schluß setzen, den dieser Schreiber hier am Ende des Lehensrechtes angebracht hat und der auch mir wohlgesagt scheint:

»Es ist niemand so ungerecht, den es nicht unbillig dünkt, »wenn man ihm unrecht tut. Darum bedarf man weiser »Rede und guter Künste, sie in den Rechten zu verwenden. »Wer zu allen Zeiten nach dem Rechte spricht, der macht sich »manchen Feind. Dem soll sich der Biedermann gern unterziehen um Gottes und seiner Ehre willen und zum Heil »seiner Seele. Der gütige Gott verleihe uns, daß wir das »Recht also lieben in dieser Welt und das Unrecht schwächen »in dieser Welt, daß wir dessen genießen dort, wo Leib und »Seele scheiden!«

»Das ist wohl ein schöner Spruch«, sagte unversehens eine jugendliche Frauenstimme dicht hinter Johannes. Rasch kehrte er sich um und stand einem sechzehnjährigen Fräulein gegenüber von einer ganz seltenen und eigentümlichen Schönheit und überaus schlanker Gestalt. Die Anmut ihrer Gesichtszüge war fast etwas verdüstert durch einen tiefen Ernst und doch durch denselben wieder beseelt. Es war Fides, die bisher sich von der Gesellschaft entfernt gehalten.

Johannes hatte alle die Jahre her das Mädchen nie wieder erblickt, obschon er nach Jugendart dasselbe im Gedächtnis bewahrt und heute sofort der Meinung gewesen war, er werde das ehemalige Kind ohne Zweifel endlich finden. Allein eben weil sie nicht mehr ein Kind, sondern eine ganz andere Person und Gestalt war, und dann von der glänzenden Versammlung überrascht und durch das Singen beschäftigt, hatte er sie nicht gesehen und waren seine Gedanken sogar ganz von ihr abgekommen.

Wie sie seine Überraschung bemerkte, betrachtete sie ihn genauer und schien sich zu besinnen, wo sie ihn wohl schon gesehen habe, bis ihr einfiel, daß der hier stehende Schüler des seligen Kantors ja kein anderer als jener Knabe sei, der sie einst durch den Bach getragen und sie dann eine Strecke weit den Berg hinunter verfolgt hatte. Sie nickte ihm mit flüchtigem Lächeln ein weniges zu und ging dann wieder mit ihren Gespielinnen auf und nieder, zuletzt aber aus dem Saal.

»Unser junger Spielmann hat nun aber auch einen Trunk verdient«, sagte jetzt die Hausfrau, »setzet Euch ein Weilchen nieder und erquickt Euch; denn gewiß habt Ihr Euch die Kehle trocken gesungen!«

Sie wies Johannes einen der ledigen Sitze an, auf welchem er sich still und schüchtern verhielt.

Herr Rüdiger aber trat plötzlich, nachdem er inzwischen nachdenklich einigemal auf und nieder gegangen war, hinter den Bischof Heinrich und legte ihm die Hand auf die Schulter, so daß die übrigen Anwesenden ihre Gespräche unterbrachen.

»Weißt du, trauter alter Freund! welch ein Gedanke mir eben gekommen ist, als ich mich dort mit dem Bücherwesen unterhielt? Seit mehr als hundert Jahren, so dachte ich, wird in deutschen Landen die Minne gesungen und sonst so mancher weise und tapfere Spruch ersonnen; von Hand zu Hand gehen die Lieder und noch vermehren sie sich täglich, aber niemand weiß und kennt sie alle, und je mehr der Jahre fliehen, je mehr der Lieder gehen mit den sterbenden Menschen zu Grabe! Wie mancher edle Sänger liegt seit sechzig, siebzig Jahren wohl in seiner Ruhe, noch haben wir seine Lieder, aber schon nur noch wenige seiner Weisen; in abermals siebzig Jahren, was wird noch vorhanden sein von seinen Tönen und von seinem Namen? Vielleicht ein Märchen, wie vom Orpheus, wenn's gut geht!«

»Ich verstehe dich, lieber Herr und Freund!« erwiderte der Bischof, seine Hand erfassend, »du willst die Lieder gründlich sammeln und retten, was zu retten ist, und ich muß solchen Vorsatz nur loben, so viel ich loben kann! Einen guten Anfang habt ihr ja schon gemacht, du und dein würdiger Sohn, von dem ich wiederholt erfahren und vernommen, wie er in allen Burgen und Klöstern nach Geschriebenem bohrt! Aber wir müssen nun ins Breite und Weite gehen und eine gewisse Ordnung in die Sache bringen!«

»Versteh mich recht!« versetzte der Manesse, »ich meine ein einziges großes Buch zu stiften, in welchem alles geordnet beisammen ist, was jeder an seinem Orte singt. Ja, soeben schaue ich«, fuhr er in edler Erregung fort, »schon sehe ich das Buch in schönster Gestalt vor mir, groß, köstlich und geschmückt, wie, ohne Blasphemia zu reden, das Meßbuch des Papstes!«

»Ebenso mein' ich es auch«, antwortete der Klingenberger, »und weißt du warum? Weil ich bereits einen Anlauf und Vorgang solchen Unternehmens kenne. In der Bücherei unsers Domsitzes zu Konstanz gibt's ein Buch, worin an die fünfundzwanzig Singer schon beieinander stehen, wenige davon vielleicht vollständig, aber kundig geordnet und begleitet von ihren Bildnissen. Das alles kannst du größer, schöner, reicher anlegen, vorzüglich aber müssen wir die Namen vervollständigen. Nach meinem Dafürhalten werden wir statt fünfundzwanzig an die hundert Namen bekommen.«

»Es wird gegen die hundertundfünfzig gehen«, rief Johann Maneß, der Chorherr, »wie viele haben wir nur in unseren Gauen zu suchen vom Bodensee bis ins Uechtland und in die Berge des Oberlandes; dann denkt an die Donau, an Bayern, Franken, Sachsen, den Rhein, Niederland und die Nord- und Ostmarken!«

»Um so eher müssen wir beginnen«, sprach wieder Herr Rüdiger, »daher fragen wir Euch, den Herrn Fürsten und Bischof zu Konstanz, hiermit förmlich an, ob wir bemeldeten Liederschatz lehensweise benützen dürfen zur Vergleichung und Umschau?«

»Mit Freuden wird Euch das Werk zur Verfügung gestellt«, antwortete der Bischof mit scherzhaftem Ernste, »wofern unsere hochgelobte gnädigste Fürstin, die große Frau zu St. Felix und Regula in Zürich, für die unbeschwerte Rückkehr des Schatzes gute Bürgschaft leisten will!«

»Sie will es«, sagte Frau Kunigunde, die Äbtissin, lächelnd,

»insofern der Ersatz für so leichte Ware, wie jene Lieder sind, falls sie verloren gehen oder veruntreut werden, in ebenso leichtem Wert geleistet werden kann, etwa in einem Korb Rosen oder Feldblumen, so alljährlich an Kaiser Heinrichs Tag, welches der Namenstag des Herrn Fürsten, meines Oberherrn, ist, nach Konstanz zu schicken wäre, wohlgemerkt unter Gegenverpflichtung, den Boten und sein Roß gehörig zu pflegen und der Tributpflichtigen jedesmal ein Paar neue Handschuhe zurückzusenden!« »Eine echt weibliche Großmut, die wir in Demut über uns ergehen lassen!« rief der Bischof.

Herr Jakob von Wart aber erhob sich und zugleich seine Trinkschale und rief: »Herren! laßt uns der schönen Frauen nicht spotten, zu deren Preis und Hochhaltung das Werk hauptsächlich dienen soll! Denn wird es nicht, recht durchgeführt, vor allem auch ein Denkmal und Zeugnis werden von der Ehre, welche wir den guten Engeln erwiesen haben und erweisen, wie noch nie vordem in der Welt erhört worden ist, aber wie es bleiben soll, solange die Herzen ritterlicher Männer schlagen?«

»Recht so«, fiel Manesse ein, »solche Worte sind glückverheißend für unser Unternehmen und glückverheißend ist die Anwesenheit des Herrn, der sie sprach, eines echten Ritters und Minnesingers. Lassen wir die Becherlein füllen, bitten wir die edlen Frauen, sie uns zu kredenzen, und trinken wir dann auf das unvergängliche Heil der blühenden Weibesseele, auf das Heil unsers Freundes Wart, der heut hier sein eigenes Lied gesungen hat, und auf das Gelingen unsers Vorsatzes!«

Alle standen von ihren Sitzen auf, die Frauen hielten der Reihe nach alle Becher an ihre Lippen und boten sie den Herren, welche sie wohlgemut leerten.

Maneß umarmte und küßte den Herrn von Wart, welcher freudig bewegt, in der Weise älterer Leute, sich diese Nachblüte seiner Kunst gefallen ließ und nicht ahnte, daß in weniger als zwanzig Jahren seine Burgen zerstört und sein Geschlecht von der Erde hinweggetilgt sein würden.

Als sich Frauen und Männer wieder niedergelassen hatten, ergriff der Bischof abermals das Wort.

»Wir wollen nun«, sagte er, »nicht länger säumen, sondern so bald als möglich Ernst machen. Mir scheint am besten, wenn wir gleich eine junge Kraft für unser Vorhaben, das weit aussehend ist und Ausdauer heischt, heranziehen und unseren weißblauen Knaben dort zum Herold und Mareschalk des Feldzuges ernennen. In drei Tagen werde ich wieder auf meinem Hirtensitze sein; dann mag er sein zierliches Kleid ausziehen und sich in ein Reiterröcklein begeben, so es Euch recht ist, Freund Rüdiger, um das Liederbuch in Konstanz zu holen. Ich sage das, weil ich dieses sowohl als andere Sachen, die ich hervorsuchen will, ihm selbst übergeben und alle diese Dinge mit einiger Unterweisung begleiten möchte. Denn seit den Lebenstagen des Königs und in dem Trubel der letzten zwei Jahre überhaupt habe ich meine Mappen und Truhen, die noch manches bergen, nicht mehr geöffnet und gemustert. Habe ich dem Knaben dann meine Gedanken über dies und jenes mitgeteilt und hat er sie, wie ich hoffe und glaube, richtig erfaßt, so wird er Euch und Eurem Sohne, dem Kustos, alles zur weiteren Erwägung und Entscheidung vortragen, oder wie dünkt Euch?«

»Ganz vortrefflich scheint mir alles, was Ihr sagt«, erwiderte Rüdiger; »ist der junge Mann vom Berge und nicht minder sein Vater, mit welchem ich selber sprechen werde, damit einverstanden, daß er uns in dieser Sache diene oder vielmehr behülflich sei, so wollen wir gleich daran gehen. Am besten wird sein, wenn er das Buch gleich selber schreibt, so haben wir die Aussicht, daß es ganz aus der gleichen Hand entstehen wird, auch wenn wir selbst darüber wegsterben sollten!«

Johannes befand sich wie in einem Traume, so wunderbar ging ihm alles durch den Kopf; er vermochte bloß freudig und verwirrt sich zu verneigen, als ihn der Kustos Johannes fragend ansah, und ging dann, als dieser ihm leise andeutete, daß es jetzt schicklich für ihn sei, sich zu entfernen, sich gegen alle abermals neigend, seine Fiedel unter dem Arme, schleunig davon.

So verwirrt und befangen er war, hatte er doch Geistesgegenwart genug, sich auf Flur, Treppen und Hof umzusehen, so gut es mit seinen raschen Schritten sich vertrug; allein er sah oder hörte nicht ein Stäublein und nicht einen Laut von der jungen Dame Fides, die sich in das entlegenste Gemach der weitläufigen Ritterbehausung zurückgezogen zu haben schien.

In etwa acht Tagen ritt er in der Tat nach Konstanz, und zwar auf einem Klepper, welcher zum Gebrauche der Chorherren diente und insbesondere von dem Kustos benutzt wurde, der unruhiger Natur war und immer seine Ausritte zu machen hatte. Der Bischof empfing Johannes mit unverminderter Leutseligkeit und ließ ihn sogleich gut verpflegen. Nachdem er seine Regierungsgeschäfte abgetan, nahm er den Jüngling in sein Kabinett und zeigte ihm das Liederbuch (dasselbe ist jetzt in Stuttgart und führt den Namen der Weingartner Handschrift, weil es sich eine Zeitlang im Besitze des Klosters Weingarten befunden hat); er zeigte ihm die Einrichtung, und da er bemerkte, daß Johannes den Bau der verschiedenen Sprüche, Lieder, Leiche u.s.w. bereits kenne, machte er ihn nur aufmerksam auf die Notwendigkeit, die einzelnen Stücke wohl auseinander zu halten und sie darauf hin näher zu prüfen. Zugleich brachte er ein Paket kleinerer Handschriften herbei, welche teils solche Lieder enthielten, die von den Dichtern des größeren Buches herrührten, aber dort fehlten, zum andern Teil aber Sänger aufwiesen, die in dem Buche gar nicht standen. Alle diese Sachen mit ihm durchgehend, zeigte er ihm an einer Anzahl Stellen, wo der Text durch die Schreiber verdorben worden und auf welche Weise die Fehler nach den Gesetzen der Kunst und der Sprache zu verbessern seien. In denjenigen Schriften, die sein Privateigentum waren, fanden sich eine Menge solcher Stellen von seiner Hand schon verbessert. Johannes bewunderte im stillen ehrerbietig das Wissen und die Kunstfertigkeit des großen Herrn und suchte womöglich kein Wort seiner lehrreichen Unterweisung zu verlieren. Endlich gab ihm der Bischof noch ein Verzeichnis von Dichtern, welche sich weder in den vorliegenden Pergamenten, noch, soviel er sich entsann, in denjenigen zu Zürich befanden, von denen er aber wußte, daß sie gelebt und gesungen hatten. Bei einigen Namen war angemerkt, wo ihre Lieder ziemlich sicher noch zu finden sein dürften, bei andern angedeutet, wo allenfalls auf die Spur zu kommen wäre.

»Dies alles«, sagte er, »werden die Herren in Zürich vermehren und abklären. Sei nur fleißig und beginne bald mit der Abschrift. Nimm schönes großes Pergament, ohne Makel und Bortfehler; schneide eine große Zahl gleichförmiger Blätter gleich anfangs zu und lege für jeden Singer, den wir bereits haben, ein hinlänglich starkes Konvolut an, liniere es sauber, so kannst du auf allen Punkten zugleich beginnen und bei jedem Namen den nötigen Raum leer lassen für die künftigen Einträge! Natürlich mußt du den vorrätigen Raum nach Umständen bemessen. Von Kaiser Heinrich z. B. werden wir schwerlich jemals mehr als die acht Lieder erhalten, die hier sind; da brauchst du also nur ein Blatt dafür herzurichten!«

Der Bischof warf bei diesen Worten einen Blick über die acht Lieder, wie sie auch in der Handschrift nun stehen, und blieb am letzten haften, das er laut vor sich hin las:

Wohl dir, der Männer Blüte,
Daß ich je bei dir lag,
Du wohnst mir im Gemüte
Die Nacht und auch den Tag,
Du zierest meine Sinne
Und bist mir dazu hold,
Nun merkt, wie ich es meine:
Wie edeles Gesteine
Tut, so man faßt in Gold!

»Wie schön läßt er eine Frau ihr Selbstbewußtsein ausdrükken; der geliebte Mann liegt ihr im Sinn und im Gemüte, ja in den Armen, wie der Edelstein im Golde!«

Der Bischof versank nach diesen Worten einige Augenblicke in Gedanken, wie wenn er vergangener Tage gedächte; dann zog er einen goldenen Ring vom Finger, steckte ihn dem Johannes an die Hand und sagte, ihm durch das Haar streichend: »Nimm das zum Zeichen, daß du der jugendliche Kanzler unserer guten Kompanie seiest. Nun geh und nimm mir auch diese Briefe mit, die soeben in meiner Kanzlei gefertigt wurden. Du ersparst uns einen Reiter. Und dieser hier ist für Frau Kunigunde, die Äbtissin; es ist mir lieb, wenn du ihn ihr selber bringst, denn er betrifft keine Geschäftssachen!«

Den letzten Brief hatte er von seinem eigenen Schreibtische genommen und er verschloß ihn selbst.

Ein vertrauter Verkehr zwischen ihm und der Äbtissin fand nur noch durch Briefe statt; persönlich trafen sie sich immer am dritten Orte und nie ohne mehr oder weniger zahlreiche Zeugen, sei es in öffentlichen oder in gesellschaftlichen Angelegenheiten. Auch in der Abtei empfing ihn Frau Kunigunde zuweilen, aber auch da nur in den öffentlichen Gemächern, wo meistens viele versammelt waren. Wenn sie bei solchen Anlässen sich einen unbefangen heiteren Ton erlaubten und wohl gar eine scherzhaft scheinende zärtliche Vertraulichkeit zur Schau stellten, so war das ein schwacher Ersatz für die Entsagung, die sie sich unverbrüchlich auferlegt, indem sie streng jedes Alleinsein vermieden, die stärkste Prüfung für Liebende, welche kein fremder Wille hindern könnte, sich zu sehen.

Das war nun nicht gerade Reue über das Vergangene; sie bereuten keineswegs, weil sie sich liebten; aber es war die Art, wie ihr Kind das Wissen von seiner Geburt und Stellung in der Welt aufgenommen hatte, welche sie zu jenem strengen Verhalten gegen sich selbst führte.

Die Geburt der Fides war ein öffentliches Geheimnis gewesen, welches dem Kinde nicht mehr verschwiegen werden konnte, sobald es herangewachsen war. Die erste Ahnung hatte man ihm werden lassen, als die Wirkung noch keine tiefe sein konnte, damit die Kenntnis ihrer Lage sich gewissermaßen von selbst ausbilde. Als aber die Jungfrau zum vollen Bewußtsein gekommen, nahm sie die Sache keineswegs so leicht, wie zu wünschen gewesen wäre. Aus einem raschen und leidenschaftlichen Kinde war ein tief und stolz fühlendes und nicht minder klar sehendes und verständiges Wesen geworden, dessen Neigungen vorzüglich nach Recht und Ehre gingen, und das nicht zum wenigsten durch das tägliche Beispiel ihres Pflegevaters, des alten Herren Rüdiger.

Von dem Augenblick an, wo sie ihrer Stellung in der Welt klar bewußt war, klagte und fragte sie nicht mit einem Worte; aber ihre Heiterkeit war dahin, und keine Ehre, die man ihr erwies, keine vornehmen Sitten, welcher man sie teilhaftig machte, waren imstande, das Verlorene zurückzurufen.

Sie liebte und ehrte ihre Eltern, aber sie sprach sich nie gegen dieselben aus und schien nichts von ihnen zu hoffen. Nur einmal, ganz im Anfang, hatte sie gewünscht, sogleich zur Mutter ins Kloster zu gehen und dort lebenslang zu bleiben. Das war nun nicht tunlich gewesen; zudem wollten weder Kunigunde noch Heinrich, daß die Tochter eine Nonne würde, weil sie die Hoffnung nicht aufgaben, ihr Glück in der Welt zu gründen.

Das Wesen des Kindes wirkte aber auf sie selbst zurück, so daß sie nicht nur wegen ihrer hohen Ämter, sondern auch des Kindes wegen sich jene entsagende Lebensführung auferlegten, die sonst durch die Sitten der Zeit und der Vornehmen nicht unumgänglich geboten war.

Die Briefe, welche Johannes nach Zürich brachte, bezogen sich auf die Erwerbung der Stadt Kaiserstuhl und der Burg Röteln, die gegenüber auf dem rechten Rheinufer lag, von dem sinkenden Hause der Regensberger. Da diese Besitztümer mit dem Wasserstelzischen Erbe in gewissen Lehensverhältnissen verwickelt waren, so gewann der Bischof als teilweiser Lehnsherr Einfluß auf dieselben, und er setzte sich in den Stand, Fides die Erbfolge zu sichern, indem er sie von den Standeshindernissen, die wegen ihrer unregelmäßigen Geburt erhoben werden konnten, dispensierte. Ihren Besitz dann zu vermehren und ihr so eine gedeihliche Stellung in der Welt zu schaffen, dazu dachte er die Gelegenheit später zu nehmen.

Nach seiner Rückkehr besorgte Johannes Hadlaub die verschiedenen Verrichtungen und begab sich auch in das Frauenkloster, wo er in die abgesonderte Wohnung der Äbtissin gewiesen wurde. In einem reichen Gemach, inmitten einiger Frauen, fand er die »große Frau von Zürich«; sie saßen im Halbkreise und stickten an einem großen Tapetenstücke, das ihnen gemeinschaftlich unter den Händen lag; zu ihren Füßen standen die Körbchen mit bunter Wolle und Seide. Mit ähnlichen Teppichwerken waren die Wände des Zimmers bis zu einer gewissen Höhe behangen; dieselben zeigten einen grünen Wald, in welchem die Legende von der Gründung des Klosters vor sich ging, wie die Töchter Ludwigs des Deutschen dem Hirsch nachgehen, wie der König ihnen von dem Bergschlosse Baldern aus zusieht, dann das Münster baut und wie die Gebeine der heiligen Märtyrer Felix und Regula nach diesem Münster getragen werden von Bischöfen und Königen. Im Hintergrunde unter den Bäumen aber bewegten sich noch viele Leute und Tiere, Diana und ihre Nymphen jagten nach Hirschen, Adonis nach dem Eber, Venus beweinte den toten Adonis, Siegfried lief nach dem Bären und Hagen warf den Spieß nach jenem, es war gewissermaßen die Unruhe der Welt, von welcher sich die friedlichen Szenen des Vordergrundes abhoben. Über den Tapeten war die Mauer bemalt mit knieenden Äbtissinen, deren jede ihren Wappenschild mit Helm und Helmzierde zur Seite hatte. Die Decke des Zimmers samt den sie unterstützenden Balken war von bunten Blumenranken auf weißem Grunde bedeckt und die kleinen Fenster bestanden aus Glasplatten, dick und ungefüge, in verschiedenen Farben zusammengesetzt. Noch höherer Farbenglanz leuchtete durch die offene Türe eines Nebengelasses, in welchem Betstuhl und Hausaltar der Äbtissin standen, letzterer mit Kleinodien aus karolingischer Zeit.

Von aller dieser Pracht überrascht wußte Johannes kaum, wo

die Augen hinwenden, und geriet nur mit einiger Mühe dazu, der aufschauenden Frau Kunigunde den Gruß des Bischofs auszurichten und ihr seinen Brief zu übergeben; daß Fides unter den Frauen saß, bemerkte er wiederum nicht, obgleich er längst eine unschuldige kleine Anbetung für sie eingerichtet hatte in seinem Herzen.

Während er vor den Frauen stand und seine Blicke an den Wänden herumgehen ließ, ging die Äbtissin mit dem Briefe auf die Seite, um ihn zu lesen; sie schien aber über den Inhalt einigermaßen betroffen und schüttelte unmerklich den Kopf. Bischof Heinrich schrieb ihr nämlich seine Bedenken über das trübsinnige Wesen ihres Kindes Fides und teilte ihr zur reiferen Erwägung einen Gedanken mit, welcher in ihm entstanden sei: ob man dem Kinde nicht in allen Züchten und mit aller Vorsicht den gutartigen und unschuldigen Knaben Johannes zum Gespielen geben könnte, um sein dunkles Sinnen aufzuheitern und dem Leben zuzuwenden. Ein so lieblicher und unschädlicher Verkehr würde das Mägdlein aus seinen Träumen wecken, daß es die Menschenscheu verlöre und seine Tage besser verbrächte, bis die Zeit gekommen, es mit Glück und Vorteil zu vermählen.

Den Brief verwahrend ging sie fast unwillig auf und nieder und sagte bei sich selbst: »O Heinrich, königlicher Kanzler, gelehrter Bischof, wie töricht bist du!«

Die übrigen Frauen hatten inzwischen den Boten wohlgefällig ins Auge gefaßt und die eine oder andere ihn neckisch über seine Herkunft und Sendung verhört, bis eine rief: »Ei, und einen goldenen Ring trägt er am Finger, ein so junger Knabe! Was für ein Glück bedeutet das?«

Johannes verkündigte mit einigem Selbstvertrauen, daß der Herr zu Konstanz ihm den Ring verehrt habe. Plötzlich schaute jetzt Fides von ihrer Arbeit auf, und als er feierlich erklärte, daß er nämlich jetzt der Erzkanzler des ganzen Minnesanges und der Ring das Zeichen seines Amtes sei, ließ sie ein kurzes helles Gelächter ertönen, wendete jedoch sofort errötend die Augen wieder zu ihrer Arbeit. Sie konnte jedoch nicht umhin, noch einmal aufzublicken, gerade als der junge Minnekanzler sprachlos nach ihr hinsah, die er erst jetzt gewahrte in seiner selbstgefälligen Würde oder demütigen Befangenheit. Wie nun die sämtlichen Frauen das angeschlagene Gelächter aufnahmen und fortsetzten über den von einem Bischof kreierten zierlichen Minnekanzler, beugte sich Fides wiederum tiefer, wie niedergedrückt von der Last neuen Errötens und dem dunklen Leid ihres Lebens. Eine Träne entfiel ihren Augen, stille Verlegenheit verbreitete sich im Gemach und die Äbtissin Kunigunde beeilte sich, selbst mit Rot begossen, den Jüngling zu entlassen, als sie zu spät der seltsamen Verhandlung inne geworden.

Für Johannes war Fides immer nur das Fröwelin von Wasserstelz gewesen, wie sie genannt wurde, ohne daß er über ihren Stand weiter etwas wußte oder dachte. Er begriff daher von dem Vorgange nichts, als etwa, daß er selbst die Ursache desselben sei und die Betrübnis des Fräuleins am Ende durch seine Nichtbeachtung hervorgerufen habe, was ihm bei seiner wichtigen Stellung nicht unmöglich schien.

Das Unternehmen der Liedersammlung wurde nun eifrigst in den Gang gesetzt, das Verzeichnis der Minnesinger täglich vervollständigt durch die Herren Manesse, den Vater und den Sohn, welche sich keine Mühe gereuen ließen und nach allen Seiten in mündlichen und brieflichen Verkehr traten, wo es die Gelegenheit mit sich brachte. Gleichzeitig wurde an das Herbeischaffen der fehlenden Lieder geschritten und Johannes Hadlaub häufig in Städte, Klöster und Burghäuser gesendet, um Abschriften zu nehmen, wenn die dort aufbewahrten Pergamente nicht erhältlich waren.

Ebenso wurde für jeden schon vorhandenen Dichter ein Buch eingerichtet und mit dem Einschreiben der Lieder begonnen, in der Weise, daß alle die einzelnen Bücher nachher zusammengelegt und zu einem Gesamtbande vereinigt werden konnten.

Johann zeigte nun ebensoviel Fleiß als Begabung; er schrieb dem Herrn Rüdiger den Schwabenspiegel ab und verglich den Text während des Schreibens mit den anderen Handschriften, die jener zusammengebracht, und sorgfältig teilte er ihm alle aufgefundenen Abweichungen und Zusätze zur Entscheidung mit; für den Regensberger Herrn Leuthold schrieb er Briefe und neben und vor allem besorgte er die Liedersammlung.

Bei dieser letztern Arbeit verweilte er am liebsten und wendete ihr jede mögliche Stunde zu. Der jugendliche Nachahmungstrieb, der ihn anfänglich bewegt, wandelte sich unvermerkt in ein bewußtes Tun; er lernte die Natur, Erde und Luft, die Jahreszeiten und die Menschen darin wirklich schauen und empfinden, und gleichzeitig verwandelten sich die nachahmenden Anfänge der Frauenverehrung in die angehende Leidenschaft.

Im Elternhause hatte er über die Abkunft und Lebensstellung der Fides endlich Kunde erhalten, als man zufällig von diesen Dingen sprach, und mit *einem* Schlage erschien ihm das stille, stolze Fröwelin von Wasserstelz wie von einem goldenen Lichte umflossen, da sie nicht glücklich zu sein schien. Ihre ungewöhnliche, fast geheimnisvolle Schönheit wurde in seinen Augen durch das ungewöhnliche Schicksal noch erhöht, sie wurde in einem Augenblicke das Einzige für ihn, was ihn erfüllte und zugleich sehr schnell sein Herz beschwerte mit einem gelinden Kummer, der seinem Alter sonst auch in Liebessachen nicht eigen war.

So oft er jetzt auch im Hofe des Herrn Rüdiger verkehren mußte, erblickte er das Fräulein doch nur äußerst selten, und wenn es je einmal geschah, sah sie ihn kaum an und grüßte ihn fremd und traurig.

Aus den Gedichten, die er täglich und stündlich durchlas und abschrieb, glaubte er aber alles das zu kennen und in der Ordnung zu finden, obgleich es ihm wahrscheinlich nicht so kurzweilig zu Mut dabei war, wie allen jenen fahrenden Rittern und Sängern. Als nun der Herbst kam, wurde seine junge Leidenschaft so stark, daß sie sich selbst einen Ausweg schaffte und Johannes eines Tages, als er in der milden Sonne des Berges sich erging, unversehens sein erstes Minnelied ersann, welches beginnt:

Ich wär' so gerne froh,
Nun kann's nicht schlimmer sein,
Ich minne gar zu hoch
Und sie begehrt nicht mein u.s.w.

Alsogleich war aber die einzige Sorge, seine vermeintliche Schuldigkeit gegen sie zu tun und ihr sein Herzens- und Kunsterzeugnis ganz im geheimen zukommen zu lassen. Nach langem Sinnen fand er endlich den Weg dazu, als er vernommen, daß Fides jeden Morgen nach dem Frauenmünster in die Frühmette ging, wo sie im Chore neben ihrer Mutter saß. In jener Jahreszeit war es aber um die Stunde der Frühmette noch dunkel.

Johannes schrieb also das Lied so zierlich als möglich auf ein feines Blatt, faltete dieses wie einen Brief und befestigte eine Fischangel daran. Dann erhob er sich zeitig genug von seinem Nachtlager auf dem Berge, nahm einen uralten Pilgermantel, Hut und Stab, die seit undenklicher Zeit hinter der Türe hingen, an sich und machte sich eilig auf den Weg den Berg hinunter, gleich einem der Pilger, welche nicht selten zu den Überresten der heiligen Märtyrer Felix und Regula wallfahrteten.

Die Mettenglöcklein tönten um die Wette von allen sieben oder acht Klosterkirchen der Stadt durch den dichten Herbstnebel, der über ihr lag und vom niedergehenden Vollmonde beschienen war wie eine wogende See, aus welcher bald nur noch einzelne Bäume emporragten. Am Himmel standen noch die Sterne. Mit heftig schlagendem Herzen tauchte Johannes in die Tiefe; denn er glaubte mit seiner Liebeserklärung nichts minderes als einen solchen offenen Sternenhimmel bei sich zu tragen und einem Ereignisse entgegen zu gehen, das in seiner Art einzig in der Welt dastehe.

Als eine Glocke nach der andern verklang, sputete er sich, was er vermochte, durch das offene Tor und langte atemlos im Münster an, wo die Messe schon begonnen hatte und in der schwach erleuchteten Kirche außer den Chorfrauen und den Kapitularen der Abtei nur wenige Leute den Gottesdienst begingen. Johannes erspähte mit scharfem Auge die Gestalt der Fides neben dem Stuhle der Prälatin; er begab sich, als die Handlung zu Ende ging, geschwind hinaus und setzte sich neben die östliche Kirchentür, wo Fides heraustreten mußte.

Nach dem Gedichte, in welchem Hadlaub später das Abenteuer beschrieben, und auch nach dem Bilde, das er für die Sammlung dazu gemalt, war Fides allein und trug als einzige Hut bloß ein kleines Wachtelhündchen unter dem mit Grauwerk gefütterten Kapuzenmantel und dem schwarzen Schleier, welche ihr Haupt und Gestalt dicht umhüllten. Und so schritt die edle Gestalt wirklich mit raschem Gange über die Brücke durch das Zwielicht des dicken Herbstnebels und der rötlich durchscheinenden Mondscheibe, die gerade im Westen unterging.

Der dunkle Pilgrim eilte ihr behutsam auf dem Fuße nach und streckte die Hand aus, um den Brief mit der Angel an ihren Mantel zu heften. Sie merkte wohl, daß ihr jemand folgte, allein sie beschleunigte bloß ihre Schritte, ohne sich umzusehen. Aber das wachsame Hündlein bellte heftig, als einer da leise am Mantel zu zupfen schien; das Fräulein war genötigt, zurückzuschauen, und blickte dem Verfolger fest ins Gesicht, der augenblicklich still stand und sich bescheidentlich hinwegschlich; denn freilich war er überzeugt, daß seine Botschaft am Mantel der Schönen hing.

Fides ging, ohne ein Wort zu sprechen, weiter und verlor sich in den noch nächtlichen Gassen, wo indessen überall die Handwerker schon bei Licht fleißig schafften. Johannes dagegen lief wieder den Berg hinauf, auf dessen Höhe man eben die Sonne im Osten aufgehen sah und der Vater Ruoff vom Hadelaub mit den Knechten die Ochsen zum Pflügen rüstete.

»Es ist doch gut«, sagte er zu seiner Frau Richenza, als er den Sohn in seinem Pilgeraufzug daher kommen sah, »daß er ein Schreiber oder Pfaffe wird; denn mit seinen absonderlichen Sitten und Schwärmereien hätte er mir nicht auf den Hof getaugt!«

Seinerseits getraute sich Johannes kaum wieder in die Stadt hinunter an jenem Morgen, und doch glaubte er gehen und sich allen freudigen oder schreckhaften Entwickelungen seiner Tat darbieten und hinstellen zu müssen.

Es ging nun freilich dieser denkwürdige Tag vorüber, ohne daß etwas Weiteres erfolgte. Allein auch am nächsten und am dritten Tage geschah nichts, und viele Tage, Wochen und Monate verflossen, ohne daß Johannes erfuhr, ob Fides den Brief auch nur gefunden und gelesen, geschweige denn, wie sie ihn aufgenommen habe und darüber denke. Sie hielt sich sorgfältig abgeschlossen, wenn er in den Manessenturm kam, daß sein Auge sie den ganzen Winter hindurch nie erblickte. Es war ihm so wunderlich zu Mut, wie einem, der kein Echo hat, dem der Wind nicht widertönt, was er hineinruft.

Die kalte düstere Jahreszeit dauerte über die Maßen lang, und Johannes gewöhnte sich sozusagen an diesen Zustand eines Menschen, der nicht weiß, ob er etwas Gutes oder Übles angerichtet hat. Er dichtete vorderhand kein zweites Lied mehr; da aber endlich der Frühling kam und die Sonne die Herrschaft gewann, taute sein Gemüt ein weniges auf und es gelüstete ihn plötzlich, jenes erste Lied, das er noch gar nie gesungen, einmal laut zu spielen und zu singen. Nur ein einziges Mal, dachte er sich, und wo es niemand hören kann!

Er nahm also an einem schönen Maientage seine Fiedel, in einem Säcklein wohl verborgen, und ging vor die Stadt hinaus, einen einsamen Ort zu suchen. Er wanderte durch das obere Tor und das Gut Stadelhofen, bis er an den Bach gelangte, der von den Hirslander Höhen her nach dem See hinunter fließt. Diesem Bach entlang führte hinter dem Burgholzbühel hinauf ein stiller Fußpfad, wie zum Teil jetzt noch, beschattet von Bäumen, an Mühlen und kleinen Schmiedewerken vorüber, bis in eine von steilen Halden umgebene grüne Wildnis hinein. Dort floß das Wasser um eine kleine Au, die von Buchenbäumen dicht besetzt war, wie Kristall so klar herum, und alle Blumen, die je in einem Minnelied gemeint werden können, blühten unter den Bäumen und am Wasser.

Da aber das Laub noch zu jung und undicht war, schien es dem Sänger nicht genügenden Schutz zu gewähren, und er suchte eine noch verborgenere Stelle im Dickicht des Abhanges. Eine Buche, welche sich gleich über dem Boden in drei Stämme teilte und zwischen denselben einen traulichen Sitz darbot, der mit Moos wohl gepolstert war, schien ihm endlich für sein Vorhaben geeignet. Er setzte sich zwischen die glatten Stämme, zog die Geige hervor und begann neugierig die Weise zu spielen, die er für sein Lied erfunden aber noch nicht gehört hatte, »ich wär' so gerne froh, nun kann's nicht schlimmer sein, ich minne gar zu hoch und sie begehrt nicht mein, davon ich Herzensschwere beständig haben muß; mir ward ihr' keine Märe, als fremd und kalt ein Gruß!«

Diesen ersten Vers wiederholte er etwas zuversichtlicher und sang dann allmählig auch die übrigen Strophen mit deutlicher, wiewohl nicht zu lauter Stimme und mit verschiedenen Pausen. Hierauf sang er ein paar alte Lieder, die ihm geläufig waren, und kehrte dann plötzlich mit frischem Einsatz zu seinem eigenen Werklein zurück und sang es in einem Zuge keck zu Ende, wie er die Geliebte bittet, sein Übel nicht zu gering anzuschlagen, da es den Tod mit sich bringen könne, sondern aufmerksam zu prüfen, ob sie nicht durch Gewährung ihrer süßen und reinen Huld das Schlimmste von ihm abwenden und ihn zum Heile bringen möge.

Das Ding dünkte ihm wohlgetan und er erwog, die Fiedel nachdenklich auf die Kniee legend, wie es wohl wirkte, wenn er der Schönen das Lied lebendig vorsingen dürfte? Als er so sann, hörte er weibliche Stimmen über sich laut werden, wie wenn jemand seinem Gesange zugehört hätte, und überrascht emporblickend, sah er in der Höhe durch die Baumwipfel einen sonnebeglänzten Turm ragen. Erst jetzt entdeckte er, daß er am Fuße der Biberlinsburg saß, des Ursitzes jenes auch in der Stadt verbürgerten angesehenen Geschlechtes.

An der Mitte des Turmes befand sich ein kleiner Balkon mit Steingeländer, auf welchem Frauen standen, von der Nachmittagssonne beschienen, die aber anderen Frauen zuriefen, welche unten im Garten und noch tiefer im Laubholz der Burghalde gehen mußten. Gelächter und Gesang ertönte; die Gestalten am Turm oben verschwanden und zuletzt fanden sich alle unten auf der bachumflossenen blumigen Halbinsel. Sie schienen den Sänger zu suchen, der sich vorhin hatte hören lassen; da sie aber, weil Johannes still geworden und sich verborgen hielt, nichts mehr vernahmen, fingen sie unter den schlanken Bäumen an zu spielen und gewährten dem durch die Büsche lauschenden Jüngling ein liebliches Schauspiel.

Indem sie einen Reigen sangen und in die Hände klatschten, versuchten sie einen Tanz, zu fünfen oder sechsen. Als es dann nicht recht gehen wollte, mischte sich Johannes mit seiner Fiedel sachte in den Handel, erhob sich zugleich und näherte sich langsam den Frauen, immer spielend, bis er unerwartet bei ihnen stand und die Schönen schreiend auseinanderflohen, so daß in weniger als einem Augenblicke er keine einzige mehr um sich sah.

Erst jetzt glaubte er zu seinem Schrecken zu gewahren, daß auch Fides unter den Frauen gewesen und wie ein Schatten verschwunden war. Er hielt es jedoch für eine Täuschung, als alles still blieb, ein leises Kichern und verhohlenes Auflachen ausgenommen, das rings aus dem Grünen tönte. Hätte er mutiger ausgehalten, so würde er erfahren haben, wie es von allen Seiten sich wieder näherte. Allein es dünkte ihn nicht mehr geheuer; in der Meinung, er habe eine Unschicklichkeit begangen, nahm er das Fiedelzeug wieder unter den Arm und machte sich seinerseits auch aus dem Staube, oder vielmehr aus den Blumen.

Nun war Fides allerdings bei den Frauen gewesen, und da sie ihn gesehen, am weitesten fortgelaufen und zwar gerade auf dem Pfade, welchen Johannes gehen mußte, um nach der Stadt zurück zu gelangen. Nach einer guten Weile erst bemerkte sie, daß sie sich von der Burg, wo sie auf Besuch war, entfernte, und kehrte daher um, langsamen Schrittes einherwandelnd, als eben Johannes ihr entgegen kam.

Der Pfad war hier neben dem Bache so schmal, daß nicht zwei aneinander vorbeigehen konnten. Johannes ging aber immer zu in seinem Schrecken und schaute unverwandt auf die Erscheinung. Er sah trotz aller Verwirrung deutlich ihre Gestalt, ihr Gesicht und ihre Kleidung, indem er immer darauf zuging. Über dem purpurnen langen Ärmelkleid trug sie ein himmelblaues, zart mit Gold gesäumtes, seidenes Obergewand, fast ebenso lang und mit weiten Armschlitzen, alles ohne Gürtel oder andere Zutaten, weit in wallenden Falten. Unter der kronenartigen flachen Mütze von weißem Tuch, die mit breiter weicher Binde um das Kinn festgebunden war, floß das dunkle Haar wellig ober offen und lang über Rücken und Schultern. Für ihr Alter schon hochgewachsen, schritt sie doch bescheiden und stolz zugleich daher, die Augen vor sich auf den Boden gerichtet, nachdem sie einen kurzen Blick auf Johannes geworfen. Alles sah dieser genau, aber in bewußtlosem Zustande; denn die Jungfrau kam immer näher, umspielt von dem goldenen Abendlichte, das durch die grüne Dämmerung des Waldpfades webte, und begleitet von dem fast betäubenden Gesang und Gezwitscher unzähliger Vögel, die im Laube ringsumher saßen, ohne daß Johannes Anstalt machte, sich zu fassen und die junge Schöne auf schickliche Weise irgendwie zu begrüßen. Schon ganz nahe bei ihr, vermochte er kaum noch schnell zur Seite zu treten, um sie vorbei zu lassen. Totenbleich schlug er in diesem feierlichen Moment die Augen nieder, die Knie wankten dem zagen Jüngling, er vermochte nicht ein Wort hervorzubringen, und sie ging an ihm vorüber, ohne ihn zu grüßen, wie er es in einem Liede nachher kläglich beschrieben hat.

Er konnte freilich nicht sehen, wie ein fast fröhliches Erröten ihre ernsten Züge ein weniges belebte und der geschlossene Mund mit einem leisen Lächeln halb sich öffnete, als sie vorbei war und mit unwillkürlich beschleunigten Schritten die Gespielinnen aufsuchte. Beschämt und als ob er dem Teufel entronnen wäre, setzte auch er nun seinen Weg mit der größten Eile fort, noch immer an allen Gliedern zitternd.

Immerhin war, nach wiedererlangter Ruhe, das Abenteuer für ihn ein wichtiges Ereignis und ganz dazu angetan, seine Minnetaten neu in Fluß zu bringen. Auch die grußlose Begegnung mit der Geliebten auf einsamen Wegen war ein Erlebnis, ein Markstein auf der Lebensreise, abgesehen von den übrigen zierlichen Begebenheiten, den spielenden Frauen und der blühenden Wildnis, und Johannes verlor keine Zeit, sondern nützte sie, das Abenteuer in ein kunstgerechtes Lied zu verwandeln. Diesem folgten andere und diesen wieder andere, je nach der Gunst des Augenblicks und dem mehr oder weniger sichtbaren Segen Gottes gefühlvoll und originell oder ein wenig jugendlich langweilig oder unbedacht nachahmerisch, leidenschaftlich oder pedantisch. Jene Gedichte, welche ihm am gelungensten schienen, oder die in unmittelbarer Aufwallung seiner Neigung entstanden, wußte er dem Fräulein auf verschiedene, immer geheime Weise in die Hände zu spielen, obgleich er einen wissenden Boten nicht zu brauchen wagte.

Das fortwährende Stillschweigen der Dame beirrte ihn nicht mehr, die Sache war ja im Lauf; er sang an eine hartherzige oder spröde Schöne um Erhörung, und daß diese so lange als möglich ausblieb, mußte er eben gewärtigen und ertragen wie jeder Singer. Es genügte ihm sogar, daß keine Anzeige oder Untersagung seines Vorgehens erfolgte, und er warf gerade auf diesen Grund kühnlich den Anker seiner Hoffnung.

Allein hierin täuschte er sich. Fides las allerdings alle die »Briefe« und bewahrte sie sorgfältig auf; eine Neigung zu dem traulichen Jünglinge machte ihr immer deutlicher zu schaffen, es begann eine zärtliche Wärme ihr Herz zu beschleichen, wenn wieder eines der Lieder in ihre Hand gelangte. Aber so wenig sie gestimmt war, mit dergleichen das übliche geistreiche Spiel zu treiben, ebensowenig war sie gesinnt, ihre ernsten Vorsätze zu brechen und sich einer Verlockung hinzugeben, die ihr verboten war, wie sie wähnte. Sie hielt sich hiezu um so eher für verpflichtet, als sie wohl fühlte, daß auch Johannes trotz aller Schulfuchserei, die an seinem Gebaren haftete, nicht spielte, sondern ihr ernstlich zugetan war. Solche Gesinnung zeugte nicht minder für einen früh gereiften, verständigen Ernst der jungen Person, als für das wirkliche Wohlwollen, das sie nun zu dem frischen Jünglinge hegte.

Wie sie jetzt bedachte, auf welche Art sie am füglichsten der Sache ein Ende machen könnte, verfiel sie nicht darauf, sich der Mutter anzuvertrauen oder der Pflegemutter, sondern sie ging zum alten Ritter Manesse; als er allein war, übergab sie ihm das Bündelchen Lieder und bat ihn kurz und gut, aber mit tiefem Ernste, für das Aufhören solcher Zusendungen zu sorgen und den törichten jungen Menschen auf den geziemenden Weg zu weisen.

Allein hiermit hatte sich Fides getäuscht und war nicht vor die rechte Schmiede gekommen.

Anstatt die Stirne zu runzeln und Zeichen des Mißfallens von sich zu geben, zeigte Herr Rüdiger immer größere Heiterkeit, je länger er die Blätter auseinander wickelte und durchlas.

Er durchging die einzelnen Lieder zum zweiten Male und versicherte sich, daß er nicht Abschriften, sondern neue Erzeugnisse vor sich habe. Der Dämon aller Sammler und Liebhaber kam über ihn.

»Das ist kein törichter Mensch, das ist ein neuer Minnesänger, den du uns erweckt hast, meine Tochter!« sagte er fröhlich zur Fides, die noch dastand und auf eine Äußerung wartete; »diese Nachtigall wollen wir nicht verscheuchen aus unserem Garten! Ei, was denkst du? Sei nur ruhig, das hat nichts auf sich als Gutes und Erfreuliches! Dieses Schifflein wollen wir schon ungefährlich durch die Flut steuern!«

Der Ritter begann nun, die Fides zu unterrichten, wie sie gelassen bleiben und die Huldigungen des gutartigen Jungen dulden solle, ohne sich selbst gefangen zu geben. Das sei eben liebliche Sitte und schade keinem Teile; nur solle sie nie sich ihrer Hut entziehen und nichts unternehmen, wovon ihre Freunde und Beschützer nichts wüßten. Vor allem aber solle sie keine von den Liederbotschaften, die sie erhielte, verlieren oder verderben, sondern alles ihm, dem Herrn Manesse, getreulich einhändigen, daß er es aufbewahre.

Fides fühlte sich keineswegs zufrieden gestellt; doch war das junge Wesen dem alten, würdigen Ritter und Ratsmann gegenüber unsicher und ging besorgter hinweg, als sie gekommen war.

Daher fand sie sich noch selbigen Tages bewogen, doch einen weiblichen Rat zu suchen, und eröffnete das Geheimnis ihrer Pflegemutter, der wackeren Ehewirtin des Ritters, die ja an der Spitze ihrer Hut stand und den Handel schon bedenklicher, ja äußerst ernsthaft aufnahm.

Bei allem ehelichen Frieden war die gestrenge Frau doch über viele Umstände des äußerlichen Lebens anderer Meinung als ihr Eheherr, und sie führte einen steten geheimen Krieg mit ihm, der wegen der guten Lebensart niemals Geräusch machte. Sie war ohne Zweifel ein Urtypus jener Zürcherinnen, die einer um das Jahr 1784 im Schweizerischen Museo also geschildert hat: »Noch gegen End vorgehenden *Seculi* war unser Frauenzimmer vom Schrot und Korn früherer Jahrhunderte. Sie konnten unsere Älterväter bereden, Eingezogenheit und haushälterisches Wesen überwäge bei demselben (dem Frauenzimmer) manche andere, glänzendere Eigenschaft; diese Einbildung war allgemein und beherrschte unsere Frauen so stark, daß sie sich auf kein anderes als die Hausgeschäfte legten, die sie mit der genauesten Aufsicht besorgten und ihr scharfes Regiment und Sparsamkeit bisweilen wirklich so weit ausdehnten, daß man es dem Eheherrn und den Kindern an den dünnen Lenden und schmalen Backen wohl ansehen mochte. Eine solche Frau war in ihrem Haus immer die erste aus dem Bett und die letzte darin; keine Kleinigkeit entging ihrem wachsamen Aug; aller Orten trat sie den Mägden auf die Eisen; in Kleidern, Speis und Trank wurden Mann und Kinder geschmeidig gehalten.«

Von solcher Gesinnung war die Frau, die in Rede steht, und sie erstreckte dieselbe auf alle häuslichen und gesellschaftlichen Angelegenheiten, während der Mann, sonst klug, edel und gerecht, gerade in allen jenen Dingen auf eine ihr widerstrebende Weise sich liberal bezeigte. Er war leutselig, gastfrei und glänzend und wußte den heimlichen Krieg ärgerlicher Weise bald durch listige Überraschung, bald durch freundliche Ruhe mit wenigen Worten und Blicken stets so zu führen, daß er fast immer mit einer Niederlage der leise fechtenden Frau endigte, oft ehe sie nur das Gefecht in Gang gebracht. Hatte aber das Schicksal des Tages oder der Stunde sich entschieden, so nahm alles den besten Verlauf, da die Besiegte für diesen Fall trefflich erzogen und unterrichtet war. So kam es, daß nirgends so stattlich und anmutig gelebt wurde, wie auf dem Manesseschen Hof, wenn der Herr zu Hause war und Gäste lud.

Auch in der vorliegenden Sache stellte sie sich sofort der Meinung ihres Gemahls entgegen, welche Fides ihr vertraut hatte, und sie rief: »Das fehlte uns, daß wir dergleichen Mummenschanz in unserm Hause aufführen! Wir leben hier an der Stadt bei Handel und Wandel und nicht auf Hofburgen und in Zaubergärten. Alte Mären lesen wir in den Büchern, aber wir spielen sie nicht selbst wieder ab; denn wir Bürgerinnen müssen für Kraut und Gemüse sorgen und an Haber und Hirse denken für das Gesinde!«

Sie belobte die Pflegetochter wegen ihres Verhaltens und ermahnte sie, den vorlauten Reimschmied nur recht streng abzuweisen und fern zu halten. Auch versprach sie ihr, die Briefe und Büchlein desselben abzufangen, wo sie könne, und gab ihr den Rat, ihr immer anzuzeigen, wann und auf welche Weise ihr solche in die Hände kämen.

An dem gleichen Tage jedoch erschien auch der Bischof in Zürich, der eben seine Diözese beritt und im Hause der Manessen vorsprach, um das Kind zu sehen. Er erkundigte sich zugleich nach dem Fortgang der Liedersammlung und erfuhr von Herrn Rüdiger im geheimen, was für ein Sänger sich in Johann Hadlaub aufgetan habe und welches der Gegenstand seiner Minne sei.

Mit großem Vergnügen hörte das Bischof Heinrich; es schien ihm gerade sein Umstand zu sein, nach dem er begehrte, und schon sah er im Geiste die schöne Fides, durch fragliches Abenteuer aufgeheitert und an die Welt und ihre Freuden gewöhnt, als gewandte, lebensfrohe Frau vor sich stehen und gehen, die nicht verfehlen werde, dereinst einen ansehnlichen Herrn zu gewinnen, wenn sie nur erst durch den fleißigen Johannes zurechtgesungen und glänzend hervorgehoben sei. Denn er hielt es mit dem klugen Rüdiger für selbstverständlich, daß der junge Mann die Sache nur als eine Sache der »hohen Minne« betreibe, d. h. die Dame seiner Lieder als weit über ihm stehend und im Ernste als unerreichbar betrachte. Hierüber ängstliche Zweifel zu hegen, schien ihm unnötig, nachdem so viele adelige, kleine und große Herren seit hundert Jahren in ihren Liedern so viel Unerreichbares, ja Unnennbares gesungen.

Er nahm daher Gelegenheit, die Tochter Fides ebenfalls beiseite zu nehmen und sie vertraulich aufzumuntern, daß sie den Frauendienst sich nur unbedenklich gefallen lassen und keineswegs die Büchlein und Briefe des guten Knaben zurückweisen oder etwa gar vernichten solle. So hatte Fides nun verschiedene Ratschläge erhalten; um deren nicht noch mehr zu bekommen, schwieg sie und beschloß, von dem einen das und von dem andern jenes zu befolgen. Sie behielt ihre Strenge gegen Johannes bei, sprach nie mit ihm und erwiderte niemals seine Botschaften. Dagegen nahm sie die letzteren an sich, wenn sie ihr auf immer neue Weise zukamen, so daß die Manessen-Frau vergeblich darnach spähte und sich wunderte, nichts aufzufangen. Wiederum händigte Fides ab und zu dem Ritter das Reimgut ein, der es behaglich sammelte und besonders aufbewahrte.

Es war nun ganz gegen die Sitte und sollte wohl dartun, daß

alles ein Spiel sei, wenn nicht nur Hadlaubs Minnewerben offenkundig gemacht, sondern auch der Name der sogenannten Herrin nicht verschwiegen wurde und das artige Spiel so zum Gemeingut und Vergnügen eines weiteren Kreises sich gestaltete. Jeder, der herzukam, nahm daran teil, spornte den naiven Sänger zur Ausdauer an, versprach ihm süßen Lohn und legte bei der Schönen ein gutes Wort für ihn ein. Sie wurde bald von diesem, bald von jenem Hochstehenden geplagt, bis sie einen widerwilligen Gruß an ihren Diener auftrug oder gestattete, ihm zu hinterbringen, daß sie sogar nach ihm gefragt habe. Selbst die Äbtissin, ihre Mutter, forderte sie zuweilen scherzend auf, freundlicher gegen den Gesellen zu sein, und als man diesen endlich ins Haus lockte, um ihn unversehens vor ihre Augen zu bringen, mußte sie sich trotzig einschließen, da sie weder sich, noch ihn solchem Spiele preisgeben wollte. Und doch wurde dieses Spiel durchaus ohne Spott und Lachen, vielmehr mit einer gewissen feierlichen und feinen Freundlichkeit geübt.

Trotz allem schien Fides sich an das seltsame Verhältnis zu gewöhnen und allmählig heiterer zu werden, obgleich ihr Benehmen gegen Johannes immer das gleiche blieb. So verging ein und das andere Jahr; zu dem reichen blonden Lockenhaar des jungen Mannes gesellte sich bereits ein ebenso blonder Bart um Wangen und Kinn, wenn wir seinem eigenen Konterfei aus jener Zeit glauben dürfen; Fides aber war schon eine der schönsten und stolzesten Frauengestalten geworden, welche weit und breit zu finden waren, und Johannes wurde nicht müde, sie mit allen Jahreszeiten, mit Frühling, Sommer, Herbst und Winter gleichzeitig zu besingen. Alle Reize der wechselnden Natur vereinten sich in seinen Liedern mit Sehnsucht, Klage und Hingebung der Liebe und dem Preise der geliebten Frau. Er war jetzt seiner Töne sicher und Herr Rüdiger bereits im Besitze einer ansehnlichen Sammlung seiner Lieder.

Aber auch die große Sammlung der Minnesänger war jetzt so weit vorgeschritten, daß schon an hundert derselben, meistens vollständig, beisammen lagen und jeder sein eigenes Heft schöner Pergamentblätter hatte, zu einem großen Teile mit Bild und Wappen versehen. Ein florentinischer Gesell, an beiden Münstern in seiner Kunst tätig, war dem Schreibemeister behülflich, woher manche der Gemälde ihre ausdrucksvolle Einfachheit und edle Gewandung erhielten. Für Ausmittlung der Wappen aller der singbaren Herren aber war sowohl der Manesse als insbesondere auch Bischof Heinrich besorgt, der schon, als er Propst in Zürich gewesen zu Zeiten des Konrad von Mure, und später als königlicher Kanzler in dieser Materie große Erfahrung gewonnen hatte, wie er denn überhaupt in allen Sätteln gerecht war.

Deutscher König war jetzt der verwachsene, herrschsüchtige und gewalttätige Albrecht, Sohn Rudolfs, und es war bei Anlaß eines Aufenthaltes desselben in Zürich, als eine größere Zahl geistlicher und weltlicher Herren dort zusammen trafen, von denen nach der Weiterreise des Kaisers manche noch in der befreundeten Stadt blieben, wo fast alle verbürgert waren und fröhlicher wurden, wenn der stachlichte Kronenträger, der es mit niemandem freundlich meinte, wieder verschwand. Eine Reihe von Staatsgeschäften hatte er in Zürich behandelt, unter andern auch mit dem Rate der Stadt, bei welcher Gelegenheit Johannes Hadlaub mit einer Kleinigkeit, ohne es zu wissen, ein günstiges Aufsehen machte. Er war vom Ritter Rüdiger mitgenommen worden, um ihm als Schreiber und Aktenbewahrer zur Hand zu sein. Als nun der Kaiser in böser Laune einst durch das zahlreiche Gefolge hineilte, das in der Wohnung des Reichsvogtes versammelt war, und plötzlich eine unerwartete Richtung einschlug, geriet ihm Johannes unverschuldeter Weise in den Weg, also daß jener mit ihm zusammen prallte; Albrecht fuhr ihn ärgerlich an: »Wer bist du?« »Ein Stein des Anstoßes!« erwiderte Johannes lachend, ohne irgendwie rot oder blaß zu werden. »Du bist ein kecker Bursche, fort mit dir!« rief der andere und wandte ihm den Rücken.

Diese Unerschrockenheit des Johannes hatten die Umstehenden, von denen wenige den König liebten, wohlgefällig bemerkt, und man erzählte nachher von dem unbekümmerten, mutigen Wesen des jungen Mannes, und lächelnd klopfte ihm mehr als ein Gewichtiger auf die Schulter, welcher dergleichen nicht vermocht hätte.

Als, wie gesagt, der König fort war, gedachten die Zurückgebliebenen sich noch etwas zu belustigen. Die Fürstäbtissin Kunigunde und Walther, der Freiherr von Eschenbach, der westlich und südlich von Zürich viele Herrlichkeit besaß, luden eine große Gesellschaft zur Jagd in jenen Forsten, welche angrenzend am Albisberg und im Sihltal ihnen gehörten und die heutzutage Eigentum der Stadt Zürich sind. Herr Manesse lud auf den gleichen Tag die Jäger zum Mahle in die Burg Manegg, wo er zur Verschönerung des Festes die Liedersammlung, soweit sie gediehen, vorzuweisen und damit dem Johannes einen Ehrentag als Belohnung seines Fleißes zu bereiten gedachte.

Auf den ganzen Plan war seine wackere Frau Manesse nicht gut zu sprechen; abgesehen von der großen Bewirtung, ärgerte sie der Handel mit dem Minnewesen, insbesondere das Hadlaubische Lustspiel, dem sie gar nicht traute. Trotz aller Aufmerksamkeit war ihr beim Fahnden auf Hadlaubs Manifeste ein einziges seiner Lieder unmittelbar in die Hände gefallen und zwar gerade dasjenige, in welchem er in hergebrachter Weise seinem Unwillen gegen die Merker und die Hut Worte gab: »Daß sie verflucht seien mit ihren langen Zungen und mit ihrem verborgenen Schleichen! Sie schielen umher, wie die Katze nach der Maus, der Teufel soll ihr aller Pfleger sein und ihnen die Augen ausbrechen!« hieß es am Schlusse dieses Hymnus.

Obgleich es nicht so böse gemeint war, fühlte sich die Frau Obermerkerin doch wenig geschmeichelt von solchem Gesange und sie suchte daher die Absicht ihres Eheherrn zu vereiteln. Allein ihre Mühe war fruchtlos, und auch die Bewirtung auf der Manegg wurde in jedem Stücke um so reichlicher vorbereitet, je einfacher es die Frau ausführen wollte. Es war, als ob der Ritter die Augen überall hätte und in der Küche ebensogut

Bescheid wüßte, wie in der öffentlichen Verwaltung, den Rechtssachen, dem Minnesang und der Wappenkunde.

An einem sonnigen Morgen zu Anfang Septembers ritt die Gesellschaft nach den Albisforsten ab in großer Fröhlichkeit. Es waren dabei der Bischof Heinrich von Klingenberg, die Äbtissin mit mehreren Frauen, worunter die Fides, die Äbte von Einsiedeln und Petershausen, Graf Friedrich von Toggenburg, Lüthold von Regensberg, Herr Jakob von Wart und dessen jugendlicher Sohn Rudolf, die Edlen von Landenberg und Tellinkon und der von Trostberg. Herr Walther von Eschenbach ritt mit den Knechten und den Hunden dem Zuge voraus, und Herr Manesse mit seinem Sohne, dem Kustos, und mit Johannes Hadlaub schloß denselben. Noch andere Herren, Pfaffen und Frauen, die für die Jagd zu bequem waren, wollten sich später auf Manegg einfinden, wo die Manessin inzwischen ihre verzauberte Mahlzeit richtete, die sich ihr, wie gewohnt, unter den Händen aus einem Käse- und Wurstimbiß in eine Hoftafel umgewandelt hatte; gewiß zum letzten Male! nahm sie sich mit unzerstörlichem Vertrauen auf die Zukunft vor, den tröstlichen Leitstern alles Menschentumes.

Welche Schwäche! würde jetzt manche Frau ausrufen; aber wie liebenswürdig war dagegen jene stets für ihren Geiz kämpfende und unterliegende Wirtin, die wegen der Salz- und Pfefferfrage nicht den Hausfrieden brach und es nicht biegen oder brechen ließ, sondern dachte, morgen ist auch wieder ein Tag, und die mildere Zeit, die seldenbäre, wird auch mir noch aufgehen! Und wie schad' ist es, daß wir ihren vollen Namen nicht mehr wissen, der von seltenem Wohllaute hätte sein müssen.

Die Jagd förderte sich rasch durch die Waldungen hinauf, es wurde ein einziger Hirsch verfolgt, mehr um in bewegter, freudiger Art auf die oberste Bergeshöhe zu gelangen, als der Beute wegen. In der Schnabelburg, weit über alles Land hinwegsehend, begrüßte Walther von Eschenbach als Hausherr die

Gäste, als Nachfolger jener uralten ausgestorbenen Freien von Senableborc; denn schon vor sechshundert Jahren hat es für jene Menschen schon alte unvordenkliche Zeiten gegeben. Von hier aus übersah man dies- und jenseits des Berges bis über den Reußfluß weg die Burgen und Dörfer des Eschenbacher Freiherrn, und der blühende junge Mann fühlte sich so recht im Glücke, als die Herren und Frauen aus allen Fenstern seines Saales in die Lande schauten und seinen Besitz lobten. Die Seen von Zürich und Zug schienen nur als Spiegel dieses Glückes aus den großen Tälern herüber zu schimmern, und die damals verschlossene Gebirgswelt in ihrem silbernen Schweigen, von den Hörnern des nachmaligen Bernerlandes bis zum Säntis, schien nur als Zeuge einer ewig seligen Gegenwart herum zu stehen.

Nach kurzem Aufenthalte aber stieg alles wieder zu Pferde, um auf dem Rücken des langgestreckten Berges davon zu fliegen. Es wurden jetzt Falken gebracht, da in solcher Höhe die Lüfte frei waren, und in heller Freude ließen die »seldenvollen« Frauen die Federspiele steigen. Insbesondere die junge Gattin des Eschenbachers, ihm nicht lange vermählt, die sich dem Zuge angeschlossen, tat sich in Freude hervor, und mit ihr wetteiferte die Braut des jungen Wart, die auf der Schnabelburg zu Gast war, Gertrud von Balm, eine holde Nachbarin aus der Gegend der Lenzburg her. Wie Zwillinge der Freude, in lieblichem Übermut, sprengten sie, die Neuvermählte und die Verlobte, mit wallenden Schleiern allen voran und warfen ihre Falken in die Luft, jauchzend, als sie sahen, wie beide Vögel auf denselben Reiher stießen, der sich vom Türlersee erhoben hatte und ostwärts nach dem Glattal hinüber steuerte. Vor der Kompanie, die in der Richtung nach Norden zog, breitete sich ins Blaue hinaus über Zürich-, Thur- und Aargau hin bis zu den schwäbischen Höhen und den Gebirgen des Jura das Land, und von allen Punkten schimmerten die Türme der herrschenden Geschlechter oder die Gotteshäuser und Kirchen. Einem Zuge von Göttern gleich eilten sie auf dem Berggrate dahin, Lust und Stolz auf allen Gesichtern; von den hohen Spitzhüten der Herren flatterten die Bindeschnüre, an den Enden zierlich verknüpft, modisch in der Luft und verkündeten den von jedem Drucke freien Sinn des Augenblickes. Einzig die schöne Fides ritt mit ernstem Gesicht, auf welchem Trauer und hoher Mut, Gefühl der Heimatlosigkeit und niedergehaltene Lebenslust sich mischten, geheimnisvoll wie die Dämmerungen der Tiefe, in welcher unsichtbares Volk waltete, dem die Zukunft gehörte.

Endlich tauchte der Jagdzug wieder in den Wald hinab, um auf die Burg Manegg zu gelangen, über welcher man angekommen war und wo die Manessin mit ihren Mägden soeben alle verhaßten Zurüstungen tadellos vollendet hatte und inmitten der bereits anwesenden Gäste die Jäger freundlich und höflich empfing. Selbst der Hadlaubische Johannes, der bescheiden zuletzt eintrat, erhielt keinen ungnädigen Blick von ihr, da sie dachte, das Spiel mit ihm werde jetzt wohl sein Ende nehmen, nachdem man ihm die Lieder entlockt.

Allerdings hatte er heute noch eine nicht geringe Vorstellung zu tun; denn als man zu Tische saß, frug Bischof Heinrich nach dem Minnekanzler und ruhte nicht, bis er ihn unter den Gästen sitzen sah. Fides errötete und blickte mit unruhigem, ja unwilligem Wesen um sich; Johannes errötete noch viel mehr und wagte nicht aufzusehen. Nichtsdestoweniger wurde er mit Wohlwollen betrachtet und auch ohne Stolz, da er als freier Abkömmling vom Berge zu dem bürgerlichen Gemeinwesen gehörte, dessen Schutz und guten Willen bereits mancher Herr wohl brauchen konnte.

Nach eingenommenem Mahle aber führte der Hausherr die ganze Gesellschaft in einen Lustsaal, den er auf der Burg neu gebaut hatte. Längs Fenstern und Wänden waren Sitze bereitet, auf welchen man Platz nahm; in der Mitte des Saales stand ein Tisch und auf diesem lagen aufgeschichtet die Bücher der Minnesinger, welche Johannes geschrieben, jedes vorläufig zwischen zwei dünne Holzdeckel gelegt, die mit Seidenzeug bezogen waren, und wo schon Gemälde vorhanden, diese besonders mit einem Vorhange von roter, blauer oder anderer Seide geschützt. Diese Bücher wurden nun in der Art vorgewiesen, daß Johannes eines um das andere herumbieten mußte, nachdem er den Namen des Sängers ausgerufen. Herr Manesse selbst nahm ihm die Bücher ab und gab sie den Frauen, Prälaten und Rittern in die Hände, so daß die schönen weißen Pergamentblätter bald rings im Saale glänzten und die Bilder in Gold und Farben von allen Seiten schimmerten und durch ihren Inhalt rührten oder fröhlich machten.

Nach Kaiser Heinrich VI. im vollen Ornat, nach einem älteren Vorbilde überlieferungsweise gemacht, kam das letzte Staufenkind Konradin der Junge, auf der Falkenjagd, ein feiner Knabe mit goldener Krone, langem grünen Rock und weißen Jagdhandschuhen, auf einem Grauschimmel ansprengend, in den frohen Tagen gedacht, bevor er nach dem Throne der Väter zog und das junge Leben verlor. In den wenigen Liedern, die diesem Bilde folgten, zwitscherte das halbe Kind:

> Weiß kaum, was Frau'n und Minnen sind,
> Mich läßt die Liebe stark entgelten,
> Daß ich an Jahren noch ein Kind.

Eine Erfindung Johannes' war auch das Bild zu den Liedern König Wenzels von Böhmen. Der saß ebenfalls in allem Pomp, umgeben von seinen Hofämtern, auf dem Throne, zu seinen Füßen zwei Spielleute, ein Fiedler dabei, in welchem Hadlaub sich selbst dargestellt. Ein Pfalzgraf gab einem knieenden Ritter den Schwertgurt, und dieser Pfalzgraf, von jugendlicher Gestalt, zeigte ein so zartes und adeliges Gesicht, daß es fast überanmutig schien für einen Mann, bis man entdeckte, daß es eigentlich nichts anderes, als das Gesicht der Dame Fides sei. Diese Entdeckung fand jedoch nicht sogleich statt, sondern erst, als einige weitere Bilder die gleiche Erscheinung zeigten und man zu untersuchen begann, warum die edlen Gestalten einem denn so bekannt vorkämen. Denn gleich der nächste Sänger, Herzog Heinrich von Breslau, der umgeben von seinem Turniergefolge gewaffnet zu Pferde saß und von den

Frauen den Kranz empfing, zeigte wieder das nämliche anmutvolle Gesicht, ebenso Markgraf Heinrich von Meißen, der mit vier Falken jagt, und so weiter andere Ritter mehr, während nirgends eine der vielen Frauengestalten die Gesichtszüge der Fides zeigte.

Der sehnliche Schreiber und Maler erzielte durch diesen Kunstgriff wohl zwei Vorteile: einmal konnte er das geliebte Gesicht zum öftern anbringen, ohne die Inhaberin desselben bloß zu stellen, und dann erhielten die betreffenden Helden dadurch einen geheimnisvoll idealen Charakter, der sie über die ebenfalls meistens zarten und jugendlichen Gestalten der vielen Nebenfiguren emporhob. Denn es ist merkwürdig, wie diese ganze Bildwelt, gleich archaischen Werken des frühern Altertums, ein ewig heiteres, lächelndes Wesen zeigt und man manchmal die Männer, wo sie nicht in den Eisenhüllen stecken, nur an den kürzeren Haaren von den weiblichen Personen zu unterscheiden vermag, ein Zeugnis, daß das Schöne schöner sein sollte, als das wirkliche Leben.

Ungefüge verworrene Kampfszenen erinnerten jedoch an das eiserne Zeitalter in den Schildereien von den Herzogen von Anhalt und Johann von Brabant; auch waren da die vielen Pferde, die durcheinander toben, nicht die starke Seite des fleißigen Malers, und nur an den energisch geschwungenen Schwertarmen erkennt man einige Kunstgerechtigkeit, sowie an der stets korrekten Zügelhaltung. Friedlicher ging es wiederum zu bei Herrn Otto von Brandenburg mit dem Pfeile, der jetzt noch mit seiner Dame am Schachbrett sitzt bei der Musik von vier Spielleuten: zwei Posaunenbläsern, einem Sumberschläger und einem Sackpfeifer.

Auf solche Fürstlichkeiten folgten indessen bald die singerlichen Grafen, Ritter und bürgerlichen Meister, und vorzüglich die Sänger des Landes waren zuerst mit Bildern bedacht. Graf Kraft von Toggenburg steigt in hochrotem, schönfaltigem Gewand auf einer Leiter zum Söller der Geliebten empor; der Kopf zeigt prächtiges, edel geordnetes Haar und schönste Gesichtsform. Die Frau reicht ihm einen reichen Blumenkranz, auf einen Goldreif geflochten, entgegen und trägt selbst einen Rosenkranz auf dem Haupte. Als das Buch mit diesem Bilde dem anwesenden Grafen Friedrich in die Hand kam, gab er es mit überschattetem Antlitz sogleich weiter; denn weil die dargestellte Liebesszene an die Zeit erinnerte, wo ein Brudermord das Grafenhaus verfinstert hatte, vermochte sie ihn keineswegs zu erheitern, und er liebte nicht, davon zu sprechen.

Herr Konrad von Altstetten aus dem Rheintale lag mit seiner Geminnten unter einem weitverzweigten Rosenbaum, mit dem Haupt in ihrem Schoße, den Falken auf der Hand; sie beugt sich über ihn und legt ihre Wange auf seine Wange, ihn mit beiden Armen umfassend. Diesem Paare folgte Wernher von Teufen, der ebenfalls mit der Seinen auf der Falkenjagd ist, aber noch zu Pferde sitzt und im Reiten, während sie den Falken hält, sich zu ihr hinüber neigt und ihr zärtlich den Arm um die Schultern legt; alles gar anmutvolle Darstellungen.

Nun erschien aber einer der Anwesenden selbst, als Herr Jakob von Wart ausgerufen wurde. Johannes Hadlaub lächelte schalkhaft, als er seinen Namen rief, weil er ihm das schmeichelhafteste Gemälde gewidmet hatte. In einem Baumgarten, auf blumenbewachsener Erde, sitzt der alte Herr und zwar in einer Badekufe und entkleidet, so jedoch, daß das Wasser ganz mit Rosen bedeckt ist. Über ihm verbreiten sich Lindenäste, in welchen Vögel singen, und um ihn stehen vier Fräulein, die ihn bedienen. Eine setzt ihm einen Kranz auf das graue, aber blühende und lachende Haupt, eine reicht ihm einen goldenen Becher zum Trinken, und die dritte reibt oder streichelt ihm gar annehmbar Schulter und Arm; diese trägt auf dem Kopfe einen prächtigen Modehut von Netz- und Perlenwerk, die anderen tragen Blumenkränze auf den Locken. Die vierte aber kniet in weißem Gewande und mit verhülltem Kopf, also wohl eine Dienerin, vor einem Feuer, über welchem ein Kessel hängt, und handhabt eifrig den Blasebalg, um stets warmes Wasser für das Bad bereit zu halten.

»Hier kommt der Lohn der Tugend und Frömmigkeit!« rief Herr Manesse, als er das Buch dem alten Herrn von Wart übergab, und alle, die das Bild mitsahen, wünschten ihm mit heiterem Gelächter Glück und Heil und klatschten in die Hände.

»Ei, ei! wenn ich solches doch nur erlebt hätte!« rief der Alte, gleichmäßig lachend; »aber was hilft mir dies gemalte Scheinbild des Glückes? Herr Ulrich von Liechtenstein will dergleichen zwar genossen haben auf seinen Minnefahrten, auch in Herrn Wolframs Parzival lesen wir von solcher Sitte, ich aber habe leider nichts davon verspürt!«

»Ich will Euch gleich das Bad rüsten lassen, wenn Ihr Euch hinein setzen wollt, edler Herr!« sagte Frau Manesse, die jetzt über die bestandene Mühe aufgeräumt und fröhlich war.

»Gewiß, tut das«, rief der Ritter, »wir wollen auch unverweilt die vier Damen auswählen, die uns den Rücken reiben! Wie wohl wird uns das tun!«

Während alles über die Fröhlichkeit des ältlichen Ritters noch lächelte, hörte man plötzlich ein helleres Lachen, das von Fides herrührte. Sie schien endlich auch zu heiterem Sinn erwacht, und zwar durch ein seltsames Vogelungetüm, das auf einem Bilde dahergeritten kam. Dasselbe sollte Hartmann von Westerspühl, den Dienstmann der reichen Aue vorstellen, welcher mutmaßlich den Armen Heinrich, Erec und Iwein gesungen hat. Es mochte eine von den ersten Schildereien Hadlaubs und ohne guten Rat unternommen sein; denn man sah fast nichts als einen großen, unförmlichen Helm auf einem kleinen Rößlein einherreiten, überragt von einem ungeheuerlichen Vogelkopf. Ferner war das unsichtbare Männlein noch gedeckt von dem Schilde mit den drei Hahnenköpfen der Westerspühler und über ihm flatterte das Banner mit den gleichen drei Gockeln; allein die sechs Köpfe sowohl wie der große Hahn der Helmzierde waren oder sind noch so übel getroffen, daß niemand die Natur des Vogels deutlich erkennen kann und einige denselben für einen Adler halten.

»Was ist das für ein Reitervogel oder Vogelreiter?« rief die

Fides; »er sieht aus wie eine Henne mit sechs Küchlein zu Pferde!«

Das Bild ging zur Belustigung der Gesellschaft herum, weil sie vergaß, daß der Urheber sich vielleicht etwas zugute tat auf dasselbe; der ältere Wart aber bemerkte, daß der wunderliche Reitersmann wirklich der Großvater seines Nachbars von der Thur, des jüngern Herrn Hans von Westerspühl, sei und daß auch dieser sich noch einen Dienstmann der Reichenau nenne. »Der führt aber jetzt die drei Hüfthörner im Schilde statt der Hahnenköpfe«, setzte jene hinzu.

Inzwischen hatte Fides schon einen neuen Gegenstand ihrer kritischen Laune gefunden in dem Gemälde vom Sängerkriege, das nun herumging. Auf demselben saßen oben in ihrer Herrlichkeit Landgraf Hermann und die Landgräfin Sophie als Richter, unten aber auf einer Bank dicht ineinander gedrängt die sieben Sänger. Klingsohr von Ungerland in der Mitte und links und rechts von ihm Heinrich von Ofterdingen, Walther von der Vogelweide, Heinrich von Rißach, der tugendhafte Schreiber, Biterolf, Reinmar der Alte und Wolfram von Eschenbach. In der Tat war es höchst drollig anzusehen, wie die sieben Streitbaren, von Leidenschaft bewegt, so eng zusammen gedrückt sich auf dem armseligen Bänklein behelfen mußten, während die Fürsten oben in himmlischer Ruhe sich breit machten.

»Das ist ja«, rief Fides, »genau jenes Spiel der Schulkinder, welches man ein Käsdrücken nennt, wo die Äußersten der Bank nach der Mitte hin pressen, um die dortigen hinauszudrängen, die Mittleren aber sich gewaltsam ausdehnen, um die Äußersten von der Bank abzusprengen.«

Johannes Hadlaub hatte Fides noch nie so viel sprechen gehört und nun geschah es nur, um seine wohlgemeinten Taten herabzusetzen und lächerlich zu machen, wie es ihm wenigstens schien; denn daß mancher der Neckerei, die ja nur von erwachendem Frohsinn zeugte, sich eher gefreut hätte, vermochte er nicht zu wissen. Er stand daher trübselig und verdutzt vor der lachenden Gesellschaft und rief tonlos den Meister Gottfried von Straßburg aus, gab das Buch hin und wollte eben das nächste, das Konrad von Würzburg enthielt, ergreifen, als Herr Rüdiger Manesse herzutrat mit einem neuen Buch und laut von der Spitze desselben herunter las und ausrief: *Meister Johans Hadlaub!* Er hatte die Lieder Hadlaubs im geheimen zusammengestellt und mit dem Vergnügen eines sammlerischen Beschützers eigenhändig abgeschrieben. Alles wurde aufmerksam, als er nun die Erscheinung eines neuen Minnesingers im eigenen Kreise verkündigte und wie die würdigen Fürsten, Bischof Heinrich und die Äbtissin, mit Beistimmung des Rates von Zürich, den werten Mann in den Stand der Meister zu erheben beschlossen hätten. Die tugendreiche Frau Fides von Wasserstelz aber sei ausersehen, ihm den Kranz aufzusetzen und verdiente Huld zu erweisen.

Gleichzeitig bewegte sich der Bischof, der die Äbtin Kunigunde führte, gegen Fides hin, um ihr einen vollen Rosenkranz, auf silbernen Reif geflochten, zu übergeben. Fides jedoch erhob sich hastig, von Rot übergossen, und wollte entfliehen. Aber schon standen Eschenbach und der junge Wart, die Gemahlin des ersteren und die Braut des andern, hinter ihrem Stuhle, und die beiden Paare hielten sie auf dem Sessel fest und drückten ihr den Kranz in die Hand. Indessen führten Manesse und Toggenburg, gefolgt von den Äbten und anderen Herren, den ganz bleich gewordenen und schwankenden Johannes vor den Sitz der Fides. Der zaghafte Meister, der vor einigen Tagen dem bösen Kaiser ins Gesicht gelacht, tat jetzt, als wenn er zum Tode geführt würde, da er vor seiner reinen, süßen, seldenreichen, minniglichen Frau knieen sollte, von der bereits in den vorliegenden Liedern zu lesen war, wie er mit ihr ringen und sie auf ein Bett von Blumen hinwerfen würde, wenn er sie nur dort hätte!

Es gab nichts Schöneres zu sehen, als die sitzende Fides in ihrer Bedrängnis, festgehalten von den zwei blühenden jungen Paaren, aber auch nichts Erschütternderes, wenn einer die Zukunft hätte sehen und wissen können, wie in einer kurzen Spanne Zeit der jetzt so frohe Wart wegen König Albrechts Ermordung auf das Rad geflochten sein und eben dieses fröhliche Bräutlein, alsdann seine Gattin, drei Tage und Nächte hindurch betend auf der Erde unter dem Rade liegen würde, bis er den Geist aufgegeben; wie dieser selbe Eschenbacher Freiherr, landesflüchtig, in der Fremde als Hirtenknecht sein Leben fünfunddreißig Jahre lang fristen sollte, verborgen, verschollen in einer Hütte sterbend; wie die Geschlechter vertilgt, der hundertjährige Besitz genommen und die Burgen zerstört wurden, daß die Flamme zum Himmel und das Blut von der Erde rauchte vor den grimmigen Bluträchern. Diese Wolke schwarzen Schicksals, die über dem sonnigen Lebensbilde hing, barg den Blitz einer unbesonnenen, ungeheuern Tat, wie sie, erzeugt durch den Druck ungerechter Gewalt, ungeahnt und plötzlich einmal entsteht und den Täter mit dem Bedrücker vernichtet.

In sorgloser Heiterkeit wurde Meister Hadlaub vor die sitzende Fides gebracht und auf ein Knie niedergelassen, was sich von selbst machte, da er sogar ganz umfallen wollte und rückwärts gesunken wäre, wenn ihn die Herren nicht gehalten und gestützt hätten. Er wendete die Blicke furchtsam zur Seite, als ihm Fides, gedrängt von den Freunden, den Kranz auf den Kopf setzte. Als aber seine Hand genommen und in die ihre gelegt wurde und sie auf allgemeines Zureden endlich halb unwillig, halb lachend zu ihm sagte: Gott grüße meinen Gesellen! da regte er sich, wie ein Tierlein, das sich in der Angst totgestellt hat und nun allmählig wieder bewegt und munter wird. Er sah zu ihr auf, hielt ihre Hand mit beiden Händen fest und blickte ihr ins Antlitz, ganz nahe, wie noch nie. Da sah er nun, was er doch schon so oft beschrieben, zum ersten Mal so recht deutlich ihren Mund, ihre Wängel rosenfarb, ihre Augen klar, die Kehle weiß, ihre weibliche Zucht und die Hände weißer als Schnee. Ja, alles war so und tausendmal schöner, ein Wunder neben dem andern! In diesem Gesichte gab es keine unklaren topographischen Verhältnisse, keine unbestimmten oder überflüssigen Räume, Flächen und Linien, alle Züge waren bestimmt, wenn auch noch so zart geprägt, wie in einem wohl vollendeten Metallguß, und alles beseelt von der eigensten, süßesten Persönlichkeit. Die Schönheit war hier von innen heraus ernsthaft, wahr und untrüglich, obgleich ein Zug ehrlicher Schalkhaftigkeit darin schlummerte, der des Glückes zu harren schien, um zu erwachen.

Alles um sich her vergessend, schaute Johannes, dieweil seine beiden Arme auf ihrem Schoße lagen, sie so selig und ganz verklärt an, daß unwiderstehlich ein Hauch des Glückes in ihre Seele hinüberzog und ein liebliches Lächeln auf ihre Lippen trat. Hingerissen von dem anmutigen, wahrhaft rührenden Schauspiele, das die beiden in diesem Augenblicke gewährten, gaben alle Umstehenden ihre Freude und ihren Beifall laut zu erkennen; der Höhepunkt des artigen Spieles war für sie erreicht, und sie genossen dankbar das gelungene Kunstwerklein.

Durch das beifällige Geräusch wurde jedoch Fides aus ihrer Vergessenheit geweckt; sie zuckte zusammen und wollte ihre Hand aus Hadlaubs Händen zurückziehen. Der war aber seinerseits keineswegs erwacht und hielt nur um so fester, bis Fides höchst erregt und mit Tränen in den Augen sich niederbeugte und ihn tüchtig in die Hand biß. Obgleich ihm das nicht im mindesten weh tat, wie er später versicherte, kam er doch nun auch wieder zum Bewußtsein; er ließ ihre Hand sänftlich fahren, und sie erhob sich rasch, um aus dem Kreise der Umstehenden hinaus zu kommen. Da trat aber ihr Herr Vater, der Bischof, ihr entgegen und bat sie, dem so löblichen Gesellen nun auch irgend etwas zu schenken, zum Gedächtnis dieses Tages, als einen kleinen Minnelohn; das sei gute Sitte. Sie suchte in einer Tasche, die ihr zur Seite hing und worin sie die Handschuhe und anderes stecken hatte, und fand eine Nadelbüchse von Elfenbein, in griechischer Arbeit kunstreich geschnitten, zwei miteinander kämpfende geschuppte Drachen vorstellend; das warf sie hin, um nur endlich frei zu werden.

»Nicht so unfreundlich!« mahnte nun die Mutter Fürstäbtin,

welche das Nadelbein aufhob und es ihr wiedergab; »in guten Treuen gib es ihm hin, daß er auch Freude daran haben kann!«

Diese Ermahnung wurde von allen Anwesenden unterstützt und wiederholt. Fides gab ihm das Büchslein in die Hand und floh dann aber schleunigst aus dem Saale.

Johannes hielt das Elfenbein so fest in der Faust, als ob er ein Knöchlein des heiligen Petrus selbst erwischt hätte, und machte sich damit beiseite, während die Fürstin sagte: »Es nimmt mich wunder, daß sie es ihm gegeben hat; denn ein Vorfahr hat es übers Meer gebracht und sie trägt es von Kindesbeinen auf in der Tasche herum.«

Wenn Johannes ein Schneider hätte werden wollen, so wäre er jetzt wenigstens im Besitz einer Nadelbüchse gewesen; sonst verspürte er keinen weiteren Nutzen noch Fortschritt seiner Minnesachen seit dem glückseligen Jagdvergnügen. Es war, als ob Fides aus der Welt verschwunden wäre oder nie gelebt hätte; er sah sie nirgends und hörte sie nie mehr nennen; selbst als er nun einen großen Leich dichtete, erwähnte nicht einmal Herr Manesse derselben, und zwar aus dem Grunde, weil er ihn nicht einmal zu sehen bekam und Fides das betreffende Büchlein wie die andern Briefe, die sie von Johannes erhielt, jenem nicht mehr abgab und niemand mehr wußte, was sie damit machte. Auch als Hadlaub nun in die Fremde zog, erhielt er kein Lebenszeichen und niemand fragte, ob er nicht Abschied von ihr nehmen möchte, denn es war für gut befunden worden, daß er sich in der Welt umsehe, wozu verschiedene Besorgungen, die man ihm auftrug, Gelegenheit boten. Voraus war es nötig, an Ort und Stelle, wo man noch fehlende Teile für die Liedersammlung zu finden hoffte, selbst nachzugehen und die vorhandenen Lücken wiesen in dieser Hinsicht nach dem Osten und dem Laufe des Donauflusses hin. Johannes war nun in der Angelegenheit hinlänglich bewandert und dazu angetan, das Werk zu fördern, welches er als seine eigene Sache betrachtete. Überdies sollte er bei der königlichen Kanzlei gewissen Geschäften nachgehen, so die Männer von Zürich anhängig hatten, auch die Sachen des Bischofs Heinrich besorgen, welcher als ehemaliger Kanzler des hingeschiedenen Rudolf zuweilen noch den Sohn Albrecht beriet, um die Kinder Rudolfs, soviel an ihm lag, in den glücklicheren Bahnen des klugen und menschenfreundlichen Vaters zu erhalten. Dergleichen Aufträge wußte Johannes mit Geschick und Bescheidenheit auszurichten und, ohne sich vorzudrängen, aufzumerken, wo die Dinge jeweilig blieben.

Der Bischof gab ihm ein Pferd, Herr Manesse schenkte ihm schönes Gewand und der Vater versah ihn mit Reisegeld, da er nicht wollte, daß Johannes ganz von den Herren abhänge. Er hatte auch gute Geleitsbriefe von Ort zu Ort, daß er überall wohl aufgenommen war, als er jetzt quer durch Schwaben und Bayern ritt und schließlich mit seinem Rößlein auf einem Donauschiffe unterstand, um vollends durch Österreich hinunter zu fahren. Überall in Städten, Schlössern und Hochstiften war er eifrig dabei, abzuschreiben und weitere Kunde zu erwerben, so daß er, ehe er nach Wien kam, von dem einzigen Walther von der Vogelweide gegen zweihundert neue Strophen beieinander hatte, die wenigstens auf dessen Namen umliefen und noch nicht im Buche zu Zürich standen.

Zu Wien hielt er sich fast ein Jahr auf; dort fand er hauptsächlich die breiten Spuren Neitharts von Reuenthal, der etwa siebzig Jahre früher am Hofe Friedrichs des Streitbaren sein Wesen getrieben hatte. Die Sehnsucht, mit welcher seine ungestillte Minne in der einsamen Ferne ihn erfüllte, wurde in seltsamer Weise zuweilen gemildert durch den Gegensatz der ländlichen Dichterei Neitharts, der Poesie der Dörper, der derben Tanzmägde, Dorfsprenzel und Dorfrüchel. In trotziger Stimmung verfiel er selbst in solchen pastoralen Ton, und in einem ersten Liede, das er zu Wien abfaßte, verglich er die Mühsal der ungetrösteten Minner mit der harten Arbeit der Waldköhler, welche hacken und reuten müssen, der Fuhrleute, die in Regen und

Wind sich unaufhörlich abplagen, die versunkenen Karren aus dem Schlamme zu heben, in dem sie fluchend stecken bleiben; das Herz solcher Liebhaber, von der Liebe wie mit Zangen gekneipt, zapple unablässig in der Brust, wie ein sperriges schreiendes Ferkel in einem Sacke.

Dann trat wohl das Heimweh hinzu und er sah das frohe Landleben auf der väterlichen Berghöhe und pries es in den neuen Tönen. In Ernteliedern, die er sang, hieß es nun urplötzlich: Nun bindet eure Zöpfe und setzt Kränzel drauf, feste Dirnen, die Ernte ist da! da gibt es Freuden genug und fröhliche Spiele mit den Knechten auf dem Stroh, dies- und jenseits des Baches, die man kann, ohne sie gelernt zu haben. Käme mir jetzt ein Lieb gelaufen, wahrhaftig, ich machte mich mit ihr in die Scheuer und wäre alle Sorgen los!

Wiederum in neuem Tone sang er das Wohlleben des Herbstes, als ob er der üppigste Fresser wäre: Ho ho! schüret nun das Feuer gut, laßt den Hafen überwallen von Fett, das weiße Brot zu tunken! Würste, Schinken, süßes Hirn, gut Gekröse, Därme, Bletze, feisten Schweinebraten her, daß in der heißen Stube den Knappen und den stolzen Mägden die glühenden Stirnen glosten! dann neuen Wein genug darauf und wieder Kragen, Magen, Haupt und Füße, siedend brodelnd! Wer trauren will, der bleibe von uns Essern fern, die voll von Freuden und allem Guten sind; wer sich aber mästen will, der komme her, gute Tracht macht das Gesinde fett! Wirt, mach die Stube heißer, sende Gänse und gefüllte Hühner, gesottene Kapaunen, auch lasse Tauben schlagen und Fasanen schießen, daß dem Herbst seine Ehre geschieht! Laß den Hafen wallen, recht Salz hinein, daß wir baß dürsten und die Köpfe glühen, als hätte man sie angezündet!

Freilich schloß er diese Üppigkeiten gewöhnlich mit einer zarten Wendung nach der feineren Seite hin, indem er bedauerte, daß der nahende Winter bald den Vöglein wehe tun und die Schönheit der geliebten Frauen verhüllen werde mit warmen Kappen, Pelz und Tüchern, kaum die Nasenspitze noch frei lassend, so daß ihre schmachtenden Liebhaber doppelt sehnsüchtig den Frühling erharren müßten, wo die Holden wieder auf dem Anger sichtbar würden. Allein dergleichen Abgesang schien nur anstandshalber den Schweinebraten, den Schafmägen und Klobwürsten lose angehängt zu sein und konnte kaum über die Vergröberung des Hadlaubschen Liedergeistes täuschen.

Um die neue Kunstweise recht akademisch und epigonenhaft zu studieren, ging er sowohl in der Stadt, als in den schönen Landschaften von Wien den Vergnügungen des Volkes nach und stand überall hinzu, wo gefiedelt, getanzt und gezecht wurde. Ein uralter Spielmann, der das Land an der Donau durchfuhr und in Wien mit Johannes in der gleichen Herberge wohnte, war dabei sein Führer. Dieser alte Spielmann hatte die sonderbare Eigenschaft, daß er seine Herkunft und seinen Namen gänzlich vergessen, wie er sagte seit einem Sturz, den er vor mehr als fünfzig Jahren getan, und es haftete in seinem Gedächtnisse auch kein neuer Name, den man ihm gegeben oder um den er gebeten hatte. Einen solchen wiederholte er einige Male, um ihn sich einzuprägen; sobald aber die kleinste Frist vorüber, hatte er ihn verloren und nannte den Namen dessen, der ihn gegeben. Alles war ihm bekannt, nur nicht die Namen seiner Eltern, seiner Heimat und sein eigenes Schicksal vor jenem Fall. Er konnte lesen, aber nicht mehr schreiben, und besaß ein ledernes Ränzchen voll verblichener und abgegriffener Liederbüchlein, die alle vor langen Jahren schon geschrieben sein mußten, sein einziges Eigentum außer einer kleinen Harfe, deren Holz von urlangem Gebrauche so dünn wie Papier geworden und vielfach geflickt war mittelst aufgeleimter Leinwandstreifchen. Sein Gewand war verschollen und farblos, sein langer Bart, der silberweiß gewesen, fing stellenweise an gelb zu werden. Der Kopf war vollständig kahl, aber von zierlichster Form und glänzend wie eine kleine Kuppel von Elfenbein, freilich selten sichtbar; denn sein Haupt war unausgesetzt von einem breiten, abgeschabten Pelzhute bedeckt, in dessen Schatten der Alte wie unter dem Dache des vergessenen Vaterhauses zu wohnen schien; die tiefliegenden Äuglein schimmerten wenigstens so wohnlich unter dem dunklen Rande, wie die Fensterchen unter einem Strohdach. Aus diesem verwitterten Wesen heraus klangen aber mit hellem Tone eine Menge Lieder, und das kleine baufällige Saitenspiel begleitete den Gesang mit auffallender Kraft.

Für Johannes Hadlaub ergab sich indessen keine große Ernte; denn die Lieder, welche der Alte sang, waren fast alles Volkslieder, die schon vor der Zeit des höfischen Kunstgesanges entstanden oder während dieser Zeit in den Niederungen der Gesellschaft geboren waren und niemals einen Namen trugen. Auch in der Form erschienen sie so altertümlich und einfach, daß Johannes sie für seine Zwecke nicht brauchen konnte und es aufgab, den grauen Spielmann für die Sammlung auszubeuten. Dennoch folgte er ihm gerne, wenn er über Feld zog und ihm mitzukommen winkte; er liebte den seltsamen Alten und dieser war ihm hinwieder zugetan wegen seines gutmütigen und sittsamen Wesens, das von der Wildheit der Menschen vorteilhaft abstach, bei denen er seinen Erwerb suchte.

Das uralte Singmännlein war nämlich erst sehr spät erwerbslustig geworden, als die lebenslange Armut endlich an ihm die Kraft verloren und das Spiel aufgegeben hatte. Einst in besonders vertraulicher Laune, zeigte er dem jungen Freunde im größten Geheimnis ein Beutelchen voll Gold und Silber, das er unter seinem Gewande verborgen trug, und bekannte ihm, er sei von der Fortuna, die ihn so lang verfolgt, glücklich vergessen worden und sammle nun, unbeachtet von ihr, nicht faul, was ihm reichlich zufalle, und halte sich ganz still dabei, damit die Vettel nicht doch wieder aufmerksam werde. In der Tat wurde ihm auch allenthalben, wo er sang und aufspielte, seines Alters wegen reichliche Gabe zuteil. Fragte Johannes den Alten, für wen er denn so eifrig sammle und spare, so erwiderte er, es könne ihm noch einmal einfallen, wie er heiße und woher er sei, und dann wolle er heim gehen und habe den Seinigen doch etwas mitzubringen.

Eines Tages gingen sie auf das Tulner Feld hinaus, wo eine große Kirchweih mit Messe und Spektakel aller Art stattfand. Kriegsleute, Bauern, Bürger aus der Stadt, Frauen, Dirnen trieben sich da bunt durcheinander; an allen Ecken war Musik, Spiel und Tanz und dampften die Kessel und Backpfannen. Der Alte bat den Johannes, ihn nun allein zu lassen bis zum Abend, weil er ihm mit seinem schönen Gewande die Freigebigkeit verscheuche; Hadlaub sah daher nur ab und zu nach ihm und wurde im übrigen nicht müde, sich unter dem Volke herumzutreiben, was nicht ohne Gefährde blieb. Viele der Bauern waren übermütig und närrisch herausgeputzt mit bunten Wämsern und Bändern; sie trugen große Schnurrbärte und vorn zu jeder Seite des Gesichtes eine lange, rothaarige oder pechschwarze Locke, die bis zum Gürtel herunter hing; dazu waren sie mit mächtigen Schwertern, Dolchen und anderen Waffen behangen, um zu prahlen und den Soldaten zu trotzen, wenn diese ihnen die ebenso bunten Dirnen abjagen wollten. Ihre prunkende Grobheit und Händelsucht kehrten sie dann gegen jeden heraus, der sie nur betrachtete.

Johannes gesellte sich zu einer Truppe lustiger Schüler, welche die guten Weine aufsuchten. Ein Kloster ließ einen solchen ausschenken, der dem jungen Manne bald in den Kopf stieg. Durch die Aufregung wachte seine alte Liebeskümmernis auf und zugleich eine verwegene Lebenslust, die mit jener im Streite lag. Er überbot wo möglich die Schüler in Keckheit und Mutwillen. Singend zogen sie umher und fanden ihre Lust vorzüglich darin, den schönen Städterinnen, welche nach dortiger Mode eine Art überbreiter Hüte trugen und damit umherspazierten, unter diese Hüte zu gucken, um des Anblicks ihrer Gesichter teilhaftig zu werden, was sonst unmöglich war. Bekanntlich hat er in einem Liedchen diese österreichischen Frauenhüte besungen und gewünscht, daß sie alle die Donau hinunter schwimmen möchten. Es gab nun manchen freundlichen Scherz und manchen lieblichen Blick bekam Johannes, was dem Ungetreuen höchlich gefiel, so daß er immer kecker unter die Hüte schaute, um den traulichen Glanz zu suchen. Zuletzt aber entstanden Händel. Junge Handwerker traten den Schülern entgegen, der Lärm und die Kriegslust verbreiteten sich, Soldaten gerieten hinter die Bürger und die Bauern hinter jene, und mit der eintretenden Dunkelheit war die Kirchweih in eine Schlacht verwandelt und das Feld voll Staub, Geschrei und Blutvergießen.

Johannes hatte seine Gesellen längst verloren. Ganz ernüchtert, aber mit zerrissenem Rock und blutendem Gesicht entzog er sich dem Getümmel, dessen bavarische Rauheit ihm ungewohnt und erschreckend war. Besorgt suchte er in der nächtlichen Verwirrung den alten Spielmann; er fand ihn an der Straße nach Wien mit blutigem Kopfe bewußtlos liegen; seine Kleider waren ihm vom Leibe gerissen und das hübsche weiße Schädelrund zerstört, zerschlagen, wie auch die alte kleine Harfe, mit welcher er sich gewehrt haben mochte; denn er war beraubt, sein Schatzbeutel ihm von dem Riemen geschnitten.

Johannes brachte den armen Alten mit Sorge und Mühe nach der Herberge. Dort kam er nochmals zum Bewußtsein; er schien über seinen verlorenen Namen nachzugrübeln, schüttelte seufzend den Kopf, indem er stammelte: »Ich bring's nicht mehr heraus!« und bat Johannes, daß er seine Ledertasche mit den Liedern an sich nehmen und behalten möchte, worauf er den Geist aufgab.

Am anderen Tage untersuchte Johannes das Häufchen beschriebenen Pergamentes genauer, das vor ihm lag. Heutzutage würde man für jedes der verblichenen Büchlein und Röllchen, Stück für Stück, hundert rheinische Gulden bezahlen; Johannes dagegen wußte nicht viel damit anzufangen, da er ein einziges Heftchen fand, das einen Namen trug. Es war das Dutzend kleiner Lieder des von Kürenberg, die wir kennen in ihrer altertümlichen Gestalt, Erzeugnisse eines wirklichen und ganzen Dichters, deren Ursprünglichkeit und Schönheit Hadlaub empfand. Erstaunt ahnte er in diesen kleinen Proben einen von hundert anderen Sängern unterschiedenen Geist, der in unbekannter Einsamkeit waltete, und der tote Spielmann, der diesen Namen allein aufzubewahren für würdig gehalten hatte, erschien ihm erst jetzt in einem geheimnisvoll ehrwürdigen Lichte. Er kehrte zu größerem Ernste zurück, und da seine Zeit überdies vorüber war, so packte er seine Erwerbungen zusammen und wanderte wieder der Heimat zu.

Auf seiner Straße dahin ziehend überdachte er bald freudig, bald traurig, wie es wohl um die Fides stehen möchte und wie er sich zu ihr zu verhalten haben werde, in welcher Hinsicht er freilich keine großen Hoffnungen hegte. Allein vorderhand empfand er die stärkste Sehnsucht, sie nur einmal wieder zu sehen, wie man in dunkler Zeit des Sonnenscheins bedürftig ist, auch wenn man keinen eigenen Weinberg besitzt, der daran reifen soll.

Er fand aber die Dinge nicht mehr vor, wie er sie verlassen hatte, als er endlich in der Heimat anlangte. Das Lehen war jetzt auf Fides übertragen durch die Bemühungen des Bischofs, und sie saß als Freiin von Wasserstelz auf der Burg am Rhein, einsam, wie einst ihre Mutter. Denn sobald sie ihre eigene Herrin geworden, war sie hingezogen und hielt sich die meiste Zeit dort auf, ohne sich dareinreden zu lassen. Die Burg war in jenen Tagen größer als jetzt; statt des Schlößchens mit dem achteckigen Oberbau und dem kleinen Garten nahm sie damals den ganzen Grundfelsen im Fluß ein mit starken Mauern und Türmen. Außer einigen Dienerinnen, die sie aus ihrer geringen Herrschaft im Dorfe zu Fisibach genommen, hatte Fides noch ein paar feste Knechte in die Burg gezogen, die ihr nebst den streitbaren Leuten in der Schloßmühle genugsamen Schutz gewährten. Mit der bösen Muhme Mechthildis auf Weiß-Wasserstelz stand sie übrigens in leidlichem Frieden. Nachdem diese endlich eingesehen, daß das Erbe ihrer Schwester für sie jedenfalls verloren sei, beschränkte sie sich darauf, die junge Frau auf Schwarz-Wasserstelz das »saubere Kräutchen« und das

»schöne Unkraut dadrüben« zu nennen, verschmähte aber dabei nicht, ihr Korn in der Mühle mahlen zu lassen und das Mehl selbst zu holen in ihrem Schiffchen, da Fides sie jedesmal gut bewirtete.

Bald nach Hadlaubs Rückkehr waren im Haus Manesse Gäste geladen, denen der zufriedene Herr Rüdiger die poetische Reisebeute des jungen Meisters vorwies. Es wurde über die Beschaffenheit und Echtheit der einzelnen Teile Ratschlag gehalten und dies oder jenes Stück versuchsweise vorgetragen, um Ton und Weise festzustellen, wobei Johannes selbst Hülfe leisten mußte. Es waren meistens die bekannten Herren da; mitten in der Unterhaltung trat aber eine für Johannes neue Erscheinung auf, die seine höchste Aufmerksamkeit erregte.

Es war der Graf Wernher von Homberg auf Rapperswyl, ein junger Mann von ungefähr zwanzig Jahren, hoher und prächtiger Gestalt, und von Ansehen schon ein vollendeter Ritter, fest und gemessen auftretend, kühn und feurig von Blick, derselbe, der nach Albrechts Tode noch bei jungen Jahren unter König Heinrich von Lüzelburg Reichsvogt in den drei Ländern der Urschweiz, dann oberster Reichsfeldhauptmann in Italien und Führer des lombardischen Ghibellinenbundes wurde und durch seine Kriegstaten sich auszeichnete. Wenn er in Waffen erschien, so war er mehr als sieben Fuß hoch, denn über seinem Helme wölbten sich die weißen Hälse des Wandelburger Doppelschwanes empor, die funkelnden Rubinringe in den Schnäbeln und solche Steine in den Augen, während der goldene Schild die Hombergischen Adler von schwarzem Zobel zeigte. Mit gleichen Schilden war der lange, faltige Waffenrock übersäet, und das Schwert ging ihm nieder auf die Sporen, wie einem jungen Siegfried.

Als dieser glänzende Ritter jetzt mit sicherer Hand in die Unterhaltung eingriff und sich mit wenigen Worten als sangeskundigen Mann erwies, sah ihn Johannes vollends mit großen Augen an, bis man ihm in die Ohren raunte, daß der Graf schon an mehr als eine Frau Lieder gerichtet habe und im Geruche stehe, zur Zeit die schöne Fides von Wasserstelz in Minne zu besingen. Johannes erblaßte; diese Neuigkeit, so natürlich sie sein mußte, war ihm allzu neu, und er stand ratlos vor derselben. Obwohl er mit sehr unbestimmten oder gar keinen Hoffnungen liebte, so war er bis jetzt doch nicht gewöhnt gewesen, Rivalen neben sich zu sehen; und obgleich mit dem Erscheinen des ersten noch nicht gesagt war, daß dieser ohne weiteres die Braut heim hole, so fühlte er doch unverweilt den Ruck, den es in einem Verliebten tut, wenn unerwartet der Fremde, Unbekannte, Widerwärtige vor ihm steht, der nach seiner Meinung der Sache gelassen ein Ende machen könnte.

Daß dieser Graf, gerade weil er ein vornehmer Ritter war, vielleicht gar keine ernsten Absichten, wie man heute sagen würde, mit seinem Minnedienste verband, nach alter Sitte, da man nicht freite, wo man minnte, das konnte ihm nicht möglich scheinen. Und das war ihm um so eher zu verzeihen, als er in der Folge wohl bemerkte, wie die Freunde, voran die Eltern der Fides, diesmal ein ernstes Spiel und ihr die verhoffte Lebenswendung herbeizuführen wünschten.

Seinerseits hatte auch der junge Dynast von der Person Hadlaubs, dessen Verhältnisse und Minnetaten er bereits kannte, Notiz genommen und betrachtete ihn nicht unfreundlich lachend von oben bis unten. Je mehr er aber sich den hübschen Meister mit den leuchtenden Augen besah, desto ernster und kälter wurden seine Züge, und als dieser ihm unabsichtlich auf einer Treppe nahe kam, machte er beinahe mit der Faust eine jener zornigen Bewegungen, mit welchen er später geharnischte Guelfen im Genick packte und sie auf ihrem Pferde und samt demselben davon jagend gefangen nahm.

Auch andere von den Rittern, welche früher freundlich gegen Johannes gewesen, änderten ihr Benehmen, und mehr als einer von den Dynasten sah ihn halb drohend an, wenn er sich mit Rede oder Bewegung vorwagte.

Nur Herr Rüdiger Manesse blieb in seiner ruhigen und sichern Gunst gegen ihn beharren, und auch Bischof Heinrich, als Johannes bei ihm zu verkehren hatte, war fast leutseliger, als zuvor, und munterte ihn sogar auf, mit seiner Liederkunst nicht nachzulassen und sich in dem edlen Frauendienst, als der Quelle aller schönen Übung, ja immer mehr auszubilden. Der schlaue Staatsmann dachte hiedurch den persönlichen Wert der Tochter klüglich zu unterstützen und den zögernden Grafen anzureizen.

Der bekümmerte Johannes, der aus dem Wirrsal von Liebesleidenschaft und Widerspruch der Welt keinen andern Ausweg fand, als sich zunächst wieder an den Ursprung seines Übels zu wenden, befolgte den Rat des Bischofs und sandte der Herrin kurz hintereinander neuerdings einige Boten, d. h. Liebeslieder, was er von der Burg des Regensbergers aus ins Werk setzte, wenn er bei diesem beschäftigt war. Der Freiherr hielt auch noch zu ihm; er war mehrfach von den Zürichern abhängig und als ein zur Ruhe gesetzter Dynastensproß, dessen einst mächtiger Oheim schon im Schutz und Weichbilde der Stadt Zürich gestorben, kannte er die Vergänglichkeit aller Größe; und überdies hielt er dafür, daß der junge Graf Wernher, dessen vereinigtes väterliches und mütterliches Haus jetzt noch groß und hochstehend war, während die Güter desselben auch schon schwanden, schwerlich auf eine Heirat mit der nur wenig begüterten Fides denken, vielmehr bestimmt sein werde, seine glänzende Person in dieser Hinsicht so vorteilhaft als möglich zu verwerten.

So gewährte es ihm einiges Vergnügen, dem Grafen Wernher in der Gestalt des bescheidenen Meister Hadlaub einen Rivalen zu unterhalten, soviel an ihm lag. Doch warnte er diesen vor der leicht ausbrechenden Gewalttätigkeit Wernhers, der eifersüchtig und zum Zorne geneigt sei und, soviel man habe beobachten können, die Umgebungen des Wasserschlosses in neuester Zeit heimsuche und bewachen lasse. Hierin werde er von anderen Herren unterstützt, die es nicht dulden wollen, daß ein bürgerlicher Singmeister und Schreiber offenkundig einer Freiherrin nachstelle.

Der Verdacht der Nachstellung beleidigte fast den harmlosen Johannes; wie er aber auf der Rückkehr von der Veste Regensberg die erhaltenen Winke erwog und die Sache überlegte, erwuchs daraus gerade das Verlangen, dem Verdachte und den Drohungen Trotz zu bieten und um jeden Preis wieder einmal nach dem Anblicke des geliebten Wesens zu trachten, den er nun schon länger als ein langes Jahr entbehrte.

Und wie er mit solchen Gedanken in der Abenddämmerung die Stadt betrat und an den Flußmühlen vorbeiging, näherte sich ihm ein junges Müllerknechtchen, das ihm geheimnisvoll einen Brief in die Hand schob. Er erkannte den Gesellen als einen Angehörigen der Propstei und erinnerte sich, daß derselbe kürzlich gewandert war. Der Bursche sagte nichts, als daß er zuletzt in einer Rheinmühle unterhalb Kaiserstuhl gewesen sei und dort von der Müllerin den Brief zur sicheren Bestellung erhalten habe.

Johannes eilte mit dem Briefe pochenden Herzens nach Hause; er ahnte etwas höchst Gutes und Merkwürdiges, ohne doch das Rechte zu erraten in seiner Bescheidenheit; denn es war nichts anderes, als eine Botschaft der Fides selbst als Antwort auf seine letzte Sendung. Der Brief lautete:

»Der Meister, so das Nadelbein hat und unermüdlich Briefe sendet, mag seine Rede verantworten und, wenn er meint, entschuldigen vor der, welche es angeht. In der Nacht vor Kreuzerfindung wartet seiner ein Schifflein bei der Fähre zu Rheinsfelden. Aber auch dorthin muß er ungesehen kommen und dem Schiffsmann die zwei Drachen weisen, im übrigen gewärtig sein, daß er Leib und Leben verlieren kann.«

Der Tag der Kreuzerfindung ist bekanntlich der dritte Mai, und da jetzt schon der letzte April war, so hatte Johannes keine Zeit mehr zu verlieren, wenn er die Fahrt wagen wollte. Was für eine Fahrt und was für ein Wagnis?

Das war nun freilich dunkel, wie der Inhalt der Botschaft. Ging er einem Verrat entgegen oder dem Glücke, das er sich trotz seiner Meisterschaft in allen möglichen Tage- und Wächterliedern nur als etwas höchst Fragliches und Fabelhaftes vorzustellen vermochte? Gleichviel; mit allen Zweifeln, die sein Herz bestürmten, bereitete er sich wie zu einer langen und gefahrvollen Reise vor; er räumte seine Sachen sorgfältig zusammen und verwahrte jedes an seinem Ort, damit alles leicht zu finden wäre, wenn er nicht wiederkehrte, als ob er den Orkus beschreiten müßte. Dann suchte und prüfte er Waffen, legte sie aber weg, da ein sonniges Vertrauen die Oberhand gewann und er es für besser erachtete, dem Abenteuer unbewaffnet entgegen zu gehen.

Dafür rüstete er sauberes Gewand und einen Reisemantel und ging an dem bestimmten Tage um die Mittagsstunde ganz still und unbemerkt von dem Hofe seines Vaters hinweg quer durch Gehölze und Feldwege hinüber nach den Höhen des untern Tößtales, wandte sich dort nordwärts und wanderte durch die Wälder, bis er am Abend in dem Rheinwinkel bei den Tößrietern anlangte. Dort warb er einen Fischer, der ihn in seinem Kahne mit einbrechender Nacht den Rhein hinunter fuhr, unter der Brücke von Eglisau hindurch, bis wo die Glatt neben dem Burgstall derer von Rheinsfelden einmündete und ein Fährmann die Leute über den Fluß setzte. Der war aber jetzt im Bette, und auch das Schlößchen war bis auf ein einziges Fensterlein dunkel. Johannes belohnte den Fischer und stellte sich, als ob er landeinwärts gehen wollte, so daß jener arglos seinen Kahn wieder rheinaufwärts schaltete. Gleich nachher legte ein Schifflein, das von unten her kam, sich ans Ufer; Johannes trat hinzu und zeigte dem Schiffer, welches der weiße Müller von Schwarz-Wasserstelz war, das elfenbeinerne Nadelbüchslein, worauf dieser ihn eintreten ließ und ihn weiter den Rhein hinunterführte.

Die waldigen Ufer links und rechts waren still wie das Grab. Der Vollmond stand am Himmel und verwandelte den Rhein in eine wallende Silberstraße; das Ruder des Fährmanns troff unaufhörlich von funkelndem Silber; doch fuhr das Schifflein unbehelligt zu Tale, selbst an Kaiserstuhl und Röteln vorbei, wo

Stadt und Schloß noch bei Lichte und voll Geräusch waren. Auf der Brücke sogar schienen noch Reisige zu stehen und plaudernd an der Brustwehr zu lehnen.

Jetzt hatten sie noch eine kleine Weile zu fahren, und die Burg der schönsten Fides stieg, vom Monde beschienen, unmittelbar aus den ziehenden Wellen. Oben schienen viele Lichter zu brennen, die Fenster der Maiennacht geöffnet und Menschen versammelt zu sein. Immer stärker schlug Hadlaubs Herz, daß ihm beinahe der Atem verging, als der Schiffer jetzt auf der äußern, dem jenseitigen Ufer zugekehrten Seite anlegte, wo aus einem kleinen Pförtchen eine schmale Steintreppe ins Wasser ging.

Der weißliche Schiffer pochte leise an dem Pförtchen; dasselbe öffnete sich geräuschlos und schloß sich sofort hinter dem eingetretenen Johannes, der im Dunkeln von der Hand einer unsichtbaren Person ergriffen, eine Treppe hinunter geführt und in ein finsteres Verlies hineingestoßen wurde, dessen Türe man dreifach verschloß und verriegelte.

Der eingesperrte Johannes tappte herum, bis er auf einen hölzernen Schragen stieß, der die für eine Frau unwirtliche Einrichtung einer Gefangenschaft zu verraten schien. Als er sich aber auf das Gerüste niedersetzte, bemerkte er, daß der Kerker bis jetzt in einem friedlicheren Sinne benutzt worden, da Äpfel ausgebreitet lagen, welche er zur Seite schieben mußte, um Platz zu gewinnen. Durch die Mauer des Gefängnisses hindurch hörte er das Rauschen des Rheinwassers und konnte daraus auf die Tiefe des Loches schließen, in welchem er saß. Wie einst Herr Walther von der Vogelweide schlug er die Beine übereinander, stützte den Ellenbogen darauf und das Kinn auf die Hand; er konnte jedoch nichts heraussinnen, als daß er kürzlich noch in der schönsten Maiennacht auf dem grünen Rheine gefahren sei, voll süßen Ahnens, und jetzt im Finstern sitze, allerdings in der Nähe der Geliebten. Er fühlte auch keine rechte Beängstigung und begann von den Äpfeln zu essen, da er seit zwölf Stunden nichts mehr genossen.

Oben in den Räumen des Lichtes aber saß der Fürstbischof von Konstanz, der im Schlosse Röteln und zu Kaiserstuhl mit seinem Gefolge lagerte und den Herrn Grafen von Homberg und Rapperswyl mitgebracht hatte. Sie waren unerwartet erst am Abend heranspaziert gekommen und blieben bis nach Mitternacht. Der Bischof war besorgt, die ernste Wirtin, die es an nichts fehlen ließ, aufzuheitern und zugänglich zu machen; auch war sie seit etwa einer Stunde in sichtlich zufriedener Laune, was der Fürst der vollkommen ritterlichen Weise zuschrieb, mit welcher der junge Graf sich um sie betat. Wäre die Frau Fürstäbtissin dabei gewesen, so hätte sie wiederum gedacht: O törichter Mann! Denn sie würde zu ihrem Mißfallen wohl bemerkt haben, daß Herr Wernher nicht Augen machte, wie einer, der eine Frau sucht, sondern wie einer, dem es um einen geheimen, verwegenen und süßen Frauendienst zu tun ist und sich demgemäß mit zarter Vorsicht benimmt.

Endlich brachen die beiden Gäste auf und wurden ans nahe Ufer übergesetzt, wo Diener mit Fackeln bereit standen, ihnen heim zu leuchten.

Als Fides von ihrer Burg aus sah, daß sie weit weg waren, und die Landschaft ganz still geworden, stieg sie mit einer Magd in den Turm hinunter, in welchem Johannes gefangen lag, und schloß das Steingemach selber auf. Sie trat errötend hinein, die Ampel in der Hand, und beleuchtete den still Dasitzenden, um zu sehen, ob er's wirklich sei.

»Man hat Euch übel empfangen, Meister Johannes!« sagte sie hierauf mit halb verhehltem Lächeln, »und ich muß Euch sogar noch länger in Gewahrsam halten, bis ich Eure Angelegenheit an Hand nehmen kann; denn es ist eine Gefahr für Euch um den Weg. Aber Ihr sollt wenigstens ein besseres Logement beziehen, wenn Ihr dieser Person hier folgen und mir versprechen wollt, Euch dort so lange still zu halten, als ich es für gut finde!«

Johannes war schon aufgestanden und sagte: »Ich fürchte mich nicht und vermag abzuwarten, was daraus werden soll. Solang ich in Eurer Nähe bin, solang leb' ich!«

Fides war aber schon wieder fort. Die Magd führte ihn nun im gleichen Turme viele Treppen hinauf in ein kleines Gemach, das mit einem Bette, Tisch und Stühlen versehen war, holte ihm Speise und Trank, und als er nichts mehr bedurfte, schloß sie die feste Türe von außen zu und brachte den Schlüssel ihrer Herrin, die nun auch zu Bette ging und den Schlüssel unter ihr Kopfkissen legte.

Johannes schlug sich die wenigen Stunden bis zum Morgen wohl durch hundert Träume hindurch, die sich unablässig jagten und ihn stets an die Schwelle des Erwachens drängten. Wegen der Ermüdung erwachte er aber nicht, bis die ersten Strahlen der Morgensonne in die Kammer schienen. Denn die Burg hieß Schwarz-Wasserstelz, weil sie den ganzen übrigen Tag hindurch im Schatten der hohen Uferhalden stand. Johannes sah nun, daß sein Fensterchen nach Osten den Rhein hinauf ging und jeder Beobachtung entzogen war.

Bald kam wiederum die Magd, um ihm die nötige Pflege angedeihen zu lassen, deren schweigende Übung sie nicht hinderte, den Gefangenen prüfend zu betrachten. Auch Hadlaub faßte sie ins Auge, um dem Rätsel seines gegenwärtigen Daseins näher zu kommen. Es schien eine an ruhigen Gehorsam und Ordnung gewöhnte, aber auch wohlgehaltene, nicht unzufriedene Person von guten Sitten zu sein, was nach der Weltkenntnis, die er bereits erworben, nicht auf eine Herrin von bösem Wesen oder auf ein Haus raten ließ, in welchem grausame und ungeordnete Dinge vorfielen. Den Kopf hielt er deshalb einstweilen für gesichert; desto ungewisser sah es mit dem Schicksal seines Herzens aus, sonderlich da er zu bemerken glaubte, daß die Magd im Hinausgehen ein gewisses Lachen unterdrückte.

Sie schloß ihn wieder ein und übergab den Schlüssel abermals der Herrin, welche ihn in die Tasche steckte und den Grafen samt seinem Gefolge empfing, der bei guter Zeit sie nach Kaiserstuhl holte, wo der Bischof dem dortigen Schultheiß und übrigen Edelleuten, sowie dem Vogt zu Röteln und andern Dienstmännern der Umgegend einen Hofhalt gab. Auch die schwärzliche Muhme Mechthildis war zugegen, und als am Nachmittage der Bischof aufbrach, um weiter zu reisen, und die ganze Gesellschaft auseinander ging, bestieg Fides schnell mit ihr den Nachen von Weiß-Wasserstelz und entschlüpfte so dem Grafen, der sie durchaus wieder nach Hause geleiten wollte. Denn zu der schwarzen alten Hexe in den Kahn zu steigen, hielt er nicht für sicher, so mutvoll und tapfer er auch auf dem festen Lande war.

Er ritt daher für diesmal auch von hinnen, und Fides fuhr zufrieden den Rhein hinunter und ließ sich an dem gleichen Pförtchen aussetzen, an welchem Johannes gestern gelandet. Sie griff suchend nach dem Schlüssel in ihrer Tasche, indem sie kräftig an der Glocke zog, welche neben dem Pförtchen angebracht war.

Ein schönes Kind aus der Mühle hielt sich den größten Teil des Tages in der Burg auf; das nahm Fides an die Hand, als sie jetzt in den Turm hinauf stieg, um das Schicksal, das sie dort eingesperrt hatte, zu untersuchen und unter Umständen loszulassen. Nicht vom Treppensteigen, sondern von innerer Bewegung atmete sie stark, als sie die Kammer aufschloß. Ein Kind, das eine Spinne in einem Schächtelchen eingeschlossen hält und den Deckel ein wenig lüftet, kann nicht ängstlicher gespannt sein, als Fides war. Sie setzte sich auf einen der niedrigen Stühle und hob das Kind auf den Schoß, dasselbe mit den Armen fest umfangend; es guckte freundlich und neugierig daraus hervor auf den nicht minder erregten Johannes, der sich auf ihr Geheiß ihr gegenüber niedergelassen hatte, so entfernt, als es die Enge des Gemaches erlaubte.

Nachdem sie einen ernsten Blick auf ihn geworfen und eine Weile nach Worten gesucht hatte, die eine unverfängliche Einleitung bilden sollten, sagte sie nun:

»Ihr habt mich zum Gegenstande Eueres Minnesingens gemacht und zum Vergnügen der wohlgeborenen Herren, ja meiner eigenen schwachen Eltern, ein artiges Spiel mit mir gespielt, ohne mich zu fragen, ob das mir auch wohl oder wehe tue! Was habt Ihr Euch eigentlich dabei gedacht?«

Johannes, der bislang nur seine Augen auf ihr hatte ruhen lassen, schlug sie jetzt errötend nieder und suchte seine Gedanken zu sammeln.

»Ei«, sagte er endlich, »wenn ich mich darauf besinnen soll, so habe ich immer nur das dabei gedacht, was in den Liedern eben steht, das heißt in denen, die Euch allein angehen, denn wie Ihr wißt, sind es zweierlei; es sind solche, die man selbst empfindet und erlebt und nicht anders machen oder unterlassen kann, und wieder andere, die man sonst so zur guten Übung hervorbringt, aus Lust am Singen und gewissermaßen zum Vorrat! So wißt Ihr ja selbst, daß ich zum Beispiel keine Ursache zu Tageliedern habe und in meiner Torheit doch solche singe!«

»Ungefähr weiß ich das!« erwiderte Fides; »das bringt mich nun eben auf die Sache! Wenn es allenfalls zu dulden ist, eine Frau zu besingen, die es nicht hindern kann, so sollte man ihr zu Ehren wenigstens auf einem edleren Tone verharren und nicht die Dirnen auf dem Stroh und die gesottenen Schweinsfüße und den groben Bauerntanz neben jene Frau setzen. Wißt Ihr nicht, wie beleidigend das ist?«

»Ich bitte Euch, mir diese Zuchtwidrigkeiten zu verzeihen«, antwortete Johannes mit aufrichtiger Bekümmernis; »ich habe sie schon bereut, obgleich ich sie nur in einem Unmute begangen habe, der von meiner verschmähten Neigung und von Euerer Härte herkam! Ich bin aber dafür schon gestraft worden, als ich in jenen gleichen Tagen alte Lieder fand, die mich mit meiner ganzen Singerei genugsam beschämten!«

»Wie das?« fragte Fides, und Johannes erzählte getreulich das Erlebnis mit dem alten Spielmann, sowie den Fund des Kürenbergers.

»Ich will Euch ein einziges kleines Lied sagen«, fuhr er fort, »das tausendmal besser und schöner alle Sehnsucht und alles

Weh enthält, die in mir sind, als alle meine Lieder und Leiche, obschon es eigentlich eine Frau ist, die spricht!«

Fides forderte ihn lächelnd auf, das Liedchen zu sagen, das wir jetzt allgemein kennen, damals aber verschollen war:

Ich zog mir einen Falken
  länger als ein Jahr,
Und da ich ihn gezähmet,
  wie ich ihn wollte gar,
Und ich ihm sein Gefieder
  mit Golde wohl umwand
Stieg hoch er in die Lüfte,
  flog in ein anderes Land.

Seither sah ich den Falken
  so schön und herrlich fliegen,
Auf goldrotem Gefieder
  sah ich ihn sich wiegen,
Er führt' an seinem Fuße
  seidne Riemen fein:
Gott sende sie zusammen,
  die gerne treu sich möchten sein!

Die schöne Herrin von Schwarz-Wasserstelz hatte gegen das Ende dieses einfachen Liedchens das Kind, das sie auf dem Schoße hielt und das sich spielend unruhig bewegte, wieder fester an sich gezogen und küßte ihm beide Wänglein, den Mund und den Nacken, um ihre Augen zu bergen, in welche Tränen getreten waren.

In diesem Augenblicke wurde sie von einer ihrer dienenden Frauen abgerufen, die ihr vor der Türe mitteilte, daß der Graf Wernher plötzlich wieder zurückgekommen sei und, die Überfahrt begehrend, mit seinen Pferden vor der Mühle stehe. Fides gab schnell ihrem Gefangenen das Kind zu halten für eine kleine Weile, wie sie sagte, zog den Schlüssel der Kammer wiederum ab, und begab sich, von zwei Mägden begleitet, unter das der Mühle gegenüber stehende Tor ihrer Burg, vor welchem schon der Graf im Schiffe angekommen und im Begriffe war, hinauszuspringen.

Er hatte nämlich den Reisezug des Bischofs, der nach Zürich ging, wieder erreicht gehabt gerade in der Nähe des Lägerberges, als der Regensberger Herr Leuthold, der aus genannter Stadt nach Hause ritt, des Weges kam und nach stattgefundener Begrüßung beiläufig fragte, ob sich nicht der junge Hadlaub im Gefolge befinde. Derselbe sei seit einigen Tagen verschwunden, und man vermute, daß er beim Fürstbischof sich aufhalte. Sogleich wurde der Graf von Argwohn und Eifersucht ergriffen und auch der Bischof davon angesteckt, der anfing zu besorgen, der Singmeister könnte am Ende seine Harmlosigkeit verlieren und seine, des Bischofs, Pläne durchkreuzen. Sie wurden daher rätig, der Graf solle spornstreichs zurückreiten und die Fides einladen und in die Abtei zu Zürich bringen unter die Obhut der Frau Mutter.

Gestreckten Laufes war der Graf mit seinen Leuten davon geeilt und stand jetzt, wie gesagt, in dem schwankenden Nachen, im Begriffe, denselben zu verlassen; Fides jedoch erhob die Hand, in welcher sie den bewußten Schlüssel hielt, und winkte ihm, innezuhalten. Sie rief ihm anmutig lachend zu, er möchte sein Begehren oder seine Verrichtung vom Schiffe aus kund tun, da sie allein im Hause sei und ohne Verletzung guter Sitte keinen Ritter einlassen könne. Etwas unbesonnen wollte aber der Graf, anstatt zu sprechen, dennoch auf die Landungsstufen springen, als der Müller, der das Ruder führte, auf einen Wink der Fides, das Schiff mit einem kräftigen Ruck drehte und wieder dem Ufer zuwendete. Im gleichen Augenblicke kam ein anderes Fahrzeug um die Ecke der Wasserburg geschossen, in welchem die Muhme Mechthildis saß, die kundschaften wollte, was da noch vorgehe. Denn sie hatte von ihrem Burgsitz aus gewahrt, daß noch Reiter angekommen seien. Ihr Schiff stieß nun so heftig gegen das eben im Kehren begriffene Schiff des Grafen von Homberg, daß dieser, der aufrecht stand, in den

Rhein stürzte, zugleich aber auch die schreiende Dame über Bord fiel und sich an den badenden Ritter mit beiden Armen anklammerte. Mit einiger Mühe wurde das Paar von den Müllerknechten und Schiffern aus dem Wasser gezogen, ohne daß die Hexe von dem Ritter gelassen hätte.

Beschämt sah er, was für eine schöne Nixe er gefangen, schüttelte sich los und bestieg von Wasser triefend sein Pferd, jede Hülfe verschmähend, indem er rief: »Hole der Teufel das ganze Wassernest mit allen weißen und schwarzen Bachstelzen!« und ritt in einem Trabe nach Zürich, obgleich der Weg wohl fünf Stunden mißt.

Nie behelligte er mehr die schöne Fides; die Muhme aber wurde in der Mühle trocken gemacht, gewärmt und gepflegt, und sie fuhr noch in der Nacht über den Rhein zurück.

Inzwischen war Fides, als sie das Haustor wohl verschlossen, wieder in den Turm hinaufgeeilt, wo Johannes mit dem Kinde saß. Er hielt es auf den Knieen und küßte es zärtlich auf beide Wänglein, den Mund und den Nacken, gerade wie Fides getan hatte; sie kam eben dazu und sah ihn so im Widerscheine einer großen goldenen Abendwolke, die im Osten überm Rheine stand.

Wie sie ihm das Kind abnehmen wollte, hielt es schalkhaft lächelnd an ihm fest, so daß sie ganz nahe treten mußte, um die Ärmchen von seinem Halse loszumachen; das Kind bot ihr mutwillig das Mäulchen hin, daß sie es küssen sollte, und über diesem Spiele fielen sich die zwei großen Leute um den Hals und umfingen sich, das Kind vergessend, so eng, daß dieses stark gedrückt wurde, ängstlich zwischen ihnen hervorstrebte und in eine Ecke floh. Dort öffnete es den Mund und begann laut zu weinen, weil es glaubte, daß die zwei schönen Menschen, durch irgend eine feindliche Macht gezwungen, einander das größte Leid zufügten, sich schädigten und weh täten.

Das war aber keineswegs der Fall, obwohl sie unter ihren ungleichen, bald kurzen, bald langen Küssen sehr ernsthafte Gesichter machten. Vielmehr erhoben sie sich plötzlich, gingen ein paarmal in dem engen Raume herum und ließen sich gleich wieder auf ein Bänklein in der Mauervertiefung nieder, so daß ihre Häupter auf dem Goldgrunde des Abendhimmels schwebten, freilich so nah beisammen, daß auf der inneren Seite kaum zwischen den Hälsen etwas von dem Golde durchschien.

Erst jetzt bemerkte Fides endlich die Verzweiflung des Kindes; sie lockte es auf ihren Schoß zurück und trocknete ihm die Augen, ließ es aber bald wieder fahren, um den Johannes zu umhalsen, und das Kind saß jetzt frei auf ihren Knieen und schlug fröhlich die Händchen zusammen.

Dann legte sie eine Hand auf das Herz des Mannes und sagte:

»Hier will ich nun mein wahres Leben aus Gottes Hand empfangen, hier meine sichere Burg und Heimat bauen und in Ehren wohnen!«

»Es ist dein rechtes Eigen und alles schon wohl gegründet und gebaut«, rief Meister Hadlaub; »aber ich stehe davor wie ein geharnischter Wächter und werde es schützen für dich und mich bis zum Tode!«

Fides lauschte diesen Worten mit begieriger Aufmerksamkeit; denn sie klangen mit volltönender sicherer Stimme, wie aus einer anderen als der bisherigen Brust, wie wenn sie wirklich aus Panzer, Schild und Helm hervorschallte, wie von der Mauerzinne einer festen Stadt herunter.

Indessen hatten sie unbewußt begonnen, das Kind gemeinsam zu liebkosen und zögerten über diesem Spiele nicht länger, ihre Ehe zu beschließen und zu besprechen. Fides lehnte sich dabei in das offene Fenster zurück; ein Windhauch hob einen Augenblick ihr langes dunkles Haar empor, daß es vom höchsten Turmgemache wie eine Fahne in die Luft und über den Rhein hinaus flatterte, als ob es Kunde davon geben möchte, daß eine schöne Frau hier in ihrer Seligkeit sitze.

Sie sandten nun Botschaften nach allen Seiten, um eine rechte Verlobung zu bewerkstelligen; das taten sie aber so, daß die betreffenden Freunde nicht wußten, um was es sich handelte, hingegen doch glauben mußten, daß es höchst dringend sei, nach dem Wasserschloß zu reisen, um eine Gefahr abzuwenden oder eine Hülfe zu leisten oder einen Rat zu erteilen.

So kamen sie am dritten Tage von allen Seiten an. Es kam die Äbtissin Kunigunde auf einem schwerfälligen Wagen mit Frauen und Kaplänen und traf verwundert mit Herrn Bischof Heinrich zusammen, der halb verdrießlich den Weg schon wieder machte, den er vor kurzer Zeit geritten. Es kam Herr Rüdiger Manesse, wie auch Herr Leuthold von Regensberg, dann des Bischofs Vogt von Röteln und der Schultheiß von Kaiserstuhl, Heinrich von Rheinsfelden und der Junker im Turm zu Eglisau als Nachbarn und Zeugen; schließlich kam Johannes' Vater, der alte Hadlaub, mit seinem jüngeren Sohne, der aufgewachsen war wie ein junger Eichbaum, und mit noch zwei Männern vom Zürichberg. Diese trugen Eisenhüte und Waffen. Der Saal auf der Burg war voll Gäste, die alle nicht wußten, zu was sie eigentlich herbeschieden seien, und sich voll Verwunderung begrüßten und befragten; aber niemand wußte Bescheid zu geben.

So stand alles an den Wänden, nur der Bischof und die Äbtissin saßen auf Stühlen. Da erschien Fides im Saale, ungewöhnlich reich gekleidet, von Johannes Hadlaub an der Hand geführt, und sie verkündete mit bewegter, aber ebenso entschieden als wohlklingender Stimme, daß sie sich mit diesem ehrlichen freien Manne, der seit Jahren ihr in treuer Minne gedient, verlobe, wie es keinem von allen den werten Freunden, die nächsten nicht ausgenommen, die so freundlich beflissen dazu geholfen, unerwartet oder unlieb sein werde.

Sie hatte den Ehering ihrer Großmutter, den ihr die Mutter einst geschenkt, dem Johannes gegeben und von diesem des Bischofs Ring, den er an der Hand trug, dafür verlangt. Diese Ringe tauschten sie jetzt feierlich aus, und die beiden kirchenfürstlichen Personen sahen sich bestürzt und schmerzlich an. Als aber das Paar ihnen nahte, um ihnen zuerst Ehre zu erweisen und Segen zu erbitten, fuhr Herr Heinrich, der Bischof, in die Höhe, um Einsprache zu tun. Er verstummte aber einen

Augenblick, wohl fühlend, daß er nicht als Vater zu sprechen das Recht habe, weil Fides nicht seinen Namen trug oder tragen durfte; er fuhr daher als Fürst und Lehensherr fort zu sprechen, jedoch nur wenige Worte, weil einerseits die Äbtissin ihm beschwichtigende Laute zuflüsterte, andererseits Herr Rüdiger Manesse vortrat und mit milder Stimme sagte:

»Beruhige dich, gnädigster Herr und Fürst! Der junge Mann, unser guter Freund, ist in diesem Falle wohl lehensfähig! Da unser heiteres Spiel diese ernsthafte Wendung genommen hat, so wollen wir das übrigens auch sonst als ein Zeichen der Zeit freundlich hinnehmen und uns freuen, daß in dem unaufhörlichen Wandel aller Dinge treue Minne bestehen bleibt und obsiegt.«

Dessen ungeachtet ging eine murrende Bewegung unter den übrigen Herren herum, denen das unverhoffte Abenteuer nicht einleuchten wollte. Jetzt stellte sich aber der alte Ruoff vom Hadelaub mit weitem Schritte hervor, und seine Freunde traten dicht hinter ihn.

»Auch mir«, rief er, »hat dieser Handel nie recht gefallen und er würde mir auch jetzt nicht gefallen, wenn ich das Kind Fides nicht für eine preiswerte und vollkommen gewordene Frau erachten würde, die verdient, in allen Ehren zu leben. Ein Lehen braucht mein Sohn von niemandem; denn ich habe in eben diesen Tagen für ihn den Kauf eines guten steinernen Hauses eingeleitet, das am neuen Markte zu Zürich steht, da er einmal ein Mann von der Stadt sein will. Er wird also im Schirme der Stadt wohnen und auch dort teil an meinem Eigentum auf dem Berge haben!«

»Ich rate«, rief jetzt der Regensberger lachend, »daß wir den Männern von Zürich diesen schönen Vogel überlassen, der unser Lied nicht mehr singen will; sonst pfänden sie uns mehr, als er wert ist.«

Die Nachbarn, zu denen er hauptsächlich gesprochen hatte, lachten auch und gaben sich zufrieden, und so ging die Verlobung ohne weitere Störung vor sich. Selbst der Bischof wendete den Sinn mit einem Male, da er an den Augen der Fides sah, daß sie in wirklicher Liebe erblühte, und die Äbtissin war froh, daß das Kind und sie selbst damit zur Ruhe kam.

Fides richtete ein musterhaftes Mahl zu, und als die Gäste sich zerstreuten, zog Johannes mit denen von Zürich und seinen Verwandten, aus der Gefangenschaft entlassen, bis zur Hochzeit nach Hause.

Es fügte sich nun, daß ein verloren gewesener ältlicher wasserstelzischer Vetter aus fernen Landen auftauchte und sich mit der Dame auf Weiß-Wasserstelz vermählte, so daß auch diese noch zu Ehren kam. In die Hände dieses Ehepaares wurde durch nützliches Abkommen das ganze Lehen wieder vereinigt, und Fides zog als Bürgersfrau in die aufstrebende Stadt. Sie war stets heiter und gut beraten und machte am liebsten zuweilen einen raschen Gang auf den nahen Berg, wo die Schwiegereltern noch lange Freude an ihr gewannen.

Die Vollendung des Codex Manesse erlebte kein einziger von den Herren mehr, die seine Entstehung gesehen hatten. Lange schon ruhte Herr Rüdiger Manesse in der Gruft bei den Augustinern zu Zürich und lagen die Eltern der Fides unter Grabmälern ihrer Münsterkirchen, getrennt durch Land und Wasser. Selbst der Graf von Homberg endete sein bewegtes Kriegerleben schon im Jahre 1320 im Felde vor Genua. Hadlaub schrieb noch die wenigen Lieder, die man von ihm besaß, in das Buch und widmete ihm ein tapferes Schlachtenbild; dann schloß er endlich die Sammlung und schrieb unter den Index:

Die gesungen hant nu zemale sint C und XXXVIII.

Der Narr auf Manegg

Einige Zeit nach dem Spaziergange, den Herr Jacques mit seinem Paten gemacht, wunderte es diesen, wie es dem jungen Adepten des Originalwesens ergehe und welche Fortschritte er darin zurückgelegt habe. An einem schönen Septembertage ging er darum in das Haus der Gevattersleute, um seinen Jungpaten heimzusuchen und etwa zu einem Gang vor das Tor einzuladen. Nur mit halbsäuerlicher Höflichkeit wurde er hiefür empfangen; denn man hielt ihn trotz seiner weißen Haare und seines gewaltigen Jabots für einen jener frondierenden Herren, welche, stets kühl gegen die Kirche und kritisch gegen die Staatsbehörden, sich zwar wohl hüten, irgendwo an einer praktischen Tätigkeit wirklichen Anteil zu nehmen, nichtsdestoweniger aber einer radikalen, wo nicht frivolen Gesinnung bezichtigt werden, einer Gesinnung, vor deren Einfluß besonders die Jugend zu bewahren sei.

Der alte Herr ließ sich aber nicht abschrecken, seinen Taufschützling selbst aufzusuchen, und fand denselben im obersten Stockwerke des Hauses in seinem Sommerquartier, einer großen geweißten Kammer, deren hohe Fenster noch aus unzähligen runden Scheiben zusammengesetzt waren. In diesem Gemache standen die ältesten Schranke des Hauses, nicht etwa die schönen Nußbaumschränke, welche die Vorsäle der untern Gemächer zierten, sondern uralte, baufällige Kasten von Fichtenholz, mit Blumen und Vögeln bemalt. Von der Decke hingen verschollene Zierstücke, große Glaskugeln, die inwendig mit bunten Ausschnittbildern, Damen in Reifröcken, Jägern, Hirschen u. dgl., beklebt und mit einem weißen Gipsgrunde ausgegossen waren, so daß sie bemaltem Porzellane glichen. Auch prangten an den Wänden einige Familienbildnisse, welche wegen zu schlechter Arbeit aus den Wohnräumen verbannt worden. Ihre Gesichter lächelten alle ohne andere Ursache, als weil die Maler die Mundwinkel mit angewöhntem eisernem Schnörkel so zu formen gezwungen waren. Diese grundlose Heiterkeit der verjährten Gesellschaft machte fast einen unheimlichen Eindruck. Die guten Maler und die Vorfahren schienen nicht immer gleichzeitig geraten zu sein. Dazwischen hingen wunderliche Bilder, die mit Harzfarben unmittelbar auf die Rückseite von Glastafeln gemalt waren, und vergilbte Kupferstiche, welche Prospekte zürcherischer Staatszeremonien oder militärischer Schauspiele zum Gegenstande hatten. Seltsamer Weise war hier noch ein kleines Rähmlein versteckt mit längst gesprungenem Glase und einem gestochenen Bildnisse Karls I. dahinter; mit verblichener Tinte war darauf geschrieben:

König Karl von Engelland
Ward der Krone quitt erkannt.
Daß er dürfe keiner Krone,
Machten sie ihn Köpfes ohne.

Der Schreiber dieser Zeilen war aber nicht unter den töricht lachenden Ahnen, die hier im Exil hingen, zu finden; derselbe weilte vielmehr, von einem guten Künstler gemalt, in einer ganz anderen Stadt in der Gemäldesammlung eines dortigen Liebhabers. Es war ein ernsthafter Mann in der Tracht des siebzehnten Jahrhunderts, dessen eisengraue Augenbrauen und Knebelbart wie Sturmfahnen zu flattern schienen. Nicht nur als eifriger Antipapist lebte er im Gedächtnis, sondern als ein Ungläubiger und Unbotmäßiger überhaupt, der zu verschiedenen Malen verwarnt und gebüßt worden sei; und da eine geheime Tradition im Hause dahin lautete, daß es besser wäre, wenn nie eine Empörung stattgefunden hätte, nie ein König enthauptet worden und auch keine Kirchentrennung entstanden wäre, so war das Bild von einem Nachkommen für unangenehm befunden und einem fremden Kenner guter Sachen verkauft worden.

Noch lieber hätte man längst das kleine Bildchen mit der frechen Aufschrift entfernt. Allein es ging die abergläubische Sage, daß jedes Mal, so oft dies versucht würde, der alte Empörer nächtlich umgehe und mit entsetzlichen Hammerschlägen das Rähmlein wieder an der Wand befestige; der Schreck habe einst einen Hausgenossen so angegriffen, daß er daran gestorben sei.

Mitten auf dem rötlichen Kachelboden der Kammer stand der Tisch, an welchem Herr Jacques sein Wesen trieb, wenn er in der guten Jahreszeit sich in diesen unheizbaren Raum zurückzog, in Erwartung eines eigenen Studierzimmers, das ihm nicht mehr lang entgehen konnte. Als der Pate kam, saß er eben vor einem Reißbrett, worauf ein großer Pergamentbogen gespannt war. Derselbe zeigte eine kranzartige Schilderei von Landeswappen, Fahnen, Waffen, Musikinstrumenten, Büchern, Schriftrollen, Erdglobus, Eulen der Minerva, Lorbeer- und Eichenzweigen u. dgl., hervorgebracht von einer jugendlich unerfahrenen Hand. Besonders zwei Löwen waren von allzu unsicherer Gestaltung; sie schienen mitten im Kampf ums Dasein, wie man jetzt sagen müßte, auf einer untern Entwicklungsstufe erstarrt zu sein und lächelten dabei unweise, wie die Ahnenbilder an der Wand. Im innern Raume aber entstand soeben in großen Lettern die Aufschrift: »Zürcherischer Ehrenhort«, und Herr Jacques war beschäftigt, die vorgezeichneten Buchstaben aus einer Muschel mit Gold zu überziehen. Je dikker er aber das Gold auftrug, desto weniger wollte es glänzen.

»Dick auftragen hilft nicht immer, mein Lieber, sondern gut polieren!« sagte der Pate, der ihm einen Augenblick zuschaute. Er nahm eine kleine Agatkugel, die mit andern Sachen an seiner Uhrkette hing, und zeigte ihm, wie durch die Handhabung derselben die Schrift bald zu schimmern begann.

»Aber was in aller Welt soll denn diese bunte Projektion vorstellen und welchem Zwecke soll sie dienen?« fragte er nun den Herrn Jacques.

Und dieser vertraute ihm, wie er über den Verlust der Handschrift Manesse seit jenem Spaziergange nachgedacht und ausfindig gemacht habe, auf welche Art und Weise der Vaterstadt ein würdiger Ersatz geschafft werden könnte. So sei er auf den Gedanken geraten, sein Leben daran zu setzen und einen Codex zu stiften und auszuführen, dessengleichen anderswo nicht zu finden wäre, und dies hier sei das Titelblatt, mit dem er begonnen habe. Alles, was der Stadt und Republik Zürich seit ihrem Entstehen zu Schmuck und Ehren gereiche, wolle er in schönen Versen erzählen und mit schönen Bildern illustrieren, wobei die Entwicklung von den schwächern Anfängen bis zur Vollkommenheit des Endes von selbst den gleichen Verlauf nehmen werde, wie der Gegenstand des Werkes. So gedenke er einen Schatz und Wahrzeichen, einen Ehrenhort zu gründen, der den alten Spruch Ottos von Freising bestätige: *Nobile Turegum multarum copia rerum!* und wie er des schweizerischen Athens, des Athens an der Limmat allein würdig sei!

Bei dem letztern Ausdrucke verzog der Pate, der erst gelächelt, das Gesicht, wie wenn er einen Schluck sauren Bieres erwischt hätte.

»Hast du diese schwache Redensart auch schon aufgeschnappt?« sagte er verdrießlich; »wenn ich sie nur nie mehr hören müßte! Fühlt Ihr denn nicht, daß Eitelkeit, die sich auf Kosten anderer bläht, in diesem Fall also auf Kosten von Bundesgenossen, die jederzeit wohl so klug und gebildet gewesen sind, wie wir, daß eine solche Eitelkeit immer das gleiche Laster bleibt, ob sie der eigenen Person oder dem Gemeinwesen gelte, dem man angehört? Da wird allerdings eine gewisse naßkalte frostige Bescheidenheit getrieben; jeder sieht dem andern auf die Finger, ob er sich nicht zu viel einbilde; dafür wird aber in der Gesamteinbildung geschwelgt, daß die Mäuler triefen, und kein Gleichnis ist zu stark, um die Vortrefflichkeit aller zu bestätigen! Darum sieht man auch so manche schwächliche Gesellen herumlaufen, die am Gesamtdünkel fast zu Grunde gehen, eben weil die Persönlichkeit unzulänglich ist, ein so Ungeheures mitzutragen! – Doch das wirst du alles genugsam erleben und vielleicht mitmachen; jetzt wollen wir uns nicht dabei aufhalten, sondern wieder einmal miteinander ins Freie gehen, wenn es dir beliebt!«

Jakob hatte mit ängstlicher Miene zugehört, weil er die Übertreibung des alten Krittlers nicht zu bemessen wußte; diese erstmalige Erfahrung, daß auch eine höchststehende Heimatstadt, ja vielleicht ein ganzes Vaterland eine schwache, wohl gar lächerliche Seite haben könne, gleich einem einzelnen Menschenkinde, beklemmte sein Herz, und er fühlte sich durch die Einladung des Paten dankbar erlöst. Sie wurden einig, abermals die Überbleibsel der Burg Manegg zu besuchen, und machten sich alsobald auf den Weg.

Nachdem sie im Pachthofe am Fuße der Burg sich durch eine landesübliche Erfrischung gehörig gestärkt hatten, wozu die einfache und mäßige Lebensweise auch der Reichen jederzeit Lust und Fähigkeit verlieh, erstiegen sie vollends den Hügel. Unter den breiten Schirmwipfeln der schlanken Föhren machten sie es sich bequem. Der Pate setzte seine Meerschaumpfeife in Glut und gab dem Herrn Jacques eine Zigarre, um ihm das Rauchen beizubringen. Er war nämlich einst ein Bewerber um die Hand von dessen Mutter gewesen und führte, nachdem die Sache sich zerschlagen, seither stets einen kleinen Bosheitskrieg gegen sie. An der Erziehung und Förderung ihres Söhnchens alle Teilnahme beweisend, konnte er doch niemals lassen, der gestrengen Mama kleine Ärgernisse zu bereiten nach dem Sprichworte: Alte Liebe rostet nicht! und so gewährte es ihm heute ein besonderes Vergnügen, den Herrn Jacques als einen angehenden Raucher nach Hause zu bringen. Allein er kam bereits zu spät. Jakob konnte schon rauchen, weil er diese Kunst gleich nach dem Bombenschießen, wo er die Pfeifen hielt, gelernt hatte. Sie spazierten also auf dem Burgraume schmauchend auf und nieder, wie in einer Studierstube, und Jakobus ging würdevoll an der Seite des Alten einher. Er frug den Herrn Paten nach dem weiteren Schicksale des Geschlechtes der Manessen und der Burg Manegg.

Ihre verschiedenen Zweige, erzählte jener, haben in geistlichen und weltlichen Würden und auch in dunkleren Trieben noch über hundert Jahre geblüht. Jedoch ist nur ein an Tugend Ebenbürtiger des Liederfreundes aufgetreten, nämlich dessen Urenkel Rüdiger, der gegen fünfzig Jahre lang Ratsmann und Staatshaupt in Zürich gewesen ist. Auch dieser war in Tat und Leben mustergültig, fest und gelassen, ohne sich jedoch als ein Originalmensch zu gebärden. Aus Schule und Zunftleben ist dir bekannt, wie in den dreißiger Jahren des vierzehnten Säkulums auch in Zürich der Patrizierstaat der Autochthonen sich in den freien Bürgerstaat, nach damaligen Bedingungen, umgewandelt hat, und wie dieser einige Jahre später dem jungen Bunde der Eidgenossen beigetreten ist, um sich gegen die feindlichen Herrenmächte zu schützen. In diesen Übergängen stand das Geschlecht der Manessen, das doch seit einem Jahrhundert mitgeherrscht hatte, bürger- und freiheitsfreundlich auf Seite der Stadt und der neuen Zeit.

Am echtesten erwies sich dies gute Blut in jenem jüngeren Rüdiger, der hiedurch in der Stunde der Gefahr eine wirkliche und klassische Originalität erreichte.

Auch das Ereignis von Dätwil zu Weihnachten 1351 ist dir geläufig. Der erste Bürgermeister der neuen Ordnung, Rudolf Brun, ist mit der zürcherischen Kriegerschar, ohne weitere Hülfe, ausgezogen, die habsburg-österreichische Macht aufzusuchen, welche die Stadt wiederholt bedroht. Er trifft sie nicht an erwarteter Stelle, sieht sich aber, zur Seite ziehend, erst gegen Abend plötzlich in einem Talkessel von ihrer Überzahl, die alle Höhen besetzt hat, umringt. Da verläßt den Haupturheber der neuen Zustände, den klugen, listigen und energischen Führer des Volkes, der alle Ehre und Macht in dessen Namen an sich gezogen hat und ausübt, der das große Wort führt, jählings jeder Mut, und er flieht sofort vom Schlachtfelde, sich zu bergen. Schon einmal hat er in entscheidender Stunde, als die Gefahr unmittelbar an ihn trat, das Lebensopfer eines Getreuen durch Verwechslung des Mantels angenommen, als die Verschwörung der Vertriebenen die nächtliche Stadt durchtobte. Das war als glückhaft und nützlich angesehen worden. Jetzt zeigt er aber wiederholt, daß er, der fremdes Blut zu vergießen wohl versteht, sein eigenes hinzugeben nie gewillt ist. Der sinkende Tag findet das kleine Heer ratlos und vom Untergang bedroht; allein jetzt tritt Manesse, Bruns Statthalter, ruhig hervor, als ob nichts geschehen wäre. Die Flucht des Führers stellt er als selbstverständlich und notwendig, als eine Maßregel der Vorsorge dar und faßt sodann laut und volltönig, mit begeistertem Zuruf, die Bürger zum Notkampfe zusammen. Fest und unerschüttert steht er im Geschrei und Getöse der beginnenden Schlacht, die tief in Nacht und Dunkelheit hinein dauert, und zieht im Scheine der Morgenröte, die Leichname der gefallenen Brüder mit sich führend, mit Fahnen und Beute als Sieger heimwärts. Als nun die Volksgunst dem flüchtigen Staatshaupte sich schnell wieder zuwendet und dasselbe feierlich mit dem Stadtbanner aus seinem Schlupfwinkel als vorsorglicher Vater heimgeholt wird, reitet Manesse, ohne ein Gesicht zu verziehen, neben dem Stolzen einher und amtet still und verschwiegen unter ihm weiter; denn er hat erwogen, daß es gut ist, wenn ein Gründer der Freiheit bei Ehren bleibt, wenigstens solang er sonst tauglich ist.

Dieser Manesse starb hochbetagt, wenn ich nicht irre, um das Jahr 1380; mit ihm sank aber der Stern jener Linie; seine Söhne lebten sternlos dahin, wie alles ein Ende nimmt, und namentlich Ital, der jüngste, ist es, der die Burg hier verloren hat.

Gleich seinen Vorfahren war Ital Manesse ein anmutender und begabter Mann; allein es mangelten ihm Geduld und Vertrauen; es war, als ob er den Niedergang und das Aussterben des Geschlechtes hätte ahnen und befördern müssen. Bei keiner Verrichtung und Tätigkeit konnte er ausharren, von jedem Geschäfte trieb ihn die Unruhe, abzuspringen, und er schlüpfte allen, die ihm wohlwollten, ängstlich aus den Händen, wenn sie ihn festzuhalten glaubten. So gingen seine Umstände stets rückwärts. Ein Besitztum, Hof und Landgut nach dem andern mußte er dahin geben und geriet immer tiefer in Schulden, und weil er dabei ruhelos lebte, so nannte man ihn allgemein den »Ritter Ital, der nie zu Haus ist«.

Als im Jahre 1392 in Schaffhausen ein großes Turnier abgehalten wurde, bei welchem sich Hunderte von Fürsten, Grafen und Edelleuten einfanden, nahm auch Ital teil daran, da es eine gute Gelegenheit bot, sein unruhiges Herz von Hause weg zu tragen. Seines alten Stammes und rühmlichen Namens wegen geriet er in gute Gesellschaft und gewann die Neigung einer reichen thurgauischen Erbin, deren Hand ihn wohl von aller Sorge befreien konnte. Seiner übeln Umstände bewußt, verhielt er sich schüchtern und zurückhaltend gegen die freundliche Schönheit der ganz unabhängigen Freiin, die ihm dafür, damit er Zeit und Besinnung gewänne, in dem Festgeräusche mit holder Geistesgegenwart kund zu tun wußte, daß sie ehestens eine Base heimsuchen würde, die in der Abtei zu Zürich lebe. Von Hoffnung und Freude, aber auch von neuer Unruhe erfüllt, ritt er mit seinem Knechte vom Turniere hinweg und durchstreifte wochenlang die Landschaften von Ort zu Ort, um bei Freunden die Zeit in Zerstreuungen zu verbringen. Als er endlich heimkehrte und die Erscheinung der Schönen gewärtig war, sah und vernahm er nichts von ihr, als daß sie sieben Tage in Zürich zugebracht habe, dann aber wieder abgereist sei.

Freudelos lebte er nun dahin und sah sein Wohl mehr und mehr schwinden. Als etwa ein Jahr vergangen und der Sommer wieder da war, schritt er eines Tages von der Manegg, wo er einsam hauste, herunter und in die Stadt hinüber. In der Nähe derselben begegnete er lustwandelnden Frauen, unter welchen er mit jäher Überraschung die thurgauische Dame erblickte. Sie gab keiner kalten Förmlichkeit Raum, sondern kam seinem Gruße mit offenbarer Huld entgegen, da sie keine Zeit auf gefährliche Weise verlieren mochte. Ital Manesse lag ihr einmal im Sinn, und sie war nur seinetwegen wieder nach Zürich gekommen, während sie andern Bewerbungen von bester Hand aus dem Wege ging. Die Freundinnen, die mit ihr waren, ahnten wohl ihre Gesinnung, und um ihr zu helfen, zwangen sie den flüchtigen Menschen, eine Stunde bei ihnen zu bleiben und mit ihnen zu gehen. Dann suchten sie auf geschickte Art Weiteres zu verabreden und ihn zu künftigem Besuche zu verpflichten. Die eilige Schöne unterbrach jedoch diese Unterhandlungen und erklärte, sie gedenke, in den kommenden Tagen den Herrn auf seinem Burgsitze selbst aufzusuchen, den zu sehen es sie gelüste, und sie vertraue, daß er ihr für eine Viertelstunde Einlaß bewilligen werde. Natürlich erfüllte er gerne die Pflicht, sie bei solch günstiger Verheißung zu behaften, verabschiedete sich alsbald von den Frauen und eilte hocherfreut vollends in die Stadt, um zierliches Geschirr, Teppiche und anderes Geräte, was dort von den Vätern her noch im Hause lag, nach der Manegg zu schaffen.

Den nächsten Tag verwendete er, den Burgsitz so gut als möglich zu schmücken, wobei ihm der bejahrte Diener behülflich war, der ihm einzig übrig geblieben und sein Marschalk, Mundschenk und Küchenmeister zugleich war. Derselbe hielt auch den nötigen Vorrat bereit, um den anmutigen Besuch anständig bewirten zu können, und rüstete sich, im rechten Augenblicke schnell frische Kuchen zu backen, was er wohl verstand.

Am dritten Tage war alles bereit und die schönste Sonne am Himmel; der Alte ging noch auf den Maierhof hinunter, der am Fuße der Burg lag, um sich zu versichern, daß dort junge Tauben vorrätig seien oder ein paar junge Hähne, auch um anzuordnen, daß auf den ersten Wink eine oder zwei Weibspersonen in gutem Gewande auf die Burg kämen, ihm zu helfen. Unversehens kam der Alte in großer Hast und mit dem Berichte zurückgelaufen, es sei aus den großen Forsten ein Stück Schwarzwild auf die Ackergüter des Meierhofes gebrochen. Sogleich nahm Herr Ital Jagdzeug und Hunde und begab sich mit dem Diener hinunter, das Wild zu suchen und zu erlegen. Unter dem Tor besann er sich, eh' er den Fuß hinaus stellte, noch einen Augenblick, ob es nicht besser getan wäre, da zu bleiben, weil die schöne Heimsuchung gerade heute eintreffen könnte. Allein es schien ihm doch nicht wahrscheinlich, daß sie es für schicklich befinden würde, so bald zu kommen, als ob sie große Eile hätte, und so schritt er ohne weiteres vorwärts; die eifrigen Jäger schlossen das Burgtor sorgfältig zu, nahmen den Schlüssel mit und jagten das Wild weit in die Forste hinauf, bis die Abendschatten sanken, wo sie dann mit ziemlicher Beute heimkehrten, also daß sie zu den übrigen Vorräten noch schöne Bratenstücke gewonnen hatten.

Leider war alles dies nicht mehr nötig, weil das edle Fräulein an eben diesem Tage dagewesen war. Von nur einer Ehrendienerin und einem Klosterknechtlein begleitet, hatte sie vor der verschlossenen Pforte gestanden und keinen Einlaß gefunden. Nachdem sie vergeblich das Knechtlein hatte klopfen und rufen lassen und über eine halbe Stunde ausruhend auf einem Steine gesessen und gewartet, hielt sie sich für genarrt und verschmäht und machte sich beschämt und schweigend, aber entschlossen und unaufhaltsam auf den Rückweg. Sie blickte, bald von tiefem Rot übergossen, bald erbleichend, nicht vom Boden weg, auf dem sie wandelte, und bereitete sich, kaum in der Stadt angekommen, zur Abreise, die sie noch am gleichen Tage antrat. So war sie für Ital, der nie zu Hause war, schon verloren, als er endlich vor seiner Haustüre anlangte und nicht ahnte, daß jene vergeblich vor der stummen Pforte gewartet hatte.

Ebenso vergeblich harrte er noch mehrere Tage und hielt sich seinerseits für gefoppt, als niemand sich zeigte. Traurig ließ er alles Zubereitete wegräumen und den Dingen ihren Lauf.

Auf seinen unruhigen Streifzügen stieß er zwar noch auf eine magere Adelstochter aus dem Aargau und ehelichte dieselbe in aller Hast. Allein es ging um so schneller mit ihm berghinunter, und er sah sich bald genötigt, seine Wohnung in der Stadt und das Gut mit der Manegg an einen Juden zu veräußern, dessen Witwe später das letztere den Zisterzienserfrauen in der Seldenau oder Selnau, wie wir jetzt sagen, verkaufte. Im Besitze jener Nonnen ist um das Jahr 1409 die Burg durch Schuld eines Narren abgebrannt, der über dem Laster, immer etwas anderes vorstellen und sein zu wollen, als man ist, verrückt geworden war.

Dieser Unglückliche galt auch für eine Art Abkömmling der manessischen Herren; einer der Söhne des liedersammelnden Ritters Rüdiger, der ebenfalls ein geistlicher Stiftsherr in Zürich gewesen, hatte von drei Nachtfrauen, wie die alten Schriften sich ausdrücken, vier uneheliche Töchter hinterlassen. Was es mit solchen Nachtfrauen für eine Bewandtnis hatte, kann nicht näher beschrieben werden, da nichts Schönes dabei herauskäme; genug, einer jener unehelichen Töchter entsproß wiederum ein Sohn, welchem sie durch Gunst die Pfründe an der St. Egidien-Kapelle hier dicht unter der Manegg zu verschaffen wußte, eine Pfründe, welche von den Manessen gestiftet worden ist. Dieser kleine Pfaffe in der Einöde tat sich nicht minder mit nächtlichem Volk zusammen und zeugte an dem wilden Geschlechte weiter, welches so durch ein volles Jahrhundert an der Sonne herum briet und immer wieder an der Berghalde dort hängen blieb. Sie hatten von dem Blut, das zu einem Teile in ihnen floß, verworrene Kunde und kehrten daher stets dahin zurück, wo ihre dunklen Ahnfrauen geweilt hatten.

Ein letzter Sprößling der Sippschaft war also der Narr auf Manegg oder der Falätscher, wie er genannt wurde, Buz Falätscher, weil er in einer alten Lehmhütte unten an der Falätsche hauste, der tiefen Kluft, die einst ein Bergrutsch zurückgelassen hat, wie wir sie da mit ihrem unheimlichen kahlen Wesen vor uns sehen. Da bisweilen jetzt noch Gerölle, Steine und Sandmassen die steile Wand herunterkommen, so würde jene Hütte ein unsicherer Aufenthalt gewesen sein, wenn nicht ein struppiges Buschwerk hinter ihr gestanden hätte, welches mit der Hütte zusammen eine kleine Insel in dem Schuttwerke bildete.

Der Buz Falätscher sah nicht weniger einöd aus, als seine Behausung. Eine dürre Gestalt, trug er Gewand, das von ihm selbst aus lauter Fischotterfellen zusammengenäht war; dazu trug er im Sommer ein von Binsen geflochtenes Hütchen, im Winter eine Kapuzenkappe aus der Haut eines abgestandenen Wolfshundes. Aus seinem Gesicht konnte man nicht klug werden, ob er alt oder jung sei; doch gab es viele kleine Flächen darin, die immerwährend zitterten, wie ein von der Luft bewegter Wassertümpel, und unablässig schienen Unverschämtheit und Bekümmernis sich darin zu bekämpfen, während die Augen mit lauerndem Funkeln auf dem Zuschauer hafteten, auf den Erfolg begierig, welchen er bei ihm hervorbrachte. Denn, ob es Tag oder Nacht, ob er satt oder hungrig war, sobald er auf ein menschliches Wesen stieß, redete er auf dasselbe ein und wollte ihm etwas aufbinden, es zu einem Glauben zwingen und ihm einen Beifall abnötigen.

Er hatte seiner Zeit geschult werden sollen, aber notdürftig etwas weniges lesen und schreiben und einige lateinische Worte gelernt, da es ihm bei aller Zungenfertigkeit an wirklichem Verstande gebrach. Als ein unwissender Frühmesser oder Kaplan hausierte er im Lande herum und plagte die Bauern mit der unaufhörlichen Vorstellung, daß er gleich seinen Vorfahren als Stiftsherr an ein großes Münster gehöre, wohl gar zu einem Prälaten bestimmt sei, bis er plötzlich den Vorsatz faßte, ein Feldhauptmann zu werden. Er verwandelte sich demgemäß in einen Soldaten und lief bei allen Händeln hinzu, wo ein kleinerer oder größerer Haufen auszog, sei es in den inneren Fehden damaliger Zeit oder gegen Savoyen oder im ersten Mailänder Kriege u.s.w. Hierbei fühlte er einen unbezwinglichen Drang, sich auszuzeichnen und überall die Gefahr aufzusuchen und im vordersten Gliede zu stehen; wie aber die Gefahr dicht vor ihm stand, schloff er ebenso unwillkürlich jedesmal unten durch, um nachher mit grimmigen Blicken seinen bewiesenen Mut zu rühmen, was er wohl durfte, da er den Mut wirklich empfunden hatte. Das belustigte die wackeren Kriegsgesellen, die sonst keine Feigheit duldeten, dermaßen, daß sie den Buz als eine Art Narren gern mit sich führten und redlich verpflegten. Nur mußte er sich, wenn der Tag ernstlich wurde, allmählig mehr im Hintertreffen aufhalten, trotz seines Sträubens; er entnahm hieraus, daß sie ihn für die größte Gefahr und Not sichtbarlich aufsparen wollten.

Einst litt es ihn aber nicht mehr in der Untätigkeit. Er lag mit einer eidgenössischen Schar im lombardischen Feld, unweit eines Heerhaufens von welschen Söldnern. Da eben Verhandlungen zwischen den Herren Visconti und den Schweizern obschwebten, so ruhte der Streit eine Weile, und diesen Augenblick benutzte Buz, sich endlich hervorzutun. Er ging hin und forderte einen Haupthahn des welschen Trupps zum besondern Zweikampfe heraus, mit so kühnen Worten, daß jener die Herausforderung annahm. Weil aber der Welsche seinerseits ein dicker großer Prahler war, so ließen die Schweizer, um ihn zu foppen, das Abenteuer vor sich gehen. Beide Parteien lagerten einander gegenüber. Der feindliche Führer, ein gerüsteter Goliath, trat mit seinem Spieße hervor und stellte sich furchtbar auf. Mit mannlichen Schritten ging auch Buz ihm entgegen, von seinen Gesellen gewappnet, wie ein Vorgesetzter, mit Helm, Schild, Schwert und Lanze beladen; schnaufend und aufgeregt, aber ohne Zögern, stampfte er unter seinen klirrenden Waffen vorwärts, bis er zwei Schritte vor dem dräuenden Löwen stand und das Weiße in dessen Augen sah. Martialisch setzte er die Beine in Positur und senkte den Speer, dem Gegner ängstlich ins Gesicht starrend; sowie der aber seinen Spieß ebenfalls hob, drehte Buz sich im Kreuz seines Rückens so glatt wie eine Tür in der Angel und lief mit der Schnelligkeit einer Spinne über das Feld weg, in weitem Bogen, bis er hinter der Wand seiner Landsleute geborgen war

Das sah sich so possierlich an, ein brausendes Lachen rollte durch beide Lager, und die welschen Heerknechte, welche den Auftritt als einen ihnen zum besten gegebenen Spaß betrachteten, schickten den Schweizern ein Faß Wein, worauf diese ein fettes Schwein zurücksandten.

Aus der Lustbarkeit, die hierauf folgte, wurde dem Buz Falätscher endlich klar, welche Meinung es mit seinem Kriegerstand hatte; er entlief stracks dem kleinen Wehrkörper und machte sich über die Berge heimwärts.

Als er das Reußtal hinunter wanderte, waren die Felswände mit Wolken behangen und es regnete so verdrießlich, daß ihm das Wasser oben in den Nacken und unten aus den Schuhen lief. Da weinte er bitterlich über die Verkennung und schlechte Behandlung, die ihm überall zuteil wurde; je stärker es regnete, desto heftiger greinte und schluchzte der mißliche Kriegsmann, bis er von einem Weiblein eingeholt wurde, das in roten Strümpfen rüstig daher wanderte, eine zerknitterte weiße Haube am Arme und ein Bündel Habseligkeiten schwebend auf dem Kopfe trug, gar geschickt, ohne es mit der Hand zu stützen. Dieses Weiblein oder Dirnlein, als es einige Schritte an ihm vorüber gegangen war, wendete sich um und fragte ihn, wer er sei und warum er denn so greine, da er doch einen so langen Spieß habe, die Unbill abzuwehren? Und er antwortete, er sei ein Mensch, mit dem es niemand gut meine und welchem keiner glauben wolle, was er sage.

Da sagte das Weiblein voll Mitleid, es würde es schon gut mit ihm meinen und ihm alles glauben, was ihn freue; denn es war ein törichtes Mensch, das, wie jener nach Anerkennung dürstete, sich nach einem Mann sehnte und nach einem solchen umher pilgerte. Buz aber, dem das Wesen keineswegs häßlich schien, ließ seine Tränen trocknen, soweit es in der feuchten Luft möglich war, und kehrte das Gesicht und seine Gedanken der neuen Sachlage zu. Sofort leuchtete ihm ein, daß wer nur erst das Haupt einer Familie sei, auch das Haupt von mehrerem werden könne. Wie mancher, dachte er, ist durch den Rat einer klugen Frau ein Mann bei der Chorpflege, wohl gar Bürgermeister geworden, und obschon ich immerhin klüger bin, als jegliches Weib, so ist diese hier gewiß sehr gescheit, sonst hätte sie nicht auf den ersten Blick erkannt, wer ich bin!

Sie zogen also einträchtig miteinander dahin, und Buz brachte statt des Hauptmannstitels eine für ihn ganz artige Frau nach Hause, das heißt in die erwähnte Lehmhütte, welche halb verfallen war. »Ist das nicht ein schöner Hof?« fragte er die Frau mit ernster Stimme, und sie versicherte, es sei ein so herrliches Heimwesen, wie sie es nur wünschen könne. Ungesäumt begann sie, die Wände und das Strohdach auszubessern und das Häuschen wohnlich zu machen; denn sie war geschickt und rüstig in mancherlei Arbeit und ernährte ihren Mann jahrelang damit. Der tat nämlich gar nichts, als herumstreichen, sich in alles einmischen und die Leute hintereinander hetzen, um sich wichtig zu machen, bis er weggejagt wurde. Dann ging er heim, verlangte sein Essen und das Lob seiner Verrichtungen, die er unaufhörlich schilderte und pries, und wenn das Weiblein nicht alles glaubte und rühmte, so schlug er dasselbe und behandelte es auf das übelste. Für jedes verweigerte Lob erhielt die arme Frau Beulen und blaue Flecke, so daß sie, wenn sie ihn nur von weitem kommen sah, vor die Hütte lief und voll Furcht die Hände erhob und seine Taten besang, ehe sie dieselben kannte.

So erging es der guten Frau nicht zum besten, bis das Glück, einen Mann zu besitzen, durch das Mißvergnügen, das er ihr bereitete, überwogen wurde, und da sie keine Kinder von ihm bekam, welche ihr die Zeit vertrieben und das Herz erfreut hätten, verlor sie die Geduld und wurde zuweilen störrisch in den Lobpreisungen.

Als Buz eines Abends heimkehrte und die Erzählung seiner Tagesarbeit mit der Versicherung abschloß, daß er nicht ruhen werde, bis er in den Stand seiner Ahnen eingesetzt und zum Ritter geschlagen sei, sagte sie unbedacht:

Stiefel an, Stiefel aus,
Wird nie nichts draus!

»Was soll das heißen?« fragte der Falätscher verwundert und sah sie groß an.

»Ei«, erwiderte sie, »es fiel mir ein Mann in meiner Heimat ein, den man den Stiefelschliefer nannte; der hatte gelobt, nach Jerusalem zu reiten, und zog jeden Morgen ein Paar große Stiefel an und am Abend wieder aus, ohne jemals vom Hause weg zu kommen, und damit die Stiefel sich nicht einseitig abnutzten und nicht krumm getreten würden, wechselte er sie alle Tage. Aber sie gingen doch zu Grunde, und auch das Pferd starb, ohne daß er nach Jerusalem geritten wäre.«

Da merkte der Mann, daß seine eigene Frau ihm nicht mehr glaubte und seiner spottete. Er fiel über sie her und würgte sie so stark am Halse, daß sie blau im Gesichte wurde und eine Weile für tot am Boden lag. Als aber der Mann schlief, regte sie sich wieder, zog sich reisefertig an, packte ihre Habseligkeiten zusammen und verließ die Hütte, nachdem sie ihm noch ein Frühstück zurecht gestellt hatte. Also wanderte das Weiblein in dunkler Nacht von dannen und verschwand für immer aus der Gegend.

Verwundert fand Buz sich am nächsten Morgen allein in seiner Behausung. Er aß, was an Speise vorhanden war, und harrte mehrere Tage auf die Wiederkehr des Weibleins, das sein guter Geist gewesen. Als sie nicht mehr kam, ward er bekümmert und ganz verstört; jedoch trieb ihn der Hunger, sich Nahrung zu verschaffen, welche er instinktiv im Wasser und am Boden herum suchte. Er spürte Dächse aus, fing fette Hamster in den Wiesen und Fischottern in den Wassern, auch allerlei Vögel im Unterholz, und erwarb eine große Geschicklichkeit, allen diesen Tieren nachzustellen, nicht wie ein gelernter Jäger, sondern wie ein Raubtier, und aus den Fellen machte er sich seine Bekleidung.

Darüber gewann seine Narrheit einen geregelten Bestand, und als er eines Tages entdeckte, daß die Burg Manegg, die nun den Klosterfrauen gehörte, gänzlich unbewohnt war, richtete er sich in den verlassenen Räumen derselben ein und nannte sich einen Ritter Manesse von Manegg. Niemand störte ihn in diesem Treiben; vielmehr wurde ihm aus Mitleiden mancherlei Beisteuer zugewendet, die er herablassend entgegennahm. Bald verstieg er sich so weit, indem er ein oder das andere rostige Waffenstück über seine Otterfelle hing und eine Hahnenfeder auf das Binsenhütlein steckte, in die Stadt zu gehen und sich dort als Ritter aufzutun. Wegen der närrischen Reden, die er führte, und besonders der seltsamen Gesichter, die er schnitt, wurde er auf den Trinkstuben der derben Bürger ein beliebter Zeitvertreib, gut bewirtet und oft scharf geneckt, was er aber alles mit der bekannten Narrenschlauheit über sich ergehen ließ. Wenn sie nur seine Ritterschaft anerkannten, war er zufrieden und hütete sich mit geheimer Vorsicht, über die Aufrichtigkeit dieser Anerkennung zu grübeln.

Selbst die Edelleute auf ihrer Stube zum Rüden verschmähten es nicht, die wunderliche Gestalt einzulassen, und die wirklichen Ritter gewöhnten sich sogar mit tieferem Humor daran, den Mann im Ottergewande als ein Sinnbild und Wahrzeichen der Nichtigkeit aller Dinge zu ihren Gelagen zu ziehen.

Bei einer solchen Gelegenheit, es war an einem Herbstgebote, hatte Herr Ital Manesse, der nie zu Hause war, von seiner geschmolzenen Habe das große Liederbuch mitgebracht, von welchem jüngst nach langer Vergessenheit die Rede gewesen. Das Buch war jetzt, wenigstens in seinen Anfängen, schon über hundert Jahre alt. Das Betrachten der schönen Handschrift, welche freilich nur den erfahrungsreicheren Herren noch ganz geläufig war, und besonders der Bilder gewährte verschiedenen Gruppen der Junkergesellschaft Vergnügen, wie denn namentlich manche auswärtige Gäste mit Verwunderung und Anteil ihre Wappenschilde und die Bildnisse ihrer sangesbeflissenen Vorfahren in den frisch glänzenden Gemälden entdeckten. Ein junger Freiherr von Sax fand sogar zwei seiner Ahnen, den Bruder Eberhard und den Herrn Heinrich von Sax, und gerührt las er deren Gedichte, welche in seinem Hause längst verschwunden und verschollen waren.

Auch heute war der Narr von Manegg anwesend und diente, als die Stunden vorrückten, mit seinen Reden den Herren zur Lustbarkeit. Mochte es aber die Mahnung der Vergangenheit oder ein Hauch der Milde sein, der aus dem Buche sich verbreitet hatte: die Scherze, die sie mit dem Narren vornahmen, waren dieses Mal sanfter und zierlicher als sonst. Nur Ital Manesse fühlte begreiflicher Weise den Wechsel irdischen Loses tiefer, als alle andern, und gefiel sich darin, den Narren, der sein Nachfolger auf der Burg war, mit einiger Heftigkeit zum Trinken anzuhalten und sich selbst nicht zu schonen. Jenen aber schien der Wein nicht im mindesten närrischer zu machen, während Ital spät in der Nacht in halber Betrunkenheit den Schlaf suchte.

Am Morgen ging er zeitig nach dem Zunfthause, das Buch, das er außer acht gelassen hatte, zu holen; allein es war nicht zu finden und blieb, allem Nachsuchen zum Trotz, verschwunden.

Es wurde allgemein großes Bedauern über den Vorfall geäußert, welchen Ital selbst am tiefsten empfand als einen neuen Schlag seines trüben Schicksals. Auf Buz Falätscher, der das Buch entwendet und nach der Manegg geschleppt hatte, fiel am wenigsten ein Verdacht, weil man den Narren für zu einfältig hielt, als daß er nach dem geistigen Schatze hätte trachten sollen. Eher war man zu der Vermutung geneigt, daß einer der übrigen Gäste der Aneignung nicht habe widerstehen können, da es schon dazumal stehlende Bücherfreunde gab. Man beschränkte sich demnach auf gelegentliche Nachforschungen.

Unterdessen brütete Buz auf der öden Burgfeste tagelang über dem Buche, das er nur höchst unvollkommen lesen konnte; er gewann eine schwache Ahnung, um was es sich darin handle, und beschloß sofort, ein alter Minnesänger zu sein. Ohne Verstand und Zusammenhang schrieb er mit elender Hand verschiedene Seiten aus und ergänzte sie mit Verszeilen eigener Erfindung, Verse von jenem schauerlichen Klang, der nur in der Geistesnacht ertönt und nicht nachgeahmt werden kann. Solche Anfertigungen trug er bei sich, wenn er umherstreifte, und wenn er auf den Waldpfaden oder auf einsamer Straße arglosen Leuten begegnete, drängte er sich auf unheimliche Weise dicht an sie und ging so lange neben ihnen her, bis sie seine Gedichte anhörten und erklärten, daß er ein guter und gelehrter Singmeister sei. Zögerte einer, das zu tun, oder lachte er gar, so machte der Narr böse Augen und griff nach dem langen Messer, mit welchem er die unter dem Wasser laufenden Fischottern zu töten pflegte, wenn er sie jagte.

Sogar einem wohlbewaffneten Jäger, den er im dunkeln Forste traf, wurde er auf diese Weise gefährlich; denn er schien seine Natur geändert zu haben und vor keiner Bedrohung mehr zurückzuschrecken. Andere wußte er in sein Malepartus zu locken und so in Bedrängnis zu bringen, daß sie mit Not den Mauern und der Gefahr entrannen. Dabei hielt er das geraubte Buch sorgfältig verborgen und ließ sich in der Stadt einstweilen nicht mehr sehen.

Am Aschermittwoch, der nach jenem Herbstgelage folgte, waren auf allen Zunfthäusern die Bürger beim Schmause versammelt, um die Fastnachtsfreuden abzuschließen. So saßen auch die Junker auf dem Rüden mit allen Genossen, ausgenommen den Narren, dessen Abwesenheit ihnen auffiel. Da nun auch seine neuesten Torheiten und Gewaltsamkeiten zur Sprache kamen und kund wurden, fiel es den Herren wie Schuppen von den Augen, und sie überzeugten sich, daß das verschwundene Liederbuch nirgends anders als auf der Manegg liegen könne.

Sogleich wurden die jüngeren Gesellen, aufgeregt und vom Weine begeistert, einig, aufzubrechen und dem Narren eine lustige Fehde zu bereiten durch Belagerung und Erstürmung des Schlosses und Einholung des Buches. Gegen zanzig Jünglinge versahen sich mit Fackeln und zogen unter Trommel- und Pfeifenklang aus der Stadt, scheinbar zu einem fröhlichen Umzuge. Auf dem Wege gesellten sich junge Männer von anderen Zünften zu ihnen, so daß ein Haufe von vierzig bis fünfzig raschen Gesellen, zum Teil noch in allerhand Mummerei gehüllt, mit Fackelglanz durch die Nacht marschierte, nicht ohne ein Faß Wein auf einem Karren mit sich zu führen und mit Kannen und Bechern hinreichend versehen zu sein.

Mitternacht war schon vorüber, als die mutwillige Schar bei der Manegg anlangte. Trommelschlag, Lärm und Gesang weckten den Narren auf, der den Wald rings von Fackeln erhellt sah. Wie der Blitz fuhr er mit einem Lichtlein in der Burg umher, was man an den flüchtig erhellten Fenstern bemerkte; bald war er hier, bald dort in den Sälen und zuletzt zu oberst im Turm, als eine Zahl Männer auf der Schloßbrücke stand und donnernd an das Tor pochte. Wieder fuhr er herunter und erschien in einer Mauerritze über dem Tor. Der aber klopfte, war ein großer Mann in einer Bärenhaut, das heißt ein als Bär Verkleideter, den die Metzger alljährlich an diesem Tage herumzuführen pflegten. Entsetzt floh der Narr wieder zurück, denn er glaubte, die ganze Hölle sei vor der Türe. Nachdem er vergeblich aufgefordert worden, die Festung zu übergeben und das Tor zu öffnen, wurde dasselbe mit einer alten Geländerstange von der Brücke eingestoßen, und der Bär drang mit einigen bunten Schellenkappen hinein, den belagerten Schalk aufzuspüren und zu fangen.

Zu gleicher Zeit aber schleuderte auf einer andern Seite der Burg ein Unbesonnener seine Fackel in weitem Bogen über den Graben und in ein Fenster, mehr um seine Kraft zu erproben, als um Schaden anzurichten. Allein unglücklicher Weise reichte die Kraft gerade aus, daß die Fackel in das Innere des Gemaches fiel und das warme Heulager des Narren entzündete. Da der erwachende Frühling mit einem starken Föhnwind darein blies, so stand die alte, morsche Burg bald in Flammen, und der arme Narr irrte mit erbärmlichem Geschrei zwischen dem Feuer und dem Bären umher. Jetzt drang jedoch der von Sax, der den Zug hauptsächlich des Buches wegen mitmachte, in das Innere, um das Kleinod zu retten. Ungeachtet der Gefahr verfolgte er den Narren, als der Bär mit seinen Gesellen und mit angesengtem Pelze schon zurückwich, bis er jenen fassen konnte und fand, daß er glücklicherweise das Buch bewußtlos mit sich schleppte und krampfhaft umklammerte. Mit großer Mühe brachte der mutige und gewandte junge Mann den Narren samt dem Buche aus der brennenden Burg, ersteren freilich von Schreck oder Schwäche entseelt.

Man legte den Toten auf grünes Moos unter den Bäumen; friedlich und beruhigt lag er da, erlöst von der Qual, sein zu wollen, was man nicht ist, und es schlummerte mit ihm ein unechtes Leben, das über hundert Jahre im verborgenen gewuchert hatte, endlich ein.

Stiller geworden, tranken die Gesellen, in weitem Ringe sitzend, ihren Wein, obschon nicht sehr zerknirscht, und betrachteten den Untergang der Burg, die jetzt in vollen Flammen zum Himmel lohte und in das Morgenrot hinein, das im Osten heraufstieg. Einige alte Bäume, Zeugen ihrer besseren Tage, brannten mit und legten der verglühenden Nachbarin die brennenden Kronen zu Füßen.

Der von Sax aber eilte mit dem Buche, das er in seinen Mantel einschlug, der Schar voraus und traf den Ital Manesse noch auf der Rüdenstube, wo er als der letzte Gast hinter dem letzten Becher saß, blaß und kalt, wie der Morgen, der in den Saal trat.

»Hier hast du das Buch!« rief jener voll Freuden. Ital blätterte einige Augenblicke darin; es war wohlerhalten. Dann schloß er es und gab es dem Freunde.

»Nimm es«, sagte er gelassen, »und verwahre es auf deiner starken Veste Forsteck; es wird dort besser aufgehoben sein, als in meinen Händen!«

So kam das Buch in die Hände der Herren von Sax und blieb zweihundert Jahre auf Forsteck. Als aber 1615 die Zürcher die Herrschaft Sax ankauften, war es wieder verschwunden. Von dem Felsen, auf dem die Forsteck im Rheintale gestanden, ging die Sage, daß derselbe im Hochsommer und bei heller Witterung, wenn Reisende vorbeizögen, ein liebliches Tönen und Klingen hören lasse, als von vielen silbernen Glöcklein und Saitenspielen. Das Volk hielt es für Musik der kleinen Bergmännchen, der Naturforscher Scheuchzer dagegen für eine Folge der Tropfsteinbildung im Innern des Berges. Wir aber wissen, daß es die guten Geister des Liederbuches waren, welche dort tönten und klangen, wie aus Dankbarkeit dafür, daß die letzte Frau von Hohensax sich von dem pfälzischen Kurfürsten und seinen

Gelehrten das Buch nur ungern und nach langem Zögern hatte abdrängen lassen.

Als die Erzählung vom Untergange der Manegg ihr Ende erreicht hatte, war auch die Sonne hinter die nahe Bergwand hinabgestiegen, und obgleich die entfernteren Landschaften von derselben noch erhellt waren, begaben sich der alte und der junge Zürcher auf den Rückweg. Herr Jacques war aber höchst einsilbig und nachdenklich und begehrte keinerlei nähere Aufschlüsse und Erläuterungen, wie er das frühere Mal getan hatte, als ihm der Herr Pate die Geschichte von Hadlaub vorgetragen. Die nachdrückliche Art, wie der Alte die Krankheit, sein zu wollen, was man nicht ist, betont hatte, war ihm aufgefallen, sowie er auch noch ein Haar wegen des schweizerischen Athens auf der Zunge fühlte. Sein Gönner bemerkte die gedankliche Verlegenheit wohl, hütete sich aber, ihn darin zu stören.

Im väterlichen Hause angelangt, stieg Jakob unverweilt in die Kammer der Merkwürdigkeiten hinauf, wo er im Zwielicht der Abenddämmerung das Titelblatt des zürcherischen Ehrenhortes betrachtete. Er bedachte seufzend, ob er auch der Mann dazu sei, das große Werk einem guten Ende entgegen zu führen, und da ihm das immer zweifelhafter schien und der unglückliche Narr von Manegg vor seinen Augen schwebte wie ein Nachtgespenst, ergriff er ein Zänglein und löste, jedoch sorgfältig, das große Pergament vom Reißbrett. Hiemit gab er den weitausschauenden Plan verloren und beschränkte sich darauf, die Eingangspforte desselben in einen alten Rahmen zu fassen und neben den übrigen Schildereien an die Kammerwand zu hängen.

Diese Entsagung vermerkte der Pate, als er im Laufe der Zeit wieder nach dem Freunde sah, mit Wohlgefallen. Um ihn dafür zu belohnen, schenkte er ihm eine Mappe mit großen Kupferstichen nach den gewaltigen Bildern in der Sixtinischen Kapelle und in den Stanzen des Vatikans zu Rom. Er sollte sein Auge an die wahre Größe gewöhnen und das Erhabene sehen lernen, ohne dabei gleich an sich selbst zu denken. Da jener aber wahrnahm, daß der Adolescent allerdings auf keine außerordentlichen Unternehmungen mehr sann, welche seiner Person nicht entsprachen, jedoch immer noch von dem Originalitätsübel beunruhigt wurde, so übergab er ihm eines Tages ein von ihm selbst erstelltes Manuscriptum.

»Meister Jakobus«, sagte er ihm, »Ihr habt einst den Untergang jener Menschen beklagt, welche man originelle Käuze zu nennen pflegt! Diese Klage hat insofern doch eine gewisse Berechtigung, als solche Menschen, die wir im täglichen Leben Originale nennen, immerhin selten und es von jeher gewesen sind. Ist mit ihrem besonderen Wesen allgemeine Tüchtigkeit, Liebenswürdigkeit und ein mit dem Herzschlag gehender innerlicher Witz verbunden, so üben sie auf ihre zeitliche Umgebung und oft über den nächsten Kreis hinaus eine erhellende und erwärmende Wirkung, die manchen eigentlichen Geniemenschen versagt ist, und ihre Erlebnisse gestalten sich gerne zu kräftigen oder anmutigen Abenteuern. Eine Erscheinung dieser Art im schönsten Sinne war unser Salomon Landolt, der nun auch seit mehr als zehn Jahren in die Ewigkeit gegangen ist. Einer unserer geistreichen Dilettanten hat sein Leben und Treiben in einem trefflichen Büchlein beschrieben, in welchem er aber über den unverehelichten Stand des Verewigten nur mit einigen dürftigen Andeutungen hinweggeht. Das hat mich gereizt, eine ergänzende Erzählung abzufassen, um den merkwürdigen Mann auch nach dieser Seite hin vor uns aufleben zu sehen. Hier ist nun meine diesfällige Arbeit, leider ein so unleserliches Schriftstück, daß ich wünschen muß, es von einer saubern Hand ins Reine gebracht zu wissen. Nimm es mit, Jakobus, und mache mir in deinen Nebenstunden eine hübsche Abschrift davon!«

Herr Jacques nahm das Manuskript seines Herrn Paten mit und fertigte in der Tat mit großer Sorgfalt und Reinlichkeit eine Kopie davon an, wie sie im Nachstehenden nicht minder getreu im Druck erscheint.

Der Landvogt von Greifensee

Am 13. Heumonat 1783, als an Kaiser Heinrichs Tag, wie er noch heute rot im Züricher Kalender steht, spazierte ein zahlreiches Publikum aus Stadt und Landschaft nach dem Dorfe Kloten an der Schaffhauser Straße, zu Wagen, zu Pferde und zu Fuß. Denn auf den gelinden Anhöhen jener Gegend wollte der Obrist Salomon Landolt, damals Landvogt der Herrschaft Greifensee, das von ihm gegründete Korps der zürcherischen Scharfschützen mustern, üben und den Herren des Kriegsrates vorführen. Den Heinrichstag aber hatte er gewählt, weil ja doch, wie er sagte, die Hälfte der Milizpflichtigen des löblichen Standes Zürich stets Heinrich heiße und das populäre Namensfest mit Zechen und Nichtstun zu feiern pflege, also durch eine Musterung nicht viel Schaden angerichtet werde.

Die Zuschauer erfreuten sich des ungewohnten Anblickes der neuen, bisher unbekannten Truppe, welche aus freiwilligen blühenden Jünglingen in schlichter grüner Tracht bestand, ihrer raschen Bewegung in aufgelöster Ordnung, des selbständigen Vorgehens des einzelnen Mannes mit seiner gezogenen, sicher treffenden Büchse, und vor allem des väterlichen Verhältnisses, in welchem der Erfinder und Leiter des ganzen Wesens zu den fröhlichen Gesellen stand.

Bald sah man sie weit zerstreut am Rande der Gehölze verschwinden, bald auf seinen Ruf, während er auf rot glänzender Fuchsstute über die Höhen flog, in dunkler Kolonne an entferntem Orte erscheinen, bald in unmittelbarer Nähe mit lustigem Gesange vorüberziehen, um alsbald wieder an einem Tannenhügel aufzutauchen, von dessen Farbe sie nicht mehr zu unterscheiden waren. Alles ging so rasch und freudig vonstatten, daß der Unkundige keine Vorstellung besaß von der Arbeit und

Mühe, welche der treffliche Mann sich hatte kosten lassen, als er seinem Vaterlande diese seine eigenste Gabe vorbereitete.

Wie er nun schließlich, beim Klange der Waldhörner, die Jägerschar, die fünfhundert Mann betragen mochte, schnellen Schrittes dicht heranführte und blitzrasch zur Erholung und Heimkehr auseinandergehen ließ, indem er sich selbst vom Pferde schwang, ebensowenig Ermüdung zeigend, als die Jünglinge, da war jeder Mund seines Lobes voll. Anwesende Offiziere der in Frankreich und den Niederlanden stehenden Schweizerregimenter besprachen die wichtige Zukunft der neuen Waffe und freuten sich, daß die Heimat dergleichen selbständig und für sich hervorbringe; auch erinnerte man sich mit Wohlgefallen, wie sogar Friedrich der Große, als Landolt einst den Manövern bei Potsdam beigewohnt, den einsam und unermüdlich sich herumbewegenden Mann ins Auge gefaßt und zu sich beschieden, auch in wiederholten Unterhandlungen versucht habe, denselben für seine Armee zu gewinnen. Besitze ja Landolt jetzt noch ein Handschreiben des großen Mannes, das er sorgfältiger als einen Liebesbrief aufbewahre.

Wohlgefällig hingen aller Augen an dem Landvogt, als er nun zu seinen Herren und Mitbürgern trat und allen Freunden kordial die Hand schüttelte. Er trug ein dunkelgrünes Kleid ohne alles Tressenwerk, helle Reithandschuhe und in den hohen Stiefeln weiße Stiefelmanschetten. Ein starker Degen bekleidete die Seite; der Hut war nach Art der Offiziershüte aufgeschlagen. Im übrigen beschreibt ihn der gedachte Biograph folgendermaßen: »Wer ihn nur einmal gesehen hatte, konnte ihn nie wieder vergessen. Seine offene, heitere Stirn war hochgewölbt; die Adlernase trat sanft gebogen aus dem Gesicht hervor; seine schmalen Lippen bildeten feine, anmutige Linien, und in den Mundwinkeln lag treffende, aber nie vorsätzlich verwundende Satire hinter kaum bemerkbarem launigem Lächeln verborgen. Die hellen braunen Augen blickten frei, fest und den inwohnenden Geist verkündend umher, ruhten mit unbeschreiblicher Freundlichkeit auf erfreulichen Gegenständen und blitzten, wenn Unwille die starken Brauen zusammenzog, durchdringend auf alles, was das zarte Gefühl des rechtschaffenen Mannes beleidigen konnte. Von mittlerer Statur, war sein Körper kräftig und regelmäßig gebaut, sein Anstand militärisch.«

Fügen wir dieser Beschreibung hinzu, daß er im Nacken einen nicht eben schmächtigen Zopf trug und an jenem Tage Kaiser Heinrichs in seinem zweiundvierzigsten Jahre ging.

Unversehens erhielten die braunen Augen Gelegenheit, mit jener unbeschreiblichen Freundlichkeit auf einem erfreulichen Gegenstande zu ruhen, als er an eine rosenrote Staatskutsche herantrat, um deren Insassen zu grüßen, die ihm die Hände entgegenstreckten; denn unvermuteter Weise war da auch ein allerschönstes Frauenzimmer, das er einst wohl gekannt, aber seit Jahren nicht gesehen hatte. Sie mochte ungefähr fünfunddreißig Jahre zählen, hatte lachende braune Augen, einen roten Mund, dunkelbraune Locken fielen auf den Spitzenbesatz, der den halb offenen Hals einfaßte, und bauten sich reichlich über das schöne Haupt empor, von einem nach vorn geneigten feinen Strohhute bedeckt. Sie trug ein weiß und grün gestreiftes Sommerkleid und in der Hand einen Sonnenschirm, den man jetzt für chinesisch oder japanisch halten würde. Um übrigens unbegründete Voraussagen abzuschneiden, muß gleich bemerkt werden, daß sie längst verheiratet war und mehrere Kinder hatte, daß es sich mithin höchstens um vergangene Dinge handeln konnte zwischen ihr und dem Jägeroffizier. Kurz gesagt, war es das erste Mädchen gewesen, dem er einst sein Herz entgegengebracht und ein zierliches Körbchen abgenommen hatte. Ihr Name muß verschwiegen bleiben, weil noch alle ihre Kinder in Ehren und Würden herumlaufen, und wir müssen uns begnügen, sie mit demjenigen Namen zu bezeichnen, mit welchem Landolt sie in seinem Gedächtnisse behielt. Er nannte sie nämlich den Distelfink, wenn er an sie dachte.

Beide Personen erröteten leicht, da sie sich die Hand reichten, und bei der Einnahme von Erfrischungen im Löwen zu Kloten, wohin sich viele begaben, als Landolt neben die Frau zu sitzen kam, tat sie so freundlich und angelegentlich, wie wenn *sie* einst der verliebte Teil gewesen wäre. Es wurde ihm angenehm zu Mut, wie er seit Jahren nicht gefühlt, und er unterhielt sich auf das beste mit dem sogenannten Distelfink, der immer gleich jung zu sein schien.

Endlich aber begann der lange Sommertag sich zu neigen, und Landolt mußte auf den Rückweg denken, da er bis nach Greifensee, dessen Herrschaftsbezirk er seit zwei Jahren als Landvogt regierte, gegen drei Wegstunden zurückzulegen hatte. Beim Abschied von der Gesellschaft entwickelte sich wie von selbst eine Einladung und Verabredung, daß die alte Freundin ihn einmal, Gemahl und Kinder mitbringend, auf dem Schlosse zu Greifensee überraschen solle.

Nachdenklich ritt er, nur von einem Diener begleitet, über Dietlikon langsam nach Hause. Auf den Torfmooren webte schon die Dämmerung; zur Rechten begann die Abendröte über den Waldrücken zu verglühen, und zur Linken stieg der abnehmende Mond hinter den Gebirgszügen des zürcherischen Oberlandes herauf – eine Stimmung und Lage, in welcher der Landvogt erst recht aufzuleben, ganz Auge zu werden und nur dem stillen Walten der Natur zu lauschen pflegte. Heute aber stimmten ihn die glänzenden Himmelslichter und das leise Walten nah und fern noch feierlicher als gewöhnlich und beinahe etwas weich, und als er den Empfang bedachte, den er jener artigen Korbspenderin entgegenbringen wolle, befiel ihn plötzlich der Wunsch, nicht nur diese, sondern auch noch drei oder vier weitere Stück schöne Wesen bei sich zu versammeln, zu denen er einst in ähnlichen Beziehungen gestanden; genug, es erwachte, je weiter er ritt, eine eigentliche Sehnsucht in ihm, alle die guten Liebenswerten, die er einst gern gehabt, auf einmal beieinander zu sehen und einen Tag mit ihnen zu verleben. Denn leider muß berichtet werden, daß der nun verhärtete Hagestolz nicht immer so unzugänglich war und den Lockungen einst nur allzuwenig widerstanden hatte. Da gab es auf seinem Register der Kosenamen noch eine, die hieß der Hanswurstel, eine andere, die hieß die Grasmücke, eine der Kapitän, und eine vierte die Amsel, was mit dem Distelfink zusammen fünf ausmachte. Die einen waren vermählt, die andern noch nicht, aber alle waren wohl herbeizubringen, da er gegen keine sich einer Schuld bewußt war, und hätte er nicht Zügel und Gerte geführt, so würde er bereits vor leisem Vergnügen die Hände gerieben haben, als er begann, sich vorzustellen, wie er die Schönen untereinander ins Benehmen setzen wolle, wie sie sich aufführen und vertragen würden, und welch zierlicher Scherz ihm winke, die reizende Familie zu bewirten.

Die Schwierigkeit war nun freilich, seine Wirtschafterin, die Frau Marianne, ins Vertrauen zu ziehen und ihre Einwilligung und Beihülfe zu gewinnen; denn wenn diese in so zarter Angelegenheit nicht gutgesinnt und einverstanden war, so fiel der liebliche Plan dahin.

Die Frau Marianne war aber die seltsamste Käuzin von der Welt, wie man um ein Königreich keine zweite aufgetrieben hätte. Sie war die Tochter des Stadtzimmermeisters Kleißner von Hall in Tirol und mit einer Schar Geschwister unter der Botmäßigkeit einer bösen Stiefmutter gewesen. Diese steckte sie als Novize in ein Kloster; sie hatte eine schöne Singstimme und schien sich gut anzulassen; wie sie aber Profeß tun sollte, erhob sie einen so wilden und furchtbaren Widerstand, daß sie mit Schrecken entlassen wurde. Hierauf schlug sich Marianne allein in die Welt und fand als Köchin ein Unterkommen in einem Gasthause zu Freiburg im Breisgau. Wegen ihrer wohlgebildeten Leibesgestalt hatte sie die Nachstellungen und Bewerbungen der österreichischen Offiziere und der Studenten zu erdulden, welche in dem Hause verkehrten; jedoch wies sie alle energisch zurück bis auf einen hübschen Studenten aus Donaueschingen, von guter Familie, dem sie ihre Neigung schenkte. Ein eifersüchtiger Offizier verfolgte sie deswegen mit übler Nachrede, die ihr zu Ohren kam. Mit einem scharfen Küchenmesser bewaffnet, schritt sie in den Gastsaal, in dem die Offiziere saßen, stellte den Betreffenden als einen Verleumder zur Rede, und als derselbe die resolute Person hinausschaffen wollte, drang sie so heftig auf ihn ein, daß er den Degen ziehen mußte, um sich ihrer zu erwehren. Allein sie entwaffnete den Mann und warf ihm den Degen zerbrochen vor die Füße, in Folge dessen er aus dem Regiment gestoßen wurde. Die tapfere Tirolerin aber heiratete nun den schönen Studenten und zwar gegen den Willen der Seinigen, indem sie miteinander entflohen. Er trat in Königsberg in ein preußisches Reiterregiment, dem sie sich als Marketenderin anschloß und in verschiedenen Feldzügen folgte. Hier zeigte sie sich so unermüdlich tätig und geschickt, im Felde sowohl wie in den Garnisonen, als Köchin und Kuchenbäckerin, daß sie Geld genug verdiente, um ihrem Manne ein bequemes Leben zu bereiten und auch etwas beiseite zu legen. Sie bekamen nach und nach neun Kinder, die sie über alles liebte und mit der ganzen Leidenschaftlichkeit, die ihr eigen war; aber alle starben hinweg, was ihr jedesmal fast das Herz brach, das jedoch stärker war, als alle Schicksale. Da aber endlich Jugend und Schönheit entflohen waren, erinnerte sich der Husar, ihr Mann, seines besseren Standes und fing an, seine Frau zu verachten; denn es war ihm zu wohl geworden in ihrer Pflege. Da nahm sie das ersparte Geld, erkaufte ihm den Abschied vom Regimente und ließ ihn ziehen, wohin es ihm gefiel, sein Glück zu suchen; sie selbst wanderte einsam wieder dem Süden zu, von woher sie gekommen war, um ein Unterkommen zu finden.

In St. Blasien im Schwarzwald fügte es sich, daß sie dem Landvogt von Greifensee, der eine Wirtschafterin suchte, empfohlen wurde, und so diente sie ihm schon seit zwei Jahren. Sie war mindestens fünfundvierzig Jahre alt und glich eher einem alten Husaren, als einer Wirtschaftsdame. Sie fluchte wie ein preußischer Wachtmeister, und wenn ihr Mißfallen erregt wurde, so gab es ein so gewaltiges Gewitter, daß alles auseinander floh und nur der lachende Landvogt Stand hielt und sich an dem Spektakel ergötzte. Allein sie besorgte seinen Haushalt auf das vortrefflichste; sie beherrschte das Gesinde und die Ackerknechte mit unnachsichtlicher Strenge, führte seine Kasse treu und zuverlässig, feilschte und sparte, wo es immer möglich war und die Großmut des Herrn nicht dazwischen trat, und unterstützte wiederum seine Gastfreundschaft mit guter Küche so willfährig und wohlbewandert, daß er ihr bald die Führung seines gesamten Hauswesens ohne Rückhalt überlassen konnte.

Durch alle Rauheit leuchtete dann wieder ihr tiefes Gemüt hervor, wenn sie dem Landvogt, der ihr aufmerksam zuhörte, mit ungebrochener Altstimme eine alte Ballade, ein noch älteres Liebes- oder Jägerlied vorsang, und sie war nicht wenig stolz, wenn der waldhornkundige Herr die schwermütige Melodie bald erlernte und aus dem Schloßfenster über den mondhellen See hinblies.

Als einst das zehnjährige Söhnlein eines Nachbars in unheilbarem Siechtum darniederlag und weder das Zureden des Pfarrers, noch dasjenige der Eltern das Kind in seinen Schmerzen und seiner Furcht vor dem Tode zu trösten vermochte, da es so gerne gelebt hätte, so setzte sich Landolt, ruhig seine Pfeife rauchend, an das Bett und sprach zu ihm in so einfachen und treffenden Worten von der Hoffnungslosigkeit seiner Lage, von der Notwendigkeit, sich zu fassen und eine kleine Zeit zu leiden, aber auch von der sanften Erlösung durch den Tod und der seligen, wechsellosen Ruhe, die ihm als einem geduldigen und frommen Knäblein beschieden sei, von der Liebe und Teilnahme, die er, als ein fremder Mann, zu ihm hege, daß das Kind sich von Stund an änderte, mit heiterer Geduld seine Leiden ertrug, bis es vom Tode wirklich erlöst wurde.

Da drang die leidenschaftliche Frau Marianne an das Todeslager, kniete am Sarge nieder, betete andächtig und anhaltend und empfahl dem vermeintlichen kleinen Heiligen alle ihre vorangegangenen Kinder zur Fürbitte bei Gott. Dem Landvogt aber küßte sie wie einem großen Bischof ehrfürchtig die Hand, bis er sie lachend mit den Worten abschüttelte: »Seid Ihr des Teufels, alte Närrin?«

Das war also die Schaffnerin des Herrn Obristen, mit welcher er sich ins Reine setzen mußte, wenn er die fünf alten Flammen an seinem Herde vereinigen und leuchten lassen wollte.

Als er in den Schloßhof ritt und vom Pferde stieg, hörte er sie eben in der Küche gewittern, weil die Hunde im Stalle heulten und eine Magd versäumt hatte, denselben das Abendfutter abzubrühen. Das ist keine günstige Zeit! dachte er und ließ sich kleinlaut in seinem Lehnstuhle nieder, um sein Nachtessen einzunehmen, während die Wirtschafterin ihm mit wetterleuchtender Laune vortrug, was sich alles während des Tages ereignet habe. Er schenkte ihr ein Glas Burgunder ein, den sie liebte, von dem sie aber nur trank, wenn der Herr sie dazu einlud, obgleich sie die Kellerschlüssel führte. Das milderte schon etwas ihren Groll. Dann nahm er das Waldhorn von der Wand und blies eine ihrer Lieblingsweisen auf den Greifensee hinaus.

»Frau Marianne!« sagte er hierauf, »wollt Ihr mir nicht das andere Lied singen, wie heißt's:

Wer die seligen Fräulein hat gesehn
Hoch oben im Abendschein,
Seine Seele kann nicht scheiden gehn,
Als über den Geisterstein!
Ade, ade, ihr Schwestern traut,
Mein Leib schläft unten im stillen Kraut!«

Sogleich sang sie das Lied mit allen Strophen, die auf verschiedene Gegenstände übersprangen, aber alle eine gleichmäßige Sehnsucht, ein Gewisses wiederzusehen, ausdrückten. Sie wurde von der einfachen Weise selbst gerührt und noch mehr, als der Landvogt nun auch die gedehnten Töne in die Nacht hinausziehen ließ.

»Frau Marianne!« sagte er, in die Stube zurücktretend, »wir müssen gelegentlich darauf denken, eine kleinere, aber ausgesuchte Gesellschaft wohl zu empfangen!«

»Welche Gesellschaft, Herr Landvogt? Wer wird kommen?«

»Es wird kommen«, versetzte er hustend, »der Distelfink, der Hanswurstel, die Grasmücke, der Kapitän und die Amsel!«

Die Frau sperrte Mund und Augen auf und fragte: »Was sind denn das für Leute? Sollen sie auf Stühlen sitzen oder auf einem Stänglein?«

Der Landvogt war aber schon in die Nebenstube gegangen, um eine Pfeife zu holen, die er nun in Brand steckte.

»Der Distelfink«, sagte er, den ersten Rauch wegblasend, »der ist ein schönes Frauenzimmer!«

»Und der andere?«

»Der Hanswurstel? Der ist auch ein Frauenzimmer, und auch schön in seiner Art!«

So ging es fort bis zur Amsel. Da die Wirtschafterin aber auch von diesen lakonischen Erklärungen nicht befriedigt war, mußte der Herr Landvogt sich entschließen, endlich des mehreren von Dingen zu reden, über welche noch nie ein Wort über seine Lippen gekommen war.

»Mit einem Wort«, sagte er, »es sind das alle meine Liebschaften, die ich gehabt habe und die ich einmal beisammen sehen will!«

»Aber heiliges Kreuzdonnerwetter!« schrie nun Frau Marianne, die mit noch viel größeren Augen aufsprang und zuhinterst an die Wand rannte, »Herr Landvogt, gnädigster Herr Landvogt! Sie haben geliebt und so viele? O Himmelsakerment! Und kein Teufel hat eine Ahnung davon gehabt, und Sie haben immer getan, als ob Sie die Weiber nicht ausstehen könnten! Und Sie haben alle diese armen Würmer angeschmiert und sitzen lassen?«

»Nein«, erwiderte er verlegen lächelnd, »sie haben mich nicht gewollt!«

»Nicht gewollt!« rief Marianne in wachsender Aufregung; »keine einzige?«

»Nein, keine!«

»Du verfluchtes Pack! Aber die Idee ist gut, die der Herr Landvogt hat! Sie sollen kommen, wir wollen sie schon herbeilocken und betrachten; das muß ja eine wunderbare Gesellschaft sein! Wir werden sie hoffentlich in den Turm sperren, zuoberst wo die Dohlen sitzen, und hungern lassen? Für Händel will ich schon sorgen!«

»Nichts da!« lachte der Landvogt; »im Gegenteil sollt Ihr an Höflichkeit und guter Bewirtung alles aufwenden; denn es soll ein schöner Tag für mich sein, ein Tag, wie es sein müßte, wenn es wirklich einen Monat Mai gäbe, den es bekanntlich nicht gibt, und es der erste und letzte Mai zugleich wäre!«

Frau Marianne bemerkte an dem Glanze seiner Augen, daß er etwas Herzliches und Erbauliches meine, sprang zu ihm hin, ergriff seine Hand und küßte sie, indem sie leise und ihre Augen wischend sagte: »Ja, ich verstehe den Herrn Landvogt! Es soll ein Tag werden, wie wenn ich alle meine heimgegangenen Kinder, die seligen Englein, plötzlich bei mir hätte!«

Nachdem das Eis einmal gebrochen war, machte er sie nach und nach, wie es sich schickte, mit den fünf Gegenständen bekannt und stellte ihr dar, wie es sich damit begeben habe, wobei der Vortragende und die Zuhörerin sich in mannigfacher Laune verwirrten und kreuzten. Wir wollen die Geschichten nacherzählen, jedoch alles ordentlich einteilen, abrunden und für unser Verständnis einrichten.

Distelfink

Den Namen schöpfte Salomon Landolt aus dem Geschlechtswappen der Schönen, welches einen Finken zeigte und über ihrer Haustüre gemalt war. Mehr als eine Familie führte solche Singvögel im Wappen, und es kann daher der Taufname des ehemaligen Jungfräuleins, das Salome hieß, verraten werden. Oder vielmehr war es eine sehr stattliche Jungfrau, als Salomon sie kennen gelernt hatte.

Es gab damals, außer den öffentlichen Herrschaften und Vogteien, noch eine Anzahl alter Herrensitze mit Schlössern,

Feldern und Gerichtsbarkeiten oder auch ohne diese, welche als Privatbesitz von Hand zu Hand gingen und von den Bürgern je nach ihren Vermögensverhältnissen erworben und verlassen wurden. Es war bis zur Revolution die vorherrschende Form für Vermögensanlagen und Betrieb der Landwirtschaft und gewährte auch den Nichtadeligen die Annehmlichkeit, ihren ideellen Anteil an der Landeshoheit mit herrschaftlich feudal klingenden Titeln auszuputzen. Dank dieser Einrichtung lebte die Hälfte der bessergestellten Einwohnerschaft während der guten Jahreszeit als Wirte oder Gäste auf allen jenen amtlichen oder nichtamtlichen Landsitzen in den schönsten Gegenden, gleich den alten Göttern und Halbgöttern der Feudalzeit, aber ohne deren Fehden und Kriegsmühen, im tiefsten Frieden.

An einem solchen Orte traf Salomon Landolt, etwa in seinem fünfundzwanzigsten Jahre, mit der jungen Salome zusammen. Sie standen zu dem Hause, von entgegengesetzter Seite her, in nicht naher Verwandtschaft, so daß sie unter sich selbst nicht mehr für verwandt gelten konnten und doch ein liebliches Gefühl gemeinsamer Beziehungen empfanden. Außerdem wurden sie wegen ihrer ähnlich lautenden Namen der Gegenstand heiterer Betrachtungen, und es gab manchen Scherz, der ihnen nicht zuwider war, wenn sie auf einen Ruf gleichzeitig sich umsahen und errötend wahrnahmen, daß vom andern die Rede sei. Beide gleich hübsch, gleich munter und lebenslustig, schienen sie wohlgesinnten Freunden für einander schicklich und eine Vereinigung nicht von vornherein untunlich zu sein.

Freilich war Salomon nicht gerade in der Verfassung, schon ein eigenes Haus zu gründen; vielmehr kreuzte sein Lebensschifflein noch unschlüssig vor dem Hafen herum, ohne auszufahren noch einzulaufen. Er hatte seinerzeit die französische Kriegsschule in Metz besucht, erst um sich im Artillerie- und Ingenieurwesen auszubilden, dann um sich mehr auf die Zivilbaukunst zu werfen, worin er einst der Vaterstadt dienen sollte. In gleicher Absicht war er nach Paris gegangen; allein Zirkel und Maßstab und das ewige Messen und Rechnen waren seinem ungebundenen Geiste und seinem wilden Jugendmute zu langweilig gewesen, und er hatte teils einen angeborenen Hang zum freien Zeichnen, Skizzieren und Malen gepflegt, teils durch unmittelbares Sehen und Hören sich allerlei Kenntnisse und Erfahrungen erworben, sonderlich wenn es auf dem Rükken der Pferde geschehen konnte; ein Ingenieur oder Architekt aber kam in ihm nicht nach Hause zurück. Das gefiel seinen Eltern nur mäßig, und ihre sichtbare Sorge bewog ihn, wenigstens eine Stelle im Stadtgerichte zu bekleiden, um sich für die Teilnahme am Regiment zu befähigen. Sorglos, doch liebenswürdig und von guten Sitten, ließ er sich dabei gehen, während tieferer Ernst und Tatkraft nur leicht in ihm schlummerten.

Es versteht sich von selbst, daß von der ungewissen Lage des jungen Mannes hinsichtlich einer etwaigen Verheiratung mehr die Rede und jede Seite der Angelegenheit gründlicher erwogen war, als er ahnte; wie die Bauern den Jahresanfang, je unbekannter ihnen die Zukunft ist, mit desto zahlreicheren Bauernregeln begleiten und beschreien, so besprachen und beschrieen die Mütter vorhandener Töchter Salomons harmlosen Lebensmorgen.

Die anmutige Salome entnahm daraus soviel, daß an sichere Aussichten und Heiratspläne nicht gedacht werden könne, hinwieder aber ein angenehmer, selbst traulicher Verkehr wohl um so eher erlaubt sei. Sie wurde Mademoiselle genannt und war in französischem Geiste gebildet, mit der Abweichung, daß sie in freier protestantischer Gesellschaft und nicht im Kloster erzogen war, und sie hielt daher sogar eine gelinde Liebelei nicht für verfänglich.

Arglos gab sich Salomon einer Neigung hin, die sich in seinem offenen Herzen bald aufgetan, ohne sich jedoch aufdringlich oder unbescheiden zu benehmen. So kam es, daß wenn das eine der beiden auf dem stets wirtlichen Schloßgute einkehrte, das andere auch nicht lange ausblieb und die Wirkung dieser Vorgänge bloß das unterhaltende Ratespiel der Leute war: Sie nehmen sich! sie nehmen sich nicht!

Eines schönen Tages jedoch schien eine Entscheidung aus dem Boden zu wachsen.

Salomon, der sich schon in frühen Tagen allerhand landwirtschaftliche Kenntnisse erworben und dieselben auf seinen Reisen eifrig erweitert hatte, bewog den Gutsherrn, eine Wiese, die an einem sonnigen Hange lag, mit Kirschbäumen bepflanzen zu lassen. Er schaffte die jungen, schlanken Bäumlein selbst herbei und machte sich daran, sie eigenhändig in den Boden zu setzen. Es war eine neue Art weißer Kirschen darunter, welche er abwechselnd mit den roten in Reihen pflanzen wollte, und da es gegen die fünfzig Stück waren, so handelte es sich um eine Arbeit, die wohl einen ganzen kurzen Frühlingstag erforderte.

Salome aber wollte sich's nicht nehmen lassen, dabei zu sein und wo möglich zu helfen, da sie, wie sie lachend sagte, vielleicht einst einen Gutsherrn heiraten werde und darum solche Dinge beizeiten lernen müsse. Mit einem breiten Schattenhute bekleidet, ging sie in der Tat mit auf die etwas entlegene Wiese hinaus und wohnte der Arbeit mit aller beflissenen Handreichung bei. Salomon maß die geraden Linien für die Baumreihen und die Entfernungen zwischen den einzelnen Bäumen ab, wobei ihm Salome die Schnüre ausspannen und die Pflöcke einschlagen half. Er grub die Löcher in die weiche Erde, wie er sie haben wollte, und Salome hielt die zarten Stämmchen aufrecht, während er die Grube wieder zuwarf und das Erdreich in gehöriger Art festmachte. Dann holte Salome aus einer Kufe, die ein Knecht ab- und zugehend mit Wasser füllte, das belebende Element mit der Gießkanne und begoß die Bäumchen so reichlich, als Salomon gebot.

Um die Mittagszeit, als der Schatten der Sonne sich um die neugepflanzten Bäumchen drehte, schickte die Herrschaft dem fleißigen Paare scherzhafter Weise ein ländliches Essen hinaus, wie Feldarbeitern geziemt; es schmeckte ihnen auch vortrefflich, als sie es auf dem grünen Rasen sitzend genossen, und Salome behauptete, sie dürfe jetzt so gut wie eine Bauerntochter einige Gläser Wein trinken, da sie so heftig arbeite. Hievon und von der fortgesetzten Bewegung, die bis gegen Abend dauerte, geriet ihr Blut in wärmere Wallung; es trat vor das Licht ihrer Lebensklugheit, und diese verfinsterte sich vorübergehend wie die Sonne bei einem Monddurchgang.

Salomon verhielt sich bei seiner Arbeit so ernsthaft und unverdrossen, er führte das Geschäft so geschickt und gewissenhaft durch, dabei war er wieder so gleichmäßig heiter, zutraulich und kurzweilig und schien so glücklich, ohne sich doch einen Augenblick während des ganzen Tages mit einem unbescheidenen Blick oder Worte zu vergessen, daß eine holde Überzeugung sie durchdrang, es ließe sich wohl, wie dieser Tag, so das ganze Leben mit dem Gefährten verbringen. Eine warme Neigung gewann die Oberhand in ihr, und als das letzte Kirschbäumlein fest in der Erde stand und nichts mehr zu tun war, sagte sie mit einem leichten Seufzer: »So nimmt alles ein Ende!«

Salomon Landolt, von dem bewegten Tone dieser Worte hingerissen, sah sie beglückt an; er konnte aber wegen des Glanzes der Abendsonne, der auf ihrem schönen Gesichte lag, nicht erkennen, ob es von dem Scheine oder von Zärtlichkeit gerötet sei; nur leuchteten ihre Augen durch allen Glanz hindurch, und sie reichten sich unwillkürlich alle vier Hände. Weiteres begab sich jedoch nicht, da der Knecht eben Harke, Schaufel und Gießkanne und das übrige Geräte zu holen kam.

Unter veränderten Gestirnen kehrten sie durch die zierliche Kirschenallee zurück, die sie gepflanzt hatten. Da sie sich nur noch mit verliebten Augen anzusehen vermochten, so verkehrten sie im Hause weniger und behutsamer miteinander, und es wurde hiedurch und noch mehr durch eine gewisse Zufriedenheit, die sie zu beleben und zugleich zu beruhigen schien, deutlich genug sichtbar, daß etwas Neues sich ereignet habe.

Jedoch ließ es Salomon nicht manchen Tag anstehen; er flüsterte ihr wenige andeutende Worte zu, die sie wohl aufnahm, und ritt in rascher Gangart nach Zürich, um die Möglichkeit einer Verlobung in beiden Familien herbeizuführen.

Vorerst aber drängte es ihn, der Geliebten in einem Briefe sein Herz darzulegen, und wie er kaum im Zuge war und das Dringlichste angebracht hatte, stach ihn der Vorwitz, die Festigkeit ihrer Neigung auf die Probe zu stellen durch eine mysteriös bedenkliche Schilderung seiner Abkunft und Aussichten.

Die erstere war allerdings, was die mütterliche Seite betraf, von eigentümlicher Art.

Seine Mutter, Anna Margaretha, war eine Tochter des holländischen Generals der Infanterie Salomon Hirzel, Herrn zu Wülflingen, der mit seinen drei Söhnen große niederländische Pensionsgelder bezog und damit die bekannte wunderliche Wirtschaft auf der genannten Gerichtsherrschaft in der Nähe von Winterthur führte. Ein am Hoftor statt eines Kettenhundes angebundener Wolf, der wachsam heulte und boll, konnte gleich als Wahrzeichen des absonderlichen Wesens gelten. Nach frühem Tode der Hausfrau und bei der häufigen Abwesenheit des Vaters tat jeder, was er wollte, und die Söhne, sowie drei Töchter erzogen sich selbst, und zwar so wild als möglich. Nur wenn der alte General da war, kehrte eine gewisse Ordnung insofern ein, als am Morgen auf der Trommel Tagwache und abends der Zapfenstreich geschlagen wurde. Im übrigen ließ jeder den Herrgott einen guten Mann sein. Die älteste Tochter, Landolts Mutter, führte den Haushalt, und die ihr auferlegte Pflicht bewirkte, daß sie die beste und gesetzteste Person der Familie war. Dennoch ritt auch sie mit den Männern auf die Jagd, führte die Hetzpeitsche und pfiff durch die Finger, daß es gellte. Die Herren übten den Brauch, ihre Gewohnheiten und Taten in humoristischer Weise auf die Wände ihrer Gebäulichkeiten malen zu lassen. So gab es denn in einem Pavillon auch ein Bild, auf welchem der alte General mit den drei Söhnen und der ältesten Tochter, die schon verheiratet war, über Stein und Stoppeln dahin jagt und der kleine Salomon Landolt an der Seite der stattlichen Mutter reitet, eine förmliche Zentaurenfamilie.

Solche Reiterzüge pflegten zuweilen einen zahmen Hirsch zu verfolgen, der abgerichtet war, vor Jägern und Hunden her zu fliehen und sich zuletzt einfangen zu lassen; das war indessen eine bloße Reitübung; das wirkliche Jagen wurde unablässig betrieben und wechselte nur mit Gastereien und der Aufführung zahlloser Schwänke ab, die sich selbst auf die Ausübung der Gerichtsbarkeiten erstreckten.

Über all diesem wilden Wesen erhielt sich, wie gesagt, Landolts Mutter mit hellem Verstande und heiterer Laune bei guten Sitten, und sie war ihren eigenen Kindern später eine zuverlässige und treue Freundin, während jenes Vaterhaus unterging.

Nachdem der alte General im Jahr 1755 gestorben und die Anna Margaretha ihrem eigenen Hausstand gefolgt war, ergaben sich die Söhne einem täglich wüster werdenden Leben. Ihre Jagden arteten in Raufereien mit benachbarten Gutsherren aus wegen Bannstreitigkeiten, in Mißhandlungen der Untergebenen. Einen Pfarrer, der sie auf der Kanzel angepredigt hatte, überfielen sie, als er durch ihren Forst ritt, und hetzten ihn, mit Peitschen hinter ihm drein jagend, in den Tößfluß hinein, hindurch, über das Feld, bis er mit seiner Mähre zusammenbrach und auf den Knieen liegend zitternd um Verzeihung bat. Gerichtsboten aber, welche eine ihnen für diese Tat auferlegte beträchtliche Geldbuße abholten, ließen sie auf dem Rückwege durch Vermummte niederwerfen und des Geldes wieder entledigen.

Zu der sinnlosen Verschwendung, welche sie trieben, gesellte sich eine Spielsucht, der sie wochenlang ununterbrochen frönten. Herbeigelockten Verführten nahmen sie Hab und Gut ab, gewährten dann aber so lange Revanche, bis sie das Doppelte wieder an die Verunglückten verloren hatten, um ihre Kavaliersehre zu behalten. Zuletzt aber nahm alles ein trauriges Ende. Einer nach dem andern mußte vom Schlosse weichen und der letzte die Herrschaftsrechte und Gefälle, Wälder und Felder, Haus und Hof, in eilender Folge, dahingeben und entfliehen. Einer der Brüder geriet so ins Elend, daß er in einem ausländischen Arbeitshause versorgt wurde; der zweite lebte eine Zeitlang einsam in einer Waldhütte, mußte aber, von Schulden geplagt und von Krankheiten verwüstet, diesen kümmerlichen Zufluchtsort verlassen und im Dunkel der Ferne verschwinden; der dritte flüchtete sich wieder in den fremden Kriegsdienst, wo er auch verdarb.

Freilich verließ der wilde Humor die Herren bis zum letzten Augenblicke nicht. Ehe sie das Schloß preisgaben, ließen sie von ihrem rustiken Hofmaler alle die Untergangsszenen und Untaten, bis auf das letzte Herrschaftsgericht, das sie abhielten, an die Wände malen; hinter dem Ofen prangten die Titel aller veräußerten Lehenbriefe und Privilegien, und auf einer vom Monde beschienenen Waldlichtung spielten Füchse, Hasen und Dachse mit den Insignien der verlorenen Herrschaft. Über der Tür aber ließen sie sich selbst von der Rückseite darstellen, wie sie zuguterletzt, die Hüte unter dem Arm, würdevoll bei einem Markstein über die Grenze der Herrschaft schreiten. Mit verkehrter Schrift stand darunter das Wort »Amen!«

Indem Salomon Landolt nun diese bedenklichen Geschichten in seinem Briefe an Salome entwickelte, ging er auf die melancholische Befürchtung über, daß das unglückselige Blut und Schicksal der drei Oheime auch in ihm wieder aufleben und nur dank einem günstigen Sterne seine edle Mutter übersprungen haben könnte. Um so eher dürfte aber, folgerte er, der Unstern fast naturgemäß bei ihm abermals aufsteigen. Dagegen nach bestem Wissen und Gewissen anzukämpfen, sei zwar sein inbrünstiger Vorsatz. Allein schon habe er zu bekennen, daß auf seinen Reisen bedeutende Summen verspielt und nur durch die geheime Beihülfe der Mutter gedeckt worden seien. Bereits habe er auch, mit fremden Mitteln und ohne Wissen des Vaters, über sein Vermögen Pferde gehalten, und was bares Geld betreffe, so sei es wohl so gut wie gewiß, daß er dasselbe kaum jemals werde so zu Rate halten lernen, wie es sich für das Haupt einer geordneten Haushaltung gebühre. Selbst die mehr heiteren Charakterzüge der Oheime, die Lust an Reiten und Jagen, an Schwank und Spaß, seien in ihm vorhanden bis auf den Hang, die Wände zu beklecksen, da er die Mauern des Schlosses Wellenberg, wo sein Vater Vogt gewesen, schon als Knabe in Kohle und Rotstein mit hundert Kriegerfiguren illustriert habe.

Solches schwere Bedenken glaube er als ehrlicher Mensch seiner vielgeliebten Mademoiselle Salome nicht verhehlen zu dürfen, vielmehr ihr Gelegenheit geben zu sollen, den wichtigen Schritt über die Schwelle einer verschleierten Zukunft reiflich zu erwägen, sei es, daß sie dann mit der zu erflehenden Hülfe einer göttlichen Fürsehung es mit ihm wagen, sei es, daß sie mit gerechter und löblicher Vorsicht handeln und mit vollkommener Freiheit ihrer werten Person sich vor einem dunkeln Schicksale bewahren wolle.

Kaum war der Brief abgesandt, so bereute Salomon Landolt, ihn geschrieben zu haben; denn der Inhalt war im Verlaufe des Schreibens ernster und sozusagen möglicher geworden, als er erst gedacht hatte, und im Grunde verhielt sich ja alles so, wie er schrieb, obgleich er guten Mutes in die Zukunft schaute. Aber jetzt war es zu spät, die Sache zu ändern, und schließlich empfand er doch wieder das Bedürfnis, Salomes wirkliche Zuneigung durch den Erfolg ermessen zu können.

Dieser blieb denn auch nicht aus. Sie hatte sofort, was sich zwischen ihr und Salomon ereignet, der Mutter gestanden; die Neuigkeit wurde mit dem Herrn Vater beraten und die Heirat bei den ungewissen Aussichten des allbeliebten, aber auch ebenso unverstandenen jungen Mannes als nicht wünschenswert, ja gefährlich erklärt; und als nun der Brief kam, riefen die Eltern: »Er hat recht, mehr als recht! Er sei gelobt für seine biedere Aufrichtigkeit!«

Die gute Salome, welcher ein sorgenvolles oder gar unglückliches Leben undenkbar war, weinte einen Tag lang bittere Tränen und schrieb dann dem unbesonnenen Prüfer ihres Herzens in einem kleinen Brieflein: es könne nicht sein! es könne aus verschiedenen gewichtigen Gründen nicht sein! Er solle der

Angelegenheit keine weitere Folge geben und ihr aber seine Freundschaft bewahren, wie sie auch die ihrige ihm allezeit getreulich zudienen lassen werde in allerherzlichster Bereitwilligkeit.

In wenigen Wochen verlobte sie sich mit einem reichen Manne, dessen Verhältnisse und Temperamente über die Sicherheit einer wohlbegründeten Zukunft keinen Zweifel aufkommen ließen.

Da war Landolt einen halben Tag lang etwas bekümmert; dann schüttelte er den Verdruß von sich und hielt heiteren Angesichts dafür, er sei einer Gefahr entronnen.

Hanswurstel

Der Name derjenigen Liebschaft, welche er Hanswurstel nannte, darf unverkürzt angeführt werden, da das Geschlecht ausgestorben ist. Sie führte den altertümlichen Taufnamen Figura und war eine Nichte des geistreichen Rats- und Reformationsherren Leu, hieß also Figura Leu. Es war ein elementares Wesen, dessen goldblondes Kraushaar sich nur mit äußerster Anstrengung den Modefrisuren anbequemen ließ und dem Perruquier des Hauses täglich den Krieg machte. Figura Leu lebte fast nur vom Tanzen und Springen und von einer Unzahl Späße, die sie mit und ohne Zuschauer zum besten gab. Nur um die Zeit des Neumondes war sie etwas stiller; ihre Augen, in denen die Witze auf dem Grunde lagen, glichen dann einem bläulichen Wasser, in welchem die Silberfischchen unsichtbar sich unten halten und höchstens einmal emporschnellen, wenn etwa eine Mücke zu nahe an den Spiegel streift.

Sonst aber begann ihr Vergnügen schon mit der Sonntagsfrühe. Als Mitglied der Reformationskammer, d. h. der Behörde, welche über die Religions- und Sittenverbesserung zu wachen hatte, lag ihrem Onkel ob, denjenigen Einwohnern, die an einem Sonntage aus den Toren gehen wollten, die Erlaubnis mittelst einer Marke zu erteilen, welche sie den Torwachen abgeben mußten. Denn allen andern war das Verlassen der Stadt an Tagen des Gottesdienstes durch geschärfte Sittenmandate verboten. Über diese Funktion machte sich der aufgeklärte Herr heimlich selber lustig, wenn sie ihn nicht allzusehr belästigte; denn an manchen Sonntagen erschienen an die hundert Personen, die unter den verschiedensten Vorwänden ins Freie zu gelangen suchten. Noch mehr aber belustigte sich daran die Jungfrau Figura, welche die Bittsteller auf der geräumigen Hausflur vorläufig einteilte und aufstellte je nach der Art ihrer Begründung und sie dann klassenweise in das Kabinett des Reformationsherrn führte. Diese Klassen waren jedoch nicht nach den vorgegebenen, sondern nach den wirklichen Gründen gebildet, die sie den Leuten am Gesicht absah. So stellte sie untrüglich die Lehrburschen, Handwerksgesellen und Dienstmägde zusammen, die einen entfernten Kirchweih- oder Erntetanz aufsuchen wollten unter dem Vorwande, sie müßten für die kranken Meisterleute zu einem auswärtigen Doktor gehen. Diese trugen alle zum Wahrzeichen ein leeres Arzneiglas, einen Salbentopf, eine Pillenschachtel oder gar ein Fläschlein mit Wasser bei sich und hielten alle solche Gegenstände auf Geheiß des lustigen Jungfräuleins sorgfältig in der Hand, wenn sie vorgelassen wurden. Dann kam die Schar von bescheidenen Männchen, welche ihre bürgerlichen Privilegien genießend an stillen Wasserplätzen zu fischen wünschten und schon die Schachteln voll Regenwürmer in der Tasche führten. Diese wandten hundert Geschäfte vor, wie Kindstaufen, Erhebung von Erbschaften, Besichtigung eines Häuptlein Viehs u. dergl. Hierauf folgten bedenklichere Gesellen, bekannte Debauchierer, die in abgelegenen Landwinkeln einer Spielerbande, im besten Falle einem Kegelschieben oder einer Zechgesellschaft zusteuerten; endlich kamen noch die Verliebten, die in Ehren aus den Mauern strebten, um Blümlein zu pflücken und die Rinden der Waldbäume mit ihren Taschenmessern zu beschädigen.

Alle diese Klassen ordnete sie mit Sachkenntnis, und der

Oheim fand sie so gut eingeteilt, daß er ohne langen Zeitverlust diejenige Anzahl, die er nach humaner Raison für einmal hinauslassen wollte, absondern und die übrigen zurückweisen konnte, damit nicht ein zu großer Haufen aus den Toren laufe.

Salomon Landolt hörte von der lustigen Musterung, welche Figura Leu jeden Sonntag Morgen abhalte. Es gelüstete ihn, das Abenteuer selbst zu bestehen; daher begab er sich, obgleich er als Offizier auch sonst an den Toren überall aus- und eingehen konnte, einstmals zu Pferde vor das Leusche Haus und trat gestiefelt und gespornt auf die Hausflur, wo die wunderliche Aufstellung der Wanderlustigen in der Tat eben beendigt worden.

Figura stand auf der Haustreppe, zum Kirchgange schon mandatmäßig gerüstet, in schwarzer Tracht und mit dem vorgeschriebenen nonnenartigen Kopftuch, das weiße Marmorhälschen mit dem erlaubten güldenen Kettlein umspannt. Überrascht von der feinen, leichten Erscheinung, säumte er einen Augenblick zu grüßen, bat dann aber höflich mit kaum unterdrücktem Lächeln um Anweisung eines Platzes, wo er sich aufzustellen habe.

Sie machte einen anmutigen Knicks, und da sie an seiner Frage die schalkische Absicht erkannte, fragte sie hinwieder: »In welchen Geschäften verreiset der Herr?«

»Ich möchte meiner Mutter einen Hasen schießen, da sie am Abend Gesellschaft und keinen Braten hat!« erwiderte Landolt so unbefangen als möglich.

»Dann belieben der Herr sich dorthin zu placieren«, sagte sie ebenso ernsthaft und wies ihn zu dem Häuflein der Verliebten, die er an ihrem schüchternen und zärtlichen Aussehen erkannte, wie sie ihm beschrieben worden. Figura verneigte sich abermals vor ihm, als er doch etwas verblüfft zu der Gruppe trat, und eilte dann so leicht wie ein Geist, alles im Stiche lassend, aus dem Hause und in die Kirche. Als sie verschwunden war, drückte sich Landolt sachte wieder aus dem Vestibül hinaus, bestieg sein Pferd und trabte nachdenklich dem nächsten Tore zu, das ihm dienstfertig geöffnet wurde.

Wenigstens war nun die Bekanntschaft mit dem eigenartigen Mädchen gemacht, was auch dieses gelten zu lassen schien; denn wenn er der Figura begegnete, so nahm sie freundlichst seinen Gruß ab, ja sie grüßte ihn manchmal zuerst mit heiterem Nicken, da sie sich an keine Etikette band. Einmal trat sie sogar, wie von der Luft getragen, auf der Straße unversehens vor ihn und sagte: »Ich weiß jetzt, wer der Hasenfänger ist! Adieu, Herr Landolt!«

Seinem graden, offenen Wesen tat diese Art und Weise außerordentlich wohl, und sie erfüllte sein vom Distelfink bereits angepicktes Herz mit einer zärtlichen Sympathie. Um ihr näher zu kommen, suchte er den Umgang ihres Bruders zu gewinnen, der, gleich ihr, bei dem Oheim wohnte, weil sie von Kindheit an verwaist waren. Salomon hatte erfahren, daß Martin Leu an einer Vereinigung jüngerer Männer und Jünglinge teilnahm, welche sich Gesellschaft für vaterländische Geschichte nannte und in einem Gesellschaftshause am Neumarkt ihre Zusammenkünfte hielt.

Es waren die Strebsamen und Feuerköpfe aus der Jugend der herrschenden Klassen, die unter diesem Titel eine bessere Zukunft und aus dem dunkeln Kerkerhause der sogenannten beiden Stände, d. h. des geistlichen und weltlichen Regiments zu entrinnen suchten. Die Gegenstände der Aufklärung, der Bildung, Erziehung und Menschenwürde, vorzüglich aber das gefährliche Thema der bürgerlichen Freiheit wurden in Vorträgen und zwanglosen Unterhaltungen um so überschwenglicher behandelt, als ja die Herren Väter schon über eine ausschreitende Verwirklichung wachten und die Souveränität der alten Stadt über das Land außer Diskussion stand; waren ja doch Land und Leute im Laufe der Jahrhunderte mit gutem Gelde erworben und die Pergamente des Staates um kein Haar breit anderen Rechtes als die Kaufbriefe des Privatmannes.

Hingegen war die Untersuchung, ob das Recht der Gesetzgebung, das Recht, die Verfassung zu ändern, bei der gesamten Bürgerschaft oder bei der Obrigkeit stehe, ein um so beliebteres

Vergnügen, als es nur im geheimen genossen werden mußte, weil der Scharfrichter mit seiner geschliffenen Korrekturfeder dicht bei der Hand war. Wenn die Bürgerschaft, welche von den Herren als eine der schwierigsten bezeichnet wurde, einmal aufbrauste, so wurde jener schnell zurückgezogen, bis das Wetter vorüber war; nachher stand er wieder da gleich dem Barometermännchen, und die Obrigkeit war wieder das nämliche mystisch-abstrakte Gewaltstier wie vorher, das allein von Gott eingesetzt worden.

Einen um so feurigeren und ernsteren Geist bedurfte es für die mit den Ideen ringenden Jünglinge, von welchen einige zu einem strengen Puritanismus hingerissen wurden. Wie man auf den Sack schlägt und den Esel meint, eiferten sie gegen den Luxus und die Genußsucht, und zwar in einem ganz anderen Sinne, als die Sittenmandate. Sie wollten nicht die Bescheidenheit des christlichen Staatsuntertanen, sondern die Tugend des strengen Republikaners. Hieraus entstanden bald zwei Fraktionen, eine der leichtlebigeren Toleranten und eine der finsteren Asketen, welche jene überwachten und beschalten. Schon war ein Mitglied, das eine goldene Uhr trug und sie nicht ablegen wollte, ausgestoßen worden; andere wurden wegen zu üppiger Lebensart gewarnt und beobachtet. Der oberste Mentor war der Herr Professor Johann Jakob Bodmer, als Literator und Geschmacksreiniger bereits überlebt, als Bürger, Politiker und Sittenlehrer ein so weiser, erleuchteter und freisinniger Mann, wie es wenige gab und jetzt gar nicht gibt. Er wußte recht gut, daß er bei den Herrschenden und Orthodoxen für einen Mißleiter der Jugend galt; allein sein Ansehen stand zu fest, als daß er sich gefürchtet hätte, und die Partei von der strengen Observanz unter den jungen Männern war seine besondere Ehrengarde.

In diese Gesellschaft ließ Salomon sich eines Tages einführen und machte gleich vor Beginn der Verhandlungen die Bekanntschaft des jungen Leu, der sofort Gefallen an ihm fand. Sie mußten sich aber still verhalten; denn Herr Professor Bodmer war heute selbst auf eine halbe Stunde erschienen, um den Jünglingen einen Aufsatz ethischen Inhalts vorzulesen und ihnen eine Aufgabe ähnlicher Art zu stellen. Landolt war nicht sehr aufmerksam, da seine Gedanken anderswo spazieren gingen. Er sah zuweilen den Bruder der Figura Leu an, der sich noch mehr zu langweilen schien, und beide fühlten sich erleichtert, als die eigentlichen Verhandlungen beendigt waren.

Jetzt kam aber der kritische Moment. Die Ernsthaften hielten es für eine Ehrensache, noch mindestens ein halbes Stündchen in wechselnden Gesprächen beisammen zu stehen, während die Leichtsinnigen bei guter Zeit davon zu laufen strebten, um in einem Gasthause sich noch etwas gütlich zu tun. Mit Geringschätzung oder Entrüstung, je nach dem sonstigen Werte der Flüchtlinge, und mit scharfen Seitenblicken bemerkte man das Entweichen. Nachdem schon mehrere sich dergestalt gedrückt hatten, zupfte auch Martin Leu den arglosen Landolt am Rockärmel und lud ihn leise flüsternd ein, mit ihm noch zu einem guten Glas Wein zu gehen. Landolt begab sich unbefangen mit ihm hinweg, wunderte sich aber, wie der andere auf der Straße plötzlich querüber sprang, ihn mitziehend, die Steingasse hinauf lief, was sie vermochten, dann durch die Elendenherberge, ein labyrinthisches Loch, nach dem dunkeln Löwengäßlein strebte, von diesem beim Roten Hause nach dem Eselgäßlein hinüber setzte, wie ein gejagter Hirsch über eine Waldlichtung, hinter der Metzg herum und über die untere Brücke und den Weinplatz rannte, die Weggengasse hinauf, durch die Schlüsselgasse, beim Roten Mann die Storchengasse durchschnitt, die Kämbelgasse zurücklegte, dann wieder an der Limmat angekommen rechts abbog und endlich in das stattliche neue Palais der Meisenzunft eintrat.

Atemlos vom Lachen wie vom Laufen verschnauften die beiden jungen Männer, sich an dem eisernen Treppengeländer haltend, das noch jetzt, als ein Stolz damaliger Schmiedekunst, das Auge anzieht. Leu unterrichtete seinen neuen Freund von der Lage der Dinge und wie es gegolten habe, den Blicken der Späher durch den Kreuz- und Querlauf zu entrinnen. Landolt, als ein Feind jeder Art von Muckerei, freute sich nicht wenig über den Streich, zumal er von dem Bruder derjenigen Person ausging, die ihm wohlgefiel, und sie traten fröhlichen Mutes in den lichterhellen Wirtschaftssaal, an dessen Wänden zahlreiche Degen und dreieckige Hüte hingen, den Gästen entsprechend, die an verschiedenen großen Tischen saßen.

Kleine Bratwürstchen, Pastetlein, Muskatwein und Malvasier, so hießen die Dinge, welche die wiedervereinigte halbe Gesellschaft für vaterländische Geschichte zu sich nahm, und zwar nach den genauen Aufzeichnungen des Kundschafters der katonischen Hälfte, der den beiden letzten Ausreißern durch alle Seitengäßchen ungesehen gefolgt war und nun, den Hut tief in die Stirn gedrückt, unter der Flügeltür stand und keinen Teller aus den Augen verlor. Und das alles vor dem Nachtessen, das ihrer doch zu Hause wartete, und nach Anhörung einer Rede des großen Vater Bodmer: »Von der Notwendigkeit der Selbstbeherrschung als Sauerteig eines bürgerlichen Freistaats!«

Die jungen Epikuräer ließen es sich darum nicht weniger schmecken; die Freundschaft, als eine echt männliche Tugend, feierte auch hier ihre Triumphe, denn Martin Leu schloß mit Salomon Landolt einen Herzensbund für das Leben, nicht ahnend, daß derselbe es auf seine Schwester abgesehen habe und im übrigen ein mäßiger Geselle sei, der dem Gütlichtun um seiner selbst willen nicht viel nachfrage.

Die Folgen des Exzesses ließen nicht auf sich warten. Ohne Vorwissen Bodmers gingen die Strengsittlichen zu Werke und verschmähten nicht, zur geheimen Anzeige an die Staatsgewalten zu greifen, deren Druck sie doch zu mildern gedachten. Die Sache gelangte in der Tat als vertrauliches Traktandum vor die oberste Sittenverwaltung, die Reformationskammer. Es wurde aber für klug befunden, die Sünder als Söhne angesehener Geschlechter und als übrigens begabte junge Männer zur gütlich-mündlichen Ermahnung zu ziehen, in der Weise, daß jedem Reformationsherrn ein oder zwei Personen im stillen zur zweckdienlichen stillen Erledigung überwiesen wurden.

Der ältere Herr Leu erhielt billiger Maßen seinen eigenen Herrn Neffen und dessen speziellen Mittäter Salomon zugeteilt. Als letzterer eine Einladung zum Mittagessen bei dem Ratsherrn empfing, auf einen Sonntag punkt zwölf Uhr, war er von dem Neffen bereits in Kenntnis gesetzt, um was es sich handle. Erwartungsvoll durchschritt er die leeren Gassen, welche von der Bevölkerung der strengen Sonntagsfeier wegen gemieden waren; nur eine beträchtliche Zahl schwerer Pastetenkörbe kreuzte an der Hand der Bedienten auf den stillen Straßen, Plätzen und Brücken, gleich ernsten holländischen Orlogschiffen. Salomon folgte einem dieser Schiffe, dessen Steuermann er kannte, in einiger Entfernung und mit wachsender Aufregung, weil er die Figura Leu zu sehen hoffte und zugleich einen Verweis in ihrer Gegenwart zu empfangen Gefahr lief. »Der Herr bekommt eine Predigt!« rief sie ihm auf dem Korridor entgegen, als er denselben entlang schritt, »aber trösten Sie sich! auch ich habe die Mandate verletzt, sehen Sie mal her!«

Sie präsentierte sich anmutsvoll vor ihm, und er sah, daß sie ein straffes Seidenkleid, schöne Spitzen und ein mit blitzenden Steinen besetztes Halsband trug.

»Das geschieht«, sagte sie, »damit die Herren sich nicht vor mir zu schämen brauchen, wenn sie abgekanzelt zu Tische kommen! Auf Wiedersehen!« Damit verschwand sie wieder so rasch, wie sie erschienen war. In den Mandaten war wirklich den Frauen alles verboten, was Figura am schlanken Leibe trug.

Salomon Landolt wurde zunächst in das Kabinett des Reformationsherrn geführt, wo er den Martin Leu traf, der ihm lachend die Hand schüttelte.

»Ihr Herren!« begann der Oheim seine Ansprache, nachdem die jungen Leute sich aufmerksam nebeneinander postiert hatten, »es sind zwei Gesichtspunkte, von denen aus ich die bewußte Angelegenheit Euch ans Herz legen möchte. Einmal ist es nicht gesund, vor dem Nachtessen und zu ungewohnter Zeit

Speisen und Getränke, besonders wenn letztere südlicher Art sind, zu sich zu nehmen und den Gaumen an dergleichen frequente Leckerhaftigkeit zu gewöhnen. Vorzüglich aber sollten sich junge Offiziers solcher Näschereien enthalten, weil sie den Mann vor der Zeit dickleibig und zum Dienste untauglich machen. Zweitens aber, wenn es denn doch sein soll und die Herren einer Kollation bedürftig sind, so ist es meiner Ansicht nach junger Bürger und Offiziers unwürdig, sich heimlich wegzustehlen und durch hundert dunkle Gäßlein zu springen. Sondern ohne Worte der Entschuldigung, ohne Heimlichkeit und ohne Scheu tun rechte Junggesellen das, was sie vor sich selbst meinen verantworten zu können! Nun wollen wir aber schnell zum Essen gehen, sonst wird die Suppe kalt!«

Figura Leu empfing die drei Herren im Speisezimmer und machte mit scherzhafter Grandezza die Wirtin, da der Oheim verwitwet war. Erstaunt sah dieser ihren glänzenden Putz, und sie erklärte ihm sogleich, daß sie absichtlich das Gesetz beleidige, um ihr armes Brüderchen nicht allein am Pranger stehen zu lassen. Der Reformationsherr lachte herzlich über den Einfall, während Figura dem Salomon Landolt den Teller so anfüllte, daß er Einsprache erheben mußte.

»Hat die Vermahnung schon so gut angeschlagen?« sagte sie, ihm einen lachenden Blick zuwerfend.

Jetzt erwachte aber auch seine gute Laune, und er wurde so lustig und unterhaltsam mit tausend Einfällen, daß Figuras silbernes Gelächter fast ohne Aufhören ertönte und sie vor lauter Aufmerksamkeit keine Zeit mehr fand, eigene Witze zu machen. Nur der Ratsherr löste ihn zuweilen ab, wenn er aus seiner längeren Erfahrung treffliche Schwänke zum besten gab, vorzugsweise charakteristische Vorfälle aus dem Amtsleben und dem beschränkten und doch stets so leidenschaftlichen Treiben der Geistlichkeit. Auch die tiefen Einwirkungen der Hausfrauen in Rat und Kirche traten in komischen Beispielen an das Licht, und man merkte wohl, daß der Reformationsherr seinen Voltaire nicht ungelesen ließ.

»Herr Landolt«, rief Figura beinahe leidenschaftlich, »wir zwei wollen nie heiraten, damit uns solche Schmach nicht widerfahre! Die Hand drauf!«

Und sie hielt ihm die Hand hin, welche Salomon rasch ergriff und schüttelte.

»Es bleibt dabei!« sagte er lachend, jedoch mit Herzklopfen; denn er dachte das Gegenteil und nahm die Worte des schönen Mädchens für eine Art von verkapptem Entgegenkommen oder Aufmunterung. Auch der Ratsherr lachte, wurde aber gleich wehmütig, als die Kirchenglocken sich hören ließen und das erste Zeichen zur Nachmittagspredigt anschlugen.

»Schon wieder diese Mandate!« rief er; es war nämlich auch verboten, die Mittagsmahlzeiten in den Familien über den Gottesdienst auszudehnen, und es war unversehens zwei Uhr geworden. Alle beschauten trübselig den noch schön versehenen wohnlichen Tisch; Martin, der Neffe, öffnete schnell noch eine Dessertflasche, indessen der Reformationsherr wegeilte, um seinen Kirchenhabit anzuziehen, da Rang und Sitte ihm geboten, zum Münster zu gehen. Bald erschien er wieder im schwarzen Talar, den weißen Mühlsteinkragen um den Hals und den konischen Hut auf dem Kopf. Er wollte nur noch sein Gläschen austrinken; da aber Landolt eben einen neuen Schwank erzählte, setzte er sich noch einen Augenblick hin, die Unterhaltung geriet von neuem in Fluß und stockte erst, als durch das Aufhören des vollen Kirchengeläutes, das längst begonnen hatte, plötzlich die Luft still wurde.

Betroffen sagte Herr Leu, der Oheim: »Nun ist es zu spät, Martin, schenk ein! Wir wollen uns hier geduckt halten, bis die Zeit erfüllet ist!«

Figura Leu aber klatschte in die Hände und rief fröhlich: »Nun sind wir alle Übeltäter, und von welch schöner Sorte! Darauf wollen wir anstoßen!«

Wie sie das geschliffene Gläschen mit dem bernsteinfarbigen Wein lächelnd erhob und ein Strahl der Nachmittagssonne nicht nur das Gläschen und die Ringe an der Hand, sondern auch das Goldhaar, die zarten Rosen der Wangen, den Purpur des Mundes und die Steine am Halsbande einen Augenblick beglänzte, stand sie wie in einer Glorie und sah einem Engel des Himmels gleich, der ein Mysterium feiert.

Selbst der sorglose Bruder wurde von dem erbaulichen Anblick betroffen und hätte die schimmernde Schwester gern in den Arm genommen, wäre nicht die Erscheinung dadurch zerstört worden; auch der Oheim betrachtete das Mädchen mit Wohlgefallen und unterdrückte einen aufsteigenden Seufzer der Besorgnis für ihr Schicksal.

Als noch ein Stündchen verflossen war und der Abend nahte, schlug der Ratsherr den beiden Gesellen vor, sich nach der Promenade im Schützenplatze zu begeben, wo längs den zwei Flüssen, die denselben einfassen, die schönen Baumalleen stehen.

»Dort geht jetzt«, sagte er, »der edle Bodmer spazieren, umgeben von Freunden und Schülern, und spricht treffliche Worte, die zu hören Gewinn ist. Wenn wir uns ihm anschließen, so stellen wir unsere Reputation allerseits wieder her; indessen mag Figura ihre Sonntagsgespielinnen aufsuchen, die übungsgemäß am gleichen Orte lustwandeln, ehe sie die eingemachten Kirschen essen, mit denen sie sich in unschuldiger Weise bewirten.«

Diesen Ratschlag ausführend, gingen die Männer nach der genannten Promenade, auf welcher sich verschiedene Gesellschaften als geschlossene Körper auf und nieder bewegten. Darunter befand sich in der Tat Bodmer mit seinem Gefolge und besprach im Gehen den Unterschied zwischen Ideal und Wirklichkeit, zwischen der Republik Platos und einer schweizerischen Stadtrepublik, wobei er auf alle möglichen Vorgänge zu sprechen kam und allerhand Dummheiten und Unzukömmlichkeiten mit unverkennbaren Seitenhieben bezeichnete.

Die Herren Leu und Landolt schlossen sich nach gehöriger Bekomplimentierung dem Bodmerschen Zuge an und spazierten mit demselben weiter. Salomon Landolt war mit seinem lebhaften Wesen, und überdies nicht von der größten Aufmerksamkeit erfüllt, bald einige Schritte voraus, während Bodmer zum Thema einer öffentlichen Erziehung nach bestimmten Staatsgrundsätzen überging.

Einer Gesellschaft junger Damen, die jetzt von einer Seitenallee her über die Hauptallee spazierte, ging in ähnlich ungeduldiger Weise Figura Leu voran; Landolt machte seinen tiefsten Bückling, und alle Herren hinter ihm zogen ebenfalls ihre dreieckigen Hüte und machten ihre Komplimente, daß alle Degen hinten in die Höhe stiegen; Figura verneigte sich mit unnachahmlichem Ernste und mit großen Zeremonien, und alle Demoiselles hinter ihr, an die zwanzig Gespielinnen, taten es ihr nach.

Als Bodmer ein Schulwerk Basedows kritisierte, kam der Damenzug, diesmal in gerader Richtung, abermals entgegen und es erfolgte in gleicher Weise die Begrüßung, die noch länger andauerte, bis alle vorbei waren. Übergehend zum Nutzen der Schaubühnen, die Bodmer nicht ohne Anspielungen auf seine eigenen dramatischen Versuche abhandelte, wurde er wiederum durch den nämlichen zeremoniellen Vorgang unterbrochen, so daß man aus dem Hüteschwingen und Verbeugen nicht herauskam, fast zum Verdrusse des würdigen Altmeisters.

Freilich lag die Schuld einigermaßen an Salomon Landolt, der als Jäger und Soldat die Bewegungen des feindlichen Korps stets im Auge zu behalten verstand und die gelehrten Herren, ohne daß sie es merkten, die Wege einschlagen ließ, welche zu den wiederholten Begegnungen führten. Figura griff aber jedesmal so pünktlich und zuverlässig mit ihren ungeheuren Knicksen ein, daß er es nicht bereute. Auch dünkte ihn dieser Tag, als er vollbracht war, der schönste, den er bis jetzt erlebt hatte.

Das lustige Fräulein lag ihm nun stündlich im Sinn; allein die heitere Ruhe, welche er bei der Salome, dem Distelfink, bewahrt hatte, war jetzt dahin, und es erfüllte ihn, so oft er sie längere Zeit nicht sah, Traurigkeit und Furcht, das Leben ohne

Figura Leu zubringen zu müssen. Auch sie schien ihm herzlich zugetan zu sein; denn sie erleichterte seine Bemühungen, in ihre Nähe zu kommen, und ging mit ihm um, wie mit einem guten Kameraden, der zu jedem Scherz aufgelegt und für jeden Sonnenblick guter Laune empfänglich ist. Sie legte ihm hundertmal die Hand auf die Achsel oder gar den Arm um den Hals; sobald er aber vertraulich ihre Hand ergreifen wollte, zog sie dieselbe beinahe hastig zurück; wagte er vollends ein zärtlicheres Wort oder einen verräterischen Blick, so ließ sie das mit kalter Nichtbeachtung abgleiten. Mitunter verfiel sie sogar in spöttliche Äußerungen, die sie wegen unbedeutender Dinge gegen ihn richtete und die er schweigend hinnahm, in seiner Verlegenheit aber nicht merkte, wie sie trotzdem einen warmen und teilnahmvollen Blick auf ihn geworfen hatte.

Bruder und Oheim sahen diesen seltsamen Verkehr wohl, ließen die jungen Leute aber gewähren und nahmen die Art des Mädchens wie etwas, das nicht zu ändern ist, zumal sie den vollkommen ehrenhaften und biedern Charakter Salomons kannten.

Eines Tages jedoch kam das Verhältnis zum Austrag. Salomon Geßner, der Dichter, hatte, da der Sommer begonnen, seine Amtswohnung im Sihlwalde bezogen, dessen Oberaufsicht ihm von seinen Mitbürgern übertragen worden war. Ob er das Amt wirklich selbst verwaltete, ist nicht mehr erfindlich; so viel ist gewiß, daß er in jenem Sommerhause dichtete und malte und sich mit den Freunden lustig machte, die ihn häufig besuchten. Dieser neue Salomon, der in unsern Geschichten erscheint, stand dazumal in der Blüte seines Lebens und eines Ruhmes, der sich bereits über alle Länder verbreitet hatte; was von diesem Ruhme verdient und gerecht war, trug er mit der Anspruchslosigkeit und Liebenswürdigkeit, die nur solchen Menschen eigen sind, die wirklich etwas können. Geßners idyllische Dichtungen sind durchaus keine schwächlichen und nichtssagenden Gebilde, sondern innerhalb ihrer Zeit, über die keiner hinaus kann, der nicht ein Heros ist, fertige und stilvolle kleine Kunstwerke. Wir sehen sie jetzt kaum mehr an und bedenken nicht, was man in fünfzig Jahren von alledem sagen wird, was jetzt täglich entsteht.

Sei dem wie ihm wolle, so war die Luft um den Mann, wenn er in seiner Waldwohnung saß, eine recht poetische und künstlerische, und sein mehrseitiges fröhliches Können, verbunden mit seinem unbefangenen Humor, erregte stets goldene Heiterkeit. Sowohl seine eigenen Radierungen als die von Zingg und Kolbe nach seinen Gemälden gestochenen Blätter werden in hundert Jahren erst recht eine gesuchte Ware in den Kupferstichkabinetten sein, während wir sie jetzt für wenige Batzen einander zuschleudern.

An einer Porzellanfabrik beteiligt, hatte er mit leichter Hand versucht, in Bemalung der Gefäße selbst voranzugehen und nach kurzer Übung die Ausschmückung eines stattlichen Teegeschirrs übernommen und zum Gelingen gebracht. Das zierliche Werk sollte nun im Sihlwalde eingeweiht werden; Freunde und Freundinnen waren zu der kleinen Feier geladen und der Tisch am Ufer des Flusses unter den schönsten Ahornbäumen gedeckt, hinter denen die grüne Berghalde, Kronen über Kronen, zu dem blauen Sommerhimmel emporstieg.

Auf dem blendendweißen, mit Ornamenten durchwobenen Tischtuch aber standen die Kannen, Tassen, Teller und Schüsseln, bedeckt mit hundert kleinern und größern Bildwerklein, von denen jedes eine Erfindung, ein Idyllion, ein Sinngedicht war, und der Reiz bestand darin, daß alle diese Dinge, Nymphen, Satyrn, Hirten, Kinder, Landschaften und Blumenwerk mit leichter und sicherer Hand hingeworfen waren und jedes an seinem rechten Platz erschien, nicht als die Arbeit eines Fabrikmalers, sondern als diejenige eines spielenden Künstlers.

Der so geschmückte Tisch war mit den rundlichen Sonnenlichtern bestreut, welche durch das ausgezackte Ahornlaub fielen und nach dem leisen Takte des Lufthauches tanzten, der die Zweige bewegte; es war zuweilen wie eine sanfte, feierliche Menuett, welche die Lichter ausführten.

Schon saß Herr Geßner wieder im Anschauen dieses Spieles verloren, als der erste Wagen mit den erwarteten Gästen anlangte. In ihm saß der weise Bodmer, der zürcherische Cicero, wie ihn Sulzer zu nennen pflegte, und der Kanonikus Breitinger, der in jüngern Tagen den Krieg gegen Gottsched mit ihm gestritten hatte. Sie saßen aber auf den Rücksitzen, da sie ihre ehrbaren Hausfrauen mitführten. Andere Kutschen brachten andere Freunde und Gelehrte, die alle einen außerordentlich muntern und geistreichen Jargon sprachen, belebt von einer Mischung literarischen Stutzertums und helvetischer Biederkeit, oder, wenn man will, altbürgerlicher Selbstzufriedenheit.

Ein letzter Wagen war mit jungen Mädchen angefüllt, worunter Figura Leu, und begleitet von Martin Leu und Salomon Landolt, die zu Pferde saßen.

Alle die würdigen und schönen Personen bewegten sich alsbald unter den Bäumen in großer Fröhlichkeit herum; das bemalte Porzellanzeug wurde betrachtet und höchlich gelobt; allein es dauerte nicht lange, so führte Salomon Geßner mit der Figura Leu die Szene auf, wie ein blöder Schäfer von einer Schäferin im Tanz unterrichtet wird, und er machte das so lustig und natürlich, daß ein allgemeiner Mutwillen entstand und Frau Geßner, die hübsche geborne Heideggerin, Mühe hatte, die Gesellschaft endlich zum Sitzen zu bringen, damit ihrer Bewirtung Ehre angetan würde.

Dem ruhigern Gespräche, das hiebei Raum gewann, wurde Nahrung gegeben durch einen jener Enthusiasten, die alles Persönliche hervorzerren müssen. Derselbe hatte schon die neuesten Ereignisse des Geßnerschen Lebens aufgestöbert, vielleicht nicht ohne Wegeleitung der trefflichen Gattin. Es waren verschiedene Briefe aus Paris gekommen. Rousseau schrieb Herrn Huber, einem Übersetzer Geßners, die schmeichelhaftesten Dinge über letzteren, und wie er dessen Werke nicht mehr aus der Hand lege. Diderot wünschte sogar, einige seiner Erzählungen mit den neuesten Idyllen Geßners in einem Bande gemeinschaftlich erscheinen zu lassen. Daß Rousseau für den idealen Naturzustand jener idyllischen Welt schwärmte, war am Ende nichts Wunderbares; daß aber der große Realist und Enzyklopädist nach dem Vergnügen strebte, mit dem harmlosen Idyllendichter Arm in Arm aufzutreten, erschien als die erdenklich wichtigste Ergänzung des Lobes und gab zum Verdrusse Geßners Anlaß zu den breitesten Erörterungen.

Dadurch aber wurde Bodmer, der Cicero, aus seinem Gleichgewichte geworfen, daß die menschliche Narrheit, die auch dem Weisesten innewohnt, die Oberhand bekam und frei wurde, indem er nun unaufhaltsam und rücksichtslos seine dichterische Seite hervorkehrte. Er erinnerte wehmütig daran, wie er einst mit dem jungen Wieland zusammen in begeisterter Freundschaft, er, der Ältere, Bewährte, mit dem aufgehenden Jugendgestirn, im Entwerfen vieler heiliger Dichtungen gewetteifert: und wo seien nun jene edelsten Freuden geblieben?

Die hageren Beine übereinandergelegt, im Stuhle zurückgelehnt und wegen der kühleren Waldluft einen leichten grauen Sommerüberwurf malerisch umgeschlagen, gab er sich in lauter Melancholie dem Andenken an jene trüben Erfahrungen hin, da kurz nacheinander die seraphischen Jünglinge Klopstock und Wieland, die er nach Zürich gerufen, seine heilige Vaterfreundschaft und poetische Bruderschaft so schnöde getäuscht und hintergangen hatten, der eine, indem er sich zu einer Schar zechender Jugendgenossen schlug und einen erschreckenden Weltsinn bekundete, statt am Messias zu arbeiten; der andere, indem er immer mehr mit allen möglichen Weibern zu verkehren begann und damit endete, der frivolste und liederlichste Verseschmied, nach seiner Ansicht, zu werden, der jemals gelebt, dergestalt, daß Bodmer alle Hände voll zu tun hatte, die Schande und den Kummer mit einer unerschöpflichen Flut von furchtbaren Hexametern in ehrwürdigen Patriarchiden zu bekämpfen.

So kam er dann auf den Geprüften Abraham, auf Jakobs Wiederkunft aus Haran, auf die Noachide, die Sündflut und alle jene Monumente seiner ruhelosen Tätigkeit zu sprechen und rezitierte zahlreiche Glanzstellen aus denselben. Dazwischen flocht er tadelhafte Neuigkeiten ein, die seine allverbreiteten Korrespondenzen ergaben, wie z. B. der Rat von Danzig den jungen poesiebeflissenen Bürgern der Stadt den Gebrauch des Hexameters als eines für die bürgerlichen Gelegenheiten unanständigen und aufrührerischen Vehikels verboten habe.

Auch beschrieb er mit maliziösem Lächeln als Charakteristikum moderner Freundschaft, wie er einem Freund und Pfarrer vom Erscheinen eines feindlich-schlechten Spottgedichtes auf ihn, betitelt »Bodmerias«, vertraute Mitteilung gemacht; wie der Freund sich darüber entrüstet gezeigt, daß man das Vergnügen an den unsterblichen Bodmerischen Werken auf so boshafte und widrige Art zu stören wage; hoffentlich werde solche Bübereien kein ehrbarer Mensch lesen, alles mit mehrerem; wie aber der lüsterne Geistliche mit der Anfrage geschlossen, ob er ihm diese Bodmerias nicht auf einen Tag verschaffen könne, da nach überwundenem Verdrusse das Divertissement an denen so werten Poesien sich unzweifelhaft verdoppeln werde!

Die Anwesenden lächelten ergötzt über den neugierigen Pfarrer, den sie errieten. Bodmer aber ließ in höherer Erregung seinen Überwurf auf die Hüften sinken, sich vorbeugend, daß er einem römischen Senator gleich sah, und rief:

»Dafür geht er auch der Erwähnungsstelle verloren, die ich ihm in der neuen Auflage der Noachide bestimmt hatte; denn er hat sich nicht geläutert genug erwiesen, an meiner Hand in die Zukunft hinüber zu schreiten!«

Er führte nun aus, welchen Bewährten unter seinen Freunden er solche Erwähnungsstellen in seinen verschiedenen Epopöen schon gewidmet habe und welchen er diese Vergünstigung noch zuzuwenden gedenke, je nach der Bedeutung des Mannes in größeren oder geringeren Werken, in einer größeren oder kleineren Anzahl von Versen.

Mit scharf prüfendem Auge blickte er um sich und alle schauten vor sich nieder, die einen errötend, die andern erbleichend, alle aber schweigend, da er eine ernste Musterung zu halten schien.

Allmählig ward seine Stimmung milder; er lehnte sich wieder zurück, der vergangenen Tage gedenkend, und sagte mit weichem Tone, in die grüne Berghalde hinaufblickend:

»Ach, wo ist jene goldene Zeit hin, da mein junger Wieland den Vorbericht zu unsern gemeinsamen Gesängen schrieb und die Worte hinzusetzte: Man hat es vornehmlich unserer göttlichen Religion zuzuschreiben, wenn wir in der moralischen Güte unserer Gedichte etwas mehr als *Homere* sind?«

In dem Augenblicke, als er wieder abwärts sah, gewahrte er eine seltsame Szene, so daß er plötzlich aufsprang und streng ausrief: »Was macht die Närrin?«

Schon die ganze Zeit über war nämlich Salomon Landolt etwas seitwärts unter den Bäumen für sich auf- und abgegangen, über seine Herzensangelegenheit nachdenkend und erwägend, ob nicht am heutigen Tage etwas Entscheidendes geschehen könnte?

Er trug damals einen ansehnlichen Haarbeutel mit großen Bandschleifen. Figura Leu aber hatte sich im Hause ein kleines Taschenspiegelchen und einen runden Handspiegel verschafft. Das erstere wußte sie ihm, als ob sie an demselben etwas zu ordnen hätte, unbemerkt an dem Haarbeutel zu befestigen, worauf er seinen Spaziergang ruhig fortsetzte. Sogleich aber schritt sie, auf dem Moosboden unhörbar für ihn, mit pantomimischen Tanzschritten hinter ihm her, auf und nieder, so leicht und zierlich wie eine Grazie, und führte ein allerliebstes Spiel auf, indem sie sich fortwährend in dem Spiegel auf Landolts Rücken und in dem Handspiegel abwechselnd beschaute und zuweilen den Handspiegel und ihren Oberkörper, immer tanzend, so wendete, daß man sah, sie bespiegele sich von allen Seiten zugleich.

Wie ein Blitz war in dem geistig beweglichen und klugen Greisen der Verdacht aufgefahren, es werde hier von mutwilliger Jugend das Bild einer eiteln Selbstbespiegelung dargestellt, und zwar der seinigen, in Übersetzung der von ihm gehaltenen Reden. Alle wendeten sich nach der Richtung, in welcher sein langer, knochiger Zeigefinger wies, und belachten das artige Schauspiel, bis endlich auch Landolt aufmerksam wurde, sich verwundert umschaute und noch die Figura ertappte, wie sie schnell das Spiegelchen ihm vom Rücken nahm.

»Was soll das bedeuten?« sagte der alte Professor, der sich schon gefaßt hatte, mit ruhiger und sanfter Stimme; »will die Jugend das geschwätzige Alter verspotten?«

Was Figura eigentlich gewollt, wurde nie ermittelt; nur so viel ist sicher, daß sie in großer Verlegenheit da stand und von Reue befallen war; in der Angst zeigte sie auf Landolt und sagte: »Sehen Sie denn nicht, daß ich nur mit diesem Herrn scherze?«

Nun wurde Salomon Landolt rot und blaß, da er sich für den Gefoppten halten mußte, und weil die Gesellschaft endlich auch die zweifelhafte Natur des Schauspiels wahrnahm, verbreitete sich eine stille, etwas peinliche Spannung.

Da sprang Salomon Geßner ein, ergriff den Handspiegel und rief: »Mit nichten handelt es sich um irgend eine Verspottung! Das Fräulein hat die Wahrheit darstellen wollen, wie sie im Gefolge der Tugend geht, die hoffentlich niemand unserm Landolt abstreiten wird! Aber dennoch hat die Darstellerin gefehlt, denn die Wahrheit soll einzig um ihrer selbst willen bestehen und weder von der Tugend noch vom Laster in dieser oder jener Weise abhängig sein! Laßt sehen, ob ich's besser kann!«

Hiemit nahm er ein Schleiertuch der nächsten Dame, drapierte sich damit die Hüften, als ob er antikisch unbekleidet wäre, und bestieg, den Spiegel in der Hand, einen Steinblock als Piedestal, auf welchem er mit verrenkter Körperhaltung und süßlichem Mienenspiel die Bildsäule einer zopfigen Veritas so drollig zur Erscheinung brachte, daß Gelächter und Fröhlichkeit zurückkehrten.

Nur Salomon Landolt blieb in zerstörter Laune und schlich sich weg, einen entlegnern Waldpfad aufsuchend, um seine

Gedanken zu sammeln und nachher als ein tapferer Mann aus der Affäre abzureiten. Er war aber noch nicht lange gegangen, so hing unversehens Figura Leu an seinem Arm.

»Ist es erlaubt, mit dem Herrn zu promenieren?« flüsterte sie ihm zu und schritt dann mit leichtem Fuß eine Weile neben dem Schweigenden hin, der sie trotz seines Schweigens keineswegs vom Arme ließ. Als sie aber auf einer gewissen Höhe angekommen waren, wo kein Auge sie mehr erreichen konnte, stand sie still und sagte:

»Ich muß einmal mit Ihnen sprechen, da ich sonst elendiglich umkomme. Zuerst aber dieses!«

Damit schlang sie beide Arme um seinen Hals und küßte ihn. Als er dergleichen fortsetzen wollte, stieß sie ihn aber kräftig zurück.

»Das will sagen«, fuhr sie fort, »daß ich Ihnen gut bin und weiß, daß Sie mir es auch sind! Aber hier heißt's nun Amen! Aus und Amen! Denn wissen Sie, daß ich meiner Mutter auf ihrem Sterbebette versprochen habe, eine Minute ehe sie den Geist aufgab, daß ich niemals heiraten werde! Und ich will und muß das Versprechen halten! Sie war geisteskrank, erst schwermütig, dann schlimmer, und nur in der letzten Stunde wurde sie noch einmal licht und sprach mit mir. Es ist in der Familie, taucht bald da, bald dort auf; früher übersprang es regelmäßig eine Generation, doch die Großmutter hat's gehabt, dann die Mutter, und nun fürchtet man, ich werde es auch bekommen!«

Sie ließ sich auf die Erde nieder, bedeckte das Gesicht mit den Händen und fing bitterlich an zu weinen.

Landolt kniete erschüttert bei ihr, suchte ihre Hände zu fassen und sie zu beruhigen. Er suchte nach Worten, ihr seinen Dank, seine Gefühle auszudrücken, konnte aber nichts sagen, als: »Nur Mut, das wollen wir schon machen! Das wäre etwas Schönes! Da wird nichts draus« u.s.w.

Allein sie rief mit erschreckender Überzeugung: »Nein, nein! Ich bin jetzt schon nur so lustig und töricht, um die

Schwermut zu verscheuchen, die wie ein Nachtgespenst hinter mir steht, ich ahne es wohl!«

Es gab damals bei uns zu Lande noch keine besondern Anstalten für solche Kranke; die Irren wurden, wenn sie nicht tobten, in den Familien behalten und lebten langehin als unselige dämonische Wesen in der Erinnerung.

Schneller, als er hoffte, erhob sich aber das weinende Mädchen; sie trocknete das Gesicht sorgfältig und entfloh der Trauer mit instinktiver Eile.

»Genug für jetzt!« rief sie. »Sie wissen es nun! Sie müssen ein gutes, schönes Wesen heiraten, das klüger ist, als ich! Still, schweigen Sie! Das ist das Punktum!«

Landolt wußte für einmal nichts weiter zu sagen; er blieb gerührt und erschüttert von dem ernst drohenden Schicksale; aber er fühlte auch ein sicheres Glück in sich, das er nicht zu verlieren gedachte. Sie gingen noch so lange miteinander herum, bis die Spuren der Aufregung in Figuras schönem Gesicht verschwunden waren, und kehrten dann zu der Gesellschaft zurück.

Dort war bereits ein kleiner Ball unter den jüngern Leuten im Gange, da Herr Geßner für ein paar ländliche Musikanten gesorgt hatte.

Als aber Figura erschien, forderte der versöhnte Bodmer selbst sie auf, eine Tour mit ihm zu probieren, damit er seine Jugendlichkeit noch dartun könne. Nachher tanzte sie, so oft es ohne auffällig zu werden geschehen konnte, mit Landolt, dem sie zuflüsterte, es müsse das der letzte Tag ihrer Vertraulichkeit sein, da sie nie wisse, wann sie in das unbekannte Land abberufen werde, wo die Geister auf Reisen gehen.

Auf der Fahrt nach der Stadt ritt er an der Seite des Wagens, auf welcher sie saß. Ihr Zünglein stand nicht einen Augenblick still; von einem fruchtbeladenen Kirschbaum, unter dem er wegritt, brach er rasch einen Zweig voll korallenroter Kirschen und warf ihr denselben auf den Schoß.

»Danke schön!« sagte sie und bewahrte den Zweig mit den

vertrockneten Früchten noch dreißig Jahre lang sorgfältig auf; denn sie blieb bei guter Gesundheit, und das düstere Schicksal erschien nicht. Dennoch verharrte sie unabänderlich auf ihrem Entschlusse; auch ihr Bruder Martin, welchen Salomon am nächsten Tage in aller Frühe aufsuchte, um mit ihm zu sprechen, bestätigte ihre Aussage und daß es für eine ausgemachte Sache im Hause gelte, in welchem von jeher vorzüglich die Frauen jenem Unglück ausgesetzt gewesen seien. Keinen liebern Schwager, beteuerte Martin, möchte er sich wünschen als Landolten; allein er müsse ihn selbst bitten, um der Ruhe und des Friedens ihres Gemütes willen, die sich bis jetzt so leidlich erhalten, von allem Weiteren abzustehen.

Landolt ergab sich nicht sogleich; vielmehr harrte er im stillen Jahre lang, ohne daß jedoch eine Änderung in der Sache eintrat. Sein guter Mut erhielt sich nur dadurch, daß nach den abgemessenen Zwischenräumen, nach welchen er die Figura Leu wieder sah, ihre Augen ihm jedes Mal zu verstehen gaben, daß er ihr liebster und bester Freund sei.

Kapitän

Salomon lebte sieben volle Jahre dahin, ohne sich weiter um die Frauenzimmer zu kümmern, und nur der Hanswurstel, wie er die Figura Leu nannte, wohnte noch in seinem Herzen. Endlich aber gab es doch wieder eine Geschichte.

Aus holländischen Kriegsdiensten zurückgekehrt, hauste damals in Zürich ein gewisser Kapitän Gimmel, der von seiner verstorbenen Frau, die eine Holländerin gewesen, eine Tochter mit sich führte und von einem kleinen Vermögen, sowie von seiner Pension in der Art lebte, daß er fast alles für sich allein brauchte.

Dieser Mann war ein arger Trunkenbold und Raufer, der sich besonders auf seine Fechtkunst etwas einbildete und, obgleich keineswegs mehr jung, doch immer mit den jungen Leuten verkehrte, lärmte und Skandal machte. Als Landolt einst in seine Nähe geriet und ihm die Prahlereien des Kapitäns zuwider wurden, nahm er dessen Herausforderungen auf und begab sich mit der Gesellschaft in das Haus Gimmels, wo ein förmlicher Fechtsaal gehalten wurde. Dort gedachte Landolt dem alten Raufer trotz seines Lederpanzers ein paar tüchtige Rippenstöße beizubringen; denn er war selbst ein guter Fechter und hatte sich schon als kleiner Junge im Schlosse zu Wülflingen und später auf der Metzer Kriegsschule, sowie in Paris fleißig geübt.

Der Saal erdröhnte denn auch bald von den Tritten und Sprüngen der Fechtenden und von dem Schalle der Waffen, und Landolt setzte dem Kapitän allmählig so heftig zu, daß er zu schnauben begann; aber jener ließ plötzlich seinen Degen sinken und starrte wie verzaubert nach der aufgehenden Tür, durch welche die Tochter des Kapitäns, die schöne Wendelgard, mit einem Präsentierteller voll Likörgläschen hereintrat.

Das war nun freilich eine herrliche Erscheinung zu nennen. Über Vermögen reich gekleidet, wie es schien, die hohe Gestalt von Seide rauschend, trat doch alle Pracht zurück vor der seltenen Schönheit der Person. Gesicht, Hals, Hände, Arme, alles von genau derselben weißen Hautfarbe, wie wenn ein parischer Marmor bekleidet worden wäre; dazu ein rötlich schimmerndes, üppiges Haar, von dessen Seide jeder einzelne Faden hundertfach gewellt war; große, dunkelblaue Augen, sowie der Mund schienen wie von einem fragenden Ernste, ja fast von leiser Sorge zu reden, wenn auch nicht gerade von geistigen Dingen herrührend.

Als diese glänzende Person sich umsah, wo sie das Gläserbrett abstellen könne, wies der Kapitän, über die willkommene Unterbrechung erfreut, das Fenstergesimse dazu an. Die jungen Männer aber begrüßten sie mit derjenigen Höflichkeit, welche man einer solchen Schönheit unter allen Umständen schuldig ist. Sie entfernte sich, indem sie sich verneigte, mit einem anmutsvollen Lächeln, welches den Ernst ihrer Züge durchbrach; dabei warf sie rasch einen schüchternen Blick auf den erstaunten Salomon, welchen sie zum ersten Mal im Hause sah. Der Papa jedoch holte verschiedene holländische feine Schnäpse herbei und wußte mit dem Anbieten derselben über die Fortsetzung des Waffenganges hinwegzugleiten.

Landolt dachte auch nicht mehr daran, dem Kapitän Gimmel weh zu tun; denn der war in seinen Augen mit *einem* Schlag in einen Zauberer verwandelt, der goldene Schätze besaß und Glück oder Unglück aus den Händen schütten konnte. Er machte ohne Besinnen eine Wasserfahrt mit, die Gimmel nach einem guten Weinorte vorschlug, und so ungewohnt ihm das unharmonische Gebaren des ältlichen Renommisten erschien, war er jetzt gegen ihn die Duldung und Nachsicht selber.

Wessen das Herz voll ist, davon läuft der Mund über, und zu einer Neuigkeit kommt die andere. Um von der schönen Wendelgard etwas sprechen zu hören, brachte er von der Zeit an ihren Namen mit behender List, aber so beiläufig und trocken als möglich, überall aufs Tapet, und zu gleicher Zeit machte sie, die sonst noch so wenig bekannt gewesen, selbst von sich reden durch den Leichtsinn, mit welchem sie eine ziemliche Menge Schulden kontrahiert haben sollte, so daß der unerhörte Fall eintrat, daß ein junges Mädchen, eine Bürgerstochter, am Rande eines schimpflichen Bankerottes schwebte; denn der Vater, hieß es, verweigere jegliche Bezahlung der ohne sein Wissen gemachten Schulden und bedrohe die mahnenden Gläubiger mit Gewalttaten, die Tochter aber mit Verstoßung.

Die Sache schien sich so zu verhalten, daß letztere, um für die Bedürfnisse des Haushaltes zu sorgen, und vom Vater ohne die nötigen Mittel gelassen, zum Borgen ihre Zuflucht genommen und dann für sich selbst diesen tröstlichen Ausweg zu oft und immer öfter eingeschlagen hatte. Ihre Unerfahrenheit, mütterliche Verwaistheit und eine gewisse Naivetät, wie sie solchen Ausnahmegestalten zuweilen eigen ist, waren hiebei nicht ohne Einfluß gewesen, abgesehen davon, daß sie den prahlerischen Vater für sehr wohlhabend hielt.

Wie dem auch sei – so war sie jetzt in aller Mund; die Frauen schlugen die Hände zusammen und erklärten das Jüngste Gericht nahe, wenn solche Phänomene sich zeigen; die Männer ließen es beim Untergang des Staates bewenden; die jungen Mädchen steckten heimlich die Köpfe zusammen und ergingen sich in den unheimlichsten Vorstellungen von der Unglücklichen; die jungen Herren gerieten auf ungeordnete und schlechte Späße, hielten sich aber mit erschreckter Vorsicht fern vom Hause des Kapitäns, ja von der Gasse, wo es lag; die angeführten Kaufleute und Krämer liefen hin und her zu den Gerichten, ihre Klagen zu betreiben.

Nur Salomon Landolt gedachte mit verdoppelter Leidenschaft der in ihren Schulden trauernden Schönheit. Ein heißes Mitleid beseelte und erfüllte ihn mit unüberwindlicher Sehnsucht, wie wenn die Sünderin statt im Fegefeuer ihrer Not in einem blühenden Rosengarten säße, der mit goldenem Gitter verschlossen wäre. Er vermochte dem Drange, sie zu sehen und ihr zu helfen, nicht länger zu widerstehen, und als er eines Abends den Kapitän in einem Wirtshause fest vor Anker sah, ging er rasch entschlossen hin und zog am Hause der Wendelgard kräftig die Glocke an. Der Magd, welche aus dem Fenster guckte und nach seinem Begehr fragte, erwiderte er barsch, es sei jemand vom Stadtgerichte da, der mit dem Fräulein zu sprechen habe, und er wählte diese Einführung, um damit jedes unnütze Gerede und anderweitiges Aufsehen abzuschneiden. Freilich erschreckte er die Ärmste nicht wenig damit; denn sie trat ihm ganz blaß entgegen und errötete dann ebenso stark, als sie ihn erkannte.

In größter Verlegenheit und mit einer zitternden Stimme, der man Furcht und Schrecken wohl anmerkte, bat sie ihn, Platz zu nehmen; denn sie war so unberaten und verlassen, daß sie keine Einsicht in den Gang der Geschäfte besaß und vermutete, sie würde jetzt in ein Gefängnis abgeführt werden.

Kaum hatte Landolt aber Platz genommen, so wechselten die Rollen, und er war es nun, der für seine Eröffnungen nur schwer das Wort fand, da ihn das schöne Unglück vornehmer und hochstehender dünkte, als ein König von Frankreich, der immerhin die Eidgenossen *grands amis* nennen mußte, wenn er ihnen das Blut abkaufte. Endlich tat er ihr mit der Haltung eines Schutzsuchenden kund, was ihn hergeführt; das wachsende Wohlgefallen, das er an ihrem Anschauen fand, stärkte seine Lebensgeister dann so weit, daß er ihr ruhig auseinandersetzen konnte, wie er als Beisitzender des Gerichts von ihrer verdrießlichen Angelegenheit Kenntnis genommen habe und nun gekommen sei, die Dinge mit ihr zu beraten und ausfindig zu machen, auf welche Weise der Handel geschlichtet werden könne. So möge sie ihm denn vertrauensvoll den Umfang und die Natur ihrer eingegangenen Verpflichtungen mitteilen.

Mit einem großen Seufzer der Erleichterung und nachdem sie, wie jenes erste Mal, einen forschenden Blick auf ihn geworfen, eilte Wendelgard eine Schachtel herbeizuholen, in welcher sie alle Rechnungen, Mahnbriefe und Gerichtsakte, die bisher eingelaufen, zusammengesperrt hatte, ohne sie je wieder anzusehen. Mit einem zweiten Seufzer, indem sie schamrot die Augen niederschlug, schüttete sie den ganzen Kram auf den Tisch, lehnte sich auf ihrem Sessel zurück und bedeckte das Gesicht mit der umgekehrten leeren Schachtel, hinter welcher sie sachte zu schluchzen begann, das Haupt abwendend.

Gerührt und beglückt, daß er so tröstlich einschreiten könne, nahm Salomon ihr die Schachtel weg, faßte sanft ihre Hände und bat sie, guten Mutes zu sein. Dann machte er sich mit den Papieren zu schaffen, und wo er einer Auskunft bedurfte, fragte er mit so guter und vertrauenerweckender Laune, daß die Antwort ihr leicht wurde. Er zog nun das Skizzenbüchlein hervor, das er immer bei sich führte und das mit flüchtigen Studien von Pferden, Hunden, Bäumen und Wolkengebilden angefüllt war. Dazwischen hinein verzeichnete er auf ein weißes Blatt den Schuldenstand der guten Wendelgard. Es handelte sich meistens um schöne Kleider und Putzsachen, sowie um zierliche Möbelstücke; auch einige Näschereien waren darunter, obgleich in bescheidenem Maße, und im ganzen erreichte die Summe bei weitem nicht die ungeheuerliche Größe, die im Publikum spukte. Doch betrug alles in allem immerhin gegen tausend Gulden Züricher Währung und war von der Schuldnerin in keiner Weise zu beschaffen.

Landolt aber war so betört, daß ihm das Schuldenverzeichnis des schönen Wesens, als er das Büchlein sorgfältig in seiner Brusttasche verwahrte, ein so süßer, köstlicher und anmutiger Besitz schien, wie kaum das Vermögensinventarium einer reichen Braut; er liebte alles, was auf dem Register stand, die Roben, die Spitzen, die Hüte, die Federn, die Fächer und die Handschuhe, und selbst die Näschereien erweckten nur seine Gelüste, das reizende große Kind mit dergleichen selbst einmal füttern zu dürfen.

Als er sich verabschiedete und bald wieder von sich hören zu lassen versprach, schaute sie ihn mit zweifelnden Blicken an, da ihr nicht deutlich war, wie es werden sollte. Doch war sie heiter geworden und leuchtete ihm selbst mit traulich dankbarem Wesen bis unter die Haustüre, wo sie mit einem freundlich gelispelten »Gute Nacht!« vollständig die Oberhand gewann über den Stadtrichter. Sie stieg langsam und gedankenvoll, letzteres vielleicht zum ersten Mal, die Treppen wieder hinauf und schlief jedenfalls zum ersten Mal seit geraumer Zeit süß und ruhig ein, so daß sie den polternden Kapitän nicht nach Hause kommen hörte.

Desto weniger schlief Landolt in dieser Nacht und überlegte den Handel, bis die Hähne krähten in den vielen Hühnerhöfen der Stadt.

Da Salomon Landolt noch bei seinen Eltern lebte und von ihnen abhing, konnte er höchstens einen Teil der Summe aufbringen, deren es zur Erlösung Wendelgards bedurfte, weil seine Einmischung verborgen bleiben mußte, wenn er sich die spätere Verbindung mit dem Leichtsinnsphänomen nicht von vornherein noch mehr erschweren wollte. Dagegen besaß er eine reiche Großmutter, deren Liebling er war und die ihm in allerhand Geldnöten beizustehen pflegte und ein Vergnügen daran fand, es ganz im geheimen zu tun. Sie hatte dabei die Eigenheit, daß sie heftig gegen jede Verheiratung des Enkels protestierte, so oft etwa von einer solchen die Rede war, indem er, den sie am besten kenne, dadurch nur unglücklich werden und verkümmern würde; denn auch die Weiber, behauptete sie, kenne sie genugsam und wisse wohl, was an ihnen sei. Sie begleitete daher jedesmal ihre Handreichungen und geheimen Vorschüsse mit der vertraulichen Ermahnung, nur ja nicht ans Heiraten zu denken; und wenn er in einer Verlegenheit sich an sie wendete, brauchte er nur eine derartige Anspielung zu machen, um des schnellsten Erfolges sicher zu sein.

Auch jetzt nahm er seine Zuflucht zu der wunderlichen Großmutter und vertraute ihr mit einem verstellten Seufzer, daß er nun doch endlich darauf werde denken müssen, durch eine gute Partie, welche sich zeige, aus der Not und überhaupt in eine unabhängige Stellung zu kommen. Erschreckt nahm sie die Brille ab, durch die sie eben in ihrem Zinsbuche gelesen hatte, und betrachtete den unheilvollen Enkel wie einen Verlorenen, der sein eigenes Haus in Brand zu stecken im Begriffe steht. »Weißt du, daß ich dich enterbe, wenn du heiratest?« rief sie, selbst entsetzt über diesen Gedanken; »das fehlte mir, daß so ein scharrendes Huhn einst über meine Kisten und Kasten kommt! Und du? Wie willst du denn ein Weib ertragen lernen? Wie willst du es aushalten, wenn z. B. eine den ganzen Tag lügt? oder eine, die über alle Welt lästert, so daß dein ehrlicher Tisch eine Stätte der Schmähsucht wird, oder eine, die immer etwas ißt, wo sie steht und geht, und dazu klatscht während des Kauens? wie wirst du dastehen, wenn du eine hast, die in den Kaufläden mauset, oder die Schulden macht, wie die Gimmelin?«

Der Enkel unterdrückte das Lachen über die letzte Spezies, mit der es die Großmutter so nahe getroffen, und er sagte möglichst ernsthaft: »Wenn es so schlimm steht mit den armen Weiblein, so kann man sie ja umsoweniger sich selbst überlassen und man muß sie heiraten, um zu retten, was zu retten ist!«

Aufs Äußerste gebracht, rief die Feindin ihres eigenen Geschlechtes: »Hör auf, du Gräuel! Was ist's, was brauchst du?«

»Ich habe tausend Gulden im Spiel verloren, daran fehlen mir sechshundert!«

Die alte Dame setzte ihre Brille wieder auf, riß ihre Gloriahaube vom Kopf, um in ihren kurzen, grauen Haaren zu kratzen, und humpelte an den eingelegten Schreibtisch. Mit Vergnügen sah Landolt hinter der zurückrollenden Klappe die Wunder erscheinen, die dort aufbewahrt wurden und schon seine Kindheit erfreut hatten: eine kleine, silberne Weltkugel; einen Ritter auf einem aus Elfenbein geschnittenen Pferde, der trug eine wirkliche silberne und vergoldete Rüstung, die man abnehmen konnte; der Schild war mit einem Edelsteine geschmückt und die Federn des Helmes emailliert; dann aber, ebenfalls aus Elfenbein kunstreich und fein gearbeitet, ein vier Zoll hohes Skelettchen mit einer silbernen Sense, welches das Tödlein genannt wurde und an dem kein Knöchlein fehlte.

Diesen zierlichen Tod nahm die Alte auf die zitternde Hand und sagte, während das feine Elfenbein kaum hörbar ein wenig klingelte und klapperte: »Sieh her, so sehen Mann und Frau aus, wenn der Spaß vorbei ist! Wer wird denn lieben und heiraten wollen!«

Salomon nahm das Tödlein auch in die Hand und betrachtete es aufmerksam; ein leichter Schauer durchfuhr ihn, als er sich die schöne Gestalt der Wendelgard von einem solchen Gerüste herunterbröckelnd vorstellte; wie er aber an die schnelle Flucht der Zeit und ihre Unwiederbringlichkeit dachte, klopfte ihm das Herz so stark, daß das Gerippchen merklicher zitterte, und er warf einen verlangenden Blick auf die Hand der Großmutter, welche jetzt dem stets in einem Fache liegenden Barschatze eine Rolle schöner Doppellouisd'ors enthob und sagte:

»Da sind die tausend Gulden! Nun bleib mir aber vom Halse mit allen Heiratsgedanken!«

Zunächst machte er sich nun an den Kapitän Gimmel, den er in der Schenke aufsuchte und beiseite nahm. Er trug ihm vor, wie er von einer dritten Person, die nicht genannt sein wolle, beauftragt und in den Stand gesetzt sei, die unangenehme Angelegenheit der Tochter in Ordnung zu bringen; allein es werde verlangt, daß der Kapitän die Sache in seinem eigenen Namen geschehen lasse, zur möglichsten Schonung der Tochter, und es dürfe auch diese nichts anderes glauben, als daß der Vater die Schulden bezahlt habe. In diesem Sinne werde Landolt die Summe, als vom Kapitän herrührend, an amtlicher Stelle einliefern und dafür sorgen, daß dort die Gläubiger in aller Stille befriedigt würden. So werde dem Vater und dem Fräulein jede weitere Verdrießlichkeit erspart sein.

Der Herr Kapitän betrachtete den jungen Mann mit verwunderten Augen, sprach erst von unbefugten Einmischungen und Wahrung seines Hausrechtes und rückte an seinem Degen; als ihm aber Landolt vorstellte, daß man sich sehr für das Fräulein und ihr zukünftiges Wohl interessiere, welches von einer baldigen Regulierung der bewußten Sache abhangen könne, und der Kapitän eine gute Versorgung des Kindes zu wittern begann, steckte er das Schwert seiner Ehre wieder ein und erklärte sich mit dem vorgeschlagenen *modus procedendi* einverstanden.

Salomon Landolt führte nun das Geschäft mit Vorsicht und Geschicklichkeit zu Ende, so daß die Gläubiger bezahlt wurden. Jedermann glaubte, der Kapitän Gimmel habe sich eines Besseren besonnen, und Wendelgard selbst wußte nichts anderes. Ihr gegenüber gab sich der Vater ein feierliches Ansehen, welches von neuem sie in der Meinung bestärkte, daß er doch ein vermöglicher Mann sein müsse.

Sie war daher keineswegs über die Maßen erstaunt und fassungslos, als Salomon, der Geschäftsträger, eines Abends wieder erschien und ihr die quittierten Rechnungen über alle großen und kleinen Schulden in die Hände legte. Dies gönnte er ihr jedoch von Herzen und freute sich ihrer gewonnenen guten Haltung, da ihm während der Abwicklung über die Zahl und Art der Schulden doch das eine und andere Bedenken aufgestiegen war, freilich nur mit der Wirkung, daß ihn aufs neue ein zärtliches Mitleiden mit ihrer unberatenen Armut erfüllte und die stärksten Wünsche erregte, ihr Schicksal für immer in feste Hand nehmen zu dürfen. Wendelgard hatte sich in Voraussicht seines Besuches die letzten Tage noch sorgfältiger als sonst gekleidet und geschmückt, und auch sie war ihrer besseren Fassung doch hauptsächlich froh, weil sie vor dem Retter in der Not nicht mehr so erniedrigt erschien, und zwar aus eigenen Mitteln, wie sie glaubte.

Sie dankte ihm aber dennoch mit kindlichen und herzlichen Worten für seine hülfreiche Bemühung; sie gab ihm dabei vertraulich die Hand und war jetzt so schön, daß er ohne weiteres Zögern ihr seine Neigung gestand und daß nur diese ihn vermocht habe, sich so aufdringlich in ihre Angelegenheiten zu mischen. Ja, er ging in seiner rückhaltlosen Offenheit so weit, ihr auseinander zu setzen, wie sie ihm durch Erwiderung und Gewährung ihrer Hand eine ungleich größere Hülfe erweisen und ihn veranlassen würde, ein etwas unstetes und planloses Leben endlich zusammenzuraffen und für Liebe und Schönheit das zu tun, was er für sich selbst nicht habe tun mögen.

Diese ehrliche Unklugheit oder unkluge Ehrlichkeit erweckte aber die Klugheit des schönen Mädchens. Sie ließ während seiner Reden dem erregten Salomon ihre Hand und sah ihn mit freundlichen Augen an, die von dem Glücke, aus der Erniedrigung so plötzlich erhöht zu sein, lieblich erglänzten. Allein mitten in aller Lieblichkeit des Augenblickes besann sich die sonst so Leichtsinnige wegen der unsteten Lebensführung, deren ihr Liebhaber sich anklagte, und sie erbat sich eine Bedenkzeit von sieben Tagen. Sie entließ ihn aber durchaus huldvoll und atmete so schnell und kurz wie ein junges Kaninchen, als sie sich wieder allein befand.

Indessen hatte der Kapitän sich die geheimnisvollen Andeutungen Landolts eingehender überlegt und die Entdeckung gemacht, daß seine Tochter allerdings nun reif sei für das Glück und auf den Markt gebracht zu werden. Er war nicht gesinnt, das Kleinod sich von unbekannter Hand abjagen zu lassen, sondern wollte mit offenen Augen dabei sein und vor allem eine gehörige Schaustellung veranstalten. Um gleich ins Zeug zu gehen, beschloß er, mit der Tochter die Bäder von Baden zu besuchen, die wegen der schönen Pfingstzeit gerade voll Gäste waren. Sie mußte ihre schönsten Kleider einpacken, die sie in Zürich wegen der Sittenmandate nicht einmal sehen lassen durfte, und so zogen sie zusammen ohne Säumen im Hinterhof zu Baden ein, der gleich den anderen Gasthäusern schon von Fremden angefüllt war. Damit hatte die väterliche Aufsicht Gimmels aber auch ihr schnelles Ende erreicht; denn er suchte und fand augenblicklich genügende Gesellschaft trinklustiger alter Soldaten und überließ die Tochter Wendelgard gänzlich sich selber.

Zufälliger, aber auch glücklicher Weise befand sich im gleichen Badhofe Figura Leu im Begleit einer älteren Dame, die wegen Gliederschmerzen die Bäder brauchte. Sie war jetzt in den Jahren auch schon ein klein wenig vorgerückt und tat noch mehr als früher, was sie wollte. Als sie die schöne und durch ihre Schulden berühmt gewordene Wendelgard sah und wie diese in ihrer Verlassenheit nichts mit sich anzufangen wußte, zog sie dieselbe in ihre Gesellschaft und vertrieb sich selbst die Zeit damit, das seltsame, eigenartige Geschöpf, in welchem die Schönheit ohne alle andere Zutat persönlich geworden schien, zu studieren und kennen zu lernen. Sie gewann bald das Vertrauen des Mädchens, das die Wohltat solchen Umganges noch nie erfahren hatte, und so wußte sie auch schon am ersten Tage von dem Verhältnisse zu Salomon Landolt und der siebentägigen Bedenkzeit. Am zweiten Tage hielt sie es auch schon für das schwerste Mißgeschick, welches dem unvorsichtigen Freier aufstoßen könnte, wenn er das Mädchen gewänne. Sie wußte selbst nicht recht, warum? Sie hatte nur das Gefühl, als ob Wendelgard keine eigentliche Seele hätte. Dann dachte sie aber wieder, so sei sie ja ein reines weißes Tuch, auf welches Salomon schon etwas Leidliches malen werde, und alles könne sich noch ordentlich gestalten. Bekümmert über ihre eigene Unsicherheit beschloß sie plötzlich, eine Art Gottesgericht und Feuerprobe entscheiden zu lassen, wozu die unverhofft angekündigte Erscheinung ihres Bruders Martin ihr den Gedanken gab. Er stand schon seit fünf Jahren als Hauptmann in dem Zürcherregimente zu Paris und war ein in allen Künsten erfahrener Gesell, besonders auch ein vorzüglicher Komödiant in den Haustheatern der Pariser Gesellschaft geworden. Der Kapitän Gimmel und seine Tochter hatten ihn noch nie gesehen, und übrigens verstand er sich auch für andere unkenntlich zu machen, denen er wohlbekannt war. Auf diesen Umstand gründete Figura ihren Plan, und sie wußte dem Bruder, als er jetzt, unversehens in die Heimat auf Besuch gekommen, auf dem Wege von Zürich nach Baden war, heimlich entgegenzureisen und ihn eilig für ihr Projekt zu unterrichten und zu gewinnen; denn er nahm fast ebensoviel teil an dem Wohlergehen seines wackeren Freundes, wie seine Schwester. Sie aber hatte große Eile, weil von den sieben Tagen schon vier verflossen waren und sie wohl merkte, daß Wendelgard kein Nein von sich geben werde.

So verzögerte denn Martin Leu seine Ankunft bis zur angebrochenen Dunkelheit, während Figura schnell vorauseilte und tat, als ob nichts geschehen wäre. Über Nacht traf er seine Vorbereitungen und trat am anderen Tage als ein unbekannter Fremder auf mit großen und geheimnisvollen Allüren. Wie durch Zufall machte er sich, sobald er orientiert war, an den Kapitän und ließ denselben, indem er eine Flasche mit ihm trank, sofort im Würfelspiel ein paar Taler gewinnen, wobei er es aber bewenden ließ. Dann lustwandelte er auf den öffentlichen Spazierwegen und am Ufer des Flusses, während Figura auf listige Weise das Gerücht verbreitet hatte, der Fremde sei ein französischer Herr, der eine halbe Million Livres Renten besitze und durchaus eine protestantische Schweizerin heiraten wolle, da er selbst dieser Konfession angehöre. Er sei schon in Genf gewesen, habe aber nichts gefunden, und wolle nun nach Zürich gehen, vorher aber sich ein wenig in Baden umsehen, wo, wie er erfahren, zu dieser Zeit ein ausgesuchter Damenflor sich sehen lasse.

Der Kapitän kam schleunig und gegen seine Gewohnheit schon vor Tisch nach Hause, das heißt in den Gasthof, gelaufen und holte die Tochter, die sich herausputzen mußte, zur Promenade. Er führte sie sogar am Arme und tat mit seiner Karfunkelnase so geziert und breitspurig, daß die Hunderte von Spaziergängern von seiner Possierlichkeit nicht minder erheitert, als von der Schönheit Wendelgards erbaut waren.

Als er aber dem reichen Hugenotten begegnete, gab es einen noch größeren Auftritt und einen langen Wechsel von Komplimenten und Vorstellungen. Martin Leu brauchte kein Erstaunen über Wendelgards Erscheinung zu heucheln, da er es in der Tat empfand; doch sah er zu gleicher Zeit auch, wie notwendig es sei, den Freund Salomon dieser Gefahr zu entreißen. Er bot ihr den Arm und führte sie an des Vaters Stelle zur Tafel, wo Figura wie verschüchtert hinblickte und alle die ziervollen Szenen zu bewundern schien, die sich nun ereigneten.

Nur wenige Minuten sprach Wendelgard nach dem Essen mit ihr, weil eine Lustpartie nach Schinznach stattfinden sollte, wo eine nicht weniger vornehme Welt versammelt war. Kurz, Martin machte am ersten Tage seine Sache so gut, daß Wendelgard am späten Abend zu Figura Leu geflogen kam und ihr atemlos mitteilte, es werde sich etwas ereignen, der Hugenott habe sie soeben gefragt, ob sie nicht lieber in Frankreich leben möchte, als in der Schweiz. Und dann habe er gesprächsweise gefragt, wie alt sie sei, und eine Stunde früher geäußert, wenn er je heirate, so werde er keinen Denar Mitgift von der Frau nehmen. Und der Vater habe ihr bereits befohlen, dem Bewerber sogleich ihr Jawort zu geben, wenn er sie frage.

»Aber, liebes Kind«, bemerkte Figura, »das alles will noch nicht viel sagen. Nimm dich doch in acht!«

Wendelgard aber fuhr fort: »Und als wir über eine Stunde allein zusammengingen, hat er mir die Hand geküßt und geseufzt.«

»Und dann hat er dich gefragt?«

»Nein, aber er hat geseufzt und mir die Hand geküßt.«

»Ein französischer Handkuß! Weißt du, was das ist? Gar nichts.«

»Aber er ist ja ein ernsthafter Protestant.«

»Wie heißt er denn?«

»Ich weiß es noch nicht, das heißt, ich glaub', ich weiß es noch nicht, ich habe nicht einmal acht gegeben.«

»Das ändert freilich die Sache«, sagte Figura nachdenklich; »aber wie soll es nun mit Salomon Landolt werden?«

»Ja, das frag' ich auch«, erwiderte Wendelgard seufzend und rieb sich die weiße Stirn mit den weißen Fingerspitzen; »aber bedenke doch, eine halbe Million Einkünfte! da hört alle Sorge und aller Kummer auf! Und Salomon braucht eine Frau, die ihm hilft, sein Leben zusammenraffen und etwas werden! Wie kann ich das, die selber nichts versteht?«

»Das meint er nicht so, du Gänschen! Er meint, wenn er dich nur hat, so wird er deinetwegen anfangen zu schaffen, zu wirken und zu befehlen, und du kannst nur zusehen und brauchst dich gar nicht zu rühren; und er wird es tun, sag' ich dir!«

»Nein, nein! Mein Leichtsinn wird ihn nur hindern! Ich werde wieder Schulden machen und noch viel mehr, das fühle ich, wenn ich nicht reich, außerordentlich reich werde!«

»Das ändert freilich die Sache«, versetzte Figura, »wenn du nicht vorziehst, dich von ihm ändern und bessern zu lassen! Und er ist der Mann dazu, glaub es mir!«

Da sie aber sah, daß Wendelgard nur in eine ängstliche Verlegenheit geriet, ohne ein Gefühl für Salomon zu äußern, fuhr sie fort: »Jedenfalls sieh zu, daß du nicht zwischen zwei Stühle zu sitzen kommst. Wenn der Franzose dich nun morgen fragt, so mußt du ihm aus freier Hand antworten können. Übermorgen ist der siebente Tag; dann mußt du gewärtig sein, daß Landolt herkommt, deine Entscheidung zu holen; dann gibt's Auftritte, Enthüllungen, und du läufst Gefahr, daß beide dir den Rücken kehren!«

»O Gott! Ja, das ist wahr! Aber was soll ich tun? Er ist ja nicht hier, und ich kann jetzt nicht hin!«

»Schreib ihm, und gleich heute noch! Denn morgen muß ein Expresser damit nach Zürich, sonst kommt er übermorgen, wie ich ihn kenne, unfehlbar.«

»Das will ich tun, gib mir Papier und Feder!«

Sie setzte sich hin, und als sie nicht wußte, wie beginnen, diktierte ihr Figura Leu:

»Nach reiflicher Prüfung finde ich, daß es nur Gefühle der Dankbarkeit sind, die mich für Sie beseelen, und daß es Lüge wäre, wenn ich sie anders benennen wollte. Da überdem der Wille meines Vaters mir eine andere Lebensbahn anweist, so bitte ich Sie, meinen festen Entschluß, ihm zu gehorchen, als ein Zeichen des Vertrauens und der achtungsvollen Aufrichtigkeit ehren zu wollen, die Ihnen stets bewahren wird Ihre ergebene u.s.w.«

»Punktum!« schloß Figura, »hast du unterschrieben?«

»Ja, aber es dünkt mich, man sollte doch etwas mehr sagen; es ist mir nicht ganz recht so.«

»Eben so ist's recht! Das ist der verzwickte Absagestil in solcher Lage, die keine Erörterungen verträgt; das schneidet alles Weitere ab, und die Trinklustigen merken am Klange, daß sie an ein leeres Faß geklopft haben!«

Diese etwas von Eifersucht gewürzte Anspielung verstand Wendelgard nicht, da sie gutmütigen Herzens war. Sie bat noch, Figura möchte die schleunige Absendung des Briefes besorgen, damit ja kein Zusammentreffen stattfinde. Figura versprach es, und um ganz sicher zu gehen, übergab sie die Mission mit Tagesanbruch ihrem Bruder, der unverzüglich damit nach Zürich ritt und den Salomon Landolt überraschte, der eben sich bereit machte, am nächsten Tage nach Baden zu gehen.

Er erblaßte leicht, als er das Brieflein las, und wurde wieder rot, als er bemerkte, daß Martin Leu wußte, was darin stand. Der gab ihm aber ohne Säumen die mündlichen Erläuterungen durch Erzählung des ganzen Vorganges. Er ließ ihn darauf eine Stunde allein, kam dann wieder und sagte ihm:

»Salomon! Die Schwester Figura läßt dich grüßen und dir sagen, wenn du die schöne Gimmelin doch haben wollest, so möchtest du es ihr, der Schwester, nur kund tun, jene laufe dir nicht fort.«

»Ich will sie nicht und sehe meine Torheit ein«, sagte Landolt; »aber sie ist doch schön und liebenswert, und ihr seid Schelme!«

Martin blieb nun in seiner wahren Gestalt in Zürich, weshalb der reiche Hugenott natürlich in Baden verschwunden war, als ob ihn die Erde verschlungen hätte. Der Kapitän und Wendelgard weilten noch zwei Wochen dort; dann kehrten sie nach Zürich zurück, der Kapitän durstiger und unverträglicher als je, und die Tochter, still und niedergeschlagen, hielt sich verborgen.

Damit war die Geschichte jedoch nicht zu Ende. Denn Martin Leu stach die Neugierde und der Übermut, die seltsame Schönheit erst jetzt etwas näher zu besehen. Er machte sich mit aller Vorsicht herzu, um nicht als der geheimnisvolle Franzose erkannt zu werden, und besuchte den Fechtsaal des Kapitäns. Nun drehte sich das Rad der Fortuna, als er die Arme in ihrer bescheidenen Trauer und Schönheit sah, und da der wilde Alte jählings vom Schlage getroffen dahin starb, verliebte er sich in die Verlassene so heftig, daß er alle Einsprachen, Abmahnungen und Vernunftgründe ungestüm wegräumte und nicht ruhte, bis sie seine Frau war.

Vorher hatte er den Salomon noch ein letztes Mal gefragt: »Willst du sie oder nicht?« Der hatte aber ohne Besinnen geantwortet: »Ich halt' es mit dem Bibelspruch: Eure Rede sei Ja, Ja und Nein, Nein! Ich komme nicht mehr auf die Sache zurück!«

»Kostet mich freilich tausend Gulden, was kein Mensch weiß, Gott sei Dank!« setzte er in Gedanken hinzu; denn er wußte, daß seine Großmutter in ihrer Gerechtigkeit alle ihre

Vorschüsse genau notierte, damit sie einst, seinen Geschwistern gegenüber, von seinem Erbteile abgezogen würden.

Martin Leu lebte mit seiner Frau noch zwei Jahre in Paris und nahm dann seinen Abschied. Sie war bei der Rückkehr eine ganz ordentlich geschulte und gewitzigte Dame und machte keine Schulden mehr. Sie kannte die Ereignisse von Baden und hatte den Hugenotten wieder erkannt, ehe er es ahnte und selbst erzählte.

Wenn aber die Figura Leu später den Salomon Landolt fragte, ob er ihr wegen ihrer Dazwischenkunft zürne und die Wendelgard doch lieber selbst hätte, da sie jetzt nicht so übel ausgefallen sei und sich früher offenbar dümmer gestellt habe, als sie gewesen, dann drückte er ihr die Hand und sagte: »Nein, es ist gut so!« Die Wendelgard nannte er der Kürze halben den Kapitän.

Grasmücke und Amsel

Die einseitige Anbetung der Schönheit wirkte aber unmittelbar nach ihrem Mißerfolge noch so nachteilig auf Landolten ein, daß er den Halt vollends verlor und allen Eindrücken preisgegeben war. Wie wenn die Schwalben im Herbst abziehen wollen, flatterten und lärmten alle Liebesgötter, und er bestand noch im selben Jahre, da er der Wendelgard verlustig ging, zwei Abenteuer, welche, wie es bei Zwillingen zuweilen geht, nur geringfügig waren und in die gleiche Windel gewickelt werden können.

Schon seit ein paar Jahren hörte Salomon in seinem Zimmer, das auf der Rückseite des Hauses lag, wenn das Wetter schön und die Luft mild war, jeden Morgen aus der entfernteren Nachbarschaft, über die Gärten hinweg, von einer zarten Mädchenstimme einen Psalm singen. Diese Stimme, welche erst die eines Kindes gewesen, war allmählig etwas kräftiger geworden, ohne jemals eine große Stärke zu erreichen. Doch hörte er den regelmäßigen Gesang, der täglich vor dem Frühstück stattzufinden schien, gern und nannte die unsichtbare Sängerin die Grasmücke. Es war aber die Tochter des Herrn Proselytenschreibers und ehemaligen Pfarrherrn Elias Thumeysen, der sich der Last des eigentlichen Hirtenamtes mit dem Anfall eines artigen Erbes entledigt hatte, jedoch sich immer noch nützlich machte durch Besorgung einiger Aktuariate, wie derjenigen der Exulanten- und Proselytenkommissionen. Von letzterer führte er auf den Wunsch seiner Frau den Brauchtitel. Außerdem war er noch Reformationsschreiber und Vorsteher der Exspektanten des zürcherischen Ministeriums; im übrigen malte er zu seinem Vergnügen von jenen Landkarten, in welchen uns jetzt die Welt auf dem Kopf steht, da Ost und West oben und unten, Nord und Süd aber links und rechts sind.

Sein Töchterlein, die Grasmücke, eigentlich Barbara geheißen, trieb aber noch ganz andere Künste, mit denen sie vom Morgen bis zum Abend beschäftigt war. Der Herr Proselytenschreiber, ihr Vater, machte nämlich auch Darstellungen aller möglichen Vögel; er klebte die natürlichen Federn derselben oder auch nur kleine Bruchstücke von solchen auf Papier zusammen und malte den Schnabel und die Füße dran hin. Ein Haupttableau der Art war ein schöner Wiedehopf in natürlicher Größe, im vollen Federschmuck.

Barbara hatte nun diese Kunst weiter entwickelt und veredelt, indem sie das Verfahren auf die Menschheit übertrug und eine Menge Bildnisse in ganzer Figur anfertigte, an denen nur das Gesicht und die Hände gemalt waren, alles übrige aber aus künstlich zugeschnittenen und zusammengesetzten Zeugflickchen von Seide oder Wolle oder anderen natürlichen Stoffen bestand; und gewiß konnten die Vögel des Aristophanes nicht tiefsinniger sein, als diejenigen des Herrn Proselytenschreibers, da aus diesen ein so artiges Geschlecht menschlicher Geschöpfe hervorging, welches das Arbeitsstübchen der kleinen Sängerin anfüllte. Da prangte vor allem ihr Herr Oheim mütterlicher Seite, der regierende Herr Antistes, im geistlichen Habit von schwarzem Satin, schwarzseidenen Strümpfen und einem Halskragen von zartester Mousseline. Die Perücke war aus den Haaren eines weißen Kätzleins unendlich zierlich und mühevoll zustande gebracht; dazu harmonierten die wasserblauen Augen in dem blaßrosigen Gesichte vortrefflich; die Schuhe waren aus glänzenden Saffianschnipselchen geschnitten und die silbernen Schnallen aus Staniol, die Schnittflächen des Liturgiebuches aber, das er in der Hand hielt, aus Goldpapier.

Diesen Pontifex, der hinter Glas und Rahmen an erster Stelle hing, umgaben die Abbilder vieler Herren und Damen verschiedenen Ranges und Standes; das Schönste war eine junge Frau in weißem Spitzengewande, das ganz aus feinstem Papier *à jour* gearbeitet sie umhüllte; auf der Hand saß ihr ein Papagei, aus den kleinsten Federchen eines Kolibri mosaiziert. Gegenüber saß ein flötespielender Herr mit übergeschlagenen Beinen, in einem Rocke von azurblauem Atlas und mit einer kunstreichen Halskrause, der den Papagei im Gesange zu unterrichten schien, da dieser den Kopf lauschend nach ihm umdrehte. Die Knöpfe auf dem Kleide bestanden aus rötlichen Pailletten oder Flitterchen.

Auch paradierte eine Reihe stattlicher Militärpersonen zu Fuß, deren Uniformen, Tressen, Metallknöpfe, Degengefäße, Lederzeug und Federbüsche alle von gleichem, unverdrossenem Fleiße Zeugnis gaben; aber hier hatte Barbara Thumeysen die Grenzen ihrer Kunst angetroffen; denn als sie nun zu den berittenen Kriegsbefehlshabern übergehen wollte, verstand sie wohl Schabracken, Sättel und Zaumzeug aus allen geeigneten Stoffen mit ihrem englischen Scherchen zuzuschneiden und herzustellen; die Pferde aber zu zeichnen ging über ihre Kräfte, weil sie bisher nur in menschlichen Köpfen und Händen sich geübt hatte, letzteres auch nur so so, la la. Es handelte sich also darum, einen Lehrer oder Gehülfen hiefür zu finden; als solcher wurde auf gehaltene Nachfrage Salomon Landolt genannt, welcher in Zürich derweilen der erste Pferdezeichner sei.

Der Herr Proselytenschreiber stattete daher unverhofft eines

Tages dem Herrn Stadtrichter und Jägerhauptmann einen höflichen Besuch ab und trug ihm mit wohlgesetzten Worten das Ansuchen vor, seiner Tochter in Ansehung eines richtig gestellten Reitpferdes geneigtest Unterricht und Beirat erteilen zu wollen, so daß das Tier in natürlicher Gestalt und Farbe, in schulgerechtem Schritt, auf das Papier gemalt und nachher um so bequemer aufgezäumt und gesattelt, auch der Reiter in guter Haltung darauf gesetzt werden könne.

Landolt ließ sich gern zu dem Dienste bereit finden; einmal aus reiner Gefälligkeit und dann auch aus Neugierde, die Grasmücke zu sehen, die jeden Morgen so lieblich sang. Mit Verwunderung erblickte er erst die bunte Vogelwelt des Exulanten- und Proselytenschreibers, den Wiedehopf und all die Stieglitze, Blutfinken, Häher, Spechte und Regenpfeifer; sodann vollends den Antistes und all die Zunftmeister, Zwölferherren, Obervögtinnen, Lieutenants und Kapitäns der Jungfer Barbara, und diese selbst, die von zarter, aber ebenmäßiger Gestalt war, wie aus Elfenbein gedrechselt. Sie dünkte ihm das schönste Werklein unter all den Vögeln und Menschenkindern des bescheidenen Museums, und er begann daher sogleich den Unterricht. Er erklärte ihr mit Hülfe geeigneter Vorlagen zuerst den Knochenbau eines Pferdes und lehrte sie, mit einigen geraden Strichen die Grundlinien und Hauptverhältnisse anzugeben, ehe es an die schwierigen Formgeheimnisse eines Pferdekopfes ging. So verbreitete sich der Unterricht allmählig über den ganzen Körper, bis endlich zur Farbe gegriffen und zur Darstellung der Schimmel, Füchse und Rappen geschritten werden konnte. Die Mähnen und Schweife behielt Barbara sich vor, wiederum aus allerlei natürlichen Haaren zu machen.

Das angenehme Verhältnis dauerte mehrere Wochen, und immer zeigten sich noch kleine Unvollkommenheiten und Mängel, welche man zu überwinden trachtete. Landolt gewöhnte sich daran, jeden Vormittag ein oder zwei Stunden hinzugehen; es wurde ihm ein Glas Malaga mit drei spanischen Brötlein aufgestellt, und bald ließ man ihn auch mit der Schülerin allein als einen der sanftesten und ruhigsten Lehrer, die es je gegeben. Die Grasmücke war so zutraulich wie ein gezähmtes Vögelchen und aß ihm bald die Hälfte der Spanischbrötchen aus der Hand, tunkte sogar den Schnabel in den Malagakelch. Eines Tages überraschte sie ihn mit der geheim ausgearbeiteten Darstellung seiner selbst, wie er in der Jägeruniform auf seinem Ukräner Apfelschimmel saß; es war natürlich nur seine linke Seite mit dem Degen, mit nur einem Bein und einem Arm; dagegen war die Mähne des Grauschimmels und der Schwanz aus ihren eigenen Haaren, die in der tiefsten Schwärze glänzten, geschnitten und angeklebt, und es konnte aus dieser Opferung, sowie aus dem ganzen Bildwerke erkannt werden, wie viel er bei ihr galt.

In der Tat hielt sie die beidseitigen Neigungen und Lebensarten für so gleichmäßig und harmonisch, daß ein glückliches Zusammensein im Falle einer Verbindung fast unverlierbar schien, wenn sie, leise errötend, dergleichen Dinge gar ernstlich bei sich erwog; und Salomon Landolt glaubte seinerseits nichts Besseres wünschen zu können, als nach all den Stürmen in diesen kleinen, stillen Hafen der Ruhe einzulaufen und sein Leben in dem grasmückischen Museum zu verbringen.

Auch in den beiden Häusern sah man die wachsende Vertrautheit der zwei Kunstbeflissenen nicht ungern, da eine Vereinigung beiden Teilen nur ersprießlich und wünschenswert schien; und so gedieh die Sache so weit, daß ein Besuch der Thumeysenschen bei den Landolitischen eingeleitet wurde unter dem diplomatischen Vorwande, der thumeysischen Jungfrau den Anblick der ihr noch gänzlich unbekannten Malereien Salomons zu verschaffen.

Obgleich er eine entschiedene und energische Künstlerader besaß, hatte er den Stempel des abgeschlossenen, fertigen Künstlers nie erreicht, weil ihm das Leben dazu nicht Zeit ließ und er in bescheidener Sorglosigkeit überdies den Anspruch nicht erhob. Allein als Dilettant stand er auf einer außerordentlichen Höhe der Selbständigkeit, des ursprünglichen Gedankenreichtums und des unmittelbaren eigenen Verständnisses der Natur. Und mit dieser Art und Weise verband sich ein kekkes, frisches Hervorbringen, das vom Feuer eines immerwährenden *con amore* im eigentlichsten Sinne beseelt war.

Seine Malkapelle, wie er sie nannte, bot daher einen ungewöhnlich reichhaltigen Anblick an den Wänden und auf den Staffeleien, und so mannigfaltig die Schildereien waren, die sich dem Auge darboten, so leuchtete doch aus allen derselbe kühne und zugleich still harmonische Geist. Der unablässige Wandel, das Aufglimmen und Verlöschen, Widerhallen und Verklingen der innerlich ruhigen Natur schienen nur die wechselnden Akkorde desselben Tonstückes zu sein. Das Morgengrauen der Landschaft, der verglühende Abend, das Dunkel der Wälder mit den mondbestreiften, tauschweren Spinnweben im Gesträuche der Vorgründe, der ruhig im Blau schwimmende Vollmond über der Seebucht, die mit den Nebeln kämpfende Herbstsonne über einem Schilfröhricht, die rote Glut einer Feuersbrunst hinter den Stämmen eines Vorholzes, ein rauchendes Dörflein auf graugrüner Heide, ein blitzzerrissener Wetterhimmel, regengepeitschte Wellenschäume, alles dies erschien wie *ein* einziges, aber vom Hauche des Lebens zitterndes und bewegtes Wesen, und vor allem als das Ergebnis eigenen Sehens und Erfahrens, eine Frucht nächtlicher Wanderungen, rastloser Ritte zu jeder Tageszeit und durch Sturm und Regen.

Nur war aber alles das aufs innigste verwachsen und belebt mit einem Geschlechte heftig bewegter und streitbarer, oder einsam streifender, oder flüchtig wie die Wolken über ihnen dahinjagender oder still an der Erde verblutender Menschen. Die Reiterpatrouillen des Siebenjährigen Krieges, fliehende Kirgisen und Kroaten, fechtende Franzosen, dann wieder ruhige Jäger, Landleute, das heimkehrende Pfluggespann, Hirten auf der Herbstweide, dazu die von Krieg oder Jagd aufgescheuchten Wald- oder Wasservögel, das grasende Reh und der schleichende Fuchs, sie alle befanden sich immer an dem rechten und einzigen Fleck Erde, der für ihre Lage paßte. Oft auch erkannte man in dem grauen Schattenmännchen, das mühselig gegen einen Strichregen ankämpfte, unvermutet einen Wohlbekannten, der offenbar zur Strafe für irgend eine Unart hier bildlich durchnäßt wurde; oder man sah eine weibliche Lästerzunge etwa als Nachthexe die Füße in einem Moortümpel abwaschen, der einen Rabenstein bespülte, oder endlich den Maler selbst über eine Anhöhe weg dem Abendrot entgegenreiten, ruhig ein Pfeiflein rauchend.

Der Besuch wurde in höflichster Weise bewerkstelligt und empfangen; als der Kaffee eingenommen war, führte Salomon das sorgfältig und halb feiertäglich gekleidete Fräulein in sein Künstlergemach, während die übrige Gesellschaft wohlbedacht zurückblieb, um sich im Garten zu ergehen und die innere und äußere Beschaffenheit des Hauses in Augenschein zu nehmen. Salomon zeigte und erklärte nun dem Fräulein die Bilder und dazwischen eine Menge anderer Gegenstände, wie Jagdgeräte, Waffen, selbstzubereitete Tierskelette u. dergl. Die Gliederpuppe, welche in der Tracht eines roten Husaren in einem Lehnstuhle saß und ein Staffeleibild zu betrachten schien, hatte sie schon beim Eintritt erschreckt und ihr einen schwachen Schrei entlockt; nachher aber blieb sie still und gab durchaus kein Zeichen der Freude oder des Beifalles, oder auch nur der Neugierde von sich, da ihr diese ganze Welt fremd und unverständlich war. Salomon beachtete das nicht; er bemerkte es nicht einmal, weil er nicht auf Lob und Verwunderung ausging; er eilte in seinem Eifer, ans Ziel zu kommen, nur weiter von Bild zu Bild, während Barbaras von hellem Stoffe umspannte Brust immer höher zu atmen begann, wie von einer großen Angst. Vor einem Flußbilde, auf welchem der Kampf des ersten Frührotes mit dem Scheine des untergehenden Mondes vor sich ging, erzählte Landolt, wie früh er eines Tages habe aufstehen müssen, um diesen Effekt zu belauschen, wie er denselben aber doch ohne Hülfe der Maultrommel nicht herausgebracht hätte. Lachend erklärte er die Wirkung solcher Musik, wenn es sich um die Mischung delikater Farbentöne handle, und er ergriff das kleine Instrumentchen, das auf einem mit tausend Sachen beladenen Tische lag, setzte es an den Mund und entlockte ihm einige zitternde, kaum gehauchte Tongebilde, die bald zu verklingen drohten, bald zart anschwellend ineinander verflossen.

»Sehen Sie«, rief er, »dies ist jenes Hechtgrau, das in das matte Kupferrot übergeht auf dem Wasser, während der Morgenstern noch ungewöhnlich groß funkelt! Es wird heute in dieser Landschaft regnen, denk' ich!«

Als er sich fröhlich nach ihr umsah, entdeckte er wirklich, daß Barbaras Augen schon voll Wasser standen. Sie war ganz blaß und rief wie verzweifelt: »Nein, nein! Wir passen nicht zusammen, nie und nimmermehr!«

Ganz erschrocken und erstaunt faßte er ihre Hand und fragte, was ihr sei, wie sie sich befinde?

Sie entzog ihm aber heftig die Hände und begann mit verwirrten Worten anzudeuten, daß sie nicht das mindeste von alledem verstehe, gar keinen Sinn dafür habe, noch je haben werde, daß alles das ihr fast feindlich vorkomme und sie beängstige; unter solchen Verhältnissen könne von einem harmonischen Leben keine Rede sein, weil jeder Teil nach einer anderen Seite hin ziehe; und Landolt könne ihre friedlichen und unschuldigen Übungen, die sie bis jetzt glücklich gemacht hätten, ebensowenig achten und schätzen, als sie seiner Tätigkeit auch nur mit dem geringsten Verständnisse zu folgen vermöge.

Landolt fing an zu begreifen, wie sie es meine und was sie beunruhige, und er sagte, mild ihr zusprechend, seine Übungen seien ja nur ein Spiel, gerade wie die ihrigen, und eine Nebensache, auf die es gar nicht ankomme. Allein seine Worte machten die Sache nur schlimmer, und Barbara eilte in größter Aufregung aus dem Zimmer, suchte ihre Eltern auf und begehrte weinend nach Hause gebracht zu werden. Bestürzt und ratlos wurde sie von den Anwesenden umringt; auch Landolt war herbeigekommen, und wieder begann sie ihre seltsamen Erklärungen. Es stellte sich deutlicher heraus, daß sie dem, was sie quälte, eine viel größere Wichtigkeit beilegte, als der unschuldigen Anspruchslosigkeit eines so zarten jungen Geschöpfes eigentlich zugetraut werden konnte; daß aber die Unfähigkeit, über sich selbst hinwegzukommen und ein ihr Fremdes zu dulden, wohl großenteils einer gewissen Beschränktheit zuzuschreiben sei, in welcher sie erzogen worden.

Alles Zureden Landolts und seiner Eltern half nichts; diejenigen des verzweifelten Fräuleins aber schienen eher ihre Bangigkeiten zu teilen und beschleunigten sorglich den Rückzug. Es wurde eine Sänfte bestellt, die Tochter hineingepackt, wo sie sofort das Vorhänglein zog, und so begab sich die kleine Karawane, so schnell die Sänftenträger laufen mochten, hinweg, unter Verdruß und Beschämung der Landolt-Familie.

Am nächsten Vormittag ging Salomon, sobald er es für schicklich hielt, in das Haus des Proselytenschreibers, um nach dem Befinden seines Kindes zu fragen und zu sehen, was zu tun und gut zu machen sei. Die Eltern empfingen ihn mit höflicher Entschuldigung und setzten ihm erklärend auseinander, wie nicht nur der tiefgehende Naturkultus und die wilde Skizzenlust seiner Schildereien, sondern auch der Mannequin, die Tiergerippe und all die anderen Seltsamkeiten das bescheidene Gemüt ihrer Tochter erschreckt hätten, und wie sie selbst auch finden müßten, daß solche ausgesprochene Künstlerlaune den Frieden eines bescheidenen Bürgerhauses zu stören drohte. Über diesen Reden, die den guten Salomon immer mehr in Verwunderung setzten, kam die Tochter herbei, mit verweinten Augen, aber gefaßt; sie reichte ihm freundlich die Hand und sagte mit sanften, aber entschlossenen Worten, sie könne nur unter der festen Bedingung die Seine werden, daß beide Teile dem Bilderwesen für immer entsagen und so alles Fremdartige, was zwischen sie getreten, verbannen würden, ein jedes liebevoll sein Opfer bringend.

Salomon Landolt schwankte einen Augenblick; doch seine Geistesgegenwart ließ ihn bald erkennen, daß hier im Gewande unschuldiger Beschränktheit eine Form der Unbescheidenheit auftrete, die den Hausfrieden keineswegs verbürge und das geforderte Opfer allzu teuer mache, und er beurlaubte sich, ohne ein Wort zur Verteidigung seiner Malkapelle vorzubringen, von der Herrschaft, sowie von dem Wiedehopf und dem Herrn Antistes samt ihrem ganzen Gefolge.

Kaum war die übliche Trauerzeit über das Hinscheiden einer Hoffnung vorbei und der Zorn der Großmutter über die »saubere Anzettelung«, hinter die sie schließlich gekommen, verraucht, so flog die Amsel daher als die unmittelbare Nachfolgerin obiger Grasmücke.

Halb Stadtwohnung und halb Landgut, lag in einer der Vorstädte mitten in schönen Gärten ein Haus, in welches Landolt nicht selten zu kommen pflegte, da er in demselben befreundet und auch wohl angesehen war. Als ein Wahrzeichen dieser Besitzung konnte gelten, daß auf einer hohen Weymouthsfichte, die in einer Gartenecke stand, das heißt auf der obersten Spitze dieses Baumes, jedes Frühjahr allabendlich eine Amsel saß und mit ihrem wohltönenden Gesange die ganze Gegend erfreute. Von dieser Amsel her benannte Landolt, nach seiner Weise, das nächstliegende Merkmal zu ergreifen, das schöne Mädchen Aglaja, was übrigens auch kein Christenname, sondern eine weitere von ihm ersonnene Benennung ist, da er diesen Namen einer der drei Grazien mit dem Namen der Pflanze Agley, *Aquilegia vulgaris*, irrtümlich für dasselbe Wort hielt. Zu diesem Irrtum hatte ihn der zier- und anmutsvolle Anblick der Agleypflanze verleitet, deren bald blaue, bald violette Blumenglocken ihm ebenso reizend um die schwanken, hohen Stengel zu schweben und zu nicken schienen, wie die aschblonden Locken der Amsel oder Aglaja um deren Nacken.

Als er im vergangenen Frühling eines Abends an jenem Hause vorübergegangen, war er einen Augenblick still gestanden, um dem Gesange der Amsel zuzuhören, und hatte das schöne Wesen zum ersten Mal unter dem Baume stehend gesehen. Es war eine Tochter des Hauses, die von mehrjährigem Aufenthalte im Auslande zurückgeholt worden. Seine Augen hatten sie sehr wohl aufgefaßt; da er aber damals just in den Wendelgardischen Handel verwickelt war, so ging er seines Weges weiter, nachdem er den Hut gezogen hatte.

Jetzt war es Herbst geworden, und wie Salomon im milden Sonnenschein am Saum eines Gehölzes hinstrich und eine verspätet blühende Agleye fand, dieselbe brach und betrachtete, fiel ihm plötzlich das Mädchen unter dem Amselbaum ein, dessen er seither nie mehr gedacht hatte. Diese geheimnisvolle, unmittelbare Einwirkung der Blume erschien seinem vielgeprüften und noch suchenden Herzen wie ein spät, aber um so klarer aufgehender Stern, eine untrügliche Eingebung höherer Art. Er sah die schlanke Gestalt mit dem gelockten Haupt deutlich gegenwärtig, wie sie eben mit gesenktem Blicke dem Gesange des Vogels gelauscht und nun die ernsten Augen auf den Grüßenden richtete.

Am Abend desselben Tages noch machte er in dem Hause zum ersten Mal seit geraumer Zeit wieder seinen Besuch und blieb gegen drei Stunden bei der Familie in guter Unterhaltung. Aglaja saß still am Tische, mit Stricken beschäftigt, und betrachtete Salomon ganz offen und aufmerksam, wenn er sprach; oder wenn ein anderer etwas Bemerkenswertes sagte, sah sie wieder zu ihm hin, wie wenn sie seine Meinung hierüber erforschen wollte. Es war ihm sehr wohl zu Mut, und als er fortging, gab sie ihm mit einem festen Schlage die Hand und schüttelte die seinige wiederholt, wie einem alten Freunde. Als er sie bald nachher auf der Straße traf, erwiderte sie seinen Gruß mit einem leisen Lächeln der Freude über die unverhoffte Begegnung, und nicht lange darauf sandte sie sogar eine schriftliche Botschaft an den neuen Freund und fragte ihn, ob er nicht der kleinen Weinlese beiwohnen möge, die soeben bei ihnen gehalten und heute abend mit einer bescheidenen häuslichen Lustbarkeit ihren Abschluß finden würde. Gern sagte er zu und begab sich zur geeigneten Zeit, mit Feuerwerk versehen, nach dem halb ländlichen Wohnsitze, wo eine Menge junger Leute und Kinder fröhlich versammelt waren. Er machte sich mit seinen Raketen und kleinen Sonnen nützlich und beliebt bei der aufgeregten Jugend; wiederholt kam Aglaja, die überall ordnete und sorgte, ihm ihre Freude über sein Kommen und seine vortrefflichen Leistungen zu bezeugen; und als es zum üblichen Winzermahle ging, welches die Hausfrau, ihre Mutter, wegen Unwohlseins im Stiche lassen mußte, setzte sie ihn unten an den langen Tisch, aber neben ihren eigenen Platz.

Auch hier erwies er sich brauchbar, indem er mit leichter Hand eine Gans und zwei Hasen zerlegte, worüber Aglaja aufs neue Freude und Beifall äußerte, und zwar wie jemand, dem es willkommen ist, solches tun zu können, obgleich die Gelegenheit davon herrührte, daß der Papa sich an einem Schwärmer die Hand verbrannt hatte und daher nicht selbst tranchierte. Als die Eßlust der munteren Schar gestillt war und Geräusch, Gesang, Musik und Tanz das Feld behaupteten, lehnte Aglaja sich zufrieden in ihren Stuhl zurück, vorgebend, daß sie vom Tagwerk nun ausruhen müsse, und es fiel ihr leicht, ihren Nachbar neben sich zu behalten. Sie unterhielten sich, von der lärmenden Herbstfreude ungestört, mit großer Kurzweil und ruhigem Genügen an schlichter Wechselrede. Aglaja sah den Salomon immer wieder mit forschender Freundlichkeit an, und wenn sie dann den Blick sinnend vor sich hin richtete, betrachtete er wiederum den reizenden Kopf und die anmutige Gestalt. Kurz und gut, sie wurden in diesen Stunden erklärte gute Freunde, und das liebenswerte Mädchen bat den jungen Mann beim Abschiede förmlich, seine Besuche ja doch fleißiger zu wiederholen und einen getreulichen Verkehr, den sie nicht gern entbehre, mit ihr zu unterhalten.

Sie wußte in der Folge denn auch immer neue Botschaft zu senden, etwas auszubitten oder Versprochenes zu erfüllen, das sie sich geschickt hatte ablocken lassen, und Salomon erwog im warmen Herzen, daß er jetzt endlich vor die rechte Schmiede gekommen sei.

»Das ist eine«, dachte er, »die weiß, was sie will, und steuert offen und ehrlich, ohne sich zu zieren, auf das Ziel los; ob dieses Ziel ein kluges oder unkluges ist, bin ich nicht so töricht zu untersuchen, da es mich selbst angeht. Jeder sehe, wie er zu dem Seinigen kommt!«

So wiegte er sich immer tiefer in einen Traum hinein, der süßer und lieblicher schien, als alle früheren Träume, und ein rechtes neues Leben, klar und ruhig, wie der blaue Himmel. Doch scheute er sich mit unbewußter Vorsicht, die Klarheit zu trüben und die Sache zu übereilen, sondern genoß den Winter hindurch diese noch nie erlebte Ruhe in der Leidenschaft mit wachsender Sicherheit und um so inniger, als Aglaja mehr ernster als heiterer Stimmung war und oft sich einem träumerischen Sinnen hingab, aus welchem sie dann unversehens die Augen auf ihn richtete.

»Ei«, dachte er, »lassen wir das Fischlein auch einmal ein wenig zappeln! Diese Nation hat uns schon genug geplagt!«

Aber im Frühjahr gewann es den Anschein, als ob Aglaja selbst die Sache in die Hand nehmen wolle. Sie äußerte unvermutet den Wunsch, ihre vernachlässigten Reitübungen wieder aufzunehmen, und lenkte es mit geringer Mühe so, daß Landolt als ihr Begleiter und Lehrer auserwählt wurde. Sie ritten also zusammen auf den schönsten Wegen der Umgebung, auf den Seestraßen und durch die hochgelegenen Gehölze, wobei Aglaja freilich zeigte, daß sie durchaus keines Unterrichtes mehr bedurfte. Desto vertrauter und mannigfacher waren ihre Gespräche, und sie teilten sich mit, was sie freute oder verdroß an der schönen Welt, auf der holperigen Erde.

Von den mehrfachen Liebesgeschichten Salomons mochte das eine oder andere durchgesickert sein; gewiß war, daß von der Proselytenschreiberei aus das letzte Abenteuer in den Mund der Leute gekommen, schon weil das tragische Ende des Besuches und der feierliche Abzug mit der Sänfte eine ausreichende Darstellung erforderte.

Hierauf bezog Landolt die Worte Aglajens, als sie bei einem Halt unter grünenden Linden, während sie die Pferde verschnaufen ließen, mit teilnahmvoller leiser Stimme zu ihm sagte:

»Liebster Freund, Sie sind gewiß auch schon recht unglücklich gewesen!«

Überrascht von der plötzlichen Frage erwiderte er mit einem lachenden Blicke bloß: »O, es macht sich so! Ich kann fast sagen wie Vetter Stille, ich sei auch schon ein paar Mal lustig oder unlustig gewesen in meinem Leben!« Bei sich aber dachte er: Jetzt ist die Zeit da! Jetzt muß es geschehen! Aber sei es nun, daß er die Situation zu Pferde nicht für geeignet hielt, die Liebeserklärung mit den begleitenden Umständen einer solchen zu wagen, oder daß ein letztes Zögern der Vorsicht ihn bestimmte: er setzte die Pferde in raschen Trab, so daß die Unterhaltung abbrach. Um so wärmer aber drückte ihm Aglaja beim Abschiede die Hand, und kaum nach Hause gelangt, schrieb er ihr in wenigen Zeilen, wie lieb sie ihm sei. Sogleich schrieb sie ihm zurück, seine lieben Worte rühren, erfreuen und ehren sie; er möge sie morgen zu einem langen Spaziergange abholen, ein schicklicher Vorwand werde sich finden. In aller Frühe kam noch ein Briefchen, in welchem sie die Form und den Vorwand festsetzte, ein zufälliges Zusammentreffen zweier Besuche in gleicher Gegend, zweckmäßige Begleitung auf Fußpfaden bei dem schönen Wetter u.s.w.

Landolt kleidete sich sorgfältiger als gewöhnlich, fast wie ein Lacedämonier, der in die Schlacht geht; er tat sogar ein Paar Granatknöpfe in die Manschetten und nahm ein schlankes Rohr mit silbernem Knaufe zur Hand.

Auch Aglaja war schon im schönsten Sommerstaat, als er kam; sie trug ein weißes, mit Veilchen bedrucktes Kleid und lange Handschuhe vom feinsten Leder. Der kostbarste Schmuck aber waren ihre Augen, mit welchen sie einen dankbar leuchtenden Blick auf Salomon warf, als sie ihm die Hand gab. Ungeduldig, wie einer, der in großer Angelegenheit einen bedeutenden Schritt weiter zu kommen hofft, drängte sie zum Aufbruch.

Wie er die seltene Gestalt auf schmalem Pfade vor sich her wandeln sah, pries er in seinem Herzen jene schwanke Agleypflanze mit ihrem Glockenhaupt, die ihn auf einen so lieblichen Weg geführt hatte. Ein Lufthauch rauschte leise in dem jungen Buchenlaub, unter welchem sie gingen, und regte leicht die Locken auf Aglajas Nacken und Schultern.

»Es ist doch eine schöne Sache um die Sprichwörter!« sagte er bei sich selbst; »wer zuletzt lacht, lacht am besten, und Ende gut, alles gut!«

In diesem Augenblicke wendete sich Aglaja und trat, da der Weg breiter wurde, neben ihn; sie gab ihm nochmals die Hand, eine schöne Röte verklärte ihr Gesicht, und mit strahlenden Augen, die sich mit Tränen füllten, sagte sie:

»Ich danke Ihnen für Ihre edle Neigung und für Ihr Vertrauen! Es muß und wird Ihnen gut gehen und besser, als wenn ich ausersehen wäre, Sie zu beglücken! So wissen Sie denn, daß ich selbst in einer selig-unseligen Leidenschaft gefangen liege, daß ein heißgeliebter Mann mich wieder liebt, ja, daß ich geliebt bin, Ihnen darf ich es sagen!«

Und so erzählte sie mit vielen leidenschaftlich bewegten Worten ihre Liebes- und Leidensgeschichte, daß es in Deutschland geschehen sei und einen Geistlichen betreffe.

»Ein Pfaff!« sagte Landolt fast tonlos, und erst jetzt stolperte er ein wenig, trotz seines silberbeschlagenen Stabes, und obgleich nicht der kleinste Stein im Wege lag.

»O, sagen Sie nicht Pfaff!« rief sie flehentlich; »es ist ein wunderbarer Mensch! Sehen Sie her, sehen Sie in dies unergründliche Auge!«

Sie riß ein Medaillon aus dem Busen, das sie an einem wohlverborgenen Schnürchen trug, und zeigte ihm das Bildnis. Es war ein junger Mann in schwarzer Tracht, mit ziemlich regelmäßigen Gesichtszügen und allerdings großen, dunklen Augen, mit welchen manche Maler Jesum von Nazareth darstellen. Man konnte sie auch schwarze Junoaugen nennen. Landolt aber dachte, indem er das Bild mit bitteren Gefühlen, aber starren Blicken betrachtete: es sind die Augen einer Kuh!

Als sie es wieder in den weißen Busen versorgte, war es ihm, als hörte er es dort leise kichern, nach dem Wort: wer zuletzt lacht, lacht am besten!

Die Geschichte, die Aglaja nun zu erzählen fortfuhr, war aber ungefähr diese: Als halberwachsenes Mädchen schon zu einer blutsverwandten Familie in der deutschen Stadt X. gebracht, um dort ausgebildet zu werden, hatte sie im Hause derselben den jungen Geistlichen kennen gelernt, der ungeachtet seiner Jugend als Kanzelredner bereits in großem Ansehen stand. Er war sehr orthodox und hatte trotzdem einen Anflug damaliger pietistischer Schwärmerei; vom Göttlichen und Seligmachenden, von unerschöpften Liebesschätzen und der ewigen Heimat der Menschen sprach er so heißblütig und überzeugt, daß alles dies in seiner Person zugegen und verbürgt schien, und in Verbindung mit den bestrickenden Augen in dem jungen, unerfahrenen Mädchen eine unbezwingliche Sehnsucht nach dem Besitze seines Herzens erweckte, welche Sehnsucht durch eine überreiche Phantasie, die alles noch übergüldete und verklärte, zu einer süßbitteren glühenden Leidenschaft verstärkt wurde, die mit den Jahren wuchs, anstatt abzunehmen. Solch eine Leidenschaft, die sich natürlich bald verrät, hätte nicht in einem so schönen Wesen wohnen müssen, wenn sie nicht entschiedene Gegenliebe finden sollte. Allein die verwandte Familie sowohl wie das elterliche Haus waren einer Verbindung aus mehr als einem Grunde abgeneigt, und je ernster der Seelenzustand der anmutigen Aglaja wurde, desto ernster wurden auch die Schwierigkeiten, die sich ihrem Sehnen und Wünschen entgegentürmten, so daß sie zuletzt gewaltsam herausgerissen und nach Hause geholt wurde.

Da sie aber von tiefgründigem Charakter war, hielt sie nur um so beharrlicher an ihrer Neigung fest; sie wechselte Briefe mit dem Geliebten, äußerlich ruhig, innen aber von nie ruhender Hoffnung bewegt, die aufs neue mächtig aufflammte, als der junge Priester, der einen großen Herren begleitete, auf einer Schweizerreise sie zu sehen Gelegenheit fand und selbst in ihrem Hause Zutritt erhielt. Allein so geborgen seine Stellung und Zukunft schien, änderten sich die Dinge und die Gründe des Widerstandes ihrer Eltern doch nicht, welche eben von Haus aus andere Absichten mit der Tochter hegten und mit ruhiger Milde und Liebe, aber ebenso großer Ausdauer an ihrem Plane festhielten.

So standen die Sachen, als Aglaja, die sich stets nach Hülfe umsah, den Salomon Landolt auf dem beschriebenen kleinen Umwege zum Freunde und Helfer warb, der er auch wurde.

Er begleitete sie getreulich bis zu dem Landsitze, den sie aufsuchen wollte, und holte sie gegen Abend dort ab, und als sie nach Hause kamen, hatte sie ihn ganz für sich gewonnen. Er liebte und bewunderte ihre Liebe, dergleichen er noch nicht gesehen, wurde sogar für den glücklichen Geliebten eingenommen und hielt es für Recht und Pflicht und für eine Ehre, der schönen Aglaja zu helfen.

Erst sprach er mit dritten einflußreichen Personen in vertraulicher Weise und wußte die Eltern mit neuen Gesichtspunkten und Ratschlägen zu umgeben; dann sprach er mit Vater und Mutter selbst wiederholt, und bevor ein halbes Jahr verflossen war, hatte er die Wege geebnet und konnte der geistliche Herr die Braut heimführen. Sie hatte dem Freunde sogar den Titel Konsistorialrätin und Hofpredigerin zu danken, da er, um sie gut zu betten, die erhabensten und gelehrtesten Korrespondenten Zürichs in Tribulation gesetzt hatte.

Seine herzliche Teilnahme blieb ihr auch noch, als sie vier oder fünf Jahre später als einsame Witwe zurückkehrte; denn leider war der tiefe Glanz der Augen ihres Mannes zum Teil auch die Folge einer hektischen Leibesbeschaffenheit und er früh an der verzehrenden Krankheit gestorben. Ebenso verzehrend war freilich der brennende Ehrgeiz des Mannes gewesen, seine unaufhörliche Sorge für irdisches Ansehen, Beförderung und Auskommen, und Aglaja mußte vor- und nachher nie so viel heftiges Berechnen von Einkünften, Zehnten und Sporteln erleben, wie in den kurzen Jahren ihrer Ehe. Desto gefaßter und ergebener schien sie jetzt ihre Tage zu verbringen. –

Dieses waren nun die fünf weiblichen Wesen und alten Liebschaften, welche bei sich zu vereinigen es den Landvogt von Greifensee gelüstete. Zwei oder drei lebten in Zürich, die anderen nicht weit davon, und es kam nur darauf an, sie in der Weise herbeizulocken, daß keine von der anderen wußte und auch jede allein kam, in der Meinung, sie werde befreundete Gesellschaft finden. Das alles beredete er mit der Frau Marianne und traf die geeigneten Veranstaltungen. Er setzte den letzten Tag des Maimonats für das große Fest an und ließ die Einladungen ergehen, welche sämtlich ohne Arg angenommen wurden, so daß bis dahin die Sache trefflich gelang.

Mit dem ersten Morgengrauen des 31. Mai stieg Landolt auf die oberste Warte des Schloßturmes und schaute nach dem Wetter aus. Der Himmel war ringsum wolkenlos, die Sterne verglühten, im Osten begann es rosig zu werden. Da steckte er die große Herrschaftsfahne mit dem springenden Greifen auf den Wimperg der Burg, und hinter die Ringmauer stellte er zwei kleine Kanonen, um mit ihrem Donner die ankommenden Schönen zu begrüßen. Um sicher zu sein, hatte er dafür gesorgt, daß jede mit besonderem Fuhrwerk abgeholt und herbeikutschiert wurde. Die gesamte Dienerschaft mußte sich in den Sonntagsstaat hüllen; das Zierlichste aber war sein Affe Cocco, welcher, für diesen Tag besonders abgerichtet, als eisgraues Mütterchen gekleidet, auf einem mächtigen Haubenbande die Inschrift trug: Ich bin die Zeit!

Im Innern des Hauses stand die Frau Marianne als Haushofmeisterin bereit in einer verjährten, reichen Tracht mit katholisch-tirolischem Pomp; ihr war zur Seite gegeben ein schöner vierzehnjähriger Knabe, welchen der Landvogt eigens ausgesucht und in das Gewand einer reizenden Zofe gekleidet hatte, die zur Bedienung der Damen bestimmt wäre.

Gegen neun Uhr erdröhnte der erste Kanonenschuß; man sah zwischen den Bäumen und Hecken gemächlich eine Kutsche daherfahren, in welcher Figura Leu saß. Als der Wagen vor dem Schloßtore hielt, sprang der Affe mit einem großen, duftigen Strauße von Rosen hinauf und drückte ihr denselben mit possierlichen Gebärden in die Hände. Den Rebus augenblicklich verstehend, nahm sie den Cocco samt den Rosen auf den Arm und rief im Aussteigen erfreut und voll Heiterkeit, indem der Landvogt, den Degen an der Seite und den Hut in der Hand, ihr grüßend den Arm bot: »Was gibt es denn alles bei Ihnen, was bedeutet die Fahne auf dem Dache, die Kanone, und die Zeit, die Rosen bringt?«

Da sie ganz schuldlos und ihm die Liebste war, so weihte er sie in das Geheimnis ein und anvertraute ihr, daß heut alle fünf Bewußten hier zusammentreffen würden. Sie errötete zuerst. Als sie aber ein wenig nachgedacht, lächelte sie nicht unfein. »Sie sind ein Schelm und ein Possenreißer!« sagte sie; »nehmen Sie sich in acht, wir werden sie ans Kreuz schlagen und Ihren Affen braten, samt seinen Rosen, *singe aux roses!* nicht wahr, Cocco, kleiner Landvogt?«

Kaum hatte er sie in die Wohnung hinauf geführt, wo sie von Frau Marianne und dem Zofenknaben sogleich bedient wurde, so donnerte das Geschütz von neuem, und es fuhren zwei Wagen gleichzeitig vor. Es waren Wendelgard und Salome, der Kapitän und der Distelfink, welche ankamen und sich schon auf dem Wege gegenseitig gewundert hatten, wer in der andern stets in Sicht fahrenden Kutsche sein möge. Diese zwei Damen wußten voneinander und ihren einstmaligen Beziehungen zum Landvogt; sie betrachteten sich schnell mit neugierigen Blikken, wurden aber bald abgezogen durch Cocco, der mit neuen Rosen gehüpft kam, und Landolt, der sie, an jedem Arm eine, ins Haus führte.

Dort hatte inzwischen Frau Marianne ihr erstes Examen mit

Figura eben beendigt; da sie dieselbe unschuldig wußte, so verhielt sie sich gnädig und menschlich gegen sie; desto feuriger funkelten aber ihre Augen, als Salome und Wendelgard eintraten. Die Flügel ihrer Hakennase und die Oberlippe, auf welcher ein schwärzlicher Schnurrbart lag, zitterten leidenschaftlich den zwei schönen Frauen entgegen, die einst vom Landvogt abgefallen waren, und es bedurfte eines strengen Blickes des Herrn, um die treue Haushälterin im Zaume zu halten und sie zu einem leidlich höflichen Benehmen zu zwingen.

Auch die Aglaja, die nun anlangte und auf gleiche Weise empfangen wurde, wie ihre Vorgängerinnen, mußte eine sehr kritische Besichtigung aushalten, da noch nicht entschieden war, ob die Tat, die sie an Landolten getan, um einen Helfer in der Not zu gewinnen, verzeihlich oder unverzeihlich sei. Die Alte ließ sie jedoch mit einem heimlichen Murren passieren, in Betracht, daß Aglaja immerhin einer echten Liebe fähig gewesen und nach der ersten Neigung geheiratet habe.

Kaum eines Blickes aber würdigte sie die Grasmücke, deren Ankunft die letzten Kanaonenschüsse verkündigten. Was sollte sie mit einer Fliege, die gewagt hatte, mit dem Herrn Landvogt anzubinden, und sich dann doch vor ihm scheute?

Der Landvogt merkte gleich, daß die zarte Grasmücke, die so schon fast zitterte und nicht wußte, wie sich wenden unter den Prachtgestalten, verloren war vor der alten Husarin, und befahl sie mit wenigen heimlichen Worten in den besonderen Schutz der Figura, die sich sofort ihrer annahm. Im übrigen geschah jetzt ein großes Vorstellen und Begrüßen; die Figura Leu ausgenommen, sahen sich die hübschen Frauen gegenseitig und übers Kreuz an und wußten nicht, woran sie waren; denn natürlich kannten sie sich alle vom Sehen und Hörensagen schon, abgesehen von der Schwägerschaft zwischen Wendelgard und Figura. Doch verbreitete letztere so gut wie des Landvogts glückliche Stimmung sogleich einen heiteren, vergnügten Ton; auch wurde keiner müßigen Spannung Raum gelassen, vielmehr ein leichtes Frühstück herumgeboten, in Tee und süßem

Wein mit Gebäck bestehend. Frau Marianne besorgte das Einschenken, der Knabe trug die Tassen und Gläschen herum, und die Damen betrachteten alles neugierig, besonders die vermeintliche junge Zofe, die ihnen etwas verdächtig erschien. Dann beguckten sie herumgehend die Wände rings, die Einrichtung des Zimmers und wiederum eine die andere, während Landolt eine nach der andern höflich vertraut ansprach und mit zufriedenem Auge prüfte und verglich, bis sie endlich über ihre Lage klar wurden und merkten, daß sie in einen Hinterhalt geraten waren. Sie fingen wechselweise an zu erröten und zu lächeln, endlich zu lachen, ohne daß jedoch der Grund und das offene Geheimnis ausgesprochen wurde; denn der Landvogt dämpfte unversehens die Fröhlichkeit mit der feierlich ernsten Entschuldigung, daß er jetzo eine kurze Stunde seinem Amte leben und als Richter einige Fälle abhandeln müsse. Da es alles leichtere Sachen und kleine Ehestreitigkeiten seien, meinte er, würde es die Damen vielleicht unterhalten, den Verhandlungen beizuwohnen. Sie nahmen die Einladung dankbar an, und er führte sie demgemäß in die große Amtsstube, wo sie auf Stühlen zu beiden Seiten seines Richterstuhles Platz nahmen, gleich Geschworenen, während der Schreiber an seinem Tischchen vor ihnen in der Mitte saß.

Der Amtsdiener oder Weibel führte nunmehr ein ländliches Ehepaar herein, welches in großem Unfrieden lebte, ohne daß der Landvogt bis jetzt hatte ermitteln können, auf welcher Seite die Schuld lag, weil sie sich gegenseitig mit Klagen und Anschuldigungen überhäuften und keines verlegen war, auf die grobe Münze des andern Kleingeld genug herauszugeben. Neulich hatte die Frau dem Manne ein Becken voll heißer Mehlsuppe an den Kopf geworfen, so daß er jetzt mit verbrühtem Schädel dastand und bereits ganze Büschel seines Haares herunterfielen, was er mit höchster Unruhe alle Augenblicke prüfte, und es doch gleich wieder bereute, wenn ihm jedesmal ein neuer Wisch in der Hand blieb. Die Frau aber leugnete die Tat rundweg und behauptete, der Mann habe in seiner tollen

Wut die Suppenschüssel für seine Pelzmütze angesehen und sich auf den Kopf stülpen wollen. Der Landvogt, um auf seine Weise einen Ausweg zu finden, ließ die Frau abtreten und sagte hierauf zum Manne: »Ich sehe wohl, daß du der leidende Teil und ein armer Hiob bist, Hans Jakob, und daß das Unrecht und die Teufelei auf Seiten deiner Frau sind. Ich werde sie daher am nächsten Sonntag in das Drillhäuschen am Markte setzen lassen, und du selbst sollst sie vor der ganzen Gemeinde herum drehen, bis dein Herz genug hat und sie gezähmt ist!« Allein der Bauer erschrak über diesen Spruch und bat den Landvogt angelegentlich, davon abzustehen. Denn wenn seine Frau, sagte er, auch ein böses Weib sei, so sei sie immerhin seine Frau, und es gezieme ihm nicht, sie in solcher Art der öffentlichen Schande preiszugeben. Er möchte bitten, es etwa bei einem kräftigen Verweise bewenden lassen zu wollen. Hierauf ließ der Landvogt den Mann hinausgehen und die Frau wieder eintreten. »Euer Mann ist«, sagte er zu ihr, »allem Anschein nach ein Taugenichts und hat sich selbst den Kopf verbrüht, um Euch ins Unglück zu stürzen! Seine ausgesuchte Bosheit verdient die gehörige Strafe, die Ihr selbst vollziehen sollt! Wir wollen den Kerl am Sonntag in das Drillhäuschen setzen, und Ihr möget ihn alsdann vor allem Volke so lange drillen, als Euer Herz verlangt!« Die Frau hüpfte, als sie das hörte, vor Freuden in die Höhe, dankte dem Herrn Landvogt für den guten Spruch und schwur, daß sie die Drille so gut drehen und nicht müde werden wolle, bis ihm die Seele im Leibe weh tue!

»Nun sehen wir, wo der Teufel sitzt!« sagte der Landvogt in strengem Ton und verurteilte das böse Weib, drei Tage bei Wasser und Brot im Turm eingesperrt zu werden. Zornig blickte der Drache um sich, und als sie links und rechts die Frauen mit den Rosen sitzen sah, die sie furchtsam betrachteten, streckte sie nach beiden Seiten die Zunge heraus, ehe sie abgeführt wurde.

Jetzt erschien ein ganz abgehärmtes Ehepaar, das den Frieden nicht finden konnte, ohne zu wissen, warum. Die Quelle des Unglücks lag aber darin, daß Mann und Frau vom ersten Tag an nie miteinander ordentlich gesprochen und sich das Wort gegönnt hatten, und dieses kam wiederum daher, daß es beiden gleichmäßig an jeder äußeren Anmut fehlte, die einem Verweilen auf irgend einem Versöhnungspunkte gerufen hätte. Der Mann, der ein Schneider war, besaß ein tiefes Gerechtigkeitsgefühl, wie er meinte, und grübelte während des Nähens unaufhörlich über dasselbe nach, während andere Schneider etwa ein Liedchen singen oder einen schnöden Spaß ausdenken; die Frau besorgte ausschließlich das kleine Ackergütchen und nahm sich bei der Arbeit vor, beim nächsten Auftritt nicht nachzugeben, und da sie beide fleißige Leute waren, so fanden sie fast nur während des Essens die zum Zanken nötige Zeit. Aber auch diese konnten sie nicht gehörig ausnützen, weil sie gleich im Beginn des Wortwechsels nebeneinander vorbeischossen mit ihren gespitzten Pfeilen und in unbekannte Sumpfgegenden gerieten, wo kein regelrechtes Gefecht mehr möglich war und das Wort in stummer Wut erstickte. Bei dieser Lebensweise schlug ihnen die Nahrung nicht gut an, und sie sahen aus wie Teuerung und Elend, obgleich sie, wie gesagt, nur an Liebenswürdigkeit ganz arm waren, freilich das ärmste Proletariat. Gestern war der Zorn des Mannes auf das äußerste gestiegen, so daß er aufsprang und vom Tische weglief. Weil aber das durchlöcherte Tischtuch an einem seiner Westenknöpfe hängen blieb, zog er dasselbe samt der Hafersuppe, der Krautschüssel und den Tellern mit und warf alles auf den Boden. Die Frau nahm das für eine absichtliche Gewalttat, und der Schneider ließ sie, plötzlich von Klugheit erleuchtet, bei diesem Glauben, um sein Ansehen zu stärken und seine Kraft zu zeigen. Die Frau aber wollte dergleichen nicht erdulden und verklagte ihn beim Landvogt.

Als dieser sie nun nacheinander abhörte und ihr trostloses Zänkeln, das gar keinen Kompaß noch Steuerruder hatte, wahrnahm, erkannte er die Natur ihres Handels und verurteilte das Paar zu vier Wochen Gefängnis und zum Gebrauch des

Ehelöffels. Auf seinen Wink nahm der Weibel dieses Gerät von der Wand, wo es an einem eisernen Kettlein hing. Es war ein ganz sauber aus Lindenholz geschnitzter Doppellöffel mit zwei Kellen am selben Stiele, doch so beschaffen, daß die eine aufwärts, die andere abwärts gekehrt war.

»Seht«, sagte der Landvogt, »dieser Löffel ist aus einem Lindenbaume gemacht, dem Baume der Liebe, des Friedens und der Gerechtigkeit. Denket beim Essen, wenn ihr einander den Löffel reicht (denn einen zweiten bekommt ihr nicht), an eine grüne Linde, die in Blüte steht und auf der die Vögel singen, über welche des Himmels Wolken ziehen und in deren Schatten die Liebenden sitzen, die Richter tagen und der Friede geschlossen wird!«

Das Männlein mußte den Löffel tragen, die Frau folgte ihm mit der Schürze an den Augen, und so wandelte das bleiche, magere Pärchen trübselig an den Ort seiner Bestimmung, von wo es nach vier Wochen versöhnt und einig und sogar mit einem zarten Anflug von Wangenrot wieder hervorging.

Nach diesem wurde, und zwar aus dem Gefängnis, eine verdrießliche, dicke Frau vorgeführt, die mürrisch um sich blickte und sich nicht wohl befand. Es war die Gattin eines Untervogts, welche ihren Mann beredet hatte, den Landvogt mit einem Kalbsviertel zu bestechen, daß er ihnen günstig gesinnt würde und durch die Finger sehe. Herr Landolt hatte die Frau, die das Fleisch selbst hertrug und scherwenzelnd überreichte, so lange in den Turm gesetzt, bis das Viertelskalb von ihr aufgegessen war, das sorgfältig für sie gekocht wurde. Sie hatte sich begreiflicher Weise damit beeilt, so sehr sie konnte, und vermochte nun ein gewisses Mißbehagen nicht zu verbergen. Der Landvogt eröffnete ihr, daß die Verzehrung des Kalbsviertels als Strafe für einen Bestechungsversuch anzusehen sei, daß aber für die Verleitung des eigenen Ehemannes zum Bösen eine Geldstrafe von 25 Gulden und für die nachgiebige Schwäche des Mannes eine Buße von wiederum 25 Gulden auferlegt werde, was der Schreiber vormerken möge. Die dicke Frau machte eine ungeschickte Verbeugung und watschelte, mit beiden Händen den Bauch haltend, von dannen.

Zwei Schwestern von schöner Leibesbeschaffenheit waren angeschuldigt, den stillen und harmlosen Ehemännern nachzustellen und Zwietracht und Unglück in den Haushaltungen zu stiften und überdies ihre eigene alte Mutter auf dem Krankenlager hülflos hungern und dahinsiechen zu lassen. Vor das Gericht des Landvogts gerufen, erschienen sie in verlockend üppigem Gewande, die Haare in verwegener Weise geputzt und mit Blumen geschmückt; und mit süßem Lächeln, feurige Blicke auf den Landvogt werfend, traten sie auf. Ihre freche Absicht erkennend, brachte er das Verhör sofort zu Ende und befahl, sie hinaus zu führen, ihnen die schönen Haare am Kopfe wegzuschneiden, die Dirnen mit Ruten zu streichen und sie so lange an das Spinnrad zu setzen, bis sie einiges für den Unterhalt der Mutter verdient hätten.

Hierauf erschienen zwei religiöse Sektierer als Kläger; die hatten dem Landvogte den Bürgereid verweigert und sich beharrlich der Erfüllung aller bürgerlichen Pflichten widersetzt, ohne den wiederholten gütlichen Ermahnungen irgendwie Gehör zu geben, alles unter Hinweis auf ihren Glauben und inneren Beruf. Sie beklagten sich jetzt über arme Leute, welche in ihre Waldungen gedrungen seien und sich nach Belieben mit Brennholz versehen hätten.

»Wer seid ihr?« sagte der Landvogt, »ich kenne euch nicht!«

»Wie ist das möglich?« riefen sie, indem sie ihre Namen nannten. »Ihr habt uns ja schon mehrmals hierher berufen und den Amtsboten zu uns gesandt mit schriftlichen und mündlichen Befehlen!«

»Ich kenne euch dennoch nicht!« fuhr er kaltblütig fort; »da ihr selbst daran erinnert, wie ihr keine bürgerlichen Pflichten anerkannt habt, so vermag ich euch kein Recht zu erteilen; geht und suchet, wo ihr es findet!«

Betroffen schlichen sie hinaus und suchten schleunig das Recht durch die Erfüllung der Pflichten.

In ähnlicher Weise beschied er noch einige Parteien und Vorgeladene mit seinen guten Einfällen; er schlichtete Zwistigkeiten und bestrafte die Nichtsnutzigen, und es war insbesondere zu beachten, daß er, den Fall mit dem bestechungssüchtigen Untervogt ausgenommen, keine einzige Geldbuße aussprach und nicht einen Schilling bezog, während doch die Vögte diese Seite der Gerichtsbarkeit als eine Quelle ihrer Einnahmen zu benutzen angewiesen waren und sie nicht selten mißbrauchten. Seine Rechtsprechung stand deshalb bei hoch und niedrig in gutem Geruche; seine Urteile wurden in zwiefachem Sinne als salomonische bezeichnet, und die heutige Sitzung nannten die Leute noch lange wegen des Rosenduftes, der den Saal erfüllte, das Rosengericht des Landvogts Salomon.

Nun war er aber froh, daß das Geschäft, das er wegen der Vorbereitungen zum heutigen Festtage so lange hinausgeschoben hatte, bis es notgedrungen auf diesen Tag selbst fiel, abgetan war. Er lud die Frauen ein, sich noch einen Augenblick im Freien zu ergehen, um vor dem Mittagsmahle, das sie allerseits wohl verdient hätten, frische Luft zu schöpfen; und als sie im Garten am Seeufer unter sich waren, atmeten sie wirklich auf; denn sie waren ganz ängstlich geworden über die sichere Art, mit welcher dieser Junggeselle die Ehesachen erkannt und behandelt hatte. Die eine oder andere, welche ihn bis jetzt vielleicht nicht für sehr klug gehalten, zerbrach sich sogar nachdenklich den Kopf, was es eigentlich für eine Bewandtnis mit ihm haben möge. Sie wurden aber alle von ihren mißtrauischen Gedanken abgezogen, als sie den Affen Cocco kläglich heranhopsen sahen, den man seiner unbequemen Kleider zu entledigen vergessen hatte. Die Haube war verschoben und hing ihm über das Gesicht, ohne daß er sie wegbrachte, und die Kleider verwickelten ihm die Beine oder hingen am Schwanz, und er machte hundert Anstrengungen, sich davon zu befreien. Mitleidig erlösten die Frauen den Affen von aller Unbequemlichkeit, und nun vertrieb er ihnen die Zeit mit den artigsten Possen und Streichen, daß alle Bedenken und Melancholien aus ihren schönen Häuptern entwichen und der Landvogt sie in einem fröhlichen Gelächter fand, als er sie, von zwei Dienern gefolgt, abholte und zum Essen führte.

»Ei!« rief er, »so hör' ich gern zu Tische läuten! Wenn die Damen zusammen lachen, so klingt es ja, wie wenn man das Glockenspiel eines Cäcilienkirchleins hörte! Welche läutete denn mit dem schönen Alt? Sie, Wendelgard? Und welche führte das helle Sturmglöcklein, wie wenn das Herz brennte? Sie, Aglaja? Welche das mittlere Vesperglöckchen, das freundliche? Es gehört Ihnen, Salome! Das silberne Betglöcklein bimmelt in Ihrem purpurnen Glockenstübchen, Barbara Thumeysen! Und wer mit dem goldenen Feierabend läutet, den kennt man schon, 's ist mein Hanswurstel, die Figura!«

»Wie unartig!« riefen die vier anderen Glocken, »eine von uns Hanswurstel zu schelten!« Denn sie wußten nicht, daß sie alle solche Kosenamen besaßen, aber nur Figura Leu den ihrigen kannte und genehmigt hatte.

Das feine, spröde Eis über den Herzen war nun vollends gebrochen. Das Gemach, in welchem der Tisch gedeckt war, leuchtete vom Glanze des blauen Himmels und des noch blaueren Seespiegels, der durch die hohen Fenster hereinströmte; wenn aber das Auge hinausschweifte, so wurde es gleich beruhigt durch das jenseitige junggrüne Maienland. Auf dem runden Tisch inmitten des Gemaches glänzte ein zarter Frühling von Blumen und Lichtfunken; denn er war auf das zierlichste gedeckt und geschmückt mit allem, was der Landvogt aus den Gärten, wie aus den Schränken und der Altväterzeit hatte herbeibringen können.

Sechs Stühle mit hohen Lehnen standen um den Tisch, jeder vom anderen so weit entfernt, daß der Inhaber sich bequem und frei bewegen, den nächsten Nachbarn sehen und sich würdig mit ihm unterhalten konnte, nach rechts, wie nach links hin; genug, es war eine Anordnung, als ob die Tafelrunde für lauter Kurfürsten gedeckt wäre, und es fehlte nur das eigene Büfett hinter jedem Stuhle. Dafür thronte das große Schloßbüfett im

Hintergrunde um so großartiger mit seinem altertümlichen Geräte.

An diesem Büfett, die eine Hand auf dasselbe gelegt, die andere gegen die Hüfte gestemmt, stand bereits die Frau Marianne wie ein Marschall, in scharlachrotem Rocke und schwarzer Sammetjacke; über die gefältelte Halskrause hing ein großes silbernes Kruzifix auf die Brust herab, und der gebräunte Hals war noch extra von filigranischem Schmuckwerk umschlossen. Auf dem ergrauenden Haar trug sie eine Haube von Marderpelz; das im Gürtel hängende weiße Vortuch bezeichnete ihr Amt. Aber unter den schwarzen Augenbrauen hervor schoß sie gestrenge Blicke im Saale umher, als ob sie die Herrin wäre.

Der Respekt, den sie einflößte, verscheuchte indessen die einmal erwachte Heiterkeit nicht, und die fünf Frauen nahmen nach der Anweisung des Landvogts mit frohem Lächeln ihre Plätze. Zu seiner Rechten setzte er die Figura Leu, zu seiner Linken die Aglaja, sich gegenüber die älteste der Flammen, Salome, und auf die zwei übrigen Stühle Wendelgarden und die Grasmücke. Mit einem warmen Glücksgefühle sah er sie so an seinem Tische versammelt und unterhielt das Gespräch nach allen Seiten mit großer Beflissenheit, damit er ohne Verletzung des guten Tones alle der Reihe nach ansehen konnte, vor- und rückwärts gezählt und überspringend, wie es ihn gelüstete.

Frau Marianne schöpfte am Büfett die Suppe; der verkleidete Junge, ein wohlunterrichtetes, schlaues Pfarrsöhnchen der Umgegend, trug und setzte die Teller hin. Er sah einem achtzehnjährigen Fräulein ähnlich und schlug fortwährend verschämt die Augen nieder, wenn er angeredet wurde, gehorchte der Marianne auf den Wink und stellte sich stumm neben die Tür, sobald eine Sache verrichtet war. Aber wenn der Landvogt das angebliche Mädchen etwa herbeirief und demselben sanft vertraulich einen Auftrag erteilte, welchen es mit Eifer vollzog, verwunderten die Flammen sich aufs neue über die unbekannte Zofe, von der sie noch nie gehört, und ließen manchen Blick über sie wegstreifen. Doch wurde das Geplauder dadurch nicht beeinträchtigt, vielmehr immer lebhafter und fröhlicher, und das bewußte Geläute klingelte so harmonisch und eilfertig durcheinander, als ob in einer Stadt ein Papst einziehen wollte.

Wie wenn er nun drin wäre, wurde es einen Augenblick still, welchen Wendelgard wahrnahm, nach der Gelegenheit und Größe der Herrschaft Greifensee zu fragen, da sie im geheimen gern das Maß ihres Glückes gekannt hätte, welches als Landvögtin ihr geworden wäre. Die anderen Frauen wunderten sich, wie eine Bürgerin dergleichen nicht wisse; Landolt jedoch erzählte ihr, daß die Veste, Stadt und Burg Greifensee mit Land und Leuten im Jahre 1402 vom letzten Grafen von Toggenburg den Zürchern für sechstausend Gulden verpfändet und nicht mehr eingelöst worden sei, und daß diese Herrschaft zu den kleineren gehöre und nur einundzwanzig Ortschaften zähle. Übrigens sei das jetzige Schloß und Städtchen nicht mehr das ursprüngliche, welches bekanntlich im Jahre 1444 von den Eidgenossen, die alle gegen Zürich im Kriege gelegen, zerstört worden. Sich die Zeiten jenes langen und bitteren Bürgerkrieges vergegenwärtigend, verlor sich der Landvogt in eine Schilderung des Unterganges der neunundsechzig Männer, welche die Burg fast während des ganzen Maimonats hindurch gegen die Übermacht der Belagerer verteidigt hatten; wie durch die schreckliche Sitte des Parteikampfes, den Besiegten unter der Form des Gerichtes zu vertilgen, und um durch Schrecken zu wirken, sechzig dieser Männer, nachdem sie sich endlich ergeben, auf dem Platze hingerichtet worden seien, voran der treue Führer Wildhans von Landenberg. Vornehmlich aber verweilte er bei den Verhandlungen der Kriegsgemeinde, die auf der Matte zu Nänikon über Leben oder Tod der Getreuen stattfanden. Er schilderte die Fürsprache gerechter Männer, welche unerschrocken für Gnade und Milde eintraten und auf die ehrliche Pflichttreue der Gefangenen hinwiesen, sowie die wilden Reden der Rachsüchtigen, die jenen mit einschüchternder Verdächtigung entgegentraten, den leidenschaftlichen Dialog, der auf diese Weise im Angesichte der Todesopfer gehalten wurde und mit dem harten Bluturteil über alle endigte. Die geheimnisvolle Grausamkeit, mit welcher ein so großes Mehr bei der Abstimmung sich offenbarte, daß gar nicht gezählt wurde, das unmittelbar darauf erfolgende Vortreten des Scharfrichters, den die Schweizer in ihren Kriegen mitführten, wie jetzt etwa den Arzt oder Feldprediger, das Herbeieilen der um Gnade flehenden Greise, Weiber und Kinder, die starre Unbarmherzigkeit der Mehrheit und ihres Führers Itel Reding, alles dies stellte sich anschaulich dar. Dann hörten die Frauen mit stillem Grausen den Gang der Hinrichtung, wie der Hauptmann der Zürcher, um den Seinigen mit dem männlichen Beispiel in der Todesnot voranzugehen, zuerst das Haupt hinzulegen verlangte, damit keiner glaube, er hoffe etwa auf eine Sinnesänderung oder ein unvorgesehenes Ereignis; wie dann der Scharfrichter erst von Haupt zu Haupt, dann je bei dem zehnten Mann innehielt und der Gnade gewärtig war, ja selbst um dieselbe flehte, allein stets zur Antwort erhielt: Schweig und richte! bis sechzig Unschuldige in ihrem Blute lagen, die letzten noch bei Fackelschein enthauptet. Nur ein paar unmündige Knaben und gebrochene Greise entgingen dem Gerichte, mehr aus Unachtsamkeit oder Müdigkeit des richtenden Volkes als aus dessen Barmherzigkeit.

Die guten Frauen seufzten ordentlich auf, als die Erzählung zu ihrem Troste fertig war; sie hatten zuletzt atemlos zugehört; denn der Landvogt hatte so lebendig geschildert, daß man die nächtliche Wiese und den Ring der wilden Kriegsmänner im roten Fackellichte statt des blumen- und becherbedeckten Tisches im Scheine der Frühlingssonne vor sich zu sehen meinte.

»Das war freilich eine unheimliche Versammlung, eine solche Kriegsgemeinde«, sagte der Landvogt, »sei es, daß sie den Angriff beschloß oder daß sie ein Bluturteil fällte. Aber nun ist es Zeit«, fuhr er mit veränderter Stimme fort, »daß wir diese Dinge verlassen und uns wieder uns selbst zuwenden! Meine schönen Herzdamen! Ich möchte Euch einladen, nunmehr auch eine kleine, aber friedlichere Gemeinde zu formieren, eine Beratung abzuhalten und ein Urteil zu fällen über einen Gegenstand, der mich nahe angeht und welchen ich Euch sogleich vorlegen werde, wenn Ihr mir Euer geneigtes Gehör nicht versagen wollt, das seinen Sitz in so viel zierlichen Ohrmuscheln hat! Vorerst aber mag das Publikum hinausgehen, da die Verhandlung geheim sein muß!«

Er winkte der Haushälterin und ihrem Adjutanten, und diese entfernten sich, während er die Stimme erhob und, von etwas verlegenem Räuspern unterbrochen, weiter redete, auch die zehn weißen Ohrmuscheln mäuschenstille standen.

»Ich habe Euch, Verehrte, heute mit dem Sprichworte: Zeit bringt Rosen! begrüßt, und sicherlich war es wohl angebracht, da sie mir ein magisches Pentagramma von fünf so schönen Häuptern vor das Auge gezeichnet hat, in welchem die zauberkräftige Linie geheimnisvoll von einem Haupte zum anderen zieht, sich kreuzt und auf jedem Punkt in sich selbst zurückkehrt, alles Unheil von mir abwendend!

Ja, wie gut haben es Zeit und Schicksal mit mir gemeint! Denn hätte mich die erste von Euch genommen, so wäre ich nicht an die zweite geraten; hätte die zweite mir die Hand gereicht, so wäre die dritte mir ewig verborgen geblieben, und so weiter, und ich genösse nicht des Glückes, einen fünffachen Spiegel der Erinnerung zu besitzen, von keinem Hauche der rauhen Wirklichkeit getrübt; in einem Turme der Freundschaft zu wohnen, dessen Quadern von Liebesgöttern aufeinander gefügt worden sind! – Wohl sind es die Rosen der Entsagung, welche die Zeit mir gebracht hat; aber wie herrlich und dauerhaft sind sie! Wie unvermindert an Schönheit und Jugend sehe ich Euch vor mir blühen, wahrhaftig, keine einzige scheint auch nur um ein Härlein wanken und weichen zu wollen vor den Stürmen des Lebens! Vor allem wollen wir erst hierauf anstoßen! Eure Herzen und Eure Augen sollen lange leben, o Salome, o Figura, Wendelgard, Barbara, Aglaja!«

Sie erhoben sich alle mit geröteten Wangen und lächelten ihm holdselig zu, als sie ihre Gläser mit ihm anklingen ließen; nur Figura flüsterte ihm ins Ohr: »Wo wollt Ihr hinaus, Schalksnarr?«

»Ruhig, Hanswurstel!« sagte der Landvogt, und als sie wieder Platz genommen hatten, fuhr er fort:

»Aber die Entsagung kann sich nie genug tun, und wenn sie nichts mehr findet, ihm zu entsagen, so endigt sie damit, sich selbst zu entsagen. Dies scheint ein schlechtes Wortspiel zu sein; allein es bezeichnet nichtsdestoweniger die bedenkliche Lage, in welche ich mich durch die Verhältnisse gebracht sehe. Die Bekleidung oberer Staatsämter, die Führung eines großen Haushaltes lassen es nicht mehr zu, daß ich ohne Schaden unbeweibt fortlebe; man dringt in mich, diesen unverehelichten Stand aufzugeben, um an der Spitze einer Herrschaft, als Richter und Verwaltungsmann selbst das Beispiel eines wirklichen Hausvaters zu sein, und was es alles für Redensarten sind, mit welchen man mich bedrängt und ängstigt. Kurz, es bleibt mir nichts anderes übrig, als meinen stillen Erinnerungssternen zu entsagen und der Not zu weichen. Werf' ich nun meine Blicke aus, so kann natürlich nicht mehr von Liebe und Neigung die Rede sein, die von dem Pentagramma gebannt sind, sondern es ist das kalte Licht der Notwendigkeit und gemeinen Nützlichkeit, das meinem Entschlusse leuchten muß. Zwei wackere Geschöpfe sind es, zwischen denen das Zünglein der Wahl inne steht, und die Entscheidung habe ich Euch zugedacht, geliebte Freundinnen! Ein weltkundiger Berater und geistlicher Herr hat mir gesagt, ich soll entweder eine ganz erfahrene Alte oder aber eine ganz Junge nehmen, nur nicht, was in der Mitte liege. Beide sind nun gefunden, und welche Ihr mir zu raten beschließt, die soll es unwiderruflich sein! Die Alte, es ist meine brave Haushälterin, Frau Marianne, welche meinem Haushalt bis anher trefflich vorgestanden hat; etwas rauh und räucherig ist sie, aber brav und tugendhaft und doch einmal schön gewesen, wenn es auch lange her ist; sie braucht nur den Namen zu wechseln, und alles ist in Ordnung. Die andere ist die junge

Magd, die uns beim Essen bedient hat, eine weitläufige Anverwandte der Marianne, die sie zur Hülfe und Probe herbeigezogen hat; es scheint ein sanftes und wohlgeartetes Kind zu sein, arm, aber gesund, wahrheitsliebend und unverstellt. Weiter sag' ich in diesem Punkte nichts, Ihr versteht mich! Nun erwäget, beratet Euch, tauscht Eure Gedanken aus, tut mir den Liebesdienst und stimmet dann friedlich ab; die Mehrheit entscheidet, wenn keine Einstimmigkeit zu erzielen ist. Ich gehe jetzt hinaus; hier ist ein ehernes Glöcklein; wenn Ihr das Urteil gefunden habt, so läutet damit, so stark Ihr könnt, damit ich komme und mein Schicksal aus Euren weißen Händen empfange!«

Nach diesen Worten, die er in ungewöhnlich ernstem Tone gesprochen, verließ er so rasch das Zimmer, daß keine der Frauen Zeit fand, ein Wort dazwischen zu werfen. So saßen sie nun erstaunt und schweigend auf ihren Stühlen gleich fünf Staatsräten und sahen sich an. Sie waren so überrascht, daß keine einen Laut hervorbrachte, bis Salome zuerst sich faßte und rief: »Das kann nicht so gehen! Wenn der Landvogt heiraten will, so muß man ihm für etwas Rechtes sorgen! Er ist jetzt ein gemachter Mann, und ich will bald gefunden haben, was für ihn paßt; auf dieser Marotte darf man ihn keinenfalls lassen!«

»Das ist auch meine Ansicht«, sagte Aglaja nachdenklich; »es muß Zeit gewonnen werden.«

»Das glaub' ich, du nähmst ihn am Ende noch selbst«, dachte Salome; »aber es wird nichts daraus, ich weiß ihm schon eine!« Laut sagte sie: »Ja, vor allem müssen wir Zeit gewinnen! Wir wollen klingeln und ihm eröffnen, daß wir nicht jetzt entscheiden, sondern den Ratschlag verschieben wollen!«

Sie streckte schon die Hand nach der Glocke aus; doch die Jüngste, Barbara Thumeysen, hielt sie zurück und rief mit ziemlich kräftigem Stimmlein: »Ich widersetze mich einer Verschiebung; er soll heiraten, das ist wohlanständig, und zwar stimme ich für die alte Haushälterin; denn es ist nicht schicklich, daß er jetzt noch ein ganz junges Ding zur Frau nimmt!«

»Pfui!« sagte jetzt Wendelgard, »die alte Rassel! Ich stimme für die Junge! Sie ist hübsch und wird sich von ihm ziehen lassen, wie er sie haben will; denn sie ist auch bescheiden. Und wenn sie arm ist, wird sie um so dankbarer sein!«

Gereizt wendeten Salome und Aglaja zusammen ein, daß es sich zuerst darum handle, ob man heute eintreten oder verschieben wolle. Noch gereizter rief Barbara, sie stimme für das Eintreten und für die Alte; wolle man aber verschieben, so behalte sie sich vor, unter den ehrbaren und bestandenen Töchtern der Stadt selbst auch eine Umschau zu halten; es gebe mehr als eine würdige Dekanstochter zu versorgen, deren schöne Tugenden und Grundsätze dem immer noch etwas zu lustigen und phantastischen Herrn Landvogt zugut kommen würden.

Es gab nun ein beinahe heftiges Durcheinanderreden. Nur Figura Leu hatte noch nichts gesagt. Sie war blaß geworden und sie fühlte ihr Herz gepreßt, daß sie nichts sagen konnte. Obgleich sie sonst alle Streiche und Einfälle des Landvogts sogleich verstand, hielt sie doch den jetzigen Scherz, gerade weil sie jenen liebte, für baren Ernst; sie sah endlich herangekommen, was sie längst für ihn gewünscht und für sich gefürchtet hatte. Aber entschlossen nahm sie sich endlich zusammen und erbat sich Gehör.

»Meine Freundinnen!« sagte sie, »ich glaube, mit einer Verschiebung gewinnen wir nichts; vielmehr halte ich dafür, daß er bereits entschlossen ist, und zwar für die Junge, und von uns aus Courtoisie und Lust an Scherzen eine Bestätigung holen will. Daß er die Frau Marianne heiratet, glaub' ich nie und nimmer, und sie sieht auch gar nicht darnach aus, als ob sie einem solchen Vorhaben entgegenkommen würde; dazu ist die Alte zu klug. Wenn wir aber nichts beschließen oder, was gleichbedeutend ist, ihm die erwartete freundliche Zustimmung verweigern, so bin ich meinesteils gewiß, daß wir morgen die Anzeige seines Entschlusses erhalten werden!«

Die kleine Versammlung überzeugte sich von der mutmaßlichen Richtigkeit dieser Ansicht.

»So schlage ich vor, zur Abstimmung zu schreiten«, sagte Salome; »wie alt ist er eigentlich jetzt? Weiß es niemand?«

»Er ist beinahe dreiundvierzig«, antwortete Figura.

»Dreiundvierzig!« sagte Salome; »gut, ich stimme für die Junge!«

»Und ich für die Alte!« rief die Tochter des Proselytenschreibers, die zarte Grasmücke, die in dieser Sache so hartnäkkig schien, wie einer der Redner jener blutigen Kriegsgemeinde von Greifensee.

»Ich stimme für die Junge!« rief dagegen die schöne Wendelgard und schlug leicht mit der flachen Hand auf den Tisch.

»Und ich für die Alte!« sagte Aglaja mit unsicherem Ton, indem sie vor sich hinschaute.

»Jetzt haben wir zwei junge und zwei alte Stimmen«, rief Salome; »Figura Leu, du entscheidest!«

»Ich bin für die Junge!« sagte diese, und Salome ergriff sofort die Glocke und klingelte kräftig.

Es dauerte ein paar Minuten, ehe Landolt erschien, und es herrschte eine tiefe Stille, während welcher verschiedene Gefühle die Frauen bewegten. Figura vermochte kaum ein paar schwere Tränen zu verbergen, die ihr an den Wimpern hingen; denn sie hatte sich an die Meinung gewöhnt, daß Landolt ledig bleibe, und wußte jetzt, daß sie die Einsamkeit ganz allein tragen müsse. Dieses Verbergen half ihr ein Einfall Wendelgards zuwege bringen, welche, die Stille unterbrechend, ausrief, sie schlage vor, daß der Landvogt die Alte küssen müsse, ehe man ihm das Urteil eröffne; er werde dann glauben, dasselbe laute für die Marianne, und man werde an seinem Gesichte, das er schneide, entdecken, ob es ihm Ernst gewesen sei, sie zu heiraten. Der Vorschlag wurde gutgeheißen, obgleich Figura ihn bekämpfte, weil sie dem Landvogt die unangenehme Szene ersparen wollte.

In diesem Augenblick öffnete sich die Tür und er trat feierlich heran, die Frau Marianne am Arm, welche possierliche

Verneigungen und Komplimente nach allen Seiten hin machte, gleichsam als wollte sie sich zum voraus in gute Freundschaft empfehlen. Dabei ließ sie in schalkhafter Laune durchbohrende Blicke bald auf diese, bald auf jene der anmutigen Richterinnen fallen, so daß diese ganz zaghaft und mit bösem Gewissen dasaßen. Der Landvogt aber sagte:

»In der sicheren Voraussicht, daß meine Beiständerinnen mich auf den Weg der ruhigen Vernunft und des gesetzten Alters verweisen, führe ich die Erkorene gleich herbei und bin bereit, mit ihr die Ringe zu wechseln!«

Wiederum verneigte sich Frau Marianne nach allen Richtungen, und die Frauen am Tische wurden immer verblüffter und kleinlauter. Keine wagte ein Wort zu sagen; denn selbst Aglaja und Barbara, die für die Alte gestimmt, fürchteten sich vor ihr. Nur Figura Leu, voll Trauer über den tiefen Fall des Mannes, der wirklich eine verwitterte Landfahrerin heiraten wolle, die längst schon neun Kinder gehabt, erhob sich und sagte mit unwillig bewegter Stimme:

»Ihr irrt Euch, Herr Landvogt! Wir haben beschlossen, daß Ihr die junge Base dieser guten Frau heiraten sollt, und hoffen, daß Ihr unseren Rat ehret und uns nicht in den April geschickt habt!«

»Ich fürchte, es ist doch geschehen!« sagte der Landvogt lächelnd, trat zum Tisch und klingelte mit der Glocke, indessen die Frau Marianne ein schallendes Gelächter erhob, als der Knabe, der die Magd gespielt hatte, in seinen eigenen Kleidern erschien und vom Landvogt den Damen als Sohn des Herrn Pfarrers zu Fellanden vorgestellt wurde.

»Da mir nun die Alte verboten ist und sie, ihrem Gelächter nach zu schließen, sich nichts daraus macht, die Junge aber sich unter der Hand in einen Knaben verwandelt hat, so denke ich, wir bleiben einstweilen allerseits, wie wir sind! Verzeiht das frevle Spiel und nehmt meinen Dank für den guten Willen, den Ihr mir erzeigt, indem Ihr mich nicht für unwert erachtet habt, noch der Jugend und Schönheit gesellt zu werden! Aber wie kann es anders sein, wo die Richterinnen selber in ewiger Jugend und Schönheit thronen?«

Er gab ihnen der Reihe nach die Hand und küßte eine jede auf den Mund, ohne daß derselbe von einer verweigert wurde.

Figura gab das Zeichen zu einer mäßigen Ausgelassenheit, indem sie freudevoll rief: »So hat er uns also doch angeschmiert!«

Mit lautem Gezwitscher flog das schöne Gevögel auf und fiel an dem kleinen Seehafen vor dem Schlosse nieder, wo ein Schiff bereit lag für eine Lustfahrt; das Schiff war mit einer grünen Laube überbaut und mit bunten Wimpeln geschmückt. Zwei junge Schiffer führten das Ruder, und der Landvogt saß am Steuer; in einiger Entfernung fuhr ein zweiter Nachen mit einer Musik voraus, die aus den Waldhörnern der Landoltschen Schützen bestand. Mit den einfachen Weisen der Waldhornisten wechselten die Lieder der Frauen ab, welche jetzt herzlich und freudefromm bewußt waren, daß sie dem still das Steuer führenden Landvogte gefielen, und sein ruhiges Glück mit genossen. Musik und Gesang der Frauen ließ ein leises Echo aus den Wäldern des Zürichberges zuweilen widerhallen, und das große, blendend weiße Glarner Gebirge spiegelte sich in der luftstillen Wasserfläche. Als der herannahende Abend alles mit seinem milden Goldscheine zu überfloren begann und alles Blaue tiefer wurde, lenkte der Landvogt das Schiff wieder dem Schlosse zu und legte unter vollem Liederklange bei, so daß die Frauen noch singend ans Ufer sprangen.

Ihrer warteten im Schlosse vier muntere junge Leute, welche Landolt auf den Abend zu sich berufen hatte. Es wurde ein kleiner Ball abgehalten; Herr Salomon tanzte selbst mit jeder der Flammen einen Tanz und gab beim Abschiede jeder einen der Jünglinge zur guten Begleitung mit, der Figura Leu aber den artigen Knaben, der die junge Magd gespielt hatte.

Während der Abfahrt ließ er die Kanonen wieder abfeuern und sodann bei zunehmender Dunkelheit die Fahne auf dem Dach einziehen.

»Nun, Frau Marianne«, fragte er, als sie ihm den Schlaftrunk brachte, »wie hat Euch dieser Kongreß alter Schätze gefallen?«

»Ei, bei allen Heiligen!« rief sie, »ausnehmend wohl! Ich hätte nie gedacht, daß eine so lächerliche Geschichte, wie fünf Körbe sind, ein so erbauliches und zierliches Ende nehmen könnte! Das macht Ihnen so bald nicht einer nach! Nun haben Sie den Frieden im Herzen, soweit das hienieden möglich ist; denn der ganze und ewige Frieden kommt erst dort, wo meine neun kleinen Englein wohnen!«

So verlief diese denkwürdige Unternehmung. Später erhielt der Obrist die Landvogtei Eglisau am Rhein, wo er blieb, bis es überall mit den Landvogteien ein Ende hatte und im Jahre 1798 mit der alten Eidgenossenschaft auch die Feudalherrlichkeit zusammenbrach. Er sah nun die fremden Heere sein Vaterland und die schönen Täler und Höhen seiner Jugendzeit überziehen, Franzosen, Österreicher und Russen. Wenn auch nicht mehr in amtlicher Stellung, war er doch überall mit Rat und Hülfe tätig, stets zu Pferd und unermüdlich; aber in allem Elend und Gedränge der Zeit wachte sein künstlerisches Auge über jeden Wechsel der tausenderlei Gestalten, die sich wie in einem Fiebertraume ablösten, und selbst im Donner der großen Schlachten, deren Schauplatz seine engste Heimat war, entging ihm kein nächtlicher Feuerschein, kein spähender Kosak oder Pandure im Morgengrauen. Als die Sturmfluten sich endlich verlaufen hatten, wechselte er, malend, jagend und reitend, häufig seinen Aufenthalt und starb im Jahre 1818 im Schlosse zu Andelfingen an der Thur. Von jener letzten Zeit sagt sein Biograph: An warmen Sommernachmittagen blieb er allein unter dem Schatten der Platanen sitzen, zumal während der Ernte, wo die ganze kornreiche Gegend von Schnittern wimmelte. Er sah denselben gern von seiner Höhe zu. Wenn sie bei der Arbeit sangen, pflückte er wohl ein Blättchen, begleitete, leise darauf pfeifend, die fröhlichen Melodien, welche aus dem Tale heraufschwebten, und entschlummerte zuweilen darüber, wie ein müder Schnitter auf seiner Garbe.

Im Spätherbste seines siebenundsiebzigsten Lebensjahres, als das letzte Blatt gefallen, sah er das Ende kommen. »Der Schütze dort hat gut gezielt!« sagte er, auf das elfenbeinerne Tödlein zeigend, das er von der Großmutter geerbt hatte. Die Figura Leu, welche noch im alten Jahrhundert gestorben, hatte das feine Bildwerk von ihm geliehen, da es ihr Spaß mache, wie sie sich ausdrückte. Nach ihrem Tode hatte er es wieder an sich genommen und auf seinen Schreibtisch gestellt.

Die Frau Marianne ist im Jahre 1808 abgeschieden, ganz ermüdet von Arbeit und Pflichterfüllung; ihrer Leiche folgte aber auch ein Grabgeleite, wie einem angesehenen Manne.

Über dem sorgfältigen Abschreiben vorstehender Geschichte des Landvogts von Greifensee waren dem Herrn Jacques die letzten Mücken aus dem jungen Gehirn entflohen, da er sich deutlich überzeugte, was alles für schwieriger Spuk dazu gehöre, um einen originellen Kauz notdürftig zusammenzuflicken. Er verzweifelte daran, so viele, ihm zum Teil widerwärtige Dinge, wie zum Beispiel fünf Körbe, einzufangen, und verzichtete freiwillig und endgültig darauf, ein Originalgenie zu werden, so daß der Herr Pate seinen Part der Erziehungsarbeit als durchgeführt ansehen konnte.

Keineswegs aber wendete Herr Jacques sich von den Idealen ab; wenn er auch selbst nichts mehr hervorzubringen trachtete, so bildete er sich dagegen zu einem eifrigen Beschützer der Künste und Wissenschaften aus und wurde ein Pfleger der jungen Talente und Vorsteher der Stipendiaten. Er wählte dieselben, mit Lorgnon, Sehrohr und hohler Hand bewaffnet, vorsichtig aus, überwachte ihre Studien, sowie ihre sittliche Führung; das erste Erfordernis aber, das er in allen Fällen festhalten zu müssen glaubte, war die Bescheidenheit. Da er selber entsagt hatte, so verfuhr er in dem Punkte um so strenger gegen die jungen Schutzbedürftigen; in jedem Zeugnisse, das er verlangte oder selbst ausstellte, mußte das Wort Bescheidenheit einen Platz finden, sonst war die Sache verloren, und bescheiden sein war bei ihm halb gemalt, halb gemeißelt, halb gegeigt und halb gesungen!

Bei der Einrichtung von Kunstanstalten, Schulen und Ausstellungen, beim Ankaufe von Bildern und dergleichen führte er ein scharfes Wort und wirkte nicht minder in die Ferne, indem er stetsfort an den ausländischen Kunstschulen oder Bildungsstätten hier einen Kupferstecher, dort einen Maler, dort einen Bildhauer, anderswo wieder einen Musikus oder Sterndeuter am Futter stehen hatte, dem er aus öffentlichen oder eigenen Mitteln die erforderlichen Unterstützungsgelder zukommen ließ. Da gewährte es ihm denn die höchste Genugtuung, aus dem Briefstil der Überwachten den Grad der Bescheidenheit oder Anmaßung, der unreifen Verwegenheit oder der sanften Ausdauer zu erkennen und jeden Verstoß mit einer Kürzung der Subsidie, mit einem Verschieben der Absendung und einem vierwöchentlichen Hunger zu ahnden und Wind, Wetter, Sonne und Schatten dergestalt eigentlich zu beherrschen, daß die Zöglinge in der Tat auch etwas erfuhren und zur besseren Charakterausbildung nicht so glatt dahinlebten.

Einmal nur wäre er fast aus seiner Bahn geworfen worden, als er nämlich nach gehöriger Ausreifung aller Verhältnisse seine vorbestimmte Braut feierlich heimführte und so das Kunstwerk seiner ersten Lebenshälfte abschloß.

Er stand, nach mannigfaltigen und nützlichen Reisen, nicht mehr in erster Jugend, an der Spitze des ererbten Handelsgeschäftes, welches sich gewissermaßen von selbst fortführte. Das Besitztum war umschrieben, sichere Erbanfälle der Zukunft waren vorgemerkt, auch diejenigen, welche der Braut nicht ausbleiben konnten, markiert, so daß nach menschlichem Ermessen einer nicht unbescheidenen Zahl zu verhoffender Kinder jetzt schon der Wohlstand gewährleistet schien; so wurde denn zur längst erwarteten offenen Werbung geschritten, die Verlobung abgehalten, die Hochzeit verkündet und letztere gefeiert, nicht ohne vorhergehende achttägige Kur und Einnahme blutreinigender Absüde mit Hütung des Hauses;

wie ein frommer Weihekrug dampfte während dieser Zeit der Hafen mit den Sennesblättern und dem Glaubersalz.

Die Hochzeitreise aber ging über die Alpen nach Hesperiens goldenen Gefilden, und der Zielpunkt war das ewige Rom. Einen hohen Strohhut auf dem Kopfe, in gelben Nanking gekleidet, mit zurückgeschlagenem Hemdekragen und fliegenden Halstuchzipfeln, führte er die Neuvermählte auf den sieben Hügeln herum, die ihm ganz bekannt und geläufig waren. Stets noch geschmückt mit langen Locken ging oder mußte sie gehen mit grünem Schleier und schneeweißem Gewande; denn die diesfällige Sorge der Mutter hatte nun der gebietende Herr Jacques übernommen, und er wählte und bestimmte als geschmackübender Mann ihre Kleidung.

Nun lebte gerade zu jener Zeit in Rom ein junger Bildhauer, dessen Unterhalt und Studium er aus der Ferne lenkte.

Die Bericht- und Gesuchschreiben des Jünglings waren mit aller Bescheidenheit und Demut abgefaßt, keinerlei Überhebung oder Spuren ungehöriger Lebensführung darin sichtbar; sein Erstlingswerk, ein dürstender Faun, der den Schlauch erhebt, sollte just der Vollendung entgegen reifen. Daher bildete nun die Heimsuchung des Schützlings einen Glanz- und Höhepunkt dieses römischen Aufenthaltes, und es schien ein solcher Gang ein durchaus würdiges, wenn auch bescheidenes Zeugnis selbsteigener Betätigung inmitten der klassischen Szenen abzulegen, die Person des Herrn Jacques mit der großen Vergangenheit zu verbinden und so am füglichsten seine Entsagung zu lohnen, indem er an seinem geringen Orte als eine Art Mäzen den erhabenen Schauplatz beschreiten durfte.

Er war auf ein bescheidenes, aber reinliches und feierlich stilles Atelier gefaßt, in welchem der gelockte Jüngling sinnig vor seinem Marmor stände. Mutig drang er, die Gattin am Arme, in die entlegene Gegend am Tiberflusse vor, auf welchem, wie er ihr erklärte, die Kähne mit den carrarischen Marmorblöcken hergefahren kämen. Schon erblickte er im Geiste den angehenden Thorwaldsen oder Canova, von dem Besuche anständig froh überrascht, sich erstaunt an sein Gerüste lehnen und mit schüchterner Gebärde die Einladung zum Mittagessen anhören; denn er gedachte dem Trefflichen einen guten Tag zu machen; wußte er doch, daß derselbe den ihm erteilten Vorschriften gemäß sparsam lebte und, obschon er erst neulich seine Halbjahrs-Pension erhalten, gewiß auch heute noch nicht gefrühstückt habe, der ihm eingeprägten Regel eingedenk, daß es für einen jungen unvermögenden Menschen in der Fremde vollkommen genüge, wenn er im Tag einmal ordentlich esse, was am besten des Abends geschehe.

Endlich war der Ort gefunden. Eine ziemliche Wildnis und Wüstenei von Gemäuer, Holzplanken, alten Ölbäumen und Weinreben, wozwischen eine Menge Wäsche zum Trocknen aufgehängt war, stellte das Propyläum vor. Da der Anblick sehr malerisch war, so schritt der Herr Mäzen wohlgemut weiter, zumal das Gebäude im Hintergrunde, welches die Werkstatt zu enthalten schien, ebenso poetisch auf seinen künstlerischen Sinn einwirkte; denn es war ganz aus verwitterten, einst behauen gewesenen Werkstücken, Gesimsen und Kapitälen zusammengesetzt und mit prächtigem Efeu übersponnen. Die Türpfosten bestanden aus zwei kolossalen bärtigen Atlanten, welche bis zum Nabel in der Erde steckten und eine quer gelegte mächtige Säulentrommel auf ihrem Genicke trugen; jedoch Kühlung gewährte ihnen bei dieser Arbeit das Dach einer niedrigen aber weit verzweigten Pinie, die so das Helldunkel des Inneren fortsetzte und auch über die Pforte warf. Allein, wie nun das wandernde Paar sich diesen Schatten mehr und mehr näherte, wurden sie immer vernehmlicher von geisterhaften Tönen, Gesängen, Saitenspiel und Trommelschall belebt und dieses Gesumme wieder übertönt von einzelnem Rufen und Schreien; es war, als ob in der Stille und Abgeschiedenheit der grünen Wildnis ein unsichtbares Bacchanal verschollener Geister abgehalten würde. Erstaunt horchte Herr Jacques eine Weile, und als der spukhafte Lärm immer lauter wurde, betrat er endlich entschlossen den inneren Raum.

Es glich derselbe einer kühlen großen Waschküche; an der Wand befand sich der Herd mit einem großen Kessel; allerlei Kufen, Zuber und Kübel standen herum; einige darunter waren mit Brettern belegt und bildeten so zusammen einen langen Tisch, der mit weißen Tüchern bedeckt und mit langhalsigen Korbflaschen bepflanzt war; dazwischen standen Schüsseln mit den Resten eines einfachen ölduftenden Mahles, mit einigen Fischköpfen, Salatblättern und braunen Kuchen.

An dem Tische saßen verschiedene Gruppen von Männern und Frauen in römischer Volkstracht, die bräunlichen Frauen mit den weißen Kopftüchern und großen goldenen Ohrringen, die Herrn mit ganz kleinen Ohrringen und in kurzen Jacken, spitze Hüte auf den schwarzen Krausköpfen. Alles das sang und spielte die Guitarre oder die Mandoline, und zwei hübsche Paare führten, das Tamburin schlagend, einen Tanz auf. Das schönste der Frauenzimmer saß oben an dem schmalen Brett neben dem einzigen blonden Manne, der in der Gesellschaft zu finden war; sie kehrten aber einander den Rücken zu, indem das Weib, an ihn gelehnt und die Beine übereinander geschlagen, ebenfalls sang und auf eine schellenbesetzte Handtrommel schlug, während der Blonde mit seinem Nachbar Morra spielte, fortwährend die Finger auswarf und mit wütender Stimme die Zahlworte ausrief. Dieses war der Bildhauer; er trug jedoch keine Locken, sondern das Haar so kurz am Kopfe weggeschnitten, wie eine abgenutzte Schuhbürste; dafür war der Bart stark und struppig und das Gesicht rot erhitzt, so daß Herr Jacques ihn kaum wieder erkannte.

Kurz gesagt, feierte der Bildhauer eben seine Hochzeit und die neben ihm sitzende Römerin war die Braut. Wie der Bräutigam der einzige Blonde, war er auch der einzige Angeheiterte im Hause. Während die übrigen über der Lichterscheinung des Mäzenaten-Paares still geworden und jeder erstaunt an der Stelle verharrte, wo er saß oder stand, sprang der Angetrunkene ohne alle Berechnung der Umstände auf und hieß seinen Gönner und Herren höchlich willkommen an seinem Ehrentage, welchen er ihm jetzt nachträglich verkündigte und erklärte. Er hatte diese heimliche Verheiratung und gemischte Ehe am Sitze der Unduldsamkeit selbst mit Hülfe einer propagandalustigen Geistlichkeit durchgesetzt, die einer protestantischen Gesandtschaft beigegeben war und mit Gesellschaften verschiedener Nationen in Verbindung stand, die dergleichen menschenfreundliche Intrigen betrieben, nicht etwa in Voraussicht einer freisinnigeren Gesetzgebung, wie sie jetzt alle fortgeschrittenen Staaten aufweisen, sondern um die Folgen der Unbescheidenheit armer Leute, wo sie tatsächlich auftraten, zu legitimieren und der Sitte äußerlich zu unterwerfen.

Herr Jacques faßte den Handel wenigstens so auf; er war empört und bleich vor Erregung und fuhr halblaut den neuen Pygmalion an:

»Und dieses saubere Hochzeitsgelage, herbeigeführt durch gewissenlose Mucker und Frömmler, wird natürlich aus den Unterstützungsgeldern bestritten, die ich erst neuerlich abgesandt habe?«

»So unmittelbar wohl nicht«, sagte der Heiratsmann gemütlich nachdenkend; »die Sache verhält sich nämlich so, daß ich bei diesen schwierigen Zeitläufen klug zu tun glaubte, wenn ich mich mit meinem Stipendium an der schönen Wäscherei meiner Schwiegermutter beteilige, gewissermaßen als Kommanditär, und es hat sich als nicht unpraktisch bewährt. Ich genieße die Kost und Verpflegung einer rüstigen und gesuchten Waschfrau, welche ungleich besser ist, als diejenige eines Stipendiaten, und erspare die Miete für ein eigenes Atelier, da mir diese geräumige Waschküche namentlich des Sonntags, an den vielen katholischen Feiertagen und überdies fast die Hälfte der Woche hindurch den geeigneten Platz für meine Arbeiten gewährt. Sobald ich jenen Fensterladen im Dachwinkel dort aufstoße, ergießt sich die schönste Lichtmasse auf meine Modelle!«

»Wo sind sie, diese Modelle? wo ist der dürstende Faun, der schon aus dem Marmor herauswachsen soll?« rief vor Zorn beinahe stammelnd der Mäzenatsherr, der sich schändlich gefoppt glaubte und mit flammenden Augen an den Wänden herumsuchte, wo nichts zu finden war, als einige bestaubte und von Rauch geschwärzte Gliedmaßen, nämlich die in Gips abgeformten Füße, Hände und Arme der schön gewachsenen Braut oder nunmehrigen Frau des fröhlichen Scholaren.

Der wurde jetzo doch etwas kleinlaut; denn er war leider nicht vorbereitet, als Held einer der heute so beliebten Bildhauernovellen zu dienen, da er sich eben im unheimlichen Stadium des faulen Hundes befand, dem ja seiner Zeit auch der junge Thorwaldsen nicht entgangen ist. Er schaute mit unsicheren Blicken nach einer dunkeln Ecke, als Herr Jacques von neuem schrie: »Wo ist der dürstende Faun?« und ging mit schwankenden Schritten nach jener Richtung hin; mit Bedauern nahm er wahr, wie rasch die Dinge ändern und wie fröhlich er vorhin noch sein *»cinque, due, sette, quattro!«* gerufen hatte. Aber es half nichts; unerbittlich folgte ihm, stets die weiße Dame am Arme, Herr Jakobus auf den Füßen; die ganze Hochzeitsversammlung schloß sich neugierig an und bald stand ein Ring schöner Leute um eine geheimnisvoll vermummte Gestalt herum, welche auf einem Modellierstuhle stand.

Ganz nahe ließ sich dem Geheimnis jedoch nicht beikommen wegen eines Haufens Kartoffeln und anderen Gemüses, welcher davor und darunter lag. Nachdem der Bildhauer einen Fensterladen aufgestoßen, fiel das Licht auf eine mit eingetrockneten Tüchern umwickelte Tonfigur, und jener arbeitete sich durch die Kartoffeln, um letztere der Hüllen zu entledigen. Mit den Tüchern fiel ein abgedorrtes Ziegenohr des Fauns herunter und mehr als ein Finger der erhobenen Hände. Endlich kam der gute Mann zum Vorschein; das gierig durstige Gesicht war herrlich motiviert durch den wie ein dürres Ackerland zerklüfteten Leib, der den wohltätig anfeuchtenden Wasserstaub seit vielen Wochen nicht verspürt haben mochte. Der Weinschlauch fehlte auch noch, wodurch der Ärmste das Ansehen jenes in der Tiber gefundenen Adoranten gewann und um etwas Flüssiges zu beten schien.

Das Ganze machte den Eindruck wie ein vor unvordenklichen Zeiten verlassenes stilles Bergwerk.

Alle betrachteten erstaunt diese vertrocknete Unfertigkeit; der Bildhauer aber bekam selber Durst von dem Anblick, drückte sich hinweg, und als der unschlüssige Mäzen sich nach ihm umschaute, um verschiedene Fragen an ihn zu richten, sah er ihn einsam am Tische stehen, wie er eine der langgehalsten Flaschen in die Höhe hielt und von oben herunter einen Strahl roten Weines mit größter Sicherheit in die Kehle fallen ließ, ohne zu schlucken oder einen Tropfen zu verlieren.

Hierüber mußte er endlich selbst lachen und es begann ihm die Ahnung aufzudämmern, daß es sich um eine gute Künstleranekdote, um ein prächtiges Naturerlebnis handle. Kaum ward die etwas verdutzt gewordene Gesellschaft dieser besseren Wendung inne, so kehrte die alte Fröhlichkeit zurück; die beiden Ehrenpersonen, Herr und Frau, sahen sich augenblicklich an den Ehrenplatz am Tische versetzt; Gesang, Musik und Tanz wurden wieder aufgenommen, und Herr Jacques war ganz Aug und Ohr, um keinen Zug des Gemäldes zu verlieren und wenigstens den ästhetischen Gewinn dieser Erfahrung möglichst vollständig einzuheimsen.

Gerade als seine Aufmerksamkeit am höchsten war, ereignete sich etwas Neues. Die Schwiegermutter des glücklichen Pygmalion erschien mit einem zierlich geputzten Wickelkindchen auf dem Arme und alles rief: der Bambino! Es war in der Tat das voreheliche Kindlein, welches den Anlaß zu dieser Hochzeit gegeben hatte und nun dem reisenden Paare von dem Bildhauer mit großer Fröhlichkeit vorgewiesen wurde, indessen die schöne Braut verschämt in ihren Schoß sah. Ein größerer Unwille, eine dunklere Entrüstung als je zuvor zogen sich auf dem Antlitze des Herren Jacques zusammen; allein schon hatte seine sanfte weiße Gemahlin das Wesen samt dem Kissen in die Arme genommen und schaukelte dasselbe freundlich und liebevoll; denn es war ein sehr hübsches Kind und sie empfand schon eine Sehnsucht nach einem eigenen Leben dieser Art.

Durch solche Güte und Holdseligkeit ermutigt, gestand der Stipendiarius, daß das arme Würmlein noch nicht getauft und daß ihm soeben der ehrerbietige Gedanke aufgestiegen sei, ob sich der hochachtbare Herr Gönner nicht vielleicht zu Gevatter bitten ließe? Der Taufe, welche demnächst stattfinden müsse, brauchte er deshalb nicht selbst beizuwohnen, da sich schon ein anständiger Stellvertreter finden würde, wenn man nur den Herren als Taufzeugen nennen und einschreiben lassen dürfte.

Ein weicher Blick der Gattin entwaffnete seinen wachsenden Zorn; schweigend nickte er die Einwilligung, riß ein Blättchen Papier aus seinem Notizbuche, wickelte einen Dukaten darein und steckte denselben dem Kindlein unter das bunte Wickelband. Dann aber floh er unverweilt mit der Gemahlin aus der Höhle der Unbescheidenheit, wie er die malerische Waschküche nannte.

Als er zu Hause seinem jetzt sehr alten Herren Paten verdrießlich erzählte, wie er zu Rom selbst Pate geworden sei, lachte jener vergnüglich und wünschte ihm, daß er ebenso viele Freude an dem Täufling erleben möge, wie er, der Meister Jakobus, ihm einst gemacht habe und noch mache.

Das Fähnlein der sieben Aufrechten

Der Schneidermeister Hediger in Zürich war in dem Alter, wo der fleißige Handwerksmann schon anfängt, sich nach Tisch ein Stündchen Ruhe zu gönnen. So saß er denn an einem schönen Märztage nicht in seiner leiblichen Werkstatt, sondern in seiner geistigen, einem kleinen Sonderstübchen, welches er sich seit Jahren zugeteilt hatte. Er freute sich, dasselbe ungeheizt wieder behaupten zu können; denn weder seine alten Handwerkssitten, noch seine Einkünfte erlaubten ihm, während des Winters sich ein besonderes Zimmer erwärmen zu lassen, nur um darin zu lesen. Und das zu einer Zeit, wo es schon Schneider gab, welche auf die Jagd gehen und täglich zu Pferde sitzen, so eng verzahnen sich die Übergänge der Kultur ineinander.

Meister Hediger durfte sich aber sehen lassen in seinem wohlaufgeräumten Hinterstübchen. Er sah fast eher einem amerikanischen Squatter, als einem Schneider ähnlich; ein kräftiges und verständiges Gesicht mit starkem Backenbart, von einem mächtigen kahlen Schädel überwölbt, neigte sich über die Zeitung »Der schweizerische Republikaner« und las mit kritischem Ausdrucke den Hauptartikel. Von diesem »Republikaner« standen wenigstens fünfundzwanzig Foliobände, wohl gebunden, in einem kleinen Glasschranke von Nußbaum, und sie enthielten fast nichts, das Hediger seit fünfundzwanzig Jahren nicht mit erlebt und durchgekämpft hatte. Außerdem stand ein »Rotteck« in dem Schranke, eine Schweizergeschichte von Johannes Müller und eine Handvoll politischer Flugschriften und dergleichen; ein geographischer Atlas und ein Mäppchen voll Karikaturen und Pamphlete, die Denkmäler bitter leidenschaftlicher Tage, lagen auf dem untersten Brette. Die Wand des Zimmerchens war geschmückt mit den Bildnissen von Kolumbus, von Zwingli, von Hutten, Washington und Robespierre; denn er verstand keinen Spaß und billigte nachträglich die Schreckenszeit. Außer diesen Welthelden schmückten die Wand noch einige schweizerische Fortschrittsleute mit der beigefügten Handschrift in höchst erbaulichen und weitläufigen Denksprüchen, ordentlichen kleinen Aufsätzchen. Am Bücherschrank aber lehnte eine gut im Stand gehaltene, blanke Ordonnanzflinte, behängt mit einem kurzen Seitengewehr und einer Patrontasche, worin zu jeder Zeit dreißig scharfe Patronen steckten. Das war *sein* Jagdgewehr, womit er nicht auf Hasen und Rebhühner, sondern auf Aristokraten und Jesuiten, auf Verfassungsbrecher und Volksverräter Jagd machte. Bis jetzt hatte ihn ein freundlicher Stern bewahrt, daß er noch kein Blut vergossen, aus Mangel an Gelegenheit; dennoch hatte er die Flinte schon mehr als einmal ergriffen und war damit auf den Platz geeilt, da es noch die Zeit der Putsche war, und das Gewehr mußte unverrückt zwischen Bett und Schrank stehen bleiben; »denn«, pflegte er zu sagen, »keine Regierung und keine Bataillone vermögen Recht und Freiheit zu schützen, wo der Bürger nicht imstande ist, selber vor die Haustür zu treten und nachzusehen, was es gibt!«

Als der wackere Meister mitten in seinem Artikel vertieft war, bald zustimmend nickte und bald den Kopf schüttelte, trat sein jüngster Sohn Karl herein, ein angehender Beamter auf einer Regierungskanzlei. »Was gibt's?« fragte er barsch; denn er liebte nicht in seinem Stübchen gestört zu werden. Karl fragte, etwas unsicher über den Erfolg seiner Bitte, ob er des Vaters Gewehr und Patrontasche für den Nachmittag haben könne, da er auf den Drillplatz gehen müsse.

»Keine Rede, wird nichts daraus!« sagte Hediger kurz. »Und warum denn nicht? Ich werde ja nichts daran verderben!« fuhr der Sohn kleinlaut fort und doch beharrlich, weil er durchaus ein Gewehr haben mußte, wenn er nicht in den Arrest spazieren wollte. Allein der Alte versetzte nur um so lauter: »Wird nichts daraus! Ich muß mich nur wundern über die Beharrlichkeit meiner Herren Söhne, die doch in andern Dingen so unbeharrlich sind, daß keiner von allen bei dem Berufe blieb, den ich ihn nach freier Wahl habe lernen lassen! Du weißt, daß deine drei älteren Brüder der Reihe nach, sowie sie zu exerzieren anfangen mußten, das Gewehr haben wollten und daß es keiner bekommen hat! Und doch kommst du nun auch noch angeschlichen! Du hast deinen schönen Verdienst, für niemand zu sorgen – schaff dir deine Waffen an, wie es einem Ehrenmanne geziemt! Dies Gewehr kommt nicht von der Stelle, außer wenn ich es selbst brauche!«

»Aber es ist ja nur für einige Male! Ich werde doch nicht ein Infanteriegewehr kaufen sollen, da ich nachher doch zu den Scharfschützen gehen und mir einen Stutzer zutun werde!«

»Scharfschützen! Auch schön! Woher erklärst du dir nur die Notwendigkeit, zu den Scharfschützen zu gehen, da du noch nie eine Kugel abgefeuert hast? Zu meiner Zeit mußte einer schon tüchtig Pulver verbrannt haben, eh' er sich dazu melden durfte; jetzt wird man auf geratwohl Schütz, und Kerle stecken in dem grünen Rock, welche keine Katze vom Dach schießen, dafür aber freilich Zigarren rauchen und Halbherren sind! Geht mich nichts an!«

»Ei«, sagte der Junge fast weinerlich, »so gebt es mir nur dies *eine* Mal; ich werde morgen für ein anderes sorgen, heut kann ich unmöglich mehr!«

»Ich gebe«, versetzte der Meister, »meine Waffe niemand, der nicht damit umgehen kann; wenn du regelrecht das Schloß dieser Flinte abnehmen und auseinander legen kannst, so magst du sie nehmen; sonst aber bleibt sie hier!« Und er suchte aus einer Lade einen Schraubenzieher hervor, gab ihn dem Sohn und wies ihm die Flinte an. Der versuchte in der Verzweiflung sein Heil und begann die Schloßschrauben loszumachen. Der Vater schaute ihm spöttisch zu; es dauerte nicht lange, so rief er: »Laß mir den Schraubenzieher nicht so ausglitschen, du verdirbst mir die ganze Geschichte! Mach die Schrauben eine nach der andern halb los und dann erst ganz, so geht's leichter! So, endlich!« Nun hielt Karl das Schloß in der Hand, wußte aber nichts mehr damit anzufangen und legte es seufzend hin, sich im Geiste schon im Strafkämmerchen sehend. Der alte Hediger aber, einmal im Eifer, nahm jetzt das Schloß, dem Sohn eine Lektion zu halten, indem er es erklärend auseinander nahm.

»Siehst du«, sagte er, »zuerst nimmst du die Schlagfeder weg mittelst dieses Federhakens – auf diese Weise; dann kommt die Stangenfederschraube, die schraubt man nur halb aus, schlägt so auf die Stangenfeder, daß der Stift hier aus dem Loch geht; jetzt nimmst du die Schraube ganz weg. Jetzt die Stangenfeder, dann die Stangenschraube, die Stange; jetzo die Studelschraube und hier die Studel; ferner die Nußschraube, den Hahn und endlich die Nuß; dies ist die Nuß! Reiche mir das Klauenfett aus dem Schränklein dort, ich will die Schrauben gleich ein bißchen einschmieren!«

Er hatte die benannten Gegenstände alle auf das Zeitungsblatt gelegt, Karl sah ihm eifrig zu, reichte ihm auch das Fläschchen und meinte, das Wetter habe sich günstig geändert. Als aber sein Vater die Bestandteile des Schlosses abgewischt und mit dem Öle frisch befeuchtet hatte, setzte er sie nicht wieder zusammen, sondern warf sie in den Deckel einer kleinen Schachtel durcheinander und sagte: »Nun, wir wollen das Ding am Abend wieder einrichten; jetzt will ich die Zeitung fertig lesen!«

Getäuscht und wild ging Karl hinaus, sein Leid der Mutter zu klagen; er fühlte einen gewaltigen Respekt vor der öffentlichen Macht, in deren Schule er nun ging als Rekrut. Seit er der Schule entwachsen, war er nicht mehr bestraft worden, und auch dort in den letzten Jahren nicht mehr; nun sollte das Ding auf einer höheren Stufe wieder angehen, bloß weil er sich auf des Vaters Gewehr verlassen hatte.

Die Mutter sagte: »Der Vater hat eigentlich ganz recht! Alle vier Buben habt ihr einen bessern Erwerb, als er selbst, und das vermöge der Erziehung, die er euch gegeben hat; aber nicht nur braucht ihr den letzten Heller für euch selbst, sondern ihr kommt immer noch den Alten zu plagen mit Entlehnen von allen möglichen Dingen: schwarzer Frack, Perspektiv, Reißzeug, Rasiermesser, Hut, Flinte und Säbel; was er sich sorglich in Ordnung hält, das holt ihr ihm weg und bringt es verdorben zurück. Es ist, als ob ihr das ganze Jahr nur studiertet, was man noch von ihm entlehnen könne; er hingegen verlangt nie etwas von euch, obgleich ihr das Leben und alles ihm zu danken habt. Ich will dir für heut noch einmal helfen!«

Sie ging hierauf zum Meister Hediger hinein und sagte: »Lieber Mann! Ich habe vergessen, dir zu sagen, daß der Zimmermeister Frymann hat berichten lassen, die Siebenmännergesellschaft komme heut zusammen und es seien Verhandlungen, ich glaube etwas Politisches!« »So?« sagte er sogleich angenehm erregt, stand auf und ging hin und her; »es nimmt mich wunder, daß Frymann nicht selbst gekommen ist, um vorläufig mit mir zu reden, Rücksprache zu nehmen?« Nach einigen Minuten kleidete er sich rasch an, setzte den Hut auf und entfernte sich mit den Worten: »Frau, ich gehe gleich jetzt fort, ich muß wissen, was es gibt! Bin auch dies Frühjahr noch keinen Tritt im Freien gewesen, und heut ist's so schön! Also adieu denn!«

»So! nun kommt er vor zehn Uhr nachts nicht mehr!« lachte Frau Hediger und forderte Karl auf, das Gewehr zu nehmen, Sorg zu tragen und es rechtzeitig wieder zu bringen. »Ja nehmen!« klagte der Sohn, »er hat ja das Schloß auseinander getan, ich kann es nicht herstellen!« »So kann ich es!« rief die Mutter und ging mit dem Sohn in das Stübchen. Sie kippte den Deckel um, in welchem das zerlegte Schloß lag, las die Federn und Schrauben auseinander und begann sehr gewandt, sie zusammen zu fügen.

»Wo zum Teufel habt Ihr das gelernt, Mutter?« rief Karl ganz verblüfft. »Das hab' ich gelernt«, sagte sie, »in meinem väterlichen Hause! Dort hatten der Vater und meine sieben Brüder mich abgerichtet, ihnen ihre sämtlichen Büchsen und Gewehre zu putzen, wenn sie geschossen hatten. Ich tat es oft unter Tränen, aber am Ende konnte ich mit dem Zeug umgehen wie ein Büchsenmachergesell. Auch hieß man mich im Dorfe nur die Büchsenschmiedin, und ich hatte fast immer schwarze Hände und einen schwarzen Nasenzipfel. Die Brüder verschossen und verjubelten Haus und Hof, so daß ich armes Kind froh sein mußte, daß mich der Schneider, dein Vater, geheiratet hat.«

Während dieser Erzählung hatte die geschickte Frau wirklich das Schloß zusammengesetzt und am Schafte befestigt. Karl hing die glänzende Patrontasche um, nahm das Gewehr und eilte spornstreichs auf den Exerzierplatz, wo er noch mit knapper Not anlangte, ohne zu spät zu kommen. Nach sechs Uhr brachte er die Sachen wieder zurück, versuchte nun selbst das Schloß auseinander zu nehmen und legte dessen Bestandteile wieder in den Schachteldeckel, wohl durcheinander gerüttelt.

Nachdem er ein Abendbrot verzehrt und es darüber dunkel geworden, ging er an die Schifflände, mietete ein Schiffchen und fuhr längs den Ufern hin, bis er vor die Plätze am See gelangte, welche teils von Zimmerleuten, teils von Steinmetzen benutzt wurden. Es war ein ganz herrlicher Abend; ein lauer Südwind kräuselte leicht das Wasser, der Vollmond erleuchtete dessen ferne Flächen und blitzte hell auf den kleinen Wellen in der Nähe, und am Himmel standen die Sterne in glänzend klaren Bildern; die Schneeberge aber schauten wie bleiche Schatten in den See herunter, fast mehr geahnt als gesehen; der industriöse Schnickschnack, das Kleinliche und Unruhige der Bauart hingegen verschwand in der Dunkelheit und wurde durch das Mondlicht in größere ruhige Massen gebracht, kurz das Landschaftliche war für die kommende Szene würdig vorbereitet.

Karl Hediger fuhr rasch dahin, bis er in die Nähe eines großen Zimmerplatzes kam; dort sang er mit halblauter Stimme ein paarmal den ersten Vers eines Liedchens und fuhr dann langsam und gemächlich in den See hinaus. Von den Bauhölzern aber erhob sich ein schlankes Mädchen, das dort gesessen, band ein Schiffchen los, stieg hinein und fuhr allmählig, mit einigen Wendungen, dem leise singenden Schiffer nach. Als sie ihm zur

Seite war, grüßten sich die jungen Leute und fuhren ohne weitern Aufenthalt, Bord an Bord, in das flüssige Silber hinaus, weit auf den See hin. Sie beschrieben in jugendlicher Kraft einen mächtigen Bogen mit mehreren Schneckenlinien, welche das Mädchen angab und der Jüngling mit leisem Ruderdruck mitmachte, ohne von ihrer Seite zu kommen, und man sah, daß das Paar nicht ungeübt war im Zusammenfahren. Als sie recht in die Stille und Einsamkeit geraten, zog das junge Frauenzimmer die Ruder ein und hielt still. Das heißt, sie legte nur das eine Ruder nieder, das andere hielt sie wie spielend über dem Rande, jedoch nicht ohne Zweck; denn als Karl, ebenfalls still haltend, sich ihr ganz nähern, ja ihr Schiffchen förmlich entern wollte, wußte sie sein Fahrzeug mit dem Ruder sehr gewandt abzuhalten, indem sie ihm jeweilig einen einzigen Stoß gab. Auch diese Übung schien nicht neu zu sein, da sich der junge Mensch bald ergab und in seinem Schifflein still saß.

Nun fingen sie an zu plaudern und Karl sagte: »Liebe Hermine! Ich kann jetzt das Sprüchwort umkehren und rufen: was ich in der Jugend die Fülle hatte, das wünsch' ich im Alter, aber vergeblich! Als ich zehn Jahre alt war und du sieben, wie oft haben wir uns da geküßt, und nun ich zwanzig bin, bekomme ich nicht einmal deine Fingerspitzen zu küssen.«

»Ich will ein für allemal von diesen unverschämten Lügen nichts mehr hören!« antwortete das Mädchen halb zornig, halb lachend, »alles ist erfunden und erlogen, ich erinnere mich durchaus nicht an solche Vertraulichkeiten!«

»Leider!« rief Karl; »aber ich um so besser! Und zwar bist du gerade die Tonangeberin und Verführerin gewesen!«

»Karl, wie häßlich!« unterbrach ihn Hermine; aber er fuhr unerbittlich fort: »Erinnere dich doch nur, wie oft, wenn wir müde waren, den armen Kindern ihre zerrissenen Körbe mit Zimmerspänen füllen zu helfen, zum steten Verdrusse eurer Polierer, wie oft mußt' ich dann zwischen den großen Holzvorräten, ganz im verborgenen, aus kleinen Hölzern und Brettern ein Hüttlein bauen mit einem Dach, einer Türe und einem Bänklein darin! Und wenn wir dann auf dem Bänkchen saßen, bei geschlossener Türe, und ich meine Hände endlich in den Schoß legte, wer fiel mir dann um den Hals und küßte mich, daß es kaum zu zählen war?«

Bei diesen Worten wäre er fast ins Wasser gestürzt; denn da er während seiner Reden sich unvermerkt wieder zu nähern gesucht hatte, gab sie seinem Schifflein plötzlich einen so heftigen Stoß, daß es beinah umschlug. Hellauf lachte sie, als er den linken Arm bis zum Ellbogen ins Wasser tauchte und darüber fluchte. »Wart nur«, sagte er, »es kommt gewiß die Stunde, wo ich dir's eintränken werde!«

»Hat noch alle Zeit«, erwiderte sie, »bitte übereilen Sie sich nicht, mein schöner Herr!« Dann fuhr sie etwas ernster fort: »Der Vater hat unsere Geschichte erfahren; ich habe sie nicht geleugnet, was die Hauptsache betrifft; er will nichts davon wissen, er verbietet uns alle ferneren Gedanken daran; so stehn wir also!«

»Und gedenkst du dem Ausspruche deines Herren Vaters dich so fromm und unwiderruflich zu fügen, wie du dich anstellst?«

»Wenigstens werde ich nie das erklärte Gegenteil von seinen Wünschen tun und noch weniger mich in ein feindliches Verhältnis zu ihm wagen; denn du weißt, daß er die Dinge lang nachträgt und eines tief um sich fressenden Grolles fähig ist. Du weißt auch, daß er, schon seit fünf Jahren Witwer, meinetwegen nicht wieder geheiratet hat; ich glaube, das kann eine Tochter immer berücksichtigen! Und weil wir einmal dabei sind, so muß ich dir auch sagen, daß ich es unter diesen Umständen für unschicklich halte, uns so oft zu sehen; es ist genug, wenn ein Kind inwendig mit seinem Herzen nicht gehorcht; mit äußern Handlungen täglich zu tun, was die Eltern nicht gern sähen, wenn sie's wüßten, hat etwas Gehässiges, und darum wünsche ich, daß wir uns höchstens alle Monat einmal allein treffen, wie bisher fast alle Tage, und im übrigen die Zeit über uns ergehen lassen.«

»Ergehen lassen! Und du kannst und willst wirklich die Dinge so gehen lassen?«

»Warum nicht? Sind sie so wichtig? Es ist dennoch möglich, daß wir uns bekommen, es ist möglich, auch nicht! Und die Welt wird doch bestehen, wir vergessen uns vielleicht von selbst, denn wir sind noch jung; und in keinem Fall scheint mir groß Aufhebens zu machen!«

Diese Rede hielt die siebzehnjährige Schöne mit scheinbarer Trockenheit und Kälte, indem sie die Ruder wieder ergriff und landwärts steuerte. Karl fuhr neben ihr, voll Sorgen und Furcht und nicht minder voll Ärger über Herminens Worte. Sie freute sich halb und halb, den Wildfang in Sorgen zu wissen, war aber doch auch nachdenklich über den Inhalt des Gespräches und besonders über die vierwöchentliche Trennung, welche sie sich auferlegt hatte.

So gelang es ihm, sie endlich zu überraschen und sein Schiff mit einem Rucke an das ihre zu drücken. Augenblicklich hielt er ihren schlanken Oberkörper in den Armen und zog ihre Gestalt zur Hälfte zu sich hinüber, so daß sie beide halb über dem tiefen Wasser schwebten, die Schiffchen ganz schief lagen und jede Bewegung das völlige Umschlagen mit sich brachte. Die Jungfrau fühlte sich daher wehrlos und mußte es erdulden, daß Karl ihr sieben oder acht heftige Küsse auf die Lippen drückte. Dann richtete er sie samt ihrem Fahrzeug wieder sacht und sorglich in die Höhe; sie strich ihre Locken aus dem Gesicht, ergriff die Ruder, atmete heftig auf und rief, mit Tränen in den Augen, zornig und drohend: »Wart nur, du Schlingel, bis ich dich unter dem Pantoffel habe! Du sollst es, weiß Gott im Himmel! verspüren, daß du eine Frau hast!« Damit fuhr sie, ohne sich weiter nach ihm umzusehen, mit raschen Ruderschlägen nach ihres Vaters Grundstück und Heimwesen. Karl dagegen, voll Triumph und Glückseligkeit, rief ihr nach: »Gute Nacht, Fräulein Hermine Frymann! es hat gut geschmeckt!«

Frau Hediger hatte ihren Mann indessen nicht mit Unwahrheit berichtet, als sie ihn zum Ausgehen veranlaßte. Die Nachricht, die sie ihm mitgeteilt, war nur zu beliebigem Gebrauche noch aufgespart und dann im rechten Augenblicke benutzt worden. Es fand in der Tat eine Versammlung statt, nämlich der Gesellschaft der sieben Männer, oder der Festen, oder der Aufrechten, oder der Freiheitliebenden, wie sie sich abwechselnd nannten. Dies war einfach ein Kreis von sieben alten bewährten Freunden, alle Handwerksmeister, Vaterlandsfreunde, Erzpolitiker und strenge Haustyrannen nach dem Musterbilde Meister Hedigers. Stück für Stück noch im vorigen Jahrhundert geboren, hatten sie als Kinder noch den Untergang der alten Zeit gesehen und dann viele Jahre lang die Stürme und Geburtswehen der neuen Zeit erlebt, bis diese gegen das Ende der Vierzigerjahre sich abklärte und die Schweiz wieder zu Kraft und Einigkeit führte. Einige von ihnen stammten aus den gemeinen Herrschaften, dem ehmaligen Untertanenland der Eidgenossen, und sie erinnerten sich, wie sie als Bauernkinder am Wege hatten hinknieen müssen, wenn eine Kutsche mit eidgenössischen Standesherren und dem Weibel gefahren kam; andere standen in irgend einem Verwandtschaftsgrade zu eingekerkerten oder hingerichteten Revoluzzern, kurz, alle waren von einem unauslöschlichen Haß gegen alle Aristokratie erfüllt, welcher sich seit deren Untergang nur in einen bittern Hohn verwandelt hatte. Als dieselbe aber später nochmals auftauchte in demokratischem Gewande und mit den alten Machtvermietern, den Priestern, verbunden, einen mehrjährigen Kampf aufwühlte, da kam zu dem Aristokratenhaß noch derjenige gegen die »Pfaffen« hinzu; ja nicht nur gegen Herren und Priester, sondern gegen ihresgleichen, gegen ganze aufgeregte Volksmassen mußte ihre streitbare Gesinnung sich nun wenden, was ihnen auf ihre alten Tage eine unerwartete, zusammengesetzte Kraftübung verursachte, die sie aber tapfer bestanden.

Die sieben Männer waren nichts weniger als unbeträchtlich; in allen Volksversammlungen, Vereinigungen und dergleichen halfen sie einen festen Kern bilden, waren unermüdlich bei der

Spritze und Tag und Nacht bereit, für die Partei Gänge und Geschäfte zu tun, welche man keinen bezahlten Leuten, sondern nur ganz Zuverlässigen anvertrauen konnte. Oft wurden sie von den Parteihäuptern beraten und ins Vertrauen gezogen, und wenn es ein Opfer galt, da waren die sieben Männer mit ihrem Scherflein zuerst bei der Hand. Für alles dies begehrten sie keinen andern Lohn, als den Sieg ihrer Sache und ihr gutes Bewußtsein; nie drängte sich einer von ihnen vor oder strebte nach einem Vorteil oder nach einem Amte, und ihre größte Ehre setzten sie darein, gelegentlich einem oder dem andern »berühmten Eidgenossen« schnell die Hand zu drücken; aber es mußte schon ein rechter sein und »sauber übers Nierenstück«, wie sie zu sagen pflegten.

Diese Wackern hatten sich seit Jahrzehnten aneinander gewöhnt, nannten sich nur beim Vornamen und bildeten endlich eine feste geschlossene Gesellschaft, aber ohne alle andern Satzungen als die, welche sie im Herzen trugen. Wöchentlich zweimal kamen sie zusammen, und zwar, da auch in diesem kleinen Vereine zwei Gastwirte waren, abwechselnd bei diesen. Da ging es dann sehr kurzweilig und gemütlich her; so still und ernst die Männer in größern Versammlungen sich zeigten, so laut und munter taten sie, wenn sie unter sich waren; keiner zierte sich und keiner nahm ein Blatt vor den Mund; manchmal sprachen alle zusammen, manchmal horchten sie andächtig einem einzelnen, je nach ihrer Stimmung und Laune. Nicht nur die Politik war der Gegenstand ihrer Gespräche, sondern auch ihr häusliches Schicksal. Hatte einer Kummer und Sorge, so trug er, was ihn drückte, der Gesellschaft vor; die Sache wurde beraten und die Hülfe zur gemeinen Angelegenheit gemacht; fühlte sich einer von dem andern verletzt, so brachte er seine Klage vor die sieben Männer, es wurde Gericht gehalten und der Unrechthabende zur Ordnung verwiesen. Dabei waren sie abwechselnd sehr leidenschaftlich oder sehr ruhig und würdevoll oder auch ironisch. Schon zweimal hatten sich Verräter, unsaubere Subjekte unter ihnen eingeschlichen, waren erkannt und in feierlicher Verhandlung verurteilt und ausgestoßen, d. h. durch die Fäuste der wehrbaren Greise jämmerlich zerbläut worden. Traf ein Hauptunglück die Partei, welcher sie anhingen, so ging ihnen das über alles häusliche Unglück, sie verbargen sich einzeln in der Dunkelheit und vergossen bittere Tränen.

Der Wohlredendste und Wohlhabendste unter ihnen war Frymann, der Zimmermeister, ein wahrer Krösus mit einem stattlichen Hauswesen. Der Unbemitteltste war Hediger, der Schneider, dagegen im Worte gleich der zweite nach Frymann. Er hatte wegen politischer Leidenschaftlichkeit schon längst seine besten Kunden verloren, dennoch seine Söhne sorgfältig erzogen, und so besaß er keine übrigen Mittel. Die andern fünf Männer waren gut versorgte Leute, welche in der Gesellschaft mehr zuhörten als sprachen, wenn es sich um große Dinge handelte, dafür aber in ihrem Hause und unter ihren Nachbaren um so gewichtigere Worte hören ließen.

Heute lagen wirklich bedeutende Verhandlungen vor, über welche sich Frymann und Hediger vorläufig besprochen hatten. Die Zeit der Unruhe, des Streites und der politischen Mühe war für diese Wackern vorüber und ihre langen Erfahrungen schienen mit den errungenen Zuständen für einmal abgeschlossen. Ende gut, alles gut! konnten sie sagen und sie fühlten sich siegreich und zufrieden. So wollten sie sich denn an ihrem politischen Lebensabend ein rechtes Schlußvergnügen gönnen und als die sieben Männer vereint das eidgenössische Freischießen besuchen, welches im nächsten Sommer zu Aarau stattfinden sollte, das erste nach der Einführung der neuen Bundesverfassung vom Jahr 1848. Nun waren die meisten schon längst Mitglieder des schweizerischen Schützenvereines, auch besaß jeder, mit Ausnahme Hedigers, der sich mit seiner Rollflinte begnügte, eine gute Büchse, mit welcher sie in früheren Jahren zuweilen des Sonntags geschossen. Ebenso hatten sie einzeln schon Feste besucht, so daß die Sache gerade nicht absonderlich schien. Allein es war ein Geist des äußeren Pompes in einige gefahren und es handelte sich um nichts Geringeres, als in Aarau mit eigener Fahne aufzutreten und eine stattliche Ehrengabe zu überbringen.

Als die kleine Versammlung einige Gläser Wein getrunken und die gute Laune im Zuge war, rückten Frymann und Hediger mit dem Vorschlage heraus, welcher dennoch die bescheidenen Männer etwas überraschte, so daß sie einige Minuten unentschlossen schwankten. Denn es wollte ihnen nicht recht einleuchten, ein solches Aufsehen zu erregen und mit einer Fahne auszuziehen. Da sie aber schon lange verlernt hatten, einem Aufschwung und einer körnigen Unternehmung ihre Stimme zu versagen, so widerstanden sie nicht länger, als die Redner ihnen ausmalten, wie die Fahne ein Sinnbild und der Auszug ein Triumph der bewährten Freundschaft sein und wie das Erscheinen von solch sieben alten Krachern mit einem Freundschaftsfähnchen gewiß einen fröhlichen Spaß abgeben würde. Es sollte nur ein kleines Fähnchen angefertigt werden von grüner Seide, mit dem Schweizerwappen und einer guten Inschrift.

Nachdem die Fahnenfrage erledigt, wurde die Ehrengabe vorgenommen; der Wert derselben wurde ziemlich schnell festgesetzt, er sollte etwa zweihundert alte Franken betragen. Die Auswahl des Gegenstandes jedoch verursachte eine längere und fast schwierige Verhandlung. Frymann eröffnete die Umfrage und lud Kuser, den Silberschmied, ein, als ein Mann von Geschmack sich zu äußern. Kuser trank ernsthaft einen guten Schluck, hustete dann, besann sich und meinte, es füge sich gut, daß er just einen schönen silbernen Becher im Laden habe, welchen er, falls er den Mannen genehm wäre, bestens empfehlen und auf das billigste berechnen könnte. Hierauf erfolgte eine allgemeine Stille, nur unterbrochen durch kurze Äußerungen, wie: das läßt sich hören! oder: nun ja! Dann fragte Hediger, ob ein weiterer Antrag gestellt werden wolle? Worauf Syfrig, der kunstreiche Schmied, einen Schluck nahm, einen Mut faßte und sprach: »Wenn es den Mannen recht ist, so will ich hiemit auch einen Gedanken aussprechen! Ich habe einen ganz eisernen, sinnreichen Pflug geschmiedet, der, wie ihr wißt, mir an der landwirtschaftlichen Ausstellung gelobt worden ist. Ich bin erbötig, das fein gearbeitete Stück für die zweihundert Franken abzutreten, obgleich die Arbeit damit nicht bezahlt wird; aber ich bin der Ansicht, daß dieses Werkzeug und Sinnbild des Akkerbaues eine echt volksmäßige Ehrengabe darstellen würde! Ohne im übrigen einem anderen Vorschlage zu nahe treten zu wollen!«

Während dieses Spruches hatte Bürgi, der listige Schreiner, sich das Ding auch überlegt, und als abermals eine kleine Stille herrschte und der Silberschmied schon ein längeres Gesicht machte, eröffnete sich der Schreiner also: »Auch mir ist ein Gedanke aufgestoßen, liebe Freunde, der vielleicht zum großen Spaße gereichen dürfte. Ich habe vor Jahr und Tag für ein fremdes Brautpaar ein zweischläfiges Himmelbett bauen müssen vom schönsten Nußbaumholz, mit Maserfurnieren; täglich steckte mir das Pärchen in der Werkstatt, maß Länge und Breite und schnäbelte sich vor Gesellen und Lehrburschen, weder deren Witze noch Anspielungen scheuend. Allein als es zur Hochzeit kommen sollte, da fuhren sie plötzlich auseinander wie Hund und Katz, kein Mensch wußte warum, das eine verschwand dahin, das andere dorthin und meine Bettstatt blieb mir stehen, wie ein Fels. Sie ist unter Brüdern hundertundachtzig Franken wert; ich will aber gern achtzig verlieren und gebe sie für hundert. Dann lassen wir ein Bett dazu machen und stellen es vollständig aufgerüstet in den Gabensaal mit der Aufschrift: Für einen ledigen Eidgenossen zur Aufmunterung! Wie?«

Ein fröhliches Gelächter belohnte diesen Gedanken; nur der Silber- und der Eisenschmied lächelten kühl und säuerlich; doch alsbald erhob Pfister, der Wirt, seine starke Stimme und sprach mit seiner gewohnten Offenheit: »Wenn es gilt, ihr Herren, daß jeder sein eigenes Korn zu Markte bringt, so wüßte ich denn etwas Besseres, als alles bisher Angetragene! Im Keller liegt mir wohlverspundet ein Faß vierunddreißiger Rotwein, sogenanntes Schweizerblut, das ich vor mehr als zwölf Jahren selbst in Basel gekauft habe. Bei euerer Mäßigkeit und Bescheidenheit wagte ich noch nie, den Wein anzustechen, und doch liegt er mir im Zins um die zweihundert Franken, die er gekostet hat; denn es sind gerade hundert Maß. Ich gebe euch den Wein zum Ankaufspreis, das Fäßchen werde ich so billig als möglich anschlagen, froh, wenn ich nur Platz gewinne für verkäuflichere Ware, und ich will nicht mehr von hinnen kommen, wenn wir nicht Ehre einlegen mit der Gabe!«

Diese Rede, während welcher die drei früheren Antragsteller bereits gemurrt hatten, war nicht sobald beendigt, als Erismann, der andere Wirt, das Wort ergriff und sagte: »Wenn es so geht, so will ich auch nicht dahinten bleiben und erkläre, daß ich das Beste zu haben glaube für unsere Absicht, und das wäre meine junge Milchkuh von reiner Oberländer Rasse, die mir gerade feil ist, wenn ich einen anständigen Käufer finde. Bindet dem Prachttiere eine Glocke um den Hals, einen Melkstuhl zwischen die Hörner, putzt es mit Blumen auf –«

»Und stellt es unter eine Glasglocke in den Gabentempel!« unterbrach ihn der gereizte Pfister, und damit platzte eines jener Gewitter los, welche die Sitzungen der sieben Festen zuweilen stürmisch machten, aber nur um desto hellerem Sonnenscheine zu rufen. Alle sprachen zugleich, verteidigten ihre Vorschläge, griffen diejenigen der andern an und warfen sich eigennützige Gesinnungen vor. Denn sie sagten sich stets rund heraus, was sie dachten, und bewältigten die Dinge mit offener Wahrheit und nicht durch hinterhaltiges Verwischen, wie es eine Art unechter Bildung tut.

Als nun ein Heidenlärm entstanden war, klingelte Hediger kräftig mit dem Glase und redete mit erhobener Stimme: »Ihr Mannen! Erhitzt euch nicht, sondern laßt uns ruhig zum Ziele gelangen! Es sind also vorgeschlagen ein Pokal, ein Pflug, ein aufgerüstetes Himmelbett, ein Faß Wein und eine Kuh! Es sei mir vergönnt, euere Anträge näher zu betrachten. Deinen alten Ladenhüter, den Pokal, lieber Ruedi, kenn' ich wohl, er steht schon seit vielen Jahren hinter deinem Schaufenster, ich glaube sogar, er ist einst dein Meisterstück gewesen. Dennoch erlaubt seine veraltete Form nicht, daß wir ihn wählen und für ein neues Stück ausgeben. Dein Pflug, Chüeri Syfrig, scheint doch nicht ganz zweckmäßig erfunden zu sein, sonst hättest du ihn seit drei Jahren gewiß verkauft; wir müssen aber darauf denken, daß der Gewinner unserer Gabe auch eine unverstellte Freude an derselben haben kann. Dein Himmelbett dagegen, Heinrich, ist ein neuer und gewiß ergötzlicher Einfall, und sicher würde er zu den volkstümlichsten Redensarten Veranlassung geben. Allein zu seiner schicklichen Ausführung wäre eine Ausrüstung in feinem und hinreichendem Bettzeug erforderlich, und das überschritte die festgesetzte Summe zu stark für nur sieben Köpfe. Dein Schweizerblut, Lienert Pfister, ist gut und es wird noch besser sein, wenn du einen billigeren Preis ansetzest und das Faß endlich für uns selber anstichst, auf daß wir es an unseren Ehrentagen trinken! Deiner Kuh endlich, Felix Erismann, ist nichts nachzusagen, als daß sie beim Melken regelmäßig den Kübel umschlägt. Darum willst du sie verkaufen; denn allerdings ist diese Untugend nicht erfreulich. Aber wie? Wäre es recht, wenn nun ein braves Bäuerlein das Tier gewänne, es voll Freuden seiner Frau heimbrächte, die es voll Freuden melken würde und dann die süße, schäumende Milch auf den Boden gegossen sähe? Stelle dir doch den Verdruß, den Unwillen und die Täuschung der guten Frau vor und die Verlegenheit des guten Schützen, nachdem der Spektakel sich zwei- oder dreimal wiederholt! Ja, lieben Freunde! nehmt es mir nicht übel! aber gesagt muß es sein: Alle unsere Vorschläge haben den gemeinsamen Fehler, daß sie die Ehrensache des Vaterlandes unbedacht und vorschnell zum Gegenstande des Gewinnes und der Berechnung gemacht haben. Mag dies tausendfältig geschehen von groß und klein, wir in unserem Kreise haben es bis jetzt nicht getan und wollen es ferner so halten! Also trage jeder gleichmäßig die Kosten der Gabe ohne allen Nebenzweck, damit es eine wirkliche Ehrengabe sei!«

Die fünf Gewinnlustigen, welche beschämt die Köpfe hatten hängen lassen, riefen jetzt einmütig: »Gut gesprochen! Der Chäpper hat gut gesprochen!« und sie forderten ihn auf, selbst einen Vorschlag zu tun. Aber Frymann ergriff das Wort und sagte: »Zu einer Ehrengabe scheint sich mir ein silberner Becher immer noch am besten zu eignen. Er behält seinen gleichen Wert, wird nicht verbraucht und bleibt ein schönes Erinnerungszeichen an frohe Tage und an wehrbare Männer des Hauses. Ein Haus, in welchem ein Becher aufbewahrt wird, kann nie ganz verfallen, und wer vermag zu sagen, ob nicht um eines solchen Denkmals willen noch manches mit erhalten bleibt? Und wird nicht der Kunst Gelegenheit gegeben, durch stets neue und schöne Formen Mannigfaltigkeit in die Menge der Gefäße zu bringen und so sich in der Erfindung zu üben und einen Strahl der Schönheit in das entlegenste Tal zu tragen, so daß sich nach und nach ein mächtiger Schatz edler Ehrengeschirre im Vaterlande anhäuft, edel an Gestalt und im Metall! Und wie zutreffend, daß dieser Schatz, über das ganze Land verbreitet, nicht zum gemeinen Nießbrauch des täglichen Lebens verwendet werden kann, sondern in seinem reinen Glanze, in seinen geläuterten Formen fort und fort das Höhere vor Augen stellt, den Gedanken des Ganzen, und die Sonne der ideal verlebten Tage festzuhalten scheint! Fort daher mit dem Jahrmarktströdel, der sich in unsern Gabentempeln anzuhäufen beginnt, ein Raub der Motten und des gemeinsten Gebrauches! und festgehalten am alten ehrbaren Trinkgefäß! Wahrhaftig, wenn ich in der Zeit lebte, wo die schweizerischen Dinge einst ihrem Ende nahen, so wüßte ich mir kein erhebenderes Schlußfest auszudenken, als die Geschirre aller Körperschaften, Vereine und Einzelbürger, von aller Gestalt und Art, zu Tausenden und aber Tausenden zusammenzutragen in all ihrem Glanz der verschwundenen Tage, mit all ihrer Erinnerung, und den letzten Trunk zu tun dem sich neigenden Vaterland –«

»Schweig! du grober Gast! was sind das für nichtswürdige Gedanken!« riefen die Aufrechten und Festen und schüttelten sich ordentlich. Aber Frymann fuhr fort: »Wie es dem Manne geziemt, in kräftiger Lebensmitte zuweilen an den Tod zu denken, so mag er auch in beschaulicher Stunde das sichere Ende seines Vaterlandes ins Auge fassen, damit er die Gegenwart desselben um so inbrünstiger liebe; denn alles ist vergänglich und dem Wechsel unterworfen auf dieser Erde. Oder sind nicht viel größere Nationen untergegangen, als wir sind? Oder wollt ihr einst ein Dasein dahinschleppen wie der ewige Jude, der nicht sterben kann, dienstbar allen neu aufgeschossenen Völkern, er, der die Ägypter, die Griechen und die Römer begraben hat? Nein! ein Volk, welches weiß, daß es einst nicht mehr sein wird, nützt seine Tage um so lebendiger, lebt um so länger und hinterläßt ein rühmliches Gedächtnis; denn es wird sich keine Ruhe gönnen, bis es die Fähigkeiten, die in ihm liegen, ans Licht und zur Geltung gebracht hat, gleich einem rastlosen Manne, der sein Haus bestellt, ehe denn er dahin scheidet. Dies ist nach meiner Meinung die Hauptsache. Ist die Aufgabe eines Volkes gelöst, so kommt es auf einige Tage längerer oder kürzerer Dauer nicht mehr an, neue Erscheinungen harren schon an der Pforte ihrer Zeit! So muß ich denn gestehen, daß ich alljährlich einmal in schlafloser Nacht oder auf stillen Wegen solchen Gedanken anheimfalle und mir vorzustellen suche, welches Völkerbild einst nach uns in diesen Bergen walten möge? Und jedesmal gehe ich mit um so größerer Hast an meine Arbeit, wie wenn ich dadurch die Arbeit meines Volkes beschleunigen könnte, damit jenes künftige Völkerbild mit Respekt über unsere Gräber gehe! Aber weg mit diesen Gedanken und zu unserer fröhlichen Sache zurück! Ich dächte nun, wir bestellen bei unserm Meister Silberschmied einen neuen Becher, an dem er keinen Gewinn zu nehmen verspricht, sondern ihn so wertvoll als möglich liefert. Dazu lassen wir von einem Künstler eine gute Zeichnung entwerfen, welche vom gedankenlosen Schlendrian abweicht; doch soll er, wegen der beschränkten Mittel, mehr auf die Verhältnisse, auf einen schönen Umriß und Schwung des Ganzen sehen, als auf reichen Zierat, und der

Meister Kuser wird danach eine saubere und solide Arbeit herstellen!«

Dieser Vorschlag wurde angenommen und die Verhandlung geschlossen. Sogleich aber nahm Frymann von neuem die Rede und trug vor: »Nachdem wir nun das Allgemeine erledigt, werte Freunde! so erlaubt mir, noch eine besondere Sache anzubringen und eine Klage zu führen, deren freundliche Beilegung wir nach alter Weise gemeinsam betreiben wollen. Ihr wißt, wie unser lieber Mann, der Chäpper Hediger, vier Stück hübsche muntere Buben in die Welt gestellt hat, welche mit ihrer frühen Heiratslust die Gegend unsicher machen! Drei haben denn auch richtig schon Weib und Kind, obgleich der älteste noch nicht siebenundzwanzig Jahre zählt. Nun ist noch der jüngste da, eben zwanzigjährig, und was tut der? Er stellt meiner einzigen Tochter nach und verdreht ihr den Kopf! So sind diese besessenen Heiratsteufel allbereits in den Kreis der engeren Freundschaft eingedrungen und drohen, dieselbe zu trüben! Abgesehen von der zu großen Jugend der Kinder gestehe ich hier mit Offenheit, daß eine solche Heirat gegen meine Wünsche und Absichten geht. Ich habe ein umfangreiches Geschäft und ein beträchtliches Vermögen; darum suche ich mir, wenn es Zeit ist, einen Tochtermann, welcher Geschäftsmann ist, ein entsprechendes Kapital hinzubringt und die großen Bauten, welche ich im Sinne habe, fortführt; denn ihr wißt, daß ich weitläufige Bauplätze angekauft habe und der Überzeugung bin, daß sich Zürich bedeutend vergrößern wird. Dein Sohn aber, guter Chäpper, ist ein Regierungsschreiber und hat nichts, als das spärliche Einkommen, und wenn er auch höher steigt, so wird dies nie viel größer werden, und seine Rechnung ist ein für allemal gemacht. Mag er dabei bleiben, er ist versorgt, wenn er gut haushält; aber eine reiche Frau braucht er nicht, ein reicher Beamter ist ein Unsinn, der einem andern das Brot vor dem Maul wegnimmt; zum Faulenzen aber oder zum Pröbeln eines Unerfahrenen gebe ich mein Geld vollends nicht her! Dazu kommt noch, daß es gegen mein Gefühl geht, das alte bewährte Freundesverhältnis mit Chäpper in ein Verwandtschaftswesen umzuwandeln! Was? wir sollen uns mit Familienverdrießlichkeiten und gegenseitiger Abhängigkeit beladen? Nein, ihr Mannen, bleiben wir bis zum Tode innig verbunden, aber unabhängig voneinander, frei und unverantwortlich in unsern Handlungen, und nichts da von Schwäher und Gegenschwäher und dergleichen Titeln! So fordere ich dich denn auf, Chäpper! im Schoße der Freundschaft zu erklären, daß du mich in meinen Absichten unterstützen und dem Beginnen deines Sohnes entgegen treten willst! Und nichts für ungut, wir kennen uns alle!«

»Wir kennen uns, das ist wohlgesprochen!« sagte Hediger feierlich, nachdem er eine lange Prise geschnupft; »ihr wißt alle, welchen Unstern ich mit meinen Söhnen hatte, obgleich es rührige und aufgeweckte Bursche sind! Ich ließ sie lernen, alles was ich wünsche selber gelernt zu haben. Jeder kannte etwas Sprachen, machte seinen guten Aufsatz, rechnete vortrefflich und besaß in übrigen Kenntnissen hinreichende Anfangsgründe, um bei einigem Streben nie mehr in völlige Unwissenheit zurückzusinken. Gott sei Dank, dachte ich, daß wir imstande sind, endlich unsere Buben zu Bürgern zu erziehen, denen man kein X mehr für ein U vormachen kann. Und ich ließ darauf jeden das Handwerk lernen, das er sich wünschte. Aber was geschieht? Kaum hatten sie den Lehrbrief in der Tasche und sich ein wenig umgesehen, so wurde ihnen der Hammer zu schwer, sie dünkten sich zu gescheit für das Handwerk und fingen an den Schreiberstellen nachzulaufen. Weiß der Teufel, wie sie es nur machten, die Schlingel gingen ab wie frische Wecken! Nun, man kann sie scheint's brauchen! Einer ist auf der Post, zwei sind bei Eisenbahngesellschaften angestellt, und der vierte hockt auf einer Kanzlei und behauptet ein Verwaltungsbeamter zu sein. Kann mir am Ende gleich sein! Wer nicht Meister sein will, muß eben Gesell bleiben und Vorgesetzte haben sein Leben lang! Allein da ihnen Geldsachen durch die Hände gehen, mußten die sämtlichen jungen Herren Schreiber Bürgen stellen;

ich selbst habe kein Vermögen, also habt ihr alle wechselsweise meinen Buben Bürgschaft geleistet, die sich ineinander gerechnet auf vierzigtausend Franken beläuft, dazu waren die alten Handwerker, die Freunde des Vaters, gut genug! Und wie meint ihr nun, daß mir zu Mute sei? Wie stehe ich euch gegenüber da, wenn nur einer von allen vieren einmal einen Fehltritt, einen Leichtsinn, eine Unvorsichtigkeit begeht?«

»Papperlapapp!« riefen die Alten, »schlag dir doch dergleichen Mucken aus dem Sinn! Wenn die Burschen nicht brav wären, so hätten wir nicht gebürgt, da sei ruhig!«

»Das weiß ich alles!« erwiderte Hediger; »aber das Jahr ist lang und wenn es vorbei ist, kommt wieder ein anderes. Ich kann euch versichern, ich erschrecke jedesmal, wenn einer mit einer feineren Zigarre mir ins Haus kommt! Wird er nicht dem Luxus und der Genußsucht anheimfallen? denke ich. Sehe ich eine der jungen Frauen mit einem neuen Kleid einherziehen, so fürchte ich, sie stürze den Mann in üble Umstände und Schulden; spricht einer auf der Straße mit einem verschuldeten Menschen, so ruft es in mir: Wird der ihn nicht zu einer Unbesonnenheit verführen? Kurz, ihr seht, daß ich mich demütig und abhängig genug fühle und weit entfernt bin, mich noch einem reichen Gegenschwäher gegenüber in Dienstbarkeit zu versetzen und aus einem Freunde einen Herren und Gönner zu schaffen! Und warum soll ich wünschen, daß mein junger Schnaufer von Sohn sich reich und geborgen fühle und mir mit dem Hochmut eines solchen vor der Nase herum laufe, er, der noch nichts erfahren? Sollte ich helfen, ihm die Schule des Lebens zu verschließen, daß er schon bei jungen Jahren ein Hartherziger, ein Flegel und ein Lümmel wird, der nicht weiß, wie das Brot wächst, und noch wunder meint, was er für Verdienste besitze? Nein, sei ruhig, mein Freund! hier meine Hand darauf! Nichts von Schwäherschaft, fort mit dem Gegenschwäher!«

Die beiden Alten schüttelten sich die Hand, die übrigen lachten und Bürgi sagte: »Wer würde nun glauben, daß ihr zwei, die in der Vaterlandssache erst so weise Worte geredet und uns die

Köpfe gewaschen habt, nun im Umsehen so törichtes Zeug beginnen würdet! Gott sei Dank! So habe ich also doch noch Aussicht, meine zweischläfige Bettstelle an den Mann zu bringen, und ich schlage vor, daß wir sie dem jungen Pärchen zum Hochzeitsgeschenk machen!«

»Angenommen!« riefen die andern vier, und Pfister der Wirt fügte hinzu: »Und ich verlange, daß mein Faß Schweizerblut an der Hochzeit getrunken werde, der wir alle beiwohnen!«

»Und ich werde es bezahlen, wenn sie stattfindet!« schrie Frymann zornig, »aber wenn nichts daraus wird, wie ich sicher weiß, so bezahlt ihr das Faß, und wir trinken es in unsern Sitzungen, bis wir fertig sind!«

»Die Wette ist angenommen!« hieß es; doch Frymann und Hediger schlugen mit den Fäusten auf den Tisch und wiederholten in einem fort: »Nichts von Schwäherschaft! Wir wollen keine Gegenschwäher sein, sondern unabhängige gute Freunde!«

Mit diesem Ausruf war die inhaltreiche Sitzung endlich geschlossen, und die Freiheitliebenden wandelten fest und aufrecht nach Hause.

Beim nächsten Mittagessen eröffnete Hediger, als die Gesellen fort waren, seinem Sohne und seiner Frau den feierlichen Beschluß von gestern, daß zwischen Karl und des Zimmermanns Tochter fortan kein Verhältnis mehr geduldet würde. Frau Hediger, die Büchsenschmiedin, wurde durch diesen Gewaltspruch so zum Lachen gereizt, daß ihr das Restchen Wein, welches sie eben austrinken wollte, in die Luftröhre geriet und ein gewaltiges Husten verursachte.

»Was ist da zu lachen?« sprach ärgerlich der Meister; seine Frau erwiderte: »Ach ich muß nur lachen, daß das Sprichwort: Schuster bleib beim Leist! auch auf eueren Verein anzuwenden ist! Was bleibt ihr nicht bei der Politik, statt euch in Liebeshändel zu mischen?«

»Du lachst wie ein Weib und sprichst wie ein Weib!« versetzte Hediger mit großem Ernst; »eben in der Familie beginnt die wahre Politik; freilich sind wir politische Freunde; aber um es zu bleiben, wollen wir nicht die Familien durcheinander werfen und Kommunismus treiben mit dem Reichtum des einen. Ich bin arm und Frymann ist reich und so soll es bleiben; um so mehr gereicht uns die innere Gleichheit zur Freude. Soll ich nun durch eine Heirat meine Hand in sein Haus und in seine Angelegenheiten stecken und den Eifer und die Befangenheit wachrufen? Das sei ferne!«

»Ei ei ei! das sind mir doch wunderliche Grundsätze!« antwortete Frau Hediger; »schöne Freundschaft, wenn ein Freund dem Sohne des andern seine Tochter nicht geben mag! Und seit wann heißt es denn Kommunismus, wenn durch Heirat Wohlhabenheit in eine Familie gebracht wird? Ist das eine verwerfliche Politik, wenn ein glücklicher Sohn ein schönes und reiches Mädchen zu gewinnen weiß, daß er dadurch zu Besitz und Ansehen gelangt, seinen betagten Eltern und seinen Brüdern zur Hand sein und ihnen helfen kann, daß sie auch auf einen grünen Zweig kommen? Denn wo einmal das Glück eingekehrt ist, da greift es leicht um sich, und ohne daß dem einen Abbruch geschieht, können die anderen in seinem Schatten mit Geschick ihre Angel auswerfen. Nicht, daß ich es auf ein Schlaraffenleben absehe! Aber es gibt gar viele Fälle, wo mit Anstand und Recht ein reich gewordener Mann von seinen unbemittelten Verwandten mag zu Rat gezogen werden. Wir Alten werden nichts mehr bedürfen; dagegen könnte vielleicht die Zeit kommen, wo dieser oder jener von Karls Brüdern eine gute Unternehmung, eine glückliche Veränderung wagen möchte, wenn ihm jemand die Mittel anvertraute. Auch wird der ein' und andere einen begabten Sohn haben, der sich in die Höhe schwingen würde, wenn das Vermögen da wäre, ihn studieren zu lassen. Der würde vielleicht ein beliebter Arzt werden, der ein angesehener Advokat oder gar ein Richter, der ein Ingenieur oder ein Künstler, und allen diesen würde es dann, einmal so weit gekommen, wiederum ein Leichtes sein, sich gut zu verheiraten und so zuletzt eine angesehene, zahlreiche und glückliche Familie zu bilden. Was wäre nun menschlicher, als daß ein begüterter Oheim da wäre, der, ohne sich Schaden zu tun, seinen rührigen, aber armen Verwandten die Welt auftäte? Denn wie oft kommt es nicht vor, daß um eines Glücklichen willen, der in einem Hause ist, auch alle andern etwas von der Welt erschnappen und klug werden? Und alledem willst du den Zapfen vorstecken und das Glück an der Quelle verstopfen?«

Hediger lachte voll Verdruß und rief: »Luftschlösser! Du sprichst wie die Bäuerin mit dem Milchtopf! Ich sehe ein anderes Bild von dem reich Gewordenen unter armen Verwandten! Der läßt sich allerdings nichts abgehen und hat immer tausend Einfälle und Begierden, die ihn zu tausend Ausgaben veranlassen und die er befriedigt. Kommen aber seine Eltern und seine Brüder zu ihm, geschwind setzt er sich wichtig und verdrießlich über sein Zinsbuch, die Feder quer im Mund, seufzt und spricht: Danket Gott, daß ihr nicht den Verdruß und die Last einer solchen Vermögensverwaltung habt! Lieber wollt' ich eine Herde Ziegen bewachen, als ein Rudel böswilliger und saumseliger Schuldner! Nirgends geht Geld ein, überall suchen sie auszubrechen und durchzuschlüpfen, Tag und Nacht muß man in Sorgen sein, daß man nicht gröblich betrogen wird! Und kriegt man einen Schuft beim Kragen, so hebt er ein solches Gewinsel an, daß man ihn nur schnell wieder muß laufen lassen, wenn man nicht als ein Wucherer und Unmensch will verschrieen werden. Alle Amtsblätter, alle Tagfahrten, alle Ausschreibungen, alle Inserate muß man lesen und wieder lesen, um nicht eine Eingabe zu versäumen und einen Termin zu übersehen. Und nie ist Geld in der Kasse! Zahlt einer ein Darlehn zurück, so stellt er sein Geldsäckchen in allen Schenken auf den Tisch und tut dick mit seiner Abzahlung, und eh' er aus dem Hause ist, stehen drei da, die das Geld haben wollen, einer davon sogar ohne Unterpfande! Und dann die Ansprüche der Gemeinde, der Wohltätigkeitsanstalten, der öffentlichen Unternehmungen, der Subskriptionslisten aller Art – man kann nicht ausweichen, die Stellung erfordert es; aber ich sage euch, man weiß oft nicht, wo einem der Kopf steht! Dies Jahr bin ich gar in der Klemme, ich habe meinen Garten verschönern lassen und einen Balkon gebaut, die Frau hat es schon lange gewünscht, nun sind die Rechnungen da! Mir ein Reitpferd zu halten, wie der Arzt schon hundertmal geraten, daran darf ich gar nicht denken, denn immer kommen neue Ausgaben dazwischen. Seht, da hab' ich mir auch eine kleine Kelter bauen lassen von neuester Konstruktion, um den Muskateller zu pressen, den ich an den Spalieren ziehe – hol' mich der Teufel, wenn ich sie dies Jahr bezahlen kann! Nun, ich habe gottlob noch Kredit! So spricht er und schüchtert, indem er noch eine grausame Prahlerei damit zu verbinden weiß, seine armen Brüder, seinen alten Vater ein, daß sie ihr Anliegen verschweigen und sich nur wieder fortmachen, nachdem sie seinen Garten und seinen Balkon und seine sinnreiche Kelter bewundert. Und sie gehen zu fremden Leuten, um Hülfe zu suchen und bezahlen gern höhere Zinsen, um nur nicht so viel Geschwätz hören zu müssen. Seine Kinder sind fein und köstlich gekleidet und gehen elastisch über die Straßen; sie bringen den armen Vetterchen und Bäschen kleine Geschenke und holen sie alljährlich zweimal zum Essen, und es ist dies den reichen Kindern ein großer Jux; aber wenn die Gäste ihre Schüchternheit verlieren und auch laut werden, so füllt man ihre Taschen mit Äpfeln und schickt sie nach Hause. Dort erzählen sie alles was sie gesehen und was sie zu essen bekommen haben, und alles wird getadelt; denn Groll und Neid erfüllt die armen Schwägerinnen, welche nichtsdestoweniger der wohlhabenden Person schmeicheln und deren Staat rühmen mit beredten Zungen. Endlich kommt ein Unglück über den Vater oder über die Brüder, und der reiche Mann muß nun wohl oder übel, des Gerüchtes wegen, vor den Riß stehen. Er tut es auch, ohne sich lange bitten zu lassen; aber nun ist das Band brüderlicher Gleichheit und Liebe ganz zerrissen! Die Brüder und ihre Kinder sind nun die Knechte und Untertanenkinder des Herren; jahraus und -ein werden sie geschulmeistert und zurecht gewiesen, in grobes Tuch müssen sie sich kleiden und schwarzes Brot essen, um einen kleinen Teil des Schadens wieder einzubringen, und die Kinder werden in Waisenhäuser und Armenschulen gesteckt, und wenn sie stark genug sind, müssen sie arbeiten im Hause des Herren und unten an seinem Tische sitzen, ohne zu sprechen.«

»Hu!« rief die Frau, »was sind das für Geschichten! Und willst du wirklich deinen eigenen Sohn hier für einen solchen Schubiack halten? Und ist es denn geschrieben, daß gerade seine Brüder ein solches Unglück treffen sollte, das sie zu seinen Knechten machte? Sie, die sich schon selbst zu helfen wußten bis jetzt? Nein, da glaube ich doch zur Ehre unseres eigenen Blutes, daß wir durch eine reiche Heirat nicht dergestalt aus dem Häuschen gerieten, vielmehr sich meine bessere Ansicht bestätigen würde!«

»Ich will nicht behaupten«, erwiderte Hediger, »daß es gerade bei uns so zuginge; aber auch bei uns würde dennoch die äußere und endlich auch die innere Ungleichheit eingeführt; wer nach Reichtum trachtet, der strebt seines Gleichen ungleich zu werden –«

»Larifari!« unterbrach ihn die Frau, indem sie das Tischtuch zusammennahm und zum Fenster hinausschüttelte, »ist denn Frymann, der das Gut in Händen hat, um das wir uns streiten, euch andern ungleich geworden? Seid ihr nicht ein Herz und eine Seele und steckt immer die Köpfe zusammen?«

»Das ist was anderes!« rief der Mann, »was ganz anderes! Der hat sein Gut nicht erschlichen oder in der Lotterie gewonnen, sondern Taler um Taler durch seine Mühe erworben während vierzig Jahren. Und dann sind wir nicht Brüder, ich und er, und gehen einander nichts an und wollen es ferner so halten, das ist der Punkt! Und endlich ist der nicht wie andere Leute, der ist noch ein Fester und Aufrechter! Wir wollen aber nicht immer nur diese kleinen Privatverhältnisse betrachten! Glücklicher Weise gibt es bei uns keine ungeheuer reichen Leute, der

Wohlstand ist ziemlich verteilt; laß aber einmal Kerle mit vielen Millionen entstehen, die politische Herrschsucht besitzen, und du wirst sehen, was die für Unfug treiben! Da ist der bekannte Spinnerkönig, der hat wirklich schon viele Millionen und man wirft ihm vor, daß er ein schlechter Bürger und ein Geizhals sei, weil er sich nichts ums Allgemeine kümmre. Im Gegenteil, ein guter Bürger ist er, der nach wie vor die andern gehen läßt, sich selbst regiert und lebt wie ein anderer Mann. Laß diesen Kauz ein politisches herrschsüchtiges Genie sein, gib ihm einige Liebenswürdigkeit, Freude an Aufwand und Sinn für allerhand theatralischen Pomp, laß ihn Paläste und gemeinnützige Häuser bauen, und dann schau, was er für einen Schaden anrichtet im gemeinen Wesen und wie er den Charakter des Volkes verdirbt. Es wird eine Zeit kommen, wo in unserem Lande, wie anderwärts, sich große Massen Geldes zusammenhängen, ohne auf tüchtige Weise erarbeitet und erspart worden zu sein; dann wird es gelten, dem Teufel die Zähne zu weisen; dann wird es sich zeigen, ob der Faden und die Farbe gut sind an unserem Fahnentuch! Kurz und gut! ich sehe nicht ein, warum einer meiner Söhne nach fremdem Gute die Hand ausstrecken soll, ohne einen Streich darum gearbeitet zu haben. Das ist ein Schwindel wie ein anderer!«

»Es ist ein Schwindel, der da ist, solange die Welt steht«, sagte die Frau mit Lachen, »daß zwei sich heiraten wollen, die sich gefallen! Hieran werdet ihr mit all euren großen und steifen Worten nichts ändern! Du bist übrigens allein der Narr im Spiele; denn Meister Frymann sucht weislich zu verhüten, daß deine Kinder den seinigen gleich werden. Aber die Kinder werden auch ihre eigene Politik haben und sie durchführen, wenn etwas an dem Handel ist, was ich nicht weiß!«

»Mögen sie«, sagte der Meister, »das ist ihre Sache; die meinige ist, nichts zu begünstigen und solange Karl minderjährig ist, jedenfalls meine Einwilligung zu versagen!«

Mit dieser diplomatischen Erklärung und der neusten Nummer des »Republikaners« zog er sich in sein Studierzimmer zurück. Frau Hediger dagegen wollte sich nun hinter den Sohn machen und ihn neugierig zur Rede stellen; doch bemerkte sie erst jetzt, daß er sich aus dem Staube gemacht habe, da ihm die ganze Verhandlung durchaus überflüssig und unzweckmäßig erschien und er sich überhaupt scheute, seine Liebeshändel vor den Eltern auszukramen.

Desto zeitiger bestieg er am Abend das Schiffchen und ruderte hinaus, wo er schon viele Abende gewesen. Allein er sang sein Liedchen einmal und zweimal und sogar bis auf den letzten Vers, ohne daß sich jemand sehen ließ, und nachdem er länger als eine Stunde vergeblich vor dem Zimmerplatze gekreuzt hatte, fuhr er verwirrt und niedergeschlagen zurück und glaubte, seine Sache stände in der Tat schlecht. Die vier oder fünf nächsten Abende ging es ihm ebenso und nun gab er es auf, der Ungetreuen nachzustellen, als wofür er sie hielt; denn obgleich er sich ihres Vorsatzes erinnerte, ihn nur alle vier Wochen sehen zu wollen, so hielt er dies nur für eine Vorbereitung zur gänzlichen Verabschiedung und verfiel in eine zornige Traurigkeit. Es kam ihm deshalb höchst gelegen, daß die Übungszeit für die Scharfschützenrekruten begann, und er ging vorher mit einem Bekannten, der Schütz war, mehrere Nachmittage hindurch auf eine Schießstätte, um sich notdürftig zu üben und die zur Anmeldung erforderliche Anzahl Treffer aufweisen zu können. Sein Vater sah ziemlich spöttisch diesem Treiben zu und kam unversehens selbst hin, um den Sohn noch rechtzeitig von dem törichten Unterfangen abzuhalten, wenn er, wie er vermutete, gar nichts könnte.

Allein er kam eben recht, als Karl sein halbes Dutzend Fehlschüsse schon hinter sich hatte und nun eine Reihe ziemlich guter Schüsse abgab. »Du machst mir nicht weis«, sagte er erstaunt, »daß du noch nie geschossen habest! Du hast heimlich schon manchen Franken dafür ausgegeben, das steht fest!«

»Heimlich habe ich wohl schon geschossen, aber ohne Kosten! Wißt Ihr wo, Vater?«

»Das hab' ich mir gedacht!«

»Ich habe schon als Junge oft dem Schießen zugesehen, aufgemerkt, was darüber gesprochen wurde, und seit Jahren schon empfand ich eine solche Lust dazu, daß ich davon träumte, und wenn ich wach im Bette lag, in Gedanken die Büchse stundenlang regierte und Hunderte von wohlgezielten Schüssen nach der Scheibe sandte.«

»Das ist ja vortrefflich! Da wird man in Zukunft ganze Schützenkompanien ins Bett konsignieren und solche Gedankenübungen anordnen; das spart Pulver und Schuh'!«

»Das ist nicht so lächerlich, als es aussieht«, sagte der erfahrne Schütz, der Karl unterrichtete, »es ist gewiß, daß von zwei Schützen, die an Auge und Hand gleich begabt sind, der welcher ans Nachdenken gewöhnt ist, Meister bleiben wird. Er braucht auch einen angebornen Takt zum Abdrücken, und es gibt gar seltsame Dinge hier, wie in allen Übungen.«

Je öfter und je besser Karl traf, desto mehr schüttelte der alte Hediger das Haupt; die Welt schien ihm auf den Kopf gestellt; denn er selbst hatte, was er war und konnte, nur durch Fleiß und angestrengte Übung erreicht; selbst seine Grundsätze, welche die Leute sonst so leicht und zahlreich wie Heringe einzupacken wissen, hatte er nur durch anhaltendes Studium in seinem Hinterstübchen erworben. Doch wagte er nun nicht mehr Einsprache zu tun und begab sich von hinnen, nicht ohne innerliche Zufriedenheit, einen vaterländischen Schützen unter seine Söhne zu zählen; und bis er seine Wohnung erreichte, war er entschlossen, demselben eine gut sitzende Uniform von besserem Tuche zu machen. »Versteht sich, muß er sie bezahlen!« sagte er sich; aber er konnte schon wissen, daß er seinen Söhnen nie etwas zurückforderte und daß sie ihm nie etwas zu erstatten begehrten. Das ist Eltern gesund und läßt sie zu hohen Jahren kommen, auf daß sie erleben, wie ihre Kinder wiederum von den Enkeln lustig geschröpft werden, und so geht es von Vater auf Sohn und alle bleiben bestehen und haben guten Appetit.

Karl wurde nun auf mehrere Wochen in die Kaserne gesteckt und gedieh zu einem hübschen und gewandten Soldaten, der, obgleich er verliebt war und nichts mehr von seinem Mädchen sah noch hörte, dennoch aufmerksam und munter seinem Dienst oblag, solange der Tag dauerte; und des Nachts ließen die Reden und Possen, welche die Schlafkameraden aufführten, keine Möglichkeit übrig, seinen Gedanken einsam nachzuhangen. Es war ein Dutzend Leute aus verschiedenen Bezirken, welche ihre heimischen Künste und Witze austauschten und verwerteten, lange nachdem die Lichter gelöscht waren und bis Mitternacht herankam. Aus der Stadt war außer Karl nur noch einer dabei, welchen er von Hörensagen kannte. Der war einige Jahre älter als er und hatte schon als Füsilier gedient. Seines Zeichens ein Buchbinder, arbeitete er seit geraumer Zeit keinen Streich mehr und lebte aus den in die Höhe geschraubten Mietzinsen alter Häuser, die er mit Geschick und ohne Kapital zu kaufen wußte. Manchmal verkaufte er eines wieder an einen Gimpel zu übertriebenem Preise, steckte, wenn der Käufer nicht halten konnte, den Reukauf und die bereits bezahlten Summen in die Tasche und nahm das Haus wieder an sich, indem er den Mietern abermals aufschlug. Auch hatte er's im Griff, durch leichte bauliche Veränderungen die Wohnungen um ein Kämmerlein oder kleines Stübchen zu vergrößern und abermals eine bedeutende Zinserhöhung eintreten zu lassen. Diese Veränderungen waren durchaus nicht zweckmäßig und bequem erdacht, sondern ganz willkürlich und einfältig; ebenso kannte er alle Pfuscher unter den Handwerkern, welche die wohlfeilste und schlechteste Arbeit lieferten, mit denen er machen konnte, was er wollte. Wenn ihm gar nichts anderes mehr einfiel, so ließ er eines seiner alten Gebäude auswendig neu anweißen und erhöhte abermals die Miete. Dergestalt erfreute er sich einer hübschen jährlichen Einnahme, ohne eine Stunde wirklicher Arbeit. Seine Gänge und Verabredungen waren bald besorgt, und ebenso lang, als vor seinen eigenen Machereien, stellte er sich vor den Bauwerken anderer Leute auf, spielte den Sachverständigen, redete in alles hinein und war im übrigen der dümmste Kerl von der Welt. Daher galt er für einen klugen und wohlhabenden jungen Mann, der es schon früh zu etwas brächte, und er ließ sich nichts abgehen. Er hielt sich nun zu gut für einen Infanteriesoldaten und hatte Offizier werden wollen. Da er aber dafür zu faul und unwissend, hatte man ihn nicht brauchen können, und nun war er durch hartnäckige Aufdringlichkeit zu den Scharfschützen gekommen.

Hier suchte er sich mit Gewalt im Ansehen zu erhalten, ohne sich anzustrengen, lediglich durch seinen Geldbeutel. Er lud die Unterinstruktoren und die Kameraden fortwährend zum Zechen ein und gedachte sich durch plumpe Freigebigkeit Nachsicht und Freiheit zu verschaffen. Doch erreichte er nichts, als daß er gehänselt wurde und allerdings einer Art Nachsicht genoß, indem man es bald aufgab, etwas Rechtes aus ihm zu machen und ihn laufen ließ, solang er die andern nicht störte. Ein einziger Rekrut schloß sich ihm an und machte ihm den Bedienten, putzte ihm Waffen und Zeug und redete zu seinen Gunsten, und das war ein reicher Bauernsohn und junger Geizkragen, welcher stets furchtbare Freß- und Trinklust empfand, sobald er sie auf fremde Kosten befriedigen konnte. Der glaubte sich den Himmel zu verdienen, wenn er seine blanken Taler vollzählig wieder nach Hause tragen und doch sagen konnte, er habe lustig gelebt während des Dienstes und gezecht wie ein wahrer Scharfschütz; er war dabei lustig und guter Dinge und unterhielt seinen Gönner, der bei weitem nicht besaß, was er, mit seiner dünnen Fistelstimme, womit er hinter der Flasche allerlei ländliche Modelieder gar seltsam zu singen wußte; denn er war ein fröhlicher Geizhals. So lebten die beiden, Ruckstuhl, der junge Schnapphahn, und Spörri, der junge Bauernfilz, in herrlicher Freundschaft. Jener hatte immerdar Fleisch und Wein vor sich stehen und tat was er mochte, und dieser verließ ihn so wenig als möglich, sang und putzte ihm die Stiefel und verschmähte sogar die kleinen Geldgeschenke nicht, die jener abließ.

Die andern trieben indessen ihren Spott mit ihnen und machten unter sich aus, daß Ruckstuhl in keiner Kompanie sollte geduldet werden. Das galt jedoch für seinen Famulus nicht, denn der war wunderlicher Weise ein guter Schütz, und im Heer ist jeder willkommen, der seine Sache versteht, mag er dabei ein Philister oder ein Wildfang sein.

Karl war der erste, wenn man sich über das Paar lustig machte; aber in einer Nacht verging ihm der Spaß, als der weinselige Ruckstuhl, nachdem schon alles still war im Zimmer, seinem Anhänger vorprahlte, was er für ein Herr sei und wie er in Bälde dazu eine reiche Frau zu nehmen gedächte, die Tochter des Zimmermeisters Frymann, die ihm nach allem, was er gemerkt, nicht entgehen könne.

Jetzt war Karls Ruhe dahin, und am nächsten Tage ging er, sobald er eine Stunde frei hatte, zu seinen Eltern, um zu horchen, was es gebe. Da er aber selbst nicht von der Sache beginnen mochte, so vernahm er nichts von Herminen, bis erst, als er wieder ging, die Mutter ihm einen Gruß von ihr ausrichtete.

»Wo habt Ihr sie denn gesehen?« fragte er möglichst kaltblütig.

»Ei, sie kommt jetzt alle Tage mit der Magd auf den Markt und lernt einkaufen. Ich muß ihr dabei Anleitung geben, wenn wir uns treffen, und wir gehen dann auf dem ganzen Markte herum und haben viel zu lachen; denn sie ist immer lustig.«

»So?« sagte der Vater, »darum bleibst du manchmal so lange weg? Und was treibst du da für Kuppelei? Schickt sich das für eine Mutter, so zu handeln und mit Personen herumzulaufen, die dem Sohne verboten sind, und ihre Grüße zu bestellen?«

»Was verbotene Personen? Kenne ich das gute Kind nicht von klein auf, habe es noch auf dem Arm getragen und soll nicht mit ihm umgehen? Und soll sie die Leute in unserm Hause nicht grüßen dürfen? Und soll das eine Mutter nicht besorgen? Und sollte eine Mutter ihre Kinder nicht verkuppeln dürfen? Mich dünkt, sie ist gerade die rechte Behörde dazu! Aber von dergleichen Dingen sprechen wir gar nicht, wir Frauensleute sind nicht halb so erpicht auf euch ungezogene Männer, und wenn ich der Hermine zu raten habe, so nimmt sie gar keinen!«

Karl hörte das Gespräch nicht mehr zu Ende, sondern ging seiner Wege; denn er hatte einen Gruß und von einer verdächtigen Neuigkeit war nicht die Rede gewesen. Nur legte er den Finger an die Nase, warum Hermine wohl so lustig sei, da sie sonst nie viel gelacht habe? Er legte es endlich zu seinen Gunsten aus und nahm an, sie sei nur lustig, weil sie seine Mutter antreffe. So beschloß er, sich still zu halten, dem Mädchen etwas Gutes zuzutrauen und die Dinge geschehen zu lassen.

Einige Tage später kam Hermine mit dem Strickzeug zu Frau Hediger auf Besuch, und es herrschte da eine große Freundlichkeit, Gespräch und Lachen, so daß Hediger, der einen feinen Bratenrock zuschnitt, in seiner Werkstatt fast gestört wurde und sich wunderte, was da für eine Gevatterin angekommen sei. Doch achtete er nicht lange darauf, bis er endlich hörte, daß seine Frau über einen Schrank ging und im blauen Kaffeegeschirr klapperte. Die Büchsenschmiedin kochte nämlich einen Kaffee, so gut sie ihn je gekocht; auch nahm sie eine tüchtige Handvoll Salbeiblätter, tauchte sie in einen Eierteig und buk sie in heißer Butter zu sogenannten Mäuschen, da die Stiele der Blätter wie Mausschwänze aussahen. Sie gingen prächtig auf, daß es eine getürmte Schüssel voll gab, deren Duft mit demjenigen des reinen Kaffees zum Meister empor stieg. Als er vollends hörte, wie sie Zucker zerklopfte, wurde er höchst ungeduldig, bis man ihn zum »Trinken« rief; aber er wäre keinen Augenblick vorher gegangen, denn er gehörte zu den Festen und Aufrechten. Als er nun in die Stube trat, sah er seine Frau und die ziervolle verbotene Person in dicker Freundschaft hinter der Kanne sitzen, und zwar hinter der blaugeblümten, und außer den Mäuslein stand noch Butter da und die blaugeblümte Büchse voll Honig; es war zwar kein Bienenhonig, sondern nur Kirschmus, ungefähr von der Farbe von Hermines Augen; und dazu war es Sonnabend, ein Tag, wo alle ehrbaren Bürgersfrauen fegen und scheuern, kehren und bohnen und keinen genießbaren Bissen kochen.

Hediger sah sehr kritisch auf die ganze Anstalt und grüßte

mit etwas strenger Miene; allein Hermine war so holdselig und dabei resolut, daß er wie aufs Maul geschlagen da saß und damit endigte, daß er selbst ein »Glas Wein« aus dem Keller holte und sogar aus dem kleinen Fäßchen. Hermine erwiderte diese Gnade dadurch, daß sie behauptete, es müsse für Karl auch ein Teller voll Mäuse aufbewahrt werden, da er in der Kaserne doch nicht viel Gutes hätte. Sie nahm ihren Teller und zog mit den zierlichen Fingern eigenhändig die schönsten Mäuschen an den Schwänzen aus der Schüssel und so viele, daß die Mutter selbst zuletzt rief, es sei nun genug. Jene stellte aber den Teller neben sich, betrachtete ihn wohlgefällig von Zeit zu Zeit, nahm auch etwa wieder ein Stück daraus und aß es, indem sie sagte, sie sei jetzt bei Karl zu Gaste, und ersetzte den Raub gewissenhaft aus der Schüssel.

Endlich wurde das Ding dem guten Hediger zu bunt; er kratzte sich hinter den Ohren, und so eilig seine Arbeit war, zog er doch schnell den Rock an und rannte fort, den Vater der Sünderin aufzusuchen. »Wir müssen aufpassen!« sagte er zu ihm, »deine Tochter sitzt in dickster Herrlichkeit bei meiner Alten, und es ist mir ein sehr verdächtiges Getue, du weißt, die Weiber sind des Teufels.«

»Warum jagst du den Aff nicht fort?« sagte Frymann ärgerlich.

»Ich fortjagen? das werd' ich bleiben lassen, das ist ja eine Staatshexe! Komm du selbst und sieh nach!«

»Gut, ich komme sogleich mit und werde dem Kind angemessen bedeuten, was es zu tun hat!«

Als sie aber hinkamen, fanden sie statt des Fräuleins den Scharfschützen, der seine grüne Weste aufgeknöpft hatte und sich das aufgehobene Gebäck und den Rest des Weines um so besser schmecken ließ, als ihm die Mutter beiläufig mitgeteilt hatte, Hermine würde diesen Abend wieder einmal auf dem See fahren, da es so schöner Mondschein und schon vier Wochen her sei, seit sie es getan.

Karl fuhr um so zeitiger auf den See hinaus, als er mit dem

Zapfenstreich, den die Zürcher Trompeter in himmlischen Harmonien ertönen lassen in schönen Frühlings- und Sommernächten, wieder einrücken mußte. Es war noch nicht völlig dunkel, da er vor den Zimmerplatz kam; aber o weh, des Herren Frymanns Bootchen schwamm nicht wie sonst im Wasser, sondern lag umgekehrt auf zwei Böcken, wohl zehn Schritte vom Ufer entfernt.

Sollte das eine Fopperei sein oder ein Streich von dem Alten? dachte er und wollte eben betrübt und aufgebracht abfahren, als der große goldene Mond aus den Wäldern des Zürichberges heraufstieg und zugleich Hermine hinter einer blühenden Weide hervortrat, die ganz voll gelber Kätzchen hing.

»Ich wußte nicht, daß unser Schiff neu angemalt wird«, flüsterte sie, »ich muß daher in deines kommen, fahr schnell weg!« Und sie sprang leichten Fußes zu ihm hinein und setzte sich ans andere Ende seines Jagers, der kaum sieben Schuh lang war. Sie fuhren hinaus, bis sie jedem spähenden Blick entschwanden, und Karl stellte unverweilt Herminen wegen Ruckstuhl zur Rede, indem er dessen Worte und Taten erzählte.

»Ich weiß«, antwortete sie, »daß dieser Monsieur mich zur Frau begehrt und daß mein Vater sogar nicht abgeneigt ist, ihm zu willfahren; er hat schon davon gesprochen.«

»Reitet ihn denn der Teufel, dich diesem Strolch und Tagdieb zu geben? Wo bleiben denn seine gravitätischen Grundsätze?«

Hermine zuckte die Achseln und erwiderte: »Der Vater hat einmal die Idee, eine Anzahl großer Häuser zu bauen und damit zu spekulieren; darum möchte er einen Schwiegersohn haben, der ihm darin zur Hand geht, besonders was das Spekulieren betrifft, und indem er für das Ganze besorgt ist, weiß, daß er seinen eigenen Nutzen fördert. Er denkt sich ein gemeinschaftliches, vergnügtes Schaffen und Spintisieren, wie er es gewünscht hätte mit einem eigenen Sohne zu teilen, und nun scheint ihm dieser Herr das rechte Genie dazu zu sein. Dem fehlt nichts, sagte er, als ein tüchtiges Geschäftsleben, um ein ganzer Praktikus zu werden. Von seiner einfältigen Lebensart weiß der Vater nichts, weil er nicht auf das Tun der Leute sieht und nirgends hinkommt, als zu seinen alten Freunden. Kurz, der Ruckstuhl ist morgen, da es Sonntag ist, bei uns zum Essen eingeladen, um die Bekanntschaft zu befestigen, und ich fürchte, daß er gleich mit der Tür ins Haus fallen wird. Er ist zudem ein schmählicher Wohldiener und frecher Mensch, wie ich gehört habe, wenn er etwas erschnappen will, woran ihm gelegen ist.«

»Ei nun«, sagte Karl, »so wirst du ihn gehörig abtrumpfen!«

»Das werde ich auch tun; aber besser wäre es, wenn er gar nicht käme und meinen Papa im Stich ließe!«

»Das wäre freilich besser; aber es ist ein frommer Wunsch, er wird sich wohl hüten, weg zu bleiben.«

»Ich habe mir einen Plan ausgedacht, der freilich etwas sonderbar ist. Könntest du ihn nicht heute noch oder morgen früh zu einer Dummheit verführen, daß ihr miteinander Arrest erhieltet für vierundzwanzig oder achtundvierzig Stunden?«

»Du bist sehr gütig, mich zwei Tage ins Loch zu schicken, um dir ein Nein zu ersparen! Tust du's nicht billiger?«

»Es ist notwendig, damit unser Gewissen nicht zu sehr leidet, daß du das Leiden mit ihm teilest! Was das Nein betrifft, so wünsche ich gar nicht in die Lage zu kommen, ja oder nein zu dem Menschen sagen zu müssen; es ist schon genug, daß er in den Kasernen von mir spricht. Weiter soll er es nicht einmal bringen.«

»Du hast recht, mein Schätzchen! Dennoch denke ich den Schlingel allein ins Loch spazieren zu lassen, es dämmert mir ein Projekt auf. Doch genug hievon, es ist schade für die köstliche Zeit und um den goldenen Mondschein! Denkst du dir nichts dabei?«

»Was soll ich mir dabei denken?«

»Daß wir uns vier Wochen nicht gesehen haben und daß du heute nicht wohl ungeküßt das Land betreten dürftest!«

»Willst *du* mich etwa küssen?«

»Ja, ich! aber es eilt mir gar nicht, ich habe dich zu sicher in der Hand! Ich will mich noch einige Minuten, vielleicht fünf, höchstens sechs, darauf freuen!«

»So so! Ist das nun der Dank für mein Vertrauen, und ist es dir wirklich ernst? Lässest du nicht mit dir unterhandeln?«

»Und wenn du mit Engelszungen redetest, mit nichten! Jetzt ist guter Rat einmal teuer, mein Fräulein!«

»So will ich Ihnen auch etwas vortragen, mein Herr! Wenn du mich heute abend noch nur mit einer Fingerspitze berührst gegen meinen Willen, so ist es aus zwischen uns und ich werde dich nie wieder sehen; das schwöre ich dir bei Gott und bei meiner Ehre! denn es ist mir ernst.«

Ihre Augen funkelten, als sie das sagte. »Das wird sich dann schon geben«, erwiderte Karl, »halte dich nur still, ich werde jetzt bald kommen!«

»Tu was du willst!« sagte Hermine kurz und schwieg. Allein sei es, daß er sie doch für fähig hielt, ihr Wort zu halten, oder daß er selbst nicht wünschte, daß sie ihren Schwur bräche, er blieb gehorsam an seinem Platze sitzen und schaute mit blitzenden Augen zu ihr hinüber, im Mondlichte spähend, ob sie nicht mit den Mundwinkeln zucke und ihn auslache.

»Ich muß mich also wieder mit der Vergangenheit trösten und durch meine Erinnerungen entschädigen«, begann er nach einer kleinen Stille; »wer sollte es diesem strengen, fest geschlossenen Mündchen ansehen, daß es vor vielen Jahren schon so süße Küsse zu geben wußte?«

»Fängst du wieder an mit deinen unverschämten Erfindungen? Aber wisse, daß ich das ärgerliche Zeug auch nicht länger anhören will!«

»Sei nur ruhig! Nur noch diesmal wollen wir unsere Betrachtungen rückwärts lenken in jene goldene Zeit, und zwar wollen wir reden von dem letzten Kusse, den du mir gegeben hast, ich erinnere mich der Umstände, als ob es heute wäre, deutlich und klar, und ich bin überzeugt, du desgleichen! Ich war schon dreizehn Jahre alt, du etwa zehn, und schon einige Jahre waren verflossen, ohne daß wir uns mehr geküßt hätten, denn wir dünkten uns nun große Leute. Da sollte es doch noch einen angenehmen Schluß geben; oder war er die frühe Lerche, die den neuen Morgen verkündete? Es war an einem schönen Pfingstmontag –«

»Nein, Himmelfahrtstag –« unterbrach ihn Hermine, schwieg jedoch, ohne das Wort ganz auszusprechen.

»Du hast recht, es war ein prachtvoller Himmelfahrtstag im Monat Mai, wir waren mit einer Gesellschaft junger Leute ausgezogen, wir zwei die einzigen Kinder dabei. Du hieltest dich an die großen Mädchen und ich mich an die Jünglinge, und wir verschmähten, miteinander zu spielen oder auch nur zu reden. Nachdem man schon weit und breit herumgekommen, ließ man sich in einem hohen und lichten Gehölz nieder und begann ein Pfänderspiel; denn der Abend war nicht mehr fern und die Gesellschaft wollte nicht ohne einige Küsserei nach Hause kehren. Zwei Leute wurden verurteilt, sich mit Blumen im Munde zu küssen, ohne dieselben fallen zu lassen. Als dieses und die nachfolgenden Paare das Kunststück nicht zustande brachten, kamst du plötzlich ganz unbefangen auf mich zugelaufen, ein Maiglöckchen im Munde, stecktest mir auch ein solches zwischen die Lippen und sagtest: Probier einmal! Richtig fielen beide Blümchen auf die Erde zu ihren Geschwistern, du setztest aber im Eifer dennoch dein Küßchen ab. Es war, wie wenn ein leichter schöner Schmetterling abgesessen wäre, und ich griff unwillkürlich mit zwei Fingerspitzen darnach, ihn zu haschen. Da glaubte man, ich wolle den Mund abwischen und lachte mich aus.«

»Hier sind wir am Lande!« sagte Hermine und sprang hinaus. Dann kehrte sie sich freundlich noch einmal gegen Karl.

»Weil du dich so still gehalten und meinem Worte die Ehre gegeben hast, die ihm gebührt«, sagte sie, »so will ich, wenn es nötig sein sollte, auch vor vier Wochen wieder mit dir fahren und es dir in einem Briefchen anzeigen. Es wird das erste Schriftliche sein, das ich dir anvertraue.«

Damit eilte sie nach dem Hause. Karl dagegen fuhr eilig nach dem Hafenplatz, um den Zapfenstreich der biederen Trompeter nicht zu versäumen, der wie ein schartiges Rasiermesser die laue Luft durchschnitt.

Er traf schon auf dem Wege mit Ruckstuhl und Spörri zusammen, die gelind angesäuselt waren; sie freundschaftlich und bieder begrüßend, faßte er den ersten unter den Arm und fing an, ihn zu rühmen und zu loben: »Was Teufels haben Sie wieder getrieben? Was haben Sie wieder für Streiche ausgeheckt, Sie schlimmer Patron? Sie sind doch der splendideste Schütz im ganzen Kanton, was sage ich! in der ganzen Schweiz!«

»Donner!« rief Ruckstuhl, höchst geschmeichelt, daß einmal ein anderer als Spörri sich an ihn machte und ihn rühmte, »Donner! daß wir schon ins Nest müssen! Können wir nicht noch schnell eine Flasche Guten abtun?«

»Bst! das können wir auf dem Zimmer ausrichten! Es ist ohnehin Sitte bei den Scharfschützen, daß man wenigstens einmal während des Dienstes die Offiziere hintergeht und heimlich eine Nacht durch auf dem Zimmer zecht. Und wir wollen als Rekruten zeigen, daß wir der Spezialwaffe würdig sind!«

»Das wäre ein Hauptspaß! Ich zahle den Wein, so wahr ich Ruckstuhl heiße! Aber schlau müssen wir sein, listig wie die Schlangen, sonst sind wir geliefert!«

»Nur ruhig, wir sind die rechten Leute! Wir wollen nur recht still und scheinheilig einrücken und keinerlei Aufhebens machen!«

Als sie in die Kaserne kamen, waren die andern Zimmergenossen alle in der Wirtschaft und nahmen dort den Schlaftrunk. Karl zog einige ins Vertrauen, die teilten es weiter mit, und so versah sich jeder mit ein paar Flaschen, die sie unbemerkt, einer nach dem andern, hinaustrugen und unter den Betten verbargen. Auf dem Zimmer, als es zehn Uhr schlug, legten sie sich ruhig ins Bett, bis nachgesehen war, ob die Lichter gelöscht seien. Dann standen alle wieder auf, verhingen die Fenster mit Mänteln und zündeten die Lichter wieder an, zogen den Wein hervor und begannen zu pokulieren, daß es eine Art hatte, und Ruckstuhl dünkte sich wie in Elysium, da alle ihm zutranken und ihn einen großen Mann sein ließen. Denn der heiße Wunsch, auch beim Militär zu gelten, ohne etwas dafür zu tun, machte ihn dümmer, als er eigentlich war. Als er nebst seinem Trabanten gehörig zugedeckt schien, wurden erst verschiedene Trinkspiele aufgeführt. Der eine mußte auf dem Kopf stehend eine Gießkelle voll Wein austrinken, die ihm einer vorhielt, der andere auf einen Stuhl sitzen und, während eine an die Decke gehängte und in Umschwung gesetzte Bleikugel seinen Kopf umkreiste, drei Gläser leeren, ehe die Kugel den Kopf berührte, der dritte etwas anderes, und jeder, der es nicht vollbrachte, erhielt irgend eine drollige Strafe. Alles dies wurde in größter Stille vollzogen; wer laut wurde, verfiel ebenfalls in Buße, und alle waren im Hemde, um bei einer Überraschung schnell ins Bett kriechen zu können. Wie nun die Zeit nahte, wo die Runde durch die Gänge strich, wurde den zwei Freunden auch ein Trinkstück aufgegeben. Sie sollten sich gegenseitig zwei auf die flache Klinge gesetzte volle Gläser an den Mund halten und dieselben austrinken, ohne einen Tropfen zu vergießen. Prahlend zogen sie vom Leder und kreuzten die mit Gläsern beschwerten Weidmesser; aber sie zitterten dergestalt, daß die Gläser herabfielen und sie nicht einen Tropfen erschnappten. Sie wurden daher angewiesen, eine Viertelstunde in »kleiner Uniform« vor der Türe Schildwache zu stehen, und solche Unternehmung wurde als das Kühnste gepriesen, was seit Menschengedenken in dieser Kaserne verübt worden sei. Über das bloße Hemd wurde ihnen Weidsack und Weidmesser kreuzweis umgehängt, dazu mußten sie den Tschako aufsetzen und die schwarzen Überstrümpfe anziehen, aber ohne Schuhe, und so wurden sie, den Stutzer in der Hand, vor die Türe geführt und an beiden Pfosten aufgestellt. Kaum waren sie dort, so schob man den Riegel vor, tilgte alle Spuren des Gelages, enthüllte die Fenster, löschte die Lichter und schlüpfte jeder in sein Bett, als hätte er schon seit Stunden geschlafen. Die beiden

Schildwachen gingen indessen im Scheine der Ganglaterne auf und ab, die Büchse auf der Schulter, und schauten mit kühnen Blicken um sich. Spörri, der wegen des Gratisrausches in seligster Stimmung war, wurde ganz übermütig und hub plötzlich an zu singen, und das beschleunigte die Schritte des diensthabenden Offiziers, der schon auf dem Wege war. Als er herannahte, wollten sie rasch ins Zimmer entschlüpfen; aber die Türe ging nicht auf, und ehe sie sich zu helfen wußten, war der Feind da. Jetzt tanzte in ihrem Kopfe alles durcheinander. Sie stellten sich in der Verwirrung jeder vor seinen Pfosten, präsentierten das Gewehr und riefen Werda!

»Was Kreuzsackerment soll das heißen? Was treibt ihr da?« rief die Runde, ohne jedoch eine genügende Antwort zu erhalten, da die beiden Käuze kein vernünftiges Wort hervorbrachten. Der Offizier öffnete rasch die Türe und sah in das Zimmer; denn Karl, der die Ohren gespitzt, war schnell aus dem Bette gesprungen, hatte den Riegel zurückgeschoben und sich ebenso rasch wieder unter die Decke gemacht. Als der Offizier sah, daß alles dunkel und still war, und nichts hörte, als schnaufen und schnarchen, rief er: »Heda, Leute!«

»Geht zum Teufel!« rief Karl, »und legt euch einmal schlafen, ihr Trunkenbolde!« Auch die andern stellten sich, als ob sie geweckt würden, und riefen: »Sind die Bestien noch nicht im Bett? Werft sie hinaus, ruft die Wache!«

»Sie ist schon da, ich bin's!« sagte der Offizier, »mach' einer von euch Licht, rasch!« Es geschah, und als die Besessenen beleuchtet wurden, erhob sich ein Gelächter unter allen Bettdekken hervor, wie wenn sämtliche Mannschaft von dem Anblick im höchsten Grad überrascht wäre. Ruckstuhl und Spörri lachten mit, wie die Narren, marschierten herum und hielten sich die Bäuche; denn ihre Geister hatten wieder eine andere Richtung eingeschlagen. Ruckstuhl machte dem Offizier ein Schnippchen ums andere unter die Nase, und Spörri streckte ihm die Zunge heraus. Als der Verhöhnte sah, daß mit dem fröhlichen Paare nichts anzufangen sei, zog er seine Schreibtafel hervor und schrieb ihre Namen auf. Nun traf es sich zum Unglück, daß er gerade in einem von Ruckstuhls Häusern wohnte und, da eben Ostern vorüber war, den Mietzins noch nicht bezahlt hatte, sei es weil er nicht bei Geld war oder weil er des Dienstes wegen die Sache versäumt. Kurz, Ruckstuhls Genius verfiel urplötzlich auf diesen Gegenstand, und er stotterte lachend, indem er gegen den Offizier torkelte: »Bezahlen – zahlen Sie zuerst Ihre Schu – Schulden, Herr Lieutenant, e – eh' Sie di – die Leute aufschreiben – schreiben! Wissen Sie wohl?« Spörri aber lachte noch lauter, schwankte und krebste rückwärts, mit dem Kopfe wackelnd, und fistelte: »Be – be be be – bezahlen Sie Ihre Schulden, Herr Lieutenant, da – da das ist gu – gut gesagt, gut gesagt!«

»Stehen vier Mann auf«, sagte jener ruhig, »und führen die Arrestanten auf die Wache! man soll sie augenblicklich scharf einsperren; in drei Tagen wollen wir vorläufig sehen, ob sie ausgeschlafen haben. Werft ihnen die Mäntel über und gebt ihnen die Hosen auf den Arm. Marsch!«

»Die Ho Ho Ho – die Ho – Hosen«, schrie Ruckstuhl, »die brauchen wir, da – da da fällt noch wa – wa – was raus, wenn man sie schüttelt!«

»Ra – ra raus, wenn man sie sch – schüttelt, Herr Lieutenant!« wiederholte Spörri und beide schwangen die Beinkleider herum, daß die Taler darin erklangen. So zogen sie mit ihrer Begleitung lachend und lärmend durch die Gänge, die Treppen hinunter und verschwanden bald in einem kellerartigen Raume des Erdgeschosses, worauf es still wurde.

Am folgenden Mittag wurde bei Meister Frymann der Tisch ungewöhnlich reich gedeckt. Hermine füllte die geschliffenen Flaschen mit Sechsundvierziger, stellte die glänzenden Gläser neben die Teller, legte schöne Servietten darauf und zerschnitt ein frisches Brot aus der Bäckerei zur Henne, wo ein altherkömmliches Gastbrot gebacken wurde, das Entzücken aller Kinder und Kaffeeschwestern von Zürich. Auch schickte sie einen sonntäglich geputzten Lehrling zum Pastetenbeck, die

Makkaronipastete und den Kaffeekuchen zu holen, und endlich stellte sie auf einem Seitentischchen den Nachtisch zurecht, die Hüpli und Offleten, das Gleichschwer und die Pfaffenmümpfel oder den Gugelhupf. Frymann, der durch die schöne Sonntagsluft angenehm erregt war, entnahm aus diesem Eifer, daß die Tochter seinen Plänen keinen ernstlichen Widerstand leisten wolle, und er sagte vergnügt zu sich selbst: So sind sie alle! Sobald eine annehmbare und bestimmte Gelegenheit an sie herantritt, so machen sie kurz ab und nehmen sie beim Schopf!

Nach alter Sitte war Herr Ruckstuhl auf Punkt zwölf geladen. Als er ein Viertel nach zwölf nicht da war, sagte Frymann: »Wir wollen essen; man muß den Musjö beizeiten an Ordnung gewöhnen!« Und als er nach der Suppe immer noch nicht kam, rief der Meister die Lehrlinge und die Magd herbei, welche heute allein essen sollten und teilweise schon fertig waren, und sagte zu ihnen: »Da eßt noch mit, wir wollen das Zeug nicht angaffen! Haut zu und laßt es euch schmecken, wer nicht kommt zur rechten Zeit, der soll haben was übrig bleibt!«

Das ließen sich die nicht zweimal sagen und waren fröhlich und guter Dinge, und Hermine war am aufgewecktesten und empfand um so besseren Appetit, je verdrießlicher und unlustiger der Vater wurde. »Das scheint ein Flegel zu sein!« brummte er vor sich hin; sie hörte es aber und sagte: »Gewiß hat er keinen Urlaub bekommen, man muß ihn nicht voreilig verurteilen!«

»Was Urlaub! Verteidigst du ihn schon? Wie wird der keinen Urlaub bekommen, wenn es ihm darum zu tun ist?«

Äußerst unmutig beendigte er die Mahlzeit und ging sogleich und gegen seine Gewohnheit auf ein Kaffeehaus, nur um sich nicht mehr von dem nachlässigen Freier antreffen zu lassen, wenn er endlich käme. Gegen vier Uhr kehrte er, statt wie gewohnt seine Sonntagsgesellschaft, die sieben Männer, aufzusuchen, nochmals zurück, neugierig, ob Ruckstuhl sich nicht gezeigt habe? Als er durch den Garten kam, saß Frau Hediger mit Herminen, da es ein warmer Frühlingstag war, im Gartenhaus, und sie tranken den Kaffee und aßen die Pfaffenmümpfel und den Gugelhupf und schienen sehr aufgeräumt. Er begrüßte die Frau, und obgleich ihr Anblick ihn wurmte, frug er sie sogleich, ob sie nichts aus der Kaserne wüßte, und ob vielleicht die Schützen einen gemeinsamen Ausflug gemacht hätten?

»Ich glaube nicht«, sagte Frau Hediger, »am Morgen sind sie in der Kirche gewesen und nachher ist Karl zum Essen zu uns gekommen; wir hatten Schafbraten, und den läßt er nie im Stich!«

»Hat er nichts von Herrn Ruckstuhl gesagt, wo der hin sei?«

»Von Herrn Ruckstuhl? Ja, der sitzt mit noch einem im scharfen Arrest, weil er einen schrecklichen Rausch trank und sich gegen die Vorgesetzten verging; es soll eine große Komödie gewesen sein.«

»Hol' ihn der Teufel!« sagte Frymann und ging stracks hinweg. Eine halbe Stunde später sagte er zu Hediger: »Nun hockt deine Frau bei meiner Tochter im Garten und freut sich mit ihr, daß mir ein Heiratsprojekt gescheitert ist!«

»Warum jagst du sie nicht fort? Warum hast du sie nicht angeschnurrt?«

»Wie kann ich, da wir in alter Freundschaft stehen? Siehst du, so verwirren uns diese verdammten Geschichten jetzt schon die Verhältnisse! Darum fest geblieben! Nichts von Schwäherschaft!«

»Nichts von Gegenschwäher!« bekräftigte Hediger und schüttelte seinem Freunde die Hand.

Der Juli und das Schützenfest von 1849 standen nun vor der Türe, es dauerte kaum noch vierzehn Tage bis dahin. Die sieben Männer hielten wieder eine Sitzung; denn Becher und Fahne waren fertig und wurden vorgezeigt und für recht befunden. Die Fahne ragte in der Stube aufgepflanzt und in ihrem Schatten erhob sich nun die schwierigste Verhandlung, welche die Aufrechten je bewegt. Denn plötzlich stellte sich die Wahrheit heraus, daß zu einer Fahne ein Sprecher gehöre, wenn man mit derselben aufziehen wolle, und die Wahl dieses Sprechers war es, die das siebenbemannte Schifflein fast hätte stranden lassen. Dreimal wurde die ganze Mannschaft durchgewählt, und dreimal lehnte sie es der Reihe nach des entschiedensten ab. Alle waren erbost, daß keiner sich unterziehen wollte, und jeder war erzürnt, daß man gerade ihm die Last aufbürdete und das Unerhörte zumutete. So eifrig sich andere herbeidrängen, wo es gilt, das Maul aufzusperren und sich hören zu lassen, so scheu wichen diese vor der Gelegenheit zurück, öffentlich zu reden, und jeder berief sich auf sein Ungeschick und darauf, daß er es noch nie in seinem Leben getan und weder tue noch tun werde. Denn sie hielten noch das Reden für eine ehrwürdige Kunst, die ebensoviel Talent als Studium verlange, und sie hegten noch eine rückhaltlose und ehrliche Achtung vor guten Rednern, die sie zu rühren wußten, und nahmen alles für ausgemacht und heilig, was ein solcher sagte. Sie unterschieden diese Redner scharf von sich selbst und legten sich dabei das Verdienst des aufmerksamen Zuhörens, der gewissenhaften Erwägung, Zustimmung oder Verwerfung bei, welches ihnen eine hinlänglich rühmliche Aufgabe schien.

Als nun auf dem Wege der Abstimmung kein Sprecher erhältlich war, entstand ein Tumult und allgemeiner Lärm, in welchem jeder den andern zu überzeugen suchte, daß er sich opfern müsse. Besonders hatten sie es auf Hediger und Frymann abgesehen und drangen auf sie ein. Die wehrten sich aber gewaltig und schoben es einer auf den andern, bis Frymann Stille gebot und sagte: »Ihr Mannen! Wir haben eine Gedankenlosigkeit begangen und müssen nun einsehen, daß wir am Ende unsere Fahne lieber zu Hause lassen, und so wollen wir uns kurz dazu entschließen und ohne alles Aufsehen das Fest besuchen!«

Eine große Niedergeschlagenheit folgte diesen Worten. »Er hat recht«, sagte Kuser, der Silberschmied. »Es wird uns nichts anderes übrig bleiben«, Syfrig, der Pflugmacher. Doch Bürgi rief: »Es geht nicht! Schon kennt man unser Vorhaben und daß die Fahne gemacht ist. Wenn wir's unterlassen, so gibt es eine Kalendergeschichte!«

»Das ist auch wahr«, bemerkte Erismann, der Wirt, »und die Zöpfe, unsre alten Widersacher, werden den Spaß handlich genug ausbeuten!«

Ein Schrecken durchrieselte die alten Gebeine bei dieser Vorstellung, und die Gesellschaft drang aufs neue in die beiden begabtesten Mitglieder; die wehrten sich abermals und drohten am Ende sich zurückzuziehen.

»Ich bin ein schlichter Zimmermann und werde mich niemals dem Gespötte aussetzen!« rief Frymann, wogegen Hediger einwarf: »Wie soll erst ich armer Schneider es tun? Ich würde euch alle lächerlich machen und mir selbst schaden ohne allen Zweck. Ich schlage vor, daß einer von den Wirten angehalten werden soll, die sind noch am meisten an die Menge gewöhnt!«

Die verwahrten sich aber aufs heftigste und Pfister schlug den Schreiner vor, der ein Spaßvogel sei. »Was Spaßvogel?« schrie Bürgi, »ist das etwa ein Spaß, einen eidgenössischen Festpräsidenten anzureden vor tausend Menschen?« – Ein allgemeiner Seufzer beantwortete diesen Ausspruch, der das Schwierige der Aufgabe aufs neue vor die Augen stellte.

Es entstand nun allmählig ein Hinaus- und Hineinlaufen und ein Gemunkel in den Ecken. Frymann und Hediger blieben allein am Tische sitzen und sahen finster drein, denn sie merkten, daß es ihnen am Ende doch wieder an den Kragen ging. Endlich, als alle wieder beisammen waren, trat Bürgi vor jene hin und sprach: »Ihr zwee Mannen, Chäpper und Daniel! Ihr habt beide so oft zu unserer Zufriedenheit unter uns gesprochen, daß jeder von euch, wenn er nur will, recht gut eine kurze öffentliche Anrede halten kann! Es ist der Beschluß der Gesellschaft, daß ihr unter euch das Los zieht, und damit basta! Ihr werdet euch der Mehrheit fügen, zwei gegen fünf!«

Ein neuer Lärm bekräftigte diese Worte; die Angeredeten sahen sich an und fügten sich kleinmütig endlich dem Beschlusse, aber nicht ohne die Hoffnung eines jeden, daß das bittere Los dem andern zufallen werde. Es fiel auf Frymann, welcher zum ersten Mal mit schwerem Herzen die Versammlung der Freiheitliebenden verließ, während Hediger sich entzückt die Hände rieb; so rücksichtslos macht die Selbstsucht die ältesten Freunde.

Frymanns Freude auf das Fest war ihm nun dahingenommen und seine Tage verdunkelten sich. Jeden Augenblick dachte er an die Rede, ohne daß sich der mindeste Gedanke gestalten wollte, weil er ihn weit in der Ferne herum suchte, anstatt das Nächste zu ergreifen und zu tun, als ob er nur bei seinen Freunden wäre. Die Worte, welche er unter diesen zu sprechen pflegte, erschienen ihm als Geschwätz, und er grübelte nach etwas Absonderlichem und Hochtrabendem herum, nach einem politischen Manifest, und zwar nicht aus Eitelkeit, sondern aus bitterem Pflichtgefühl. Endlich fing er an, ein Blatt Papier zu beschreiben, nicht ohne viele Unterbrechungen, Seufzer und Flüche. Er brachte mit saurer Mühe zwei Seiten zustande, obgleich er nur wenige Zeilen hatte abfassen wollen; denn er konnte den Schluß nicht finden, und die vertrackten Phrasen hingen sich aneinander wie harzige Kletten und wollten den Schreiber nicht aus ihrem zähen Wirrsal entlassen.

Das zusammengefaltete Papierchen in der Westentasche, ging er bekümmert seinen Geschäften nach, stand zuweilen hinter einen Schuppen, las es wieder und schüttelte den Kopf. Zuletzt anvertraute er sich seiner Tochter und trug ihr den Entwurf vor, um die Wirkung zu beobachten. Die Rede war eine Anhäufung von Donnerworten gegen Jesuiten und Aristokraten, und dazwischen waren die Ausdrücke Freiheit, Menschenrecht, Knechtschaft und Verdummung u. dgl. reichlich gespickt, kurz es war eine bittere und geschraubte Kriegserklärung, in welcher von den Alten und ihrem Fähnlein keine Rede war, und dazu verworren und ungeschickt gegeben, während er sonst mündlich wohlgesetzt und richtig zu sprechen verstand.

Hermine sagte, die Rede sei sehr kräftig, doch scheine ihr

dieselbe etwas verspätet, da die Jesuiten und Aristokraten für einmal besiegt seien, und sie glaube, eine heitere und vergnügte Kundgebung wäre besser angebracht, da man zufrieden und glücklich sei.

Frymann stutzte etwas, und obgleich die Schärfe der Leidenschaft in ihm, als einem Alten, noch stark genug war, so sagte er doch, sich an der Nase zupfend: »Du magst recht haben, verstehst es aber doch nicht ganz. Man muß kräftig auftreten in der Öffentlichkeit und tüchtig aufsetzen, sozusagen, wie die Theatermaler, deren Arbeit in der Nähe ein grobes Geschmier ist. Dennoch läßt sich vielleicht hie und da etwas mildern.«

»Das wird gut sein«, fuhr Hermine fort, »da so viele ›also‹ vorkommen. Zeig einmal! Siehst du, fast jede zweite Zeile steht einmal also!«

»Hier steckt eben der Teufel!« rief er, nahm ihr das Papier aus der Hand und zerriß es in hundert Stücke. »Fertig!« sagte er, »es geht nicht, ich will nicht der Narr sein!« Doch Hermine riet ihm nun, überhaupt gar nichts zu schreiben, es darauf ankommen zu lassen und erst eine Stunde vor dem Aufzug einen Gedanken zu fassen und denselben dann frisch von der Leber weg auszusprechen, wie wenn er zu Hause wäre. »Das wird das beste sein!« erwiderte er, »wenn's dann fehlt, so habe ich wenigstens keine falschen Ansprüche gemacht!«

Dennoch konnte er nicht umhin, den bewußten Gedanken schon jetzt fortwährend aufzustören und anzubohren, ohne daß er sich entwickeln wollte; er ging zerstreut und sorgenvoll herum, und Hermine beobachtete ihn mit großem Wohlgefallen.

Unversehens war die Festwoche angebrochen und in der Mitte derselben fuhren die Sieben in einem eigenen Omnibus mit vier Pferden vor Tagesanbruch nach Aarau. Die neue Fahne flatterte glänzend vom Bocke; in der grünen Seide schimmerten die Worte: *Freundschaft in der Freiheit!* und alle die Alten waren vergnügt und lustig, spaßhaft und ernsthaft durcheinander, und nur Frymann zeigte ein gedrücktes und verdächtiges Aussehen.

Hermine befand sich schon in Aarau in einem befreundeten Hause, da ihr Vater sie für musterhaft geführte Wirtschaft dadurch zu belohnen pflegte, daß er sie an allen seinen Fahrten teilnehmen ließ; und schon mehr als einmal hatte sie als ein rosiges Hyazinthchen den fröhlichen Kreis der Alten geziert. Auch Karl war schon dort; obschon durch die Militärschule seine Zeit und seine Gelder genugsam in Anspruch genommen worden, so war er doch auf Hermines Aufforderung zu Fuß hinmarschiert und hatte merkwürdiger Weise ganz in ihrer Nähe ein Quartier gefunden; denn sie mußten ihrer Angelegenheit obliegen und man konnte nicht wissen, ob das Fest nicht günstig zu benutzen wäre. Gelegentlich wollte er auch schießen und führte nach seinen Mitteln fünfundzwanzig Schüsse bei sich; die wollte er versenden und nicht mehr noch weniger.

Er hatte die Ankunft der sieben Aufrechten bald ausgespürt und folgte ihnen in der Entfernung, als sie mit ihrem Fähnlein eng geschlossen nach dem Festplatze zogen. Es war der besuchteste Tag der Woche, die Straßen von ab- und zuströmendem Volke im Sonntagsgewande bedeckt; große und kleine Schützenvereine zogen mit und ohne Musik daher; aber so klein war keiner, wie derjenige der Sieben. Sie mußten sich durch das Gedränge winden, marschierten aber nichtsdestoweniger mit kleinen Schritten im Takt und hielten die Arme stramm mit geschlossenen Fäusten. Frymann trug die Fahne voran mit einem Gesicht, als ob er zur Hinrichtung geführt würde. Zuweilen sah er sich nach allen Seiten um, ob kein Entrinnen wäre; aber seine Gesellen, froh, daß sie nicht in seinen Schuhen gingen, ermunterten ihn und riefen ihm kraftvolle Kernworte zu. Schon näherten sie sich dem Festplatze; das knatternde Schützenfeuer tönte schon nah in die Ohren und hoch in der Luft wehte die eidgenössische Schützenfahne in sonniger Einsamkeit, und ihre Seide straffte sich bald zitternd aus nach allen vier Ecken, bald schlug sie anmutige Schnippchen über das Volk hin, bald hing sie einen Augenblick scheinheilig an der Stange nieder, kurz sie trieb alle die Kurzweil, die einer Fahne während acht langen Tagen einfallen kann; doch ihr Anblick gab dem Träger des grünen Fähnleins einen Stich ins Herz.

Karl hatte, indem er die luftige Fahne wehen sah und sie einen Augenblick betrachtete, den kleinen Zug plötzlich aus dem Gesichte verloren, und als er ihn mit den Augen suchte, konnte er ihn nirgends mehr entdecken; es war, als ob ihn die Erde verschlungen hätte. Rasch drängte er sich hin und wieder bis zum Eingange des Platzes und übersah diesen; kein grünes Fähnlein tauchte aus dem Gewühl. Er ging zurück und um schneller vorwärts zu kommen, lief er auf einem Seitenwege längs der Straße. Dort stand eine kleine Schenke, deren Inhaber einige magere Tännchen vor die Türe gepflanzt, einige Tische und Bänke aufgestellt und ein Stück Leinwand über das Ganze gespannt hatte, gleich einer Spinne, die ihr Netz dicht bei einem großen Honigtopfe ausbreitet, um die ein' und andere Fliege zu fangen. In diesem Häuschen sah Karl zufällig hinter dem trüben Fenster eine goldene Fahnenspitze glänzen; sofort ging er hinein, und siehe da! seine sieben Alten saßen wie von einem Donnerwetter hingehagelt in der niedern Stube, kreuz und quer auf Stühlen und Bänken und hingen die Häupter, und in der Mitte stand Frymann mit der Fahne und sagte: »Punktum! Ich tu's nicht! Ich bin ein alter Mann und will mir nicht für den Rest meiner Jahre den Makel der Torheit und einen Übernamen aufpfeffern lassen!«

Und hiermit stellte er die Fahne mit einem kräftigen Aufstoß in eine Ecke. Keine Antwort erfolgte, bis der vergnügte Wirt kam und den unverhofften Gästen eine mächtige Weinflasche vorsetzte, obgleich im Schrecken niemand bestellt hatte. Da goß Hediger ein Glas voll, trat zu Frymann hin und sagte: »Alter Freund! Brudermann! Da, trink einen Schluck Wein und ermanne dich!«

Aber Frymann schüttelte den Kopf und sprach kein Wort mehr. In großer Not saßen sie, wie sie noch nie darin gesessen; alle Putsche, Contrerevolutionen und Reaktionen, die sie erlebt, waren Kinderspiel gegen diese Niederlage vor den Toren des Paradieses.

»So kehren wir in Gottes Namen um und fahren wieder heim!« sagte Hediger, welcher befürchtete, daß das Schicksal sich doch noch gegen ihn wenden könnte. Da trat Karl, welcher bislang unter der Türe gestanden, vor und sagte fröhlich: »Ihr Herren, gebt mir die Fahne! Ich trage sie und spreche für euch, ich mache mir nichts daraus!«

Erstaunt sahen alle auf, und ein Strahl der Erlösung und Freude blitzte über alle Gesichter; nur der alte Hediger sagte streng: »Du? Wie kommst du hieher? Und wie willst du Gelbschnabel ohne Erfahrung für uns Alte reden?«

Doch rings erscholl es: »Wohlgetan! Vorwärts unentwegt! Vorwärts mit dem Jungen!« Und Frymann selbst gab ihm die Fahne; denn eine Zentnerlast fiel ihm vom Herzen und er war froh, die alten Freunde aus der Not gerissen zu sehen, in die er sie hinein geführt. Und vorwärts ging es mit erneuter Lust; Karl trug die Fahne hoch und stattlich voran, und hinten sah der Wirt betrübt nach dem entschwindenden Trugbild, das ihn einen Augenblick getäuscht hatte. Nur Hediger war jetzo finster und mutlos, da er nicht zweifelte, sein Sohn werde sie doppelt tief ins Wasser führen. Doch sie hatten schon den Platz betreten; eben zogen die Graubündner ab, ein langer Zug brauner Männer, und an ihnen vorbei und nach dem Klange ihrer Musik marschierten die Alten so taktfest als je durch das Volk. Nochmals mußten sie auf der Stelle marschieren, wie der technische Ausdruck sagt, wenn man auf demselben Flecke die Bewegung des Marsches fortmacht, da drei glückliche Schützen, welche Becher gewonnen hatten, mit Trompetern und Anhang ihren Weg kreuzten; doch das alles, verbunden mit dem heftigen Schießen, erhöhte nur ihre feierliche Berauschung, und endlich entblößten sie ihre Häupter angesichts des Gabentempels, der mit seinen Schätzen schimmerte und auf dessen Zinnen eine dichte Menge Fahnen flatterte in den Farben der Kantone, der Städte, Landschaften und Gemeinden. In ihrem Schatten standen einige schwarze Herren und einer davon hielt den gefüllten Silberpokal in der Hand, die Angekommenen zu empfangen.

Die sieben alten Köpfe schwammen wie eine von der Sonne beschienene Eisscholle im dunklen Volksmeere, ihre weißen Härlein zitterten in der lieblichen Ostluft und weheten nach der gleichen Richtung, wie hoch oben die rot und weiße Fahne. Sie fielen wegen ihrer kleinen Zahl und wegen ihres Alters allgemein auf, man lächelte nicht ohne Achtung und alles war aufmerksam, als der jugendliche Fähndrich nun vortrat und frisch und vernehmlich diese Anrede hielt:

»Liebe Eidgenossen!

»Wir sind da unser acht Mannli mit einem Fahnli gekommen, sieben Grauköpfe mit einem jungen Fähndrich! Wie ihr seht, trägt jeder seine Büchse, ohne daß wir den Anspruch erheben, absonderliche Schützen zu sein; zwar fehlt keiner die Scheibe, manchmal trifft auch einer das Schwarze; wenn aber einer von uns einen Zentrumschuß tun sollte, so könnt ihr darauf schwören, daß es nicht mit Fleiß geschehen ist. Wegen des Silbers, das wir aus euerem Gabensaal forttragen werden, hätten wir also ruhig können zu Hause bleiben!

Und dennoch, wenn wir auch keine ausbündigen Schützen sind, hat es uns nicht hinter dem Ofen gelitten; wir sind gekommen, nicht Gaben zu holen, sondern zu bringen: ein bescheidenes Becherlein, ein fast unbescheiden fröhliches Herz und ein neues Fahnli, das mir in der Hand zittert vor Begierde, auf eurer Fahnenburg zu wehen. Das Fahnli nehmen wir aber wieder mit, es soll nur seine Weihe bei euch holen! Seht, was mit goldener Schrift darauf geschrieben steht: *Freundschaft in der Freiheit!* Ja, es ist sozusagen die Freundschaft in Person, welche wir zum Feste führen, die Freundschaft von Vaterlands wegen, die Freundschaft aus Freiheitsliebe! Sie ist es, welche diese sieben Kahlköpfe, die hier in der Sonne schimmern, zusammengeführt hat vor dreißig, vor vierzig Jahren, und zusammengehalten durch alle Stürme, in guten und schlimmen Zeiten! Es ist ein Verein, der keinen Namen hat, keinen Präsidenten und keine Statuten; seine Mitglieder haben weder Titel noch Ämter, es ist ungezeichnetes Stammholz aus dem Waldesdickicht der Nation, das jetzt für einen Augenblick vor den Wald heraus tritt an die Sonne des Vaterlandstages, um gleich wieder zurückzutreten und mitzurauschen und -zubrausen mit den tausend andern Kronen in der heimeligen Waldnacht des Volkes, wo nur wenige sich kennen und nennen können und doch alle vertraut und bekannt sind.

Schaut sie an, diese alten Sünder! Sämtlich stehen sie nicht im Geruche besonderer Heiligkeit! Spärlich sieht man einen von ihnen in der Kirche! Auf geistliche Dinge sind sie nicht wohl zu sprechen! Aber ich kann euch, liebe Eidgenossen! hier unter freiem Himmel etwas Seltsames anvertrauen: so oft das Vaterland in Gefahr ist, fangen sie ganz sachte an, an Gott zu glauben; erst jeder leis für sich, dann immer lauter, bis sich einer dem andern verrät und sie dann zusammen eine wunderliche Theologie treiben, deren erster und einziger Hauptsatz lautet: Hilf dir selbst, so hilft dir Gott! Auch an Freudentagen, wie der heutige, wo viel Volk beisammen ist und es lacht ein recht blauer Himmel darüber, verfallen sie wiederum in diese theologischen Gedanken und sie bilden sich dann ein, der liebe Gott habe das Schweizerpanier herausgehängt am hohen Himmel und das schöne Wetter extra für uns gemacht! In beiden Fällen, in der Stunde der Gefahr und in der Stunde der Freude sind sie dann plötzlich zufrieden mit den Anfangsworten unserer Bundesverfassung: Im Namen Gottes des Allmächtigen! und eine so sanftmütige Duldsamkeit beseelt sie dann, so widerhaarig sie sonst sind, daß sie nicht einmal fragen, ob der katholische oder der reformierte Herr der Heerscharen gemeint sei!

Kurz, ein Kind, welchem man eine kleine Arche Noe geschenkt hat, angefüllt mit bunten Tierchen, Männlein und Weiblein, kann nicht vergnügter darüber sein, als sie über das liebe Vaterländchen sind mit den tausend guten Dingen darin vom bemoosten alten Hecht auf dem Grunde seiner Seen bis zum wilden Vogel, der um seine Eisfirnen flattert. Ei! was wimmelt da für verschiedenes Volk im engen Raume, mannigfaltig in seiner Hantierung, in Sitten und Gebräuchen, in Tracht und Aussprache! Welche Schlauköpfe und welche Mondkälber laufen da nicht herum, welches Edelgewächs und welch' Unkraut blüht da lustig durcheinander, und alles ist gut und herrlich und ans Herzgewachsen; denn es ist im Vaterlande!

So werden sie nun zu Philosophen, den Wert der irdischen Dinge betrachtend und erwägend; aber sie können über die wunderbare Tatsache des Vaterlandes nicht hinaus kommen. Zwar sind sie in ihrer Jugend auch gereist und haben vieler Herren Länder gesehen, nicht voll Hochmut, sondern jedes Land ehrend, in dem sie rechte Leute fanden; doch ihr Wahlspruch blieb immer: Achte jedes Mannes Vaterland, aber das deinige liebe!

Wie zierlich und reich ist es aber auch gebaut! Je näher man es ansieht, desto reicher ist es gewoben und geflochten, schön und dauerhaft, eine preiswürdige Handarbeit! Wie kurzweilig ist es, daß es nicht einen eintönigen Schlag Schweizer, sondern daß es Zürcher und Berner, Unterwaldner und Neuenburger, Graubündner und Basler gibt, und sogar zweierlei Basler! Daß es eine Appenzeller Geschichte gibt und eine Genfer Geschichte! Diese Mannigfaltigkeit in der Einheit, welche Gott uns erhalten möge, ist die rechte Schule der Freundschaft, und erst da, wo die politische Zusammengehörigkeit zur persönlichen Freundschaft eines ganzen Volkes wird, da ist das Höchste gewonnen! Denn was der Bürgersinn nicht ausrichten sollte, das wird die Freundesliebe vermögen und beide werden zu *einer* Tugend werden!

Diese Alten hier haben ihre Jahre in Arbeit und Mühe hingebracht; sie fangen an, die Hinfälligkeit des Fleisches zu empfinden, den einen zwickt es hier, den andern dort. Aber sie reisen, wenn der Sommer gekommen ist, nicht ins Bad, sie reisen zum Feste. Der eidgenössische Festwein ist der Gesundbrunnen, der ihr Herz erfrischt; das sommerliche Bundesleben ist die Luft, die ihre alten Nerven stärkt, der Wellenschlag eines frohen Volkes ist das Seebad, welches ihre steifen Glieder wieder lebendig macht. Ihr werdet ihre weißen Köpfe alsobald untertauchen sehen in dieses Bad! So gebt uns nun, liebe Eidgenossen, den Ehrentrunk! Es lebe die Freundschaft im Vaterlande! Es lebe die Freundschaft in der Freiheit!«

»Sie lebe hoch! Bravo!« schallte es in die Runde und der Empfangsredner erwiderte die Ansprache und begrüßte die eigentümliche und sprechende Erscheinung der Alten. »Ja«, schloß er, »mögen unsere Feste nie etwas Schlechteres werden, als eine Sittenschule für die Jungen, der Lohn eines reinen öffentlichen Gewissens und erfüllter Bürgertreue und ein Verjüngungsbad für die Alten! Mögen sie eine Feier bleiben unverbrüchlicher und lebendiger Freundschaft im Lande von Gau zu Gau und von Mann zu Mann! Euer, wie ihr ihn nennt, namen- und statutenloser Verein, ehrwürdige Männer, lebe hoch!«

Abermals wurde das Lebehoch ringsum wiederholt und unter allgemeinem Beifall das Fähnchen zu den übrigen auf die Zinne gesteckt. Hierauf schwenkte das Trüppchen der Sieben ab und stracks nach der großen Festhütte, um dort sich durch ein gutes Frühstück zu erholen, und kaum waren sie angelangt, so schüttelten alle ihrem Redner die Hand und riefen: »Wie aus unserm Herzen gesprochen! Hediger, Chäppermann! Das ist gutes Holz an deinem Buben, der wird gut, laß ihn nur machen! Grad wie wir, nur gescheiter, wir sind alte Esel; aber unentwegt geblieben, nur fest, Karl!« u.s.f.

Frymann aber war ganz verblüfft; der Junge hatte gerade gesagt, was ihm selbst hatte einfallen sollen, statt sich mit den Jesuiten herumzuschlagen. Auch er gab Karl freundschaftlich die Hand und dankte ihm für die Hülfe in der Not. Zuletzt trat der alte Hediger zu seinem Sohne, nahm ebenfalls seine Hand, richtete scharf und fest sein Auge auf ihn und sagte:

»Sohn! Eine schöne, aber gefährliche Gabe hast du verraten! Pflege sie, baue sie, mit Treue, mit Pflichtgefühl, mit Bescheidenheit! Nie leihe sie dem Unechten und Ungerechten, dem Eiteln und dem Nichtigen! Denn sie kann wie ein Schwert werden in deiner Hand, das sich gegen dich selbst kehrt oder gegen das Gute, wie gegen das Schlechte; sie kann auch eine bloße Narrenpritsche werden. Darum gradaus gesehen, bescheiden, lernbegierig, aber fest, unentwegt! Wie du uns heute Ehre gemacht hast, so denke stets daran, deinen Mitbürgern, deinem Vaterland Ehre zu machen, Freude zu machen; an dies denke, und du wirst am sichersten vor falscher Ehrsucht bewahrt bleiben! Unentwegt! Glaube nicht immer sprechen zu müssen, laß manche Gelegenheit vorbeigehen und sprich nie um deinetwillen, sondern immer einer erheblichen Sache wegen! Studiere die Menschen nicht, um sie zu überlisten und auszubeuten, sondern um das Gute in ihnen aufzuwecken und in Bewegung zu setzen, und glaube mir: viele, die dir zuhören, werden oft besser und klüger sein, als du, der da spricht. Wirke nie mit Trugschlüssen und kleinlichen Spitzfindigkeiten, mit denen man nur die Spreuer bewegt; den Kern des Volkes rührst du nur mit der vollen Wucht der Wahrheit um. Darum buhle nicht um den Beifall der Lärmenden und Unruhigen, sondern sieh auf die Gelassenen und Festen, unentwegt!«

Kaum hatte er diese Rede geendigt und Karls Hand losgelassen, so ergriff sie schnell Frymann und sagte:

»Gleichmäßig bilde deine Kenntnisse aus und bereichere deine Grundlagen, daß du nicht in leere Worte verfallest! Nach diesem ersten Anlaufe laß nun eine geraume Zeit verstreichen, ohne an dergleichen zu denken! Wenn du einen glücklichen Gedanken hast, so sprich nicht, nur um diesen anzubringen, sondern lege ihn zurück; die Gelegenheit kommt immer wieder, wo du ihn reifer und besser verwenden kannst. Nimmt dir aber ein anderer diesen Gedanken vorweg, so freue dich darüber, statt dich zu ärgern; denn es ist ein Beweis, daß du das Allgemeine gefühlt und gedacht hast. Bilde deinen Geist und überwache deine Gemütsart und studiere an andern Rednern den Unterschied zwischen einem bloßen Maulhelden und zwischen einem wahrhaftigen und gemütreichen Mann! Reise nicht im Lande herum und laufe nicht auf allen Gassen, sondern gewöhne dich, von der Veste deines Hauses aus und inmitten bewährter Freunde den Weltlauf zu verstehen; dann wirst du mit mehr Weisheit zur Zeit des Handelns auftreten, als die Jagdhunde und Landläufer. Wenn du sprichst, so sprich weder wie ein witziger Hausknecht, noch wie ein tragischer Schauspieler, sondern halte dein gutes natürliches Wesen rein und dann sprich immer aus diesem heraus. Ziere dich nicht, wirf dich nicht in Positur, blick, bevor du beginnst, nicht herum wie ein Feldmarschall oder gar die Versammlung belauernd! Sag nicht, du seist nicht vorbereitet, wenn du es bist; denn man wird deine Weise kennen und es sogleich merken; und wenn du gesprochen hast, so geh nicht herum, Beifall einzusammeln, strahle nicht von Selbstzufriedenheit, sondern setze dich still an deinen Platz und horche aufmerksam dem folgenden Redner. Die Grobheit spare wie Gold, damit, wenn du sie in gerechter Entrüstung einmal hervorkehrst, es ein Ereignis sei und den Gegner wie ein unvorgesehener Blitzstrahl treffe! Wenn du aber denkst, je wieder mit einem Gegner zusammen zu gehen und gemeinsam mit ihm zu wirken, so hüte dich davor, ihm im Zorne das Äußerste zu sagen, damit das Volk nicht rufe: Pack schlägt sich, Pack verträgt sich!«

Also sprach Frymann, und der arme Karl saß ob all den Reden erstaunt und verdonnert und wußte nicht, sollte er lachen oder sich aufblasen. Aber Syfrig der Schmied rief:

»Da seht nun diese zwei, die nicht für uns sprechen wollten und nun wieder reden, wie die Bücher!«

»So ist es!« sagte Bürgi, »aber wir haben dadurch neuen Zuwachs bekommen, einen kräftigen jungen Schößling getrieben! Ich beantrage, daß der Junge in unsern Kreis der Alten aufgenommen werde und fortan unsern Sitzungen beiwohne!«

»Also sei es!« riefen alle und stießen mit Karl an; der leerte etwas unbesonnen sein volles Glas, was ihm jedoch die Alten in Betracht der aufgeregten Stunde hingehen ließen, ohne zu murren.

Nachdem die Gesellschaft sich durch das Frühstück hinlänglich von ihrem Abenteuer erholt, zerstreute sie sich. Die einen gingen, ein paar Schüsse zu probieren, die andern den Gabensaal und die übrigen Einrichtungen zu besehen, und Frymann ging, seine Tochter und die Frauen zu holen, bei denen sie zu Gast war; denn zum Mittagessen wollten sich alle wieder an dem Tische finden, der ziemlich in der Mitte der Halle und im Bereich der Tribüne gelegen war. Sie merkten sich die Nummer und gingen höchst wohlgemut und aller Sorgen ledig auseinander.

Genau um zwölf Uhr saß die Tischgesellschaft von einigen tausend Köpfen, welche jeden Tag andere waren, am gedeckten Tische. Landleute und Städter, Männer und Weiber, Alte und Junge, Gelehrte und Ungelehrte, alle saßen fröhlich durcheinander und harrten auf die Suppe, indem sie die Flaschen entkorkten und das Brot anschnitten. Nirgends blickte ein hämisches Gesicht, nirgends ließ sich ein Aufschrei oder ein kreischendes Gelächter hören, sondern nur gleichmäßig verbreitet das hundertfach verstärkte Gesumme einer frohen Hochzeit, der gemäßigte Wellenschlag einer in sich vergnügten See. Hier ein langer Tisch voll Schützen, dort eine blühende Doppelreihe von Landmädchen, am dritten Tisch eine Zusammenkunft sogenannter alter Häuser aus allen Teilen des Landes, die das Examen endlich überstanden hatten, und am vierten ein ganzes ausgewandertes Städtlein, Männer und Frauen durcheinander. Doch diese sitzenden Heerscharen bildeten nur die Hälfte der Versammlung; ein ununterbrochener Menschenzug, ebenso zahlreich, strömte als Zuschauer durch die Gänge und Zwischenräume und umkränzte, ewig wandelnd, die Essenden. Es waren, Gott sei Preis und Dank, die Vorsichtigen und Sparsamen, die sich die Sache berechnet und anderswo für noch weniger Geld gesättigt hatten, die Nationalhälfte, welche alles billiger und enthaltsamer bewerkstelligt, während die andere so schrecklich über die Schnur haut; ferner die Allzuvornehmen, die der Küche nicht trauten und denen die Gabeln zu schlecht waren, und endlich die Armen und die Kinder, welche unfreiwillig zuschauten. Aber jene machten keine schlechten Bemerkungen und diese zeigten weder zerrissene Kleider noch böse Blicke; sondern die Vorsichtigen freuten sich über die Unvorsichtigen, der Vornehmling, welchem die Schüsseln voll grüner Erbsen im Juli zu lächerlich waren, gingen ebenso wohlgesinnt einher, wie der Arme, dem sie verführerisch in die Nase dufteten. Hie und da freilich zeigte sich ein sträflicher Eigennutz, indem es etwa einem filzigen Bäuerlein gelang, unbesehens einen verlassenen Platz einzunehmen und frischweg mit zu essen, ohne bezahlt zu haben; und was noch schlimmer war für ordnungsliebende Augen, es entstand deswegen nicht einmal ein Wortwechsel und ein Hinauswerfen.

Der oberste Festwirt stand vor dem weiten Küchentor und blies auf einem Jägerhörnchen das Zeichen zum Auftragen eines Gerichtes, worauf eine Kompanie Aufwärter hervorbrach und sich mit künstlich eingeübter Schwenkung rechts, links und gradaus zerstreute. Einer derselben fand seinen Weg zu dem Tische, an welchem die Aufrechten und Festen saßen, unter ihnen Karl, Hermine und ihre Freundinnen, Basen oder was sie sein mochten. Die Alten horchten eben eifrig auf einen Hauptredner, der die Tribüne bestiegen, nachdem der Tambour einen kräftigen Wirbel geschlagen. Ernst und gesammelt saßen sie, mit weggelegter Gabel, steif und aufrecht, alle sieben Köpfe nach der Tribüne gewendet. Aber sie erröteten wie junge Mädchen und sahen einander an, als der Redner mit einer Wendung aus Karls Rede begann, die Erscheinung der sieben Greise erzählte und hieran seine eigene Rede knüpfte und ausführte. Nur Karl hörte nichts; denn er scherzte leise mit den Frauen, bis ihn sein Vater anstieß und seine Mißbilligung ausdrückte. Als der Redner unter großem Beifall geendigt, sahen sich die Alten abermals an; sie hatten schon vielen Versammlungen beigewohnt, aber zum ersten Mal waren sie selbst der Gegenstand einer Rede geworden, und sie wagten nicht, sich umzuschauen, so verschämt waren sie, wenn auch überglücklich. Aber wie es der Weltlauf ist, ihre Nachbaren ringsum kannten sie nicht und ahnten nicht, was sich für Propheten in ihrer Nähe befanden, und so wurde ihre Bescheidenheit nicht beleidigt. Um so zufriedener drückten sie einander die Hände, nachdem sie jeder sachte für sich gerieben, und ihre Augen sagten: Nur unentwegt! Das ist der süße Lohn für Tugend und andauernde Vortrefflichkeit!

Worauf Kuser rief: »Nun, diesen Spaß haben wir unserm Meister Karl zu verdanken! Ich glaube doch, wir werden ihm schließlich Bürgis Himmelbett zusprechen und ihm eine gewisse Puppe drein legen müssen! Was meinst du, Daniel Frymann?« »Ich fürchte auch«, sagte Pfister, »daß er mir mein Schweizerblut abkaufen muß und seine Wette verliert!«

Doch Frymann runzelte plötzlich die Stirn und sprach: »Ein gutes Mundwerk wird nicht gleich mit einem Weibe bezahlt! Wenigstens in meinem Hause gehört noch eine gute Hand dazu! Laßt uns, ihr Freunde, den Scherz nicht auf ungehörige Dinge ausdehnen!«

Karl und Hermine waren rot geworden und schauten verlegen in das Volk hinaus. Da ertönte der Kanonenschuß, der den Wiederbeginn des Schießens verkündigte und auf den eine lange Reihe von Schützen, die Büchse in der Hand, gewartet hatte. Augenblicklich knallte es wieder auf der ganzen Linie; Karl erhob sich vom Tisch, sagte, nun wolle er sein Glück auch versuchen, und begab sich nach dem Schießstande. »Und ich will ihm wenigstens zusehen, wenn ich ihn auch nicht bekommen soll!« rief Hermine scherzend und ging ihm nach, begleitet von den Freundinnen.

Doch geschah es, daß die Frauenzimmer sich in der Menge aus den Augen gerieten und Hermine zuletzt mit Karl allein blieb und getreulich mit ihm zog von Scheibe zu Scheibe. Er begann am äußersten Ende, wo kein Gedränge war, und schoß ohne sonderlichen Ernst zwei oder drei Treffer gleich hintereinander. Nach Herminen sich umwendend, die hinter ihm stand, sagte er lachend: »Ei das geht ja gut!« Sie lachte auch, aber nur mit den Augen, mit dem Munde sagte sie ernsthaft:

»Du mußt einen Becher gewinnen!« »Das geht nicht«, antwortete Karl, »um fünfundzwanzig Nummern zu schießen, müßte ich wenigstens fünfzig Schüsse tun, und ich habe gerade nur fünfundzwanzig bei mir.« »Ei«, sagte sie, »es gibt ja genug Pulver und Blei hier zu kaufen!«

»Das will ich aber nicht, da käme mir der Becher mit dem Schußgeld teuer zu stehen! Manche verpuffen allerdings mehr Geld, als der Gewinn beträgt, aber ein solcher Narr bin ich nicht!«

»Du bist ja hübsch grundsätzlich und haushälterisch«, sagte sie beinahe zärtlich, »das gefällt mir! Aber das ist erst recht gut, wenn man mit wenigem so viel ausrichtet, wie andere mit ihren weitläufigen Anstalten und ihren schrecklichen Anstrengungen! Darum nimm dich zusammen und mach es mit den fünfundzwanzig Kugeln! Wenn ich ein Schütz wäre, so wollt' ich es schon zwingen!«

»Nie, es kommt gar nicht vor, du Närrin!«

»Drum seid ihr eben Sonntagsschützen! Aber so fange nur endlich wieder an und probier's!«

Er tat einen weiteren Schuß und hatte wieder eine Nummer und dann noch eine. Wieder sah er Herminen an, und sie lachte noch mehr mit den Augen und sagte noch ernsthafter: »Siehst du? Es geht doch, jetzt fahre fort!« Unverwandt sah er sie an und konnte den Blick kaum wegwenden, denn noch nie hatte er ihre Augen so gesehen; es glühte etwas Herbes und Tyrannisches mitten in der lachenden Süßigkeit ihres Blickes, zwei Geister sprachen beredt aus seinem Glanze: der befehlende Wille, aber mit ihm verschmolzen die Verheißung des Lohnes und aus der Verschmelzung entstand ein neues geheimnisvolles Wesen. Tu mir den Willen, ich habe dir mehr zu geben, als du ahnst! sagten diese Augen, und Karl schaute fragend und neugierig hinein, bis sie sich verstanden mitten im Geräusch und Gebrause des Festes. Als er seine Augen in diesem Glanze gesättigt, wandte er sich wieder, zielte ruhig und traf abermals. Jetzt fing es ihm selbst an möglich zu scheinen; doch weil sich Leute um ihn zu sammeln begannen, ging er weg und suchte einen ruhigeren und einsameren Stand, und Hermine folgte ihm. Dort schoß er wiederum einige Treffer, ohne einen Schuß vergeblich zu tun; und so fing er an, die Kugeln bedächtlich wie Goldstücke zu behandeln, und jede begleitete Hermine mit geizigen leuchtenden Blicken, eh' sie im Laufe verschwand; Karl aber, eh' er zielte, ohne Hast noch Unruhe, schaute jedesmal dem schönen Wesen ins Gesicht. So oft sein Glück auffiel und die Leute sich um ihn sammelten, ging er weiter vor eine andere Scheibe; auch steckte er die erhaltenen Zettel nicht auf den Hut, sondern gab sie seiner Begleiterin zum Aufbewahren; die hielt das ganze Büschel und nie hatte ein Schütz einen schöneren Nummernhalter besessen. So erfüllte er in der Tat ihren Wunsch und brachte nach und nach die fünfundzwanzig Schüsse so glücklich an, daß nicht einer außerhalb des vorgeschriebenen Kreises einschlug.

Sie überzählten die Karten und fanden das seltene Glück bestätigt. »Das habe ich *ein* Mal gekonnt und werde es in meinem Leben nicht wieder machen!« sagte Karl; »item, das hast du mit deinen Augen bewirkt! Es nimmt mich nur wunder, was du noch alles damit durchzusetzen gedenkst!«

»Das mußt du abwarten!« erwiderte sie und lachte jetzt auch mit dem Munde. »Geh jetzt zu den Alten«, sagte er, »und bitte sie, sie möchten mich aus dem Gabensaal abholen, damit ich ein Geleit habe, da sonst niemand bei mir ist, oder willst du mit mir marschieren?« »Ich hätte fast Lust«, sagte sie, ging aber doch eilig davon.

Die Alten saßen in tiefen und fröhlichen Gesprächen; das Volk in der Hütte hatte sich zum größten Teil verändert; sie aber hielten fest an ihrem Tische und ließen das Leben um sich wogen. Lachend trat Hermine zu ihnen und rief: »Ihr sollt den Karl abholen, er hat einen Becher!«

»Wie, was?« riefen sie und brachen in Jubel aus; »so treibt er's?« »Ja«, sagte ein Bekannter, der eben herzutrat, »und zwar hat er den Becher mit fünfundzwanzig Schüssen gewonnen, das kommt nicht alle Tage vor! Ich habe das Pärchen beobachtet, wie sie's miteinander gemacht haben!« Meister Frymann sah erstaunt auf seine Tochter: »Hast du etwa auch geschossen? Ich will nicht hoffen; denn dergleichen Schützinnen nehmen sich gut aus so im ganzen, aber nicht im besonderen.«

»Sei nur zufrieden«, sagte Hermine, »ich habe nicht geschossen, sondern nur ihm befohlen, daß er gut schießen soll!« Hediger aber erbleichte vor Verwunderung und Genugtuung, daß er einen Sohn haben sollte, redebegabt und berühmt in den Waffen, der mit Handlungen und Taten aus seiner verborgenen Schneiderwohnung hervorträte. Er zog die Pfeifen ein und dachte, da wolle er nichts mehr bevormunden. Doch die Greise brachen nun auf nach dem Gabentempel, wo sie richtig den jungen Helden schon mit dem glänzenden Becher in der Hand und mit den Trompetern auf sie harrend antrafen. Also zogen sie mit ihm nach der Weise eines muntern Marsches in die Hütte, um den Becher zu »verschwellen«, wie man zu sagen pflegt, abermals mit festen kurzen Schrittchen und geballten Fäusten, triumphierend in die Runde blickend. An ihrem Hauptquartier wieder angekommen, füllte Karl den Becher, setzte ihn mitten auf den Tisch und sagte: »Hiemit widme ich diesen Becher der Gesellschaft, damit er stets bei ihrer Fahne bleibe!«

»Angenommen!« hieß es, der Becher begann zu kreisen und eine neue Lustbarkeit verjüngte die Alten, welche nun schon seit Tagesanbruch munter waren. Die Abendsonne floß unter das unendliche Gebälk der Halle herein und vergoldete Tausende von lustverklärten Gesichtern, während die rauschenden Klänge des Orchesters die Räume erfüllten. Hermine saß im Schatten von ihres Vaters breiten Schultern so bescheiden und still, als ob sie nicht drei zählen könnte. Aber von der Sonne, welche den vor ihr stehenden Becher bestreifte, daß dessen inwendige Vergoldung samt dem Weine aufblitzte, spielten goldene Lichter über ihr rosig erglühtes Gesicht, welche sich mit dem Weine bewegten, wenn die Alten im Feuer der Rede auf den Tisch schlugen; und man wußte dann nicht, ob sie selber lächelte, oder nur die spielenden Lichter. Sie war jetzt so schön, daß sie bald von den umherblickenden jungen Leuten entdeckt wurde. Fröhliche Trupps setzten sich in der Nähe fest, um sie im Auge zu behalten, und es wurde gefragt: »Woher ist sie, wer ist der Alte, kennt ihn niemand?« »Es ist eine St. Gallerin, es soll eine Thurgauerin sein!« hieß es da; »nein, es sind alles Zürcher an jenem Tisch«, hieß es dort. Wo sie hinsah, zogen die lustigen Jünglinge den Hut, um ihrer Anmut die gebührende Achtung zu erweisen, und sie lachte bescheiden, aber ohne sich zu zieren. Als jedoch ein langer Zug Bursche am Tische vorüberging und alle die Hüte zogen, da mußte sie doch die Augen niederschlagen und noch mehr, als unversehens ein hübscher Bernerstudent kam, die Mütze in der Hand, und mit höflichem Freimut sagte, er sei von dreißig Freunden abgesandt, die am vierten Tische von da säßen, ihr mit Erlaubnis ihres Herren Vaters zu erklären, daß sie das feinste Mädchen in der Hütte sei. Kurz, alles machte ihr förmlich den Hof, die Segel der Alten wurden von neuem Triumphe geschwellt, und Karls Ruhm ward durch Herminen beinah verdunkelt. Aber auch er sollte nochmals obenauf kommen.

Denn es entstand ein Geräusch und Gedränge im mittleren Gange, herrührend von zwei Sennen aus dem Entlibuch, die sich durch die Menge schoben. Es waren zwei ordentliche Bären mit kurzen Holzpfeifchen im Munde, die Sonntagsjacken unter den dicken Armen führend, kleine Strohhütchen auf den großen Köpfen und die Hemden auf der Brust mit silbernen Herzschnallen zusammengehalten. Der eine, der voran ging, war ein Kloben von fünfzig Jahren und ziemlich angetrunken und ungebärdig; denn er begehrte mit allen Männern Kraftübungen anzustellen und suchte überall seine klobigen Finger einzuhaken, indem er freundlich oder auch herausfordernd mit den Äuglein blinzelte. So entstand überall vor ihm her Anstoß und Verwirrung. Aber dicht hinter ihm ging der andere, ein noch derberer Gesell von achtzig Jahren mit einem Krauskopf voll kurzer gelber Löcklein, und das war der Herr Vater des

Fünfzigjährigen. Der lenkte den Herren Sohn, ohne das Pfeifchen ausgehen zu lassen, mit eiserner Hand, indem er von Zeit zu Zeit sagte: »Büebeli, halt Ruh! Büebeli, sei mir ordentlich!« und ihm dabei die entsprechenden Rücke und Handleitungen erteilte. So steuerte er ihn mit kundiger Faust durch das empörte Meer, bis gerade vor dem Tische der Siebenmänner es eine gefährliche Stockung absetzte, da eben eine Schar Bauern daher kam, welche den Raufluftigen zur Rede stellen und in die Mitte nehmen wollten. In der Furcht, sein Büebeli werde eine große Teufelei anrichten, sah sich der Vater nach einer Zuflucht um und bemerkte die Alten. »Unter diesen Schimmelköpfen wird er ruhig sein!« brummte er vor sich hin, faßte mit der einen Faust den Jungen im Kreuz und steuerte ihn zwischen die Bänke hinein, während er mit der andern Hand rückwärts fächelnd die nachdringenden Gereizten sanft abwehrte; denn der ein' und andere war in aller Schnelligkeit bereits erheblich gezwickt worden.

»Mit Eurer Erlaubnis, Ihr Herren!« sagte der Uralte zu den Alten, »laßt mich hier ein wenig absitzen, daß ich mir dem Buebli noch ein Glas Wein gebe! Er wird mir dann schläfrig und still, wie ein Lämmlein!« Also keilte er sich ohne weiteres mit seinem Früchtchen in die Gesellschaft hinein, und der Sohn schaute wirklich sanft und ehrerbietig umher. Doch sagte er alsobald: »Ich möchte aus dem silbernen Krüglein dort trinken!« »Bist du mir ruhig oder ich schlage dich ungespitzt in den Erdboden hinein!« sagte der Alte; als ihm aber Hediger den gefüllten Becher zuschob, sagte er: »Nu so denn! Wenn's die Herren erlauben, so trink, aber suf mir nit alles!«

»Ihr habt da einen muntern Knaben, Manno!« sagte Frymann, »wie alt ist er denn?« »Ho«, erwiderte der Alte, »er wird mir ums Neujahr herum so zweiundfünfzig werden; wenigstens hat er mir anno 1798 schon in der Wiege geschrieen, als die Franzosen kamen, mir die Küh' wegtrieben und das Hüttlein anzündeten. Weil ich aber einem Paar davon die Köpfe gegeneinander gestoßen habe, mußte ich flüchten und das Weibli ist mir in der Zeit vor Elend gestorben. Darum muß ich mir das Burschli allein erziehen!«

»Habt Ihr ihm keine Frau gegeben, die Euch hätte helfen können?«

»Nein, bis dato ist er mir noch zu ungeschickt und wild, es tut's nicht, er schlägt alles kurz und klein!«

Inzwischen hatte der jugendliche Taugenichts den würzigen Becher ausgetrunken, ohne einen Tropfen darin zu lassen. Er stopfte sein Pfeifchen und blinzelte gar vergnügt und friedlich im Kreis umher. Da entdeckte er die Hermine und der Strahl weiblicher Schönheit, der von ihr ausging, entzündete plötzlich in seinem Herzen wieder den Ehrgeiz und die Neigung zu Kraftäußerungen. Als sein Auge zugleich auf Karl fiel, der ihm gegenüber saß, streckte er ihm einladend den gekrümmten Mittelfinger über den Tisch hin.

»Halt inn' Burschli! reit' dich der Satan schon wieder?« schrie der Alte ergrimmt und wollte ihn am Kragen nehmen; Karl aber sagte, er möchte ihn nur lassen, und hing seinen Mittelfinger in denjenigen des Bären, und jeder suchte nun den andern zu sich herüber zu ziehen. »Wenn du mir dem Herrlein weh tust oder ihm den Finger ausrenkst«, sagte der Alte noch, »so nehm' ich dich bei den Ohren, daß du es drei Wochen spürst!« Die beiden Hände schwebten nun eine geraume Zeit über der Mitte des Tisches; Karl vergaß bald das Lachen und wurde purpurrot im Gesicht; aber zuletzt zog er allmählig den Arm und den Oberkörper seines Gegners merklich auf seine Seite und damit war der Sieg entschieden.

Ganz verdutzt und betrübt sah ihn der Entlibucher an, fand aber nicht lange Zeit dazu; denn der über seine Niederlage nun doch erboste Uralte gab ihm eine Ohrfeige, und beschämt sah der Sohn nach Herminen; dann fing er plötzlich an zu weinen und rief schluchzend: »Und ich will jetzt einmal eine Frau haben!« – »Komm, komm!« sagte der Papa, »jetzt bist du reif fürs Bett!« Er packte ihn unter dem Arm und trollte sich mit ihm davon.

Nach dem Abzug dieser wunderlichen Erscheinung trat eine Stille unter die Alten, und alle wunderten sich abermals über Karls Werke und Verrichtungen.

»Das kommt lediglich vom Turnen«, sagte er bescheiden, »das gibt Übung, Kraft und Vorteil zu dergleichen Dingen, und fast jeder kann sie sich aneignen, der nicht von der Natur vernachlässigt ist.«

»Es ist so!« sagte Hediger, der Vater, nach einigem Nachdenken, und fuhr begeistert fort: »Darum preisen wir ewig und ewig die neue Zeit, die den Menschen wieder zu erziehen beginnt, daß er auch ein Mensch wird, und die nicht nur dem Junker und dem Berghirt, nein, auch dem Schneiderskind befiehlt, seine Glieder zu üben und den Leib zu veredeln, daß es sich rühren kann!«

»Es ist so!« sagte Frymann, der ebenfalls aus einem Nachdenken erwacht war, »und auch wir haben alle mitgerungen, diese neue Zeit herbeizuführen. Und heute feiern wir, was unsre alten Köpfe betrifft, mit unsrem Fähnlein den Abschluß, das ›Ende Feuer!‹ und überlassen den Rest den Jungen. Nun hat man aber nie von uns sagen können, daß wir starrsinnig auf Irrtum und Mißverständnis beharrt seien! Im Gegenteil, unser Bestreben ging dahin, immer dem Vernunftgemäßen, Wahren und Schönen zugänglich zu bleiben; und somit nehme ich frei und offen meinen Ausspruch in Betreff der Kinder zurück und lade dich ein, Freund Chäpper, ein Gleiches zu tun! Denn was könnten wir zum Andenken des heutigen Tages Besseres stiften, pflanzen und gründen, als einen lebendigen Stamm, hervorgewachsen recht aus dem Schoße unserer Freundschaft, ein Haus, dessen Kinder die Grundsätze und den unentwegten Glauben der sieben Aufrechten aufbewahren und übertragen? Wohlan denn, so gebe der Bürgi sein Himmelbett her, daß wir es aufrüsten! Ich lege hinein die Anmut und weibliche Reinheit, du die Kraft, die Entschlossenheit und Gewandtheit, und damit vorwärts, weil sie jung sind, mit dem aufgesteckten grünen Fähnlein! Das soll ihnen verbleiben und sie sollen es aufbewahren, wenn wir einst aufgelöst sind! So leiste nun nicht länger Widerstand, alter Hediger, und gib mir die Hand als Gegenschwäher!«

»Angenommen!« sagte Hediger feierlich, »aber unter der Bedingung, daß du den Jungen keine Mittel zur Einfältigkeit und herzlosen Prahlerei aushingibst! Denn der Teufel geht um und sucht, wen er verschlinge!«

»Angenommen!« rief Frymann, und Hediger: »So grüße ich dich denn als Gegenschwäher, und das Schweizerblut mag zur Hochzeit angezapft werden!«

Alle Sieben erhoben sich jetzt, und unter großem Hallo wurden Karls und Hermines Hände ineinander gelegt.

»Glück zu! Da gibt's eine Verlobung, so muß es kommen!« riefen einige Nachbaren, und gleich kamen eine Menge Leute mit ihren Gläsern herbei, mit den Verlobten anzustoßen. Wie bestellt fiel auch die Musik ein; aber Hermine entwand sich dem Gedränge, ohne jedoch Karls Hand zu lassen, und er führte sie aus der Hütte hinaus auf den Festplatz, der bereits in nächtlicher Stille lag. Sie gingen um die Fahnenburg herum, und da niemand in der Nähe war, standen sie still. Die Fahnen wallten geschwätzig und lebendig durcheinander, aber das Freundschaftsfähnchen konnten sie nicht entdecken, da es in den Falten einer großen Nachbarin verschwand und wohl aufgehoben war. Doch oben im Sternenschein schlug die eidgenössische Fahne, immer einsam, ihre Schnippchen, und das Rauschen ihres Zeuges war jetzt deutlich zu hören. Hermine legte ihre Arme um den Hals des Bräutigams, küßte ihn freiwillig und sagte bewegt und zärtlich: »Nun muß es aber recht hergehen bei uns! Mögen wir so lange leben, als wir brav und tüchtig sind und nicht einen Tag länger!«

»Dann hoffe ich lange zu leben, denn ich habe es gut mit dir im Sinn!« sagte Karl und küßte sie wieder; »aber wie steht es nun mit dem Regiment? Willst du mich wirklich unter den Pantoffel kriegen?«

»So sehr ich kann! Es wird sich indessen schon ein Recht und eine Verfassung zwischen uns ausbilden, und sie wird gut sein, wie sie ist!«

»Und ich werde die Verfassung gewährleisten und bitte mir die erste Gevatterschaft aus!« ertönte unverhofft eine kräftige Baßstimme. Hermine reckte das Köpfchen und faßte Karls Hand; der trat aber näher und sah einen Wachtposten der aargauischen Scharfschützen, der im Schatten eines Pfeilers stand. Das Metall seiner Ausrüstung blinkte durch das Dunkel. Jetzt erkannten sich die jungen Männer, die nebeneinander Rekruten gewesen, und der Aargauer war ein stattlicher Bauernsohn. Die Verlobten setzten sich auf die Stufen zu seinen Füßen und erzählten sich was mit ihm wohl eine halbe Stunde, ehe sie zur Gesellschaft zurückkehrten.

Ursula

I.

Wenn die Religionen sich wenden, so ist es, wie wenn die Berge sich auftun; zwischen den großen Zauberschlangen, Golddrachen und Kristallgeistern des menschlichen Gemütes, die ans Licht steigen, fahren alle häßlichen Tazzelwürmer und das Heer der Ratten und Mäuse hervor. So war es zur ersten Reformationszeit auch in den nordöstlichen Teilen der Schweiz und sonderlich in der Gegend des zürcherischen Oberlandes, als ein dort angesessener Mann, der Hansli Gyr genannt, aus dem Kriege heimkehrte.

In den Anfangstagen des Jahres 1523 zog nämlich das kleine Zürcherheer über die Alpen zurück, das wunderlicher Weise dem Papsttum Land und Leute gegen Frankreich geschützt hatte, während in der Heimat schon das Evangelium gepredigt wurde. Diese Zürcher hatten Parma, Piacenza und andere Städte genommen, nach dem Tode Leos X. den vatikanischen Palast verwahrt, bis Hadrian VI. gewählt war, und bei alledem den Zusammenstoß mit den übrigen Eidgenossen vermieden, die mit dem Franzosen im Bündnis und in dessen Heeren standen. Als sie schließlich sahen, daß sie von den Römern allerdings und trotz der Glaubensbewegung beschmeichelt und gehätschelt, aber zugleich gehänselt und die schuldigen Gelder nicht bezahlt wurden, zogen sie endlich, vom Rate abberufen, heimwärts, und die Hauptleute kamen gerade noch zeitig genug in Zürich an, um dem ersten Religionsgespräche vom 29. Januar auf dem dortigen Rathause beizuwohnen und mitzurichten über das päpstliche Rom.

Es mochte wiederum einen seltsamen Anblick gewähren, diese schwertgewohnten, mit goldenen Ketten geschmückten und schwer befiederten Männer, die vom jahrelangen Aufenthalt in dem Italien des sechzehnten Jahrhunderts herkamen, teilnehmen zu sehen an dem lediglich auf das geistige Wort gestützten logischen Fortgang von Disputationen, Abstimmungen und Beschlüssen, an der Reinigung von Glauben, Sitte und Staat, die sich im Widerstand gegen eine Welt vollzog und deren unfertig gebliebene Ausbreitung nur eine Folge begangener Fehler sein sollte.

Als der gedachte Heerzug, der nicht viel über fünfundzwanzighundert Mann stark sein mochte, mit Zeug und Troß vom Walensee hermarschierend, am linken Ufer des Zürichersees, der Stadt Rapperswyl gegenüber, anlangte, schwenkte Hansli Gyr mit Urlaub von der Heersäule ab und wandte sich der Rapperswyler Brücke zu, um seine am Berge Bachtel im jenseitigen Lande gelegene Hofstatt frühzeitiger zu erreichen. Der Name Hansli bedeutete nicht etwa eine kleine Gestalt; denn es war ein ziemlich hochgewachsener Mann und kräftiger Rottmeister, obgleich noch jung an Jahren. Vielmehr drückte sich darin eine gewisse vertrauliche Beliebtheit und der Ruf der Zuverlässigkeit aus, in welchem der Träger unter seinen Genossen stand; wie denn in den Mannschaftsrödeln oder den Verzeichnissen der Jahrzeitbücher solche oft vorkommende Koseformen für die Namen längst heimgegangener, sonst gänzlich unbekannter Kriegsleute den Eindruck machen, daß diese mehr als andere wert und lieb gewesen seien, vielleicht wegen ihres einfacheren, treuherzigeren Wesens oder wegen heitern Gleichmutes und gutartiger Laune oder irgend anderer guten Eigenschaften.

Den ledernen Reisesack leicht über die Achsel geworfen, schritt der Mann auf der gegen fünftausend Schuh langen geländerlosen Holzbrücke rüstig dahin, daß die Bretter klapperten und der gefrorene Schnee darauf knarrte. Stattlich gekleidet und gewaffnet zeigte er gleichwohl nichts von dem übermütigen Pompe der Kriegsknechte jener Zeit; sein Kleid in den weiß und blauen Landesfarben war von starkem Wolltuch und nur mäßig zerschnitten, etwa wie auch heutzutage der Bescheidenste den Schneider nicht hindern kann, diese oder jene Mode an seiner Leibeshülle anzudeuten. Allerdings waren Harnisch, Eisenhut und Helbarte von guter mailändischer Arbeit, der Harnisch sogar von den schlanken Hüften gegen die breiten Schultern hin fächerförmig und fein kanneliert, und von eigentlichem Luxus konnten allenfalls die hohen Lederhandschuhe zeugen, die er trug; denn ohne solche ließ sich damals kein schweizerischer Soldat sehen, der etwas auf sich hielt, wie es auch in einem Liede deutscher Landsknechte heißt:

Das Geld woll'n wir verschlemmen,
Das der Schweizer um Handschuh' gibt.

Sonst aber bestand der größte Staat, in welchem der Mann glänzte, aus dem blitzenden Scheine der Wintersonne, die weithin sichtbar sich in seiner silberblanken Rüstung spiegelte, also daß, solang er auf der Brücke ging, im See unter ihm ein zweiter Abglanz mit hinüber wandelte und erst verschwand, als Hansli in das dunkle Hafentor des Städtleins Rapperswyl getreten war.

Da er noch gegen drei Stunden Weges zurückzulegen hatte und überdies nicht sicher war, an seinem verlassenen Heimatherde heute noch etwas Nahrung zu finden, ging er in eine Taverne hinein und ließ sich warmes Essen sowie eine Kanne Wein geben. Die Stube war mit Schiffern, Krämersleuten und Bauern angefüllt, mit gut katholischem Volke aus der schwyzerischen March und dem Gasterlande, und obgleich Hansli Gyr schon manches von den heimischen Vorgängen vernommen, hatte er doch keine Vorstellung besessen von der bereits tief gehenden Leidenschaft und Gereiztheit, welche jetzt in den Gesprächen der zechenden Leute zu Tage trat. Verwundert hörte er die über die Zürcher schon im Schwange gehenden Spottnamen und Scheltworte, wie sie in solchen Zeiten immer die ersten Waffen der unwilligen Beschränktheit gegen die Neuerer bilden. Ein alter Söldner, den er wiedererkannte und um die Bedeutung der Worte fragte, erklärte ihm, dieselben mißbilligend, Herkunft und Sinn der häßlichen Schmachrufe, brach aber gleich selber in bitteren Tadel aus.

»Deine Herren von Zürich«, rief er, »wollen die Pfaffen kuranzen und lassen sich von der neuen Art selbst Zaunpfähle auf ihren Köpfen spitzen! Predigen lassen sie gegen uns arme Kriegsleute, daß es ein Elend und eine Schande ist! Sie wollen uns verbieten, unser Leben zu gewinnen, wo wir es finden, und mit Ehren einen blutigen Pfennig zu suchen oder einen goldenen Kronenzinken herunterzuschlagen! Stubenhocker und Duckmäuser sollen wir werden, die der Mutter am Fürtuch hangen, und doch haben wir Land und Freiheit nicht mit Bücherlesen und Schwätzen, sondern mit guten Spießen und langen Degen erhalten! Mögen sie es so treiben, sie werden am Ende geschickte Schulmeister und Disputierer sein, aber sicherlich im offenen Feld keinen Streit mehr bestehen und kaum ihre Stadtmauer schirmen!«

Hansli Gyr wurde von dieser Rede nicht stark betroffen; er war, ob noch jung an Jahren, des Krieges müde und sehnte sich nach Ruhe und friedlicher Arbeit. Auch schien ihm der alte Kriegsmann, wenn er ihn genauer betrachtete, nicht viel Ursache zu haben, sich seiner vergangenen Tage zu freuen. Denn er war offenbar von Mühseligkeiten und wildem Leben gebrochen, von der Gicht geplagt und vor der Zeit alt geworden; sein abgeschossenes seidenes Wams ließ unter den Spuren von Schweiß, Staub und Eisenrost kaum noch eine Farbe erkennen; die dazu gehörige gebauschte Prachtshose war längst verschwunden und mit einem bescheidenen Kleidungsstück von Ziegenfell vertauscht. Zwischen Wams und Hosen hing noch das Hemd heraus, aber nicht mehr als Schmuck und Fahne des Übermutes, sondern als ein grauer und gröblicher Sack der Armut. Den Kopf deckte lediglich ein Käpplein von verblichenem rotem Sammet, das er einst unter dem Federhut getragen und jetzt unablässig über die Ohren zog, die ihn schmerzten, und statt des Schwertes trug er eine Krücke. Begierig nahm er den Krug an, welchen Hansli frisch füllen ließ, und wickelte etwas übrig gebliebenes Brot und Käse sorgfältig in ein Tüchlein.

Nichtsdestoweniger fuhr er grollend fort: »Deine Herren haben sich aber die Rute schon selbst gebunden! Das gemeine Volk überbietet sie in der Torheit, wie der Aff den Narren, und die Bauern wollen zu einem andern Loch hinaus als die Herren! Geh nur heim auf deinen Berg, der wimmelt, wie ein Hund voll Flöh', von Schwärmern und Propheten, die in den Wäldern predigen, tanzen und Unzucht treiben, und die Weiber sind toller, denn die Männer!«

Erschreckt horchte der jüngere Kriegsmann auf und verlangte näheren Bericht über diese abenteuerlichen Dinge, worauf der Alte ihm in seiner Weise erzählte, was er von dem wiedertäuferischen Treiben wußte, das insbesondere im Grüninger Amte und in der Gegend des Bachtelberges sich ausgebreitet hatte. Er schloß die Erzählung, zu seiner eigenen Narrheit zurückkehrend, mit der Ermahnung, der Junge solle nicht in dieses heimische Wirrsal hinein, sondern wieder fort und zu den Kriegsscharen des Königs Franziskus gehen, wo es Scharten auszuwetzen und neues Glück zu erjagen gelte.

Mit blinzelndem Auge sah der Alte unter den weißen Buschbrauen hervor und schaute träumerisch im Geiste die stürmenden Schlachthaufen, die fliegenden Fahnen, niedergeworfenen Feinde, die brennenden Gehöfte, üppigen Quartiere, fremdländischen Frauen und die silbergefüllten Beutel.

Als er wieder erwachte von den schönen Träumen, fand er den Kameraden nicht mehr neben sich, weil der von Neugierde und Sorge getrieben schon die Stadt verlassen hatte und mit starken Schritten der Heimat entgegen eilte.

Dort waren ihm in den letzten Jahren, während er zu Felde lag, kurz nacheinander Vater und Mutter gestorben, der kleine Bauernhof aber und die Güter inzwischen von einem Nachbaren besorgt worden, dessen Behausung ein paar hundert Schritte entfernt auf der gleichen ansteigenden Höhe des Bergfußes stand. Nicht sowohl die Sorge für sein Eigentum beschleunigte seinen Gang, als die Furcht, die Dinge sonst nicht mehr zu finden, wie er sie einst verlassen. Mitten in der italienischen Pracht und Herrlichkeit und beim Anblick der römischen Weiber hatte er stets nur an die junge Ursula, die Nachbarstochter, gedacht, mit der er aufgewachsen war. Ihr stilles, schlichtes Wesen, ohne allen Schein, weder schön noch häßlich, gut, wie das tägliche Brot, frisch, wie das Quellwasser und rein, wie die Luft vom Berge, besiegte vor seinen Sinnen jeden fremden und gewaltsamen Glanz, und das Zusammenwohnen mit ihr dünkte ihm so unentbehrlich wie die Heimaterde selbst, welche den Menschen mit ihren treuen Maßliebaugen anschaut.

Halb vertraut war er von der nicht völlig Erwachsenen geschieden; nun nahm es ihn wunder, wie Ursula aussehen möge, und konnte doch keine andere Vorstellung gewinnen, als diejenige des halben Kindes. Um so hastiger eilte er vorwärts zu kommen, von den Reden des alten Soldaten verwirrt, und hielt sich bei bekannten Leuten, denen er auf seinem Wege begegnete, nur kurz auf. Trotzdem glaubte er zu bemerken, daß die einen Gesichter machten, als ob sie sagen wollten: Du wirst dich wundern, wenn du heimkommst! und daß andere ihn prüfend beäugelten, wie wenn sie seine Gesinnung ausforschten. Endlich sah er sein Haus auf der Höhe unter den zwei großen Nußbäumen stehen, die es im Sommer beschatteten und jetzt ihre mächtigen Äste auslegten, dunkel und bemoost, wie das Strohdach unter ihnen, und von dem über Tag geschmolzenen Schnee triefend. Aber nicht nur diese fallenden Tropfen, sondern auch die kleinen Fensterscheiben, die er hinter den Läden verschlossen wähnte, funkelten wie frisch gewaschen in der sinkenden Abendsonne; aus dem Dache stieg ein wirtlicher Rauch empor, die Türe öffnete sich und eine nicht unfeine weibliche Gestalt trat heraus, mehr wie eine Bürgersfrau als wie eine Bäuerin damaliger Zeit gekleidet. Ein langes dunkles Gewand umhüllte einen schlanken Leib bis zum Halse, dicht unter der Brust gegürtet, und ließ am Oberarme die schmal gefalteten Ärmel eines weißen Hemdes hervorgehen; ein halbdurchsichtiges Häubchen bedeckte die Stirn bis nahe zu den großen dunkeln Augen; überdies war ein feines weißes Tuch mehrmals um Kopf, Nacken und Kinn gewunden, so daß nichts von dem Haupthaare sichtbar und das Gesicht vollkommen eingefaßt wurde.

Hansli Gyr hatte soeben nur an Ursula gedacht und erkannte sie vielleicht gerade deswegen nicht sogleich, als die gereifte weibliche Gestalt ihm entgegen kam, die Arme öffnete und ihm um den Hals fiel. Erst als ihre weiche Brust auf seinem fühllosen Harnisch lag, erkannte er sie an dem Schnitt ihres ernsten Mundes, den sie ihm zum Kusse bot, und erst nachdem er sie unbewußt umschlossen und geküßt hatte, wurde er des unerwarteten Glücksfalles inne, den er sich nicht so nahe gedacht. Er hielt sie verwirrt und ungewiß in den Armen, ließ diese allmählig locker, da er unrecht zu tun glaubte, zog die liebe Gestalt aber gleich wieder fester an sich, bis er sie endlich entschieden von sich abhielt und, sie betrachtend, ausrief: »Bist du denn eigentlich die Ursula? Und so groß und schön geworden?«

»Wollte Gott, ich wäre schön!« sagte sie mit liebevollem Blicke, »ich möcht' es dir herzlich gönnen! Wie lange hab' ich auf dich gewartet! Wir wußten aber, daß ihr heute kommt, wir haben euere Wehre glänzen sehen in der weiten Ferne und durch die stille Luft sogar die Trommeln zu hören geglaubt. Da bin ich hieher gekommen und habe dein Haus gelüftet und gewärmt und das Feuer auf dem Herd entfacht. Deine Tiere stehen in unsern Ställen, morgen kann man sie herüberführen, dann ist alles fertig. Nun komm herein!«

Sie führte den überraschten Mann in das Haus, half ihm dort, sich seiner Kriegsrüstung zu entledigen, brachte warmes Wasser, daß er nach dem langen und beschwerlichen Marsche die Füße baden konnte, und pflegte ihn auf jede Weise. Dann deckte sie den Tisch und trug das Essen auf, das sie bereitet hatte; worauf sie sich neben ihn setzte auf die Bank am Fenster, wie wohl junge Eheleute tun, ehe sich ein Hausgesinde gesammelt und Mann und Frau mehr auseinander gerückt hat.

Es verspürte aber keines von beiden große Eßlust, weil die Freude über das Wiedersehen sich mit einer verwunderlichen Aufregung vermischte, welche aus dem ungewöhnlichen Tun der Frauensperson entstand. Hansli Gyr betrachtete die Jugendgenossin mit wachsendem Wohlgefallen, aber auch mit neuem Erstaunen und ungewissem Sinn, und er wollte sie eben befragen, wie es denn komme, daß sie die Kopftracht, Tuch und Haube einer verheirateten Frau trage, als sie mit zärtlichem Lächeln auf eine Weinkanne, Weißbrot und Gewürzschachtel wies, die auf einem Gesimse standen, und errötend sagte, daß hier schon das Zeug zu einer guten Weinsuppe für den kommenden Morgen bereit sei. Es war damals üblich, daß die Frau eines Kriegsläufers, wenn er aus dem Felde nach langer Abwesenheit zurückkehrte, ihm am Morgen nach der ersten Nacht, die er wieder an seinem Herde zugebracht, zum Zeichen ihrer Freude einen heißen Würzwein mit gerösteten Brotschnitten kochte, so gut sie es imstande war.

Noch ungewisser und erstaunter sagte er: »Aber wir sind ja noch gar nicht getraut und nichts ist beredet und vorbereitet!«

»Warum hast du mich denn geküßt, wenn du mich nicht willst?« antwortete Ursula, die jetzt plötzlich blasse Wangen bekam.

»Ei, wer sagt denn, daß ich dich nicht wolle?« rief Hansli, indem er das junge Weib näher an sich zog; »wenn du mich willst, so will ich auch dich! Aber damit sind wir ja erst Brautleute, sofern die Deinigen auch ihre Einwilligung geben!«

»Weißt du denn noch nicht, daß wir hier zu den Heiligen und Sündelosen des neuen Glaubens gehören, die keiner weltlichen noch geistlichen Obrigkeit mehr untertan sind? In uns ist der Geist Gottes, wir sind sein Leib und wir tun nichts, als allein seinen Willen! So sagen unsere Propheten, und du sollst und wirst auch in unsere Gemeinschaft treten, und so nehmen wir uns zu Mann und Frau vermöge des heiligen Geistes und Willens, der in uns waltet!«

Diese Rede hielt Ursula mit hastigen Worten, und jetzt erblaßte Hansli ein weniges, als er sie noch fester umfing und ihr prüfend in die Augen blickte; denn er hatte sie nie so viel auf ein Mal reden hören. Wie sie nun, an seinem Halse hangend, die Augen zu ihm aufschlug, sah er darin ein sanftes sinnliches Feuer glühen, aber zugleich auch die Flamme des Irrlichts, welche die Bescheidenheit dieser Seele versengt hatte, und er merkte, daß sie von der Wahnkrankheit befallen war, wie eine süße Traube vom Rost.

Ungern und langsam löste er sich aus der Umarmung und von der Brust, die ihm so willkommene Ruhe bot, und suchte sanft die Hände, die sich immer wieder verschränkten, von seinem Halse wegzubringen, bis er endlich mit einem festen Ruck sich befreite und hoch aufgerichtet vor ihr stand.

»Auf die Art kann es nicht gehen«, sagte er ernsthaft, »ich will nach Recht und Bräuchen zur Ehe schreiten und festhalten, was mein ist! Komm liebe Ursel, ich will dich in dein Haus zurückführen und mit den Deinigen sprechen, so gerät alles in der Ordnung und wir kommen um so fröhlicher zusammen! Von deinen Heiligen und Propheten höre ich nichts Gutes und ich kenne sie nicht, meine auch nicht, mit ihnen vertraut zu werden!«

Ursula gab ihm aber keine Antwort; sie ließ die Arme schlaff niederhängen und blickte verstört vor sich hin. Beschämung und Unwillen hatten sie gleich einer Verschmähten, die sich selbst angetragen, überwältigt, und jetzt wußte sie keinen Rat, da der Liebste wie eine Art Richter vor ihr stand. Jene Beredsamkeit war von ihr gewichen, ohne daß die alte bescheidene Gemütsruhe zurückkehrte, und im wunderlichen Wechsel des Lebens traf es sich, daß der in allen Irrsalen herumgetriebene Reisläufer mit gesunden Sinnen dastand, während das Unheil das stille Weib in der entlegenen Bergeinsamkeit aufgefunden hatte.

Hansli band sein Seitengewehr wieder um den Leib; dann reichte er der Verstummten die Hand, und als sie sich nicht regte, hob er sie gemächlich empor und sagte: »Komm Ursel, wir wollen's bald in Ordnung bringen!« Sie ließ sich willenlos gegen die Türe führen; dort klammerte sie sich aber an den Türpfosten und rief flehend: »O laß mich hier! Laß mich hier!« Jedoch er machte sie wiederum los, worauf sie plötzlich rasch entschlossen voranging und in die Nacht hinaus lief, ohne auf ihn zu warten. Er holte sie indessen mit wenigen Schritten ein, sie gingen ohne zu sprechen nebeneinander hin und sahen bald die großen Ahornbäume in den Nachthimmel ragen, bei welchen der Hof des Enoch Schnurrenberger lag, des Vaters der Ursula.

Dieser Geschlechtsname rührt von einer weiter nördlich gelegenen erhöhten Lokalität her, Schnurrenberg genannt, was ehmals, zur Zeit der Landteilung, Berg des Snurro, des Schnurranten, Possenreißers, bedeutete. Wenn nun Vater Enoch auch schwerlich von jenen alten Snurringen abstammte, so war er doch in seiner Art ein grimmiger Possenreißer, der sich für den durchtriebensten Gesellen der Landesgegend hielt; das wollte aber viel sagen, weil es in diesem Oberlande an aufgeweckten und findigen Köpfen nicht fehlte, unter welchen bei jeder Gelegenheit auch alsobald Propheten und Fanatiker, Maulwerker und Spekulanten aller Art aufstanden.

Im Hause Enochs saß nächtlicher Weile gerad eine Anzahl solcher Propheten beisammen, wenn auch untergeordneter Art und keiner von den großen Predigern darunter, die geheim oder offen das Land durchstreiften. Es waren vielmehr allerlei Mittelsmänner, welche den allgemeinen Wahn noch im besondern mißverstanden, mystische Überlieferungen hineinmengten und, von alten Leiden des Volkes bewegt, die wachsende Gärung ausbreiteten und auf derselben schwammen.

Vier oder fünf solcher von der Wärme der Zeit ausgebrüteter Winkelseher hielten bei dem Schnurrenberger eine erbauliche Sprachversammlung. Damit sie jedoch Licht und Raum nicht umsonst gebrauchten, hatte ihnen der schlaue Wirt einen Haufen zum Dörren bestimmter Äpfel aufgeschüttet, welche die Propheten zerstückeln mußten, während sie ihre Gesichte und

Gedanken austauschten. Da sie aber so fleißiger Arbeit nicht eigentlich günstig waren und zudem von der Wirtin fortwährend ermahnt wurden, die Apfelbutzen reinlicher auszustechen, so saßen sie ziemlich verdrossen um den Tisch herum und der Geist wollte nicht über sie kommen. Sie fühlten sich daher angenehm erleichtert, als Hansli Gyr gemessenen Schrittes in die Stube trat, sich umsah und grüßend auf den Vater Enoch zuging, der ihn mit seltsam glitzernden Augen anstarrte und zu durchbohren suchte. Sofort taten die andern Propheten das gleiche, indem sie die Äpfel ruhen ließen und mit den müßigen Äuglein, je nach den verschiedenen Leibeskräften, blinzelnd oder funkelnd den unbefangenen Soldaten von allen Seiten bestrichen. Sie hielten sich sämtlich für sogenannte Durchschauer und frönten der schlechten Gewohnheit solchen Anblinzelns, welches immer entweder einen Schelmen oder einen eingebildeten Narren verrät, ehrlichen und anständigen Menschen aber unverständlich und widerwärtig ist und ihnen das Gefühl erweckt, als wenn sie von Ungeziefer bekrochen würden.

Wie sie nun so taten, als ob der Eingetretene von Glas wäre und sie ihn durch und durch schauen könnten, hielt Hansli auf seiner kurzen Wanderung durch die geräumige Stube unversehens still und sah die Männer, einen nach dem andern, mit Erstaunen an. Er besann sich, daß dieses wahrscheinlich von den neuen Heiligen seien, die ihm das Liebchen verdorben; wenn er also mit der neugierigen Betrachtung des letzten fertig war, so begann er wieder bei dem ersten, mit arglos ruhigen Augen, und ließ sich alle Zeit dazu. Sie fingen daher mit ihren Augendeckeln immer unruhiger an zu zwinkern und wollten doch im Durchschauungswerk nicht dahinten bleiben, so daß ihnen das Ding unbequem wurde und der Schnurrenberger das Wort nahm und sagte:

»Was kommt uns da für ein Schwertträger und Kriegsheld? Wen will er befehden?«

»Nur ich bin's!« antwortete Hansli, »guten Abend Vater Enoch und alle miteinander!«

Zugleich schaute er sich nach der Ursula um, welche ihm schon vor dem Hause abhanden gekommen und verschwunden war. Man wußte hier recht gut, daß sie gegangen war, den heimkehrenden Soldaten zu empfangen; man kannte auch ihre Neigung und setzte ihren Plänen keine Hindernisse entgegen; dennoch stellte sich der schnurrige Mann, als ob er von nichts wüßte, fragte nicht, wo Hansli das Mädchen gelassen habe, und wies ihm eine Schabelle zum Sitzen an, indem er fortfuhr:

»Ei seht da! Das ist ja unser Freund und Nachbarsmann und fast nicht mehr zu erkennen, wahrlich noch gewachsen, so ein großer Hans ist er!«

Kaum hatte Hansli aber Platz genommen, so begann jener mit volksmäßiger Ungeduld und Streitlust zu schelten:

»Was soll der Degen und das Kriegskleid noch? Weiß man noch nicht, daß das tausendjährige Reich kommt und unsere Wehrleute die Engel im Himmel sind mit glastigen Schwertern und Demantschilden? Aber freilich, ihr kommt vom Papst und geht zum Papst oder Päpstlein in Zürich, was solltet ihr da vom tausendjährigen Reich und vom Geiste wissen, ihr Eisenfresser und Großhanse? Ihr haltet euch wohl für groß und wichtig mit euren Trommeln und Fahnen? Ach was für ein hinfälliges, wässerig feuchtes Wesen ist doch der Mensch! Wenn man ihn nur ein wenig ansticht, so läuft er gleich aus, und nimmst du den stärksten Kriegsgesellen, der wie aus Marbel gehauen scheint in seinen Gliedmaßen, und lässest ein Felsstück auf ihn fallen nur so groß wie ein Kamel, so ist's wie wenn man eine elende Spinne platt getreten hätte; ein schmutzig feuchter Fleck auf der Erde ist alles, was übrig bleibt!«

Auf diese unfreundlich gemeinte Demütigung erwiderte Hansli mit gutmütigem Lachen: »Und was bleibt denn übrig, wenn das Kamelstück auf einen Heiligen und Propheten fällt?«

Das gefiel aber dem Enoch keineswegs; denn statt darauf zu antworten, rief er: »An ihren Früchten werdet ihr sie erkennen! Willst du Ei auch schon klüger sein, als die Henne? Und hast doch noch keinen von den gelehrten Herrenpfaffen gesehen und ihren Hauptmann, den verkehrten Zwingli, noch nicht einmal predigen gehört?«

»Freilich hab' ich ihn schon gesehen und gehört«, sagte Hansli, »aber es ist lang her und ich hatte noch nicht viel Verstand. Das ist vor acht Jahren gewesen, als ich, ein sechzehnjähriger Bub, mit nach der Lampartei gelaufen bin, zur Zeit des Unglücks von Marignan, da wir die Schlacht verloren. Da hat der Zwingli uns im Felde gepredigt, ein lieblicher und mutiger Mann, der hatte Augen wie ein Hirsch so schön, ich weiß deutlich noch, daß ich ehrfürchtig hinsah! Freilich will ich den nun predigen hören! Denn man sagt, er baue und stütze sich ganz allein auf das göttliche Wort, wie es in der Schrift stehe!«

»Schrift, Schrift! Was weißt du von der Schrift und was weiß jener Tropf und Afterlehrer davon?« Diese letzten Worte stieß plötzlich einer der prophetischen Beisitzer mit kreischender Stimme hervor, ein länglicher dünner Mann, welcher der kalte Wirtz von Goßau hieß, weil er immer feuchte kalte Hände hatte. Er war mit einem engen grauen Rock wie mit einem Sacke bekleidet, völlig bartlos, und nur die falben Augbrauen stiegen wie ein paar Spitzbogen in die schmale Stirne hinauf.

»Was ist die Schrift?« schrie er, »eine leere Haut, ein Balg, wenn ich nicht den heiligen Geist hinein blase! eine tote Katze, wenn ich sie nicht mit dem Odem Gottes auf die Beine jage! Sie ist eine tonlose Pfeife, eine stumme Geige, wenn ich nicht darauf spiele! Ich bin die Offenbarung und das Wort, und die Schrift ist nur der Schall und der Hauch davon, der die Luft bewegt! Ich zünde sie an wie eine Laterne, damit zu leuchten, und lösche sie aus, sobald es mir gefällt! Ich ziehe sie mir über den Kopf, wie eine Nebelkappe, und mache brr! brr! und schüttle den Kopf, und alsbald bin ich ins Geheimnis gehüllt und ein schreckliches Dunkel geht von mir aus, daß euch die Haut schaudert! Ich blase durch die Nase und der Nebel verschwindet, das Buch liegt auf dem Tische Gottes und seine Buchstaben glänzen wie tausend Sterne, und ihr glaubt der Gründung des Himmelreichs beizuwohnen! Ich nehm's und werf' es in die

Ecke dort, und es ist ein gedrucktes Buch, ein Häuflein schlechtes Papier, wie tausend andere Bücher!«

Alle sahen unwillkürlich nach dem Ofenwinkel, als ob er wirklich eine Bibel dorthin geschleudert hätte; die Wirtin stieß einen Schrei des Schreckens und der Bewunderung aus über solche Kraft und Herrlichkeit. Auch Hansli Gyr schaute hin, erstaunt und erschreckt von dem Unerhörten; aber der kalte Wirtz fuhr fort:

»An diesem Gewimmel toter Buchstaben mag jener eitle Grammatikus und Magister seine Künste treiben, er kann ebenso nutzreich den Sand der Wüste umworfeln, es wird kein lebendiger Quell entfließen! Ich aber nehme sie wieder hervor, und sie ist ein Mosesstab, ein Pflug, ein Schild und ein Schwert, ein Krug und ein Glas, ein Faß und ein Wein, ein grüner Wald und der Hund, mit dem ich darin jage, das tiefe Meer und das Schiff, darin ich fahre! Ich lese die Schrift und ich schreibe sie, ich denke sie, ich spreche sie, ich tu' sie auf, ich tu' sie zu, ich sitze drauf, ich binde sie dem Teufel an den Schwanz und lass' ihn laufen wie die Katz' mit der Schelle!«

»Denn Ich bin der, der das Wort hat! spricht der Herr, und der es geschrieben hat und der es allein lesen und verstehen kann in seiner Wohnung, der Kreatur!«

Diese Rede ertönte von einer neuen, noch heftigeren und lauteren Stimme, obgleich die Worte etwas langsamer und ausgeprägter gesprochen wurden. Der Kriegsmann, der sich nach dem neuen Redner umschaute, sah eine gedrungene Gestalt mit rollenden Augen und trotzig vorgestreckter breiter Unterlippe im schwärzlichen Gesicht. Das war der Schneck von Agasul, wie er im Volke genannt wurde, ein viel herum gefahrener Schuster und Schulmeister von abwechselnder Profession. Von seiner Unterlippe hatte ein ihm feindlicher Priester gesagt, sie sehe aus, wie des Teufels Ruhebänklein, von welchem der gefallene Engel die haarigen Beine herunterbaumeln und sich schaukeln lasse, wenn der Schneck rede. Sonst hatte er nichts Eigentümliches an sich, als daß er ein Freund des Schmuckes schien; denn er trug mehrere vergoldete Ringe mit roten und grünen Glassteinen an den Fingern. Man sagte ihm nach, daß er in früheren Jahren die Schuhe aufgeschnitten und auch an den Zehen solche falschen Ringe getragen habe.

»Ich bin Der, der das Wort hat!« rief er, indem er den Hansli Gyr, der ihn neugierig betrachtete, wieder mit den Augen durchbohrte und immer gereizter wurde, bis er sich plötzlich besann und einen Gesang anhub, in welchen Männer und Frauen einfielen; denn auch Ursulas Stimme ließ sich unerwartet hören:

Gott ist in Juda wohl bekannt,
In Israel sein Name schallt,
Zu Salem ist sein Unterstand,
Von ihm die Burg auf Zion hallt!
Daselbst zerbricht er Pfeil und Speer
Und Schild und Schwert und allen Streit;
Die Stolzen schlägt und bändigt er
Und lähmt die Krieger weit und breit!

Er macht sich auf zu selber Frist,
Zu richten über alle Not,
Und wer auf Erden elend ist,
Dem hilft der Herr, Gott Zebaoth!
Lobt Gott und opfert ihm, dem Herrn!
Denn seine Hand ist rauh und schwer:
Er löschet aus der Fürsten Stern
Und jagt die Könige vor sich her!

Der Gesang verscholl aber eher wehmütig als drohend, mehr wie eine Klage, als wie ein Siegeslied; der Schneck von Agasul aber fuhr von neuem empor und rief:

»Nun glaubt ihr wohl, Gott sitze wirklich auf einem feurigen Streitwagen oder auf der Zionsburg über den Wolken, angetan mit einem langen Bart, mit Krone und Schwert, und verjage euch den Papst und die Fürsten, die Junker und die kleinen

Burgerkönige von Zürich, und ihr könnt nur dastehen mit offenem Mund, daß die gebratenen Vögel hinein fliegen! Und er trage ein Tintenfäßlein im Gürtel und schreibe alle euere Namen in ein Buch, jeden mit seinem Guthaben und seinen Wünschen, mit seinem Längenmaß und dem Gewicht seines Bauches, daß er zugeben und wegnehmen könne, wie es das Wohlsein erfordert, und habe davon alle Finger voll Tintenflecke, der gute Mann?

»Ha, weit gefehlt, ihr blinden Heiden, die ihr Bilder anbetet und den Herren nicht spüret, der euch im Genicke sitzt! Hier ist er, dort ist er, allenthalben ist er! Er ist im Staube dieses Fußbodens und im Salze des Meerwassers! Er schmilzt mit dem Schnee vom Dache, wir hören ihn tropfen, und glänzet als Kot auf der Gasse. Er schwänzelt mit dem Fisch in der Tiefe des Wassers und späht im Auge des Habichts, der in den Lüften fliegt. Wie würde uns der Wein so gut dünken, wenn er nicht darin wäre, das Brot sättigen, wenn er nicht darin wohnte? Aber er ist auch in uns selber, und so wie wir uns selbst nur sehen können, wenn wir einen Spiegel haben, so können wir Ihn, der in uns wohnt, nur erblicken im Angesichte des Nächsten und Bruders; darum müssen wir uns fleißig ineinander bespiegeln und uns Brüder sein, daß wir ihn entdecken und offenbaren, der von Urbeginn in uns ist! Denn wie könnten wir so heilig, so sündlos, so geistreich und so witzig sein, wenn wir nicht selber göttlicher Natur wären, und wie könnte Er bestehen, wenn wir ihm nicht Wohnung gäben?

»Darum, so hängt er von uns ab, wie wir von ihm, und wir müssen ihn mürbe machen, wenn er nicht gut tut, und ihn gänzlich überschmieren mit kecklichen Gedanken und Worten, bis er kleinlaut wird und mit Wundern und Zeichen ausrückt und uns zu Willen ist!«

Er nahm vom Tisch einen Apfel, hielt denselben vor sich hin und sprach mit ihm, als ob er belebt wäre:

»Holla, du putziges Herrgöttlein! hast dich hieher geflüchtet, sitzest in diesem Apfel und glaubst, ich finde dich nicht? Ich will dich wohl auftreiben, wie du einst den Adam aus dem Busch getrieben hast, als er vom Apfel gegessen! Beim heiligen Blut des Menschensohnes, komm eilends hervor! Sehet, ihr Brüder und Schwestern, wie der Apfel anfängt innerlich zu leuchten, wie er mir auf der Hand schwillt und zur Welt wird? Seht ihr, wie der Stiel wächst und zum hohen Kreuz wird, das auf Golgatha steht? Seht ihr die Menschlein, die auf der Höhe wimmeln, und die Gräber, die sich auftun, und die Toten, die auferstehen? Heilig, heilig, heilig ist Er! Rufet und preiset Ihn, Er hat uns erlöset!«

»Heilig, heilig!« stießen alle mit einstimmigem Ausrufe hervor, mit Ausnahme des Soldaten, der den Propheten unverwandt anstaunte, bis dieser plötzlich ihm die Baumfrucht gegen den Kopf schleuderte und mit verändertem Tone rief: »Da hast du den Apfel, friß ihn!«

Hansli hatte den Apfel aber schon mit der Hand aufgefangen, betrachtete ihn eine kleine Weile und legte ihn dann ruhig auf den Tisch.

»Das tust mir nicht ein zweites Mal, du Gaukelmann!« sagte er zu dem Schneck, indem er ihn gelassen ansah; der Winkelprophet aber rutschte hinter dem Tische, wo er sich halb und halb sicher fühlte, unruhig hin und her, juckte auch ein paar Mal in die Höhe, ohne daß er wußte, was er eigentlich mit dem Kriegsmann wolle. Es war eben die böse Willkür, die seit tausend Jahren oben auf den Altären gesessen und nun in diese armen Leute gefahren war, sich da in ärmlicher Weise kund gab und gleich verlegen wurde, wenn sich Widerstand zeigte.

Neben dem Unruhigen saß aber ein stiller Heiliger, der ihn jetzt beschwichtigte, Jakob Rosenstil, der Breitmatter genannt, ein beleibter Mann mit einem langen Bart, welcher bis jetzt mit über den Bauch gelegten Händen bequemlich und schweigend dagesessen hatte. Er huldigte einer geistlichen Gelassenheit, einem Stillstande, einer Unbeweglichkeit der Seele, die alle Betrübnis in sich aufzehrte und sich, ohne sich zu rühren, von den göttlichen Sachen und allen guten Dingen anfüllen ließ. Er war jahrelang gemächlich im Reiche herumgewandert, auch schon einmal in einem Kloster gewesen und dann wieder aus demselben hervorgekommen; jetzt zog er langsam von Hütte zu Hütte, weil die Notdurft ihn immer wieder auf die Beine brachte und ihn zwang, einen Anschluß an beweglichere Gottschauer zu suchen, in deren Gefolge es etwas zu beißen gab.

»Sei doch nicht so ungeduldig und eher sanftmütig!« sagte er zu dem Schnecken von Agasul und legte ihm die Hand auf die Schulter; »siehe, der Mann ist ja ganz ruhig, trotz seines Schwertes; laß ihm doch die nötige Zeit, daß er das wahre Wort Gottes in sich aufnehme und verarbeite, und du wirst sehen, was für ein schöner Erweckter und Heiliger das einst sein wird!«

»Ich will keine Äpfel mehr schnitzen!« antwortete Schneck unwirsch, aber ausweichend, und schob zurück, was vor ihm auf dem Tische lag.

»Frau, räume den Tisch ab!« rief der Hauswirt; »wir wollen uns noch ein kleines Weltfreudelein bereiten und einen Kopf Wein ausmachen! Hast du dein neues Kartenbüchlein bei dir, Wirtz?«

Der Tisch wurde abgeräumt, der kalte Wirtz zog ein Kartenspiel aus seinem grauen Sackrocke hervor und legte es auf den Tisch; der alte Enoch holte einen großen Krug Weines herbei, den er seinen Gästen für gutes Geld ausschenkte, obgleich er keine Ehafte hiefür besaß, und nun spielten sie ohne weiteres Geräusch den größten Teil der Nacht hindurch eifrig mit den Karten, deren Bilder von greulichem Getier: Affen, Katzen und Dämonen, teils unanständiger Art, zusammengesetzt waren, ohne übrigens von den Spielern genauer betrachtet zu werden.

Erst gegen Morgen machten sie mit dem eintönigen Geschäft ein Ende und zerstreuten sich nach ihren verschiedenen Wohnstätten oder Schlupfwinkeln. Hansli Gyr, der es ablehnte, mit den unfreundlichen Gesellen zu spielen, und dem es auch nicht gelungen war, noch ein Wort mit den unsichtbar gewordenen Frauensleuten zu reden, hatte schon früher seine einsame Behausung aufgesucht und sich kopfschüttelnd und mit übelm Mute endlich zur Ruhe gelegt.

II.

Dennoch schlief er gut und tief in den Morgen hinein, da seiner Müdigkeit das sorglich aufgefrischte Lager, das vormalige breite Ehebett seiner verstorbenen Eltern, gastfreundlich entgegen kam. Er mußte auch gleich beim Erwachen der weiblichen Hand gedenken, die dieses Lager so wohl zubereitet; und als er vollends den ihm zugedachten Morgenimbiß erblickte, schwankte er in seinem Sinne, ob er nicht töricht gehandelt habe, das zärtliche Glück von sich zu stoßen, das ihm so nahe gewesen. So gut er es verstand, braute er nun selbst den heißen Würzetrank, und überlegte, bei demselben sitzend, wie die Sache zu wenden sei, daß er auf rechte Weise zu dem Seinen komme.

Da öffnete sich die Türe und der alte Schnurrenberger trat herein, in Fausthandschuhen und die Axt unter dem Arme wie einer, der ins Holz gehen und im Vorbeiweg zusprechen will. Mit seinen stets oszillierenden Augen besah er schnell das Frühstück, zu welchem Hansli ihn einlud, und er säumte auch nicht, daran teilzunehmen.

»Ich werde diesen Wein und dieses Brot und das Gewürz«, begann er mit bedächtigen Worten, »auf unsere Abrechnung und zwar zu meinen Gunsten schreiben müssen, da du das Kind verschmäht und von dir gestoßen hast; denn billig trägst du jetzt diese Kosten allein!«

»Wer sagt denn von verstoßen und verschmähen? ich will sie mehr als je!« antwortete Hans; »aber ich wundere mich, daß ihr, Vater und Mutter, euer Kind auf die bewußte Art aus der Hand geben wollet; und ich wundre mich, daß ihr mit solchen

Schalksnarren verkehrt, die euch solches in den Kopf setzen, wie ich gestern gesehen!«

»Diese armen Schalksnarren werden deine und deiner Herren Meister sein; denn wir, das Volk, werden sie groß machen, damit wir selber groß und herrlich werden nach dem Ratschluß Gottes, der auf dem Wege zu uns ist! Was das Kind, die Ursula, betrifft, so wollen wir uns dem alten Heidenregiment nicht mehr unterwerfen, sondern sie aus göttlicher Freiheit weggeben, und nur wer sie in solcher Freiheit aufnimmt, kann sie haben. Du aber bist als ein halsstarriger und hochmütiger Spießgesell des Alten heimgekommen, das sehen wir freilich, und bauen nicht mehr viel auf dich!«

Hansli Gyr sah bekümmert vor sich hin; er gehörte zu jenen einfach gearteten Menschen, welche von ausbrechenden Seelenkrankheiten unberührt bleiben, ohne sich irgend dafür anstrengen zu müssen, wie es Leute gibt, die gegen leibliche Seuchen verwahrt scheinen und ohne Gefährde hindurch gehen. Er fühlte daher wohl, daß er dem verworrenen Wesen, das ihm widerstand, nie näher kommen werde. Während er aber gegen die Ursula keinerlei Bitterkeit, sondern nur zärtliches Mitleid empfand, erfüllte ihn das Benehmen ihres Vaters mit Ungewißheit und Abneigung. Er hatte denselben jederzeit als einen schlauen und beredten Mann gekannt und für klüger gehalten, als er in der Tat war, insofern er in seiner Unschuld nicht zu beurteilen wußte, wie gerade solche Schlauköpfe, von übeln Trieben geleitet, am ehesten der Verkehrtheit verfallen, die sie zu beherrschen wähnen. Um so rätselhafter erschien ihm jetzt dieses fremdartige Unheil, das sich so unheimlich an der Stätte seiner Wiege und seiner verhofften Zukunft eingenistet hatte.

Nach einem kleinen Nachdenken faßte er sich jedoch zusammen und sagte:

»Ich will nach Zürich gehen, wo ich ohnehin mich noch zu stellen und zu tun habe. Dort werde ich mich umschauen und am besten sehen und hören, was im Lande geht und was die Obern eigentlich wollen und lehren lassen. Darum wäre es mir lieb, wenn du meine Sache so lang noch besorgen wolltest; sobald ich wieder komme, will ich dir alles abnehmen und dich nicht am Schaden lassen!«

Diese Mitteilung gefiel aber dem Enoch Schnurrenberger keineswegs und daß der junge Mann in der Stadt der alten Herrscher sich Rats erholen wolle, statt ihm zu glauben.

»Du wirst nicht wieder kommen!« sagte er schnell besonnen; »und aus alter Freundschaft und um dir Gutes zu tun, will ich es dir leicht machen, deinem vermeintlichen Glücke nachzugehen, solange der Geist Gottes nicht über dich kommt. Höre also: Alles, was man jetzt Eigentum nennt, wird aufhören, sobald das Reich der tausend Jahre kommt, was über Nacht geschehen kann! Zuerst werden Zehnten und Grundzins, Gefälle und Frondienst und alle ungerechten Beschwernisse abgeschafft; bald darauf wird aber auch alles Land eingezogen und der letzte Marchstein ausgegraben, und wer nicht mithalten will, kann den Mund wischen und gehen. Damit du jetzt schon gehen kannst, ohne um das Deine zu kommen, will ich dir dein Gütlein aus Erbarmen um einen billigen Kaufschilling abnehmen und es als das meinige bewerken, solange der alte Zustand noch dauert. Da ich an dem neuen Reiche teil haben werde, so leide ich alsdann ja keine Not und müßte so wie anders alles was ich besitze an dasselbige abgeben. Du aber kannst auf diese Weise einstweilen ziehen, wo dich gelüstet, und hast einen guten Reisepfennig!«

Enoch nannte, nach einem scheinbaren kleinen Besinnen, einen noch kleineren Kaufpreis, um welchen er sogleich mit Hansli abmachen wolle.

»So viel besitze ich schon an erspartem Sold und etwas Beutegeld«, erwiderte Hans, indem er ein mit Gold gefülltes Ledersäcklein hervorzog und dem Alten zeigte, dessen neugierige Augen mehr von irdischen Dingen als vom Reich Gottes zu funkeln schienen.

»Überdies«, fuhr Hansli fort, »steht mir das Gütlein vorderhand noch fest genug. Es könnte ja aber auch so kommen, daß

Zehnten und Grundzinse allerdings abgeschafft würden, nicht aber das Grundeigentum, und alsdann wäre dieser Hof um soviel mehr wert, ich also darum betrogen, woran du freilich gewiß nicht gedacht hast. Wir wollen es daher beim alten lassen und ich danke dir für deine gute Hülfsmeinung!«

»Wie du willst«, sagte Enoch, dessen Gedanken Hansli ziemlich erraten hatte, da er auch nicht auf den Kopf gefallen war; »aber sorge nun dafür, daß das Gewerblein bestellt wird; denn ich mag mich nicht länger damit plagen!«

Hiemit nahm er seine Axt zur Hand und verließ ohne weitere Reden das Haus, in welchem Hansli Gyr einsam zurückblieb. Enochs Betragen drückte ihm nicht wenig auf das Herz, da er daran erkannte, daß man ihn aufgab und aus der Nähe zu bringen suchte. Nachdem er eine Weile in der stillen Stube gesessen, welche gestern so warm und wirtlich gewesen und jetzt so kalt und unfreundlich war, sprang er plötzlich empor, um sich auf den Weg zu machen. Statt die alten Bauernkleider hervorzusuchen, blieb er in seinem Kriegsgewande und stellte dasselbe, wie die Waffen, sorgfältig wieder in sauberer Ordnung her. Auch die lederfarbigen Handschuhe mit den hohen Stulpen zog er wieder an, wie wenn er sich dadurch stolz von der verkehrten Heimat abschließen und unterscheiden wollte. Als er vollends die Fensterläden zugeschlossen hatte und von der Türschwelle in das dunkle Haus zurücksah, wurde es ihm beinah zu Mut, als ob der alte Invalide zu Rapperswyl recht gehabt und er lieber wieder hinaus möchte, wäre es auch nur, um ein Grab im grünen Felde zu finden.

Er nahm jedoch den Schlüssel zu sich und ging in der Richtung nach Enochs Hof hinweg, in der Absicht, denselben dort abzugeben, gewissermaßen als Unterpfand, daß er wiederkommen werde und seinerseits die Hoffnung nicht fahren lasse. Als er zu der Behausung kam, saß die Mutter der Ursula, winterlich eingemummt, in der offenstehenden Scheuer und schnitt irgendein Viehfutter zurecht, wonach hier die tägliche Arbeit doch einstweilen in alter Weise fortgeführt wurde.

»Muß man im tausendjährigen Reich auch noch Kraut und Rüben schneiden?« sagte er mit versöhnlichem Scherz; »guten Tag gebe Euch Gott! so fleißig mit den krummen Fingern?«

»Dank dir Gott, Hansli, und gebe dir auch einen guten Tag!« antwortete die Frau; »man wird immer etwas tun müssen, es wäre ja sonst zu langweilig! Wo willst du hin mit deiner Rüstung? Ich wäre jetzt bald zu dir hinüber gekommen, um dir etwas zu Mittag zu kochen, da man dich doch nicht so sitzen lassen kann! Doch du scheinst ja wieder ausfliegen zu wollen?«

»Ich muß nach Zürich hinunter, wo die Mannschaft abgedankt wird; hier ist mein Schlüssel, wenn Ihr ihn noch so lang verwahren wollt! Und sagt, wie ist es mit der Ursula? Ist es auch Euere Meinung, daß sie ohne Pfarrer und Obrigkeit eine Frau werden soll?«

»Ja, das ist auch meine Meinung, weil es der Wille Gottes und meines Mannes ist. Er versteht das Ding freilich besser als ich und hat immer seinen Willen durchgesetzt. Er gedenkt selbst ein Oberhaupt zu werden in der neuen Zeit und sagt, einmal müsse man anfangen und gerad mit dem, was uns am nächsten liegt. Klug genug ist er, alles durchschaut er und hat große Gaben. Du tätest daher am besten, du würdest dich ihm unterwerfen; denn du kannst nicht aufkommen gegen ihn. Die Ursel hat letzte Nacht kein Auge zugetan; sie sitzt jetzt in der Stube und spinnt; willst du nicht hineingehen?«

Er tat es; Ursula wurde ganz mit Rot übergossen, als er eintrat; sie senkte den Blick auf die Spindel, ohne zu beachten, daß der Faden in Unordnung geriet. Seinen Gruß erwiderte sie nicht, und selbst als er ihre Hand ergriff, sah sie nicht auf, sondern wendete sich ab.

»Ich bin gestern gar nicht dazu gekommen, dir das Ringlein zu geben, das ich mitgebracht habe«, sagte er und legte ihr einen fein gearbeiteten Goldreif, den er in Italien gekauft, an einen Finger der Hand, die er ergriffen; »willst du dich mir aufs neue anvertrauen und versprechen, daß du wartest, bis ich wieder komme?«

»Nur wenn du deiner verlorenen Welt absagst und dich zu uns hältst, will ich den Ring tragen«, sagte endlich Ursula mit stets abgewandten Augen, »im übrigen will ich warten, bis du dich an die großen Dinge mehr gewöhnt hast!«

»Ich sage keinem ab und keinem zu!« rief Hansli, »du aber mußt jedenfalls von den Propheten lassen, die ich gestern gesehen; denn die gefallen mir nicht!«

Da streifte Ursula den Ring vom Finger und ließ ihn auf den Boden rollen, indem sie aufstand und ohne den Hansli Gyr anzusehen aus der Stube ging, in die Kammer, wo sie sich den heiß hervorbrechenden Tränen überließ. Sie beugte sich unter dem Banne des Wahnes und des stechenden Blickes ihres Vaters, den sie zu gleicher Zeit fürchtete, wie ein Schwert, und verehrte, wie einen untrüglichen Heiligen; denn wo sollten solche Geister Anhang und Glauben finden, wenn nicht zuerst bei den Ihrigen, denen sie die Sache unaufhörlich vorsagen und jede wünschbare Beschreibung von sich machen?

Hans stand noch einige Minuten in der Stube; dann ging er, ohne den Ring aufzuheben oder sich weiter umzuschauen, hinaus und begab sich mit einem schweren Seufzer auf den Weg. Wieder begegnete er, als er durch die nächsten Dörfer kam, manchen seltsamen Leuten und Blicken und sah, wie sie zusammenstanden und raunten. Bald aber, je weiter er kam, war es, wie wenn die Luft sich klärte; er sah das alte vertraute Volk, welches unbefangen und verständig seinen Geschäften oblag und mit heiterer Ruhe seine Wege ging. Und doch war auch hier und überall nicht mehr die alte Weise; eine rege und kräftige Gedankenarbeit schien die geklärten Lüfte zu durchwehen und die Menschen zu beseelen, und ohne daß er sich sagen konnte, woran es lag, wurde es dem rüstig Ausschreitenden wohler und heller zu Mute.

Freilich traf er die Kriegsschar, die noch zu Zürich lagerte, in Widerspruch und Aufregung begriffen. Durch das strenge Verbot aller weiteren fremden Kriegsdienste und der Pensionen fühlten sich die alten Reisläufer und ihre Rädelsführer hart betroffen und am neuen Auslaufen verhindert, und von den geheimen oder offenen Gegnern der Reformation aufgehetzt, ließen sie ihrem unwirschen Mute und der Zunge den Zügel schießen, während von der andern Seite die prophetischen Schwärmer sich unter die Soldaten mischten und sie für sich zu gewinnen suchten.

Nachdem Hansli Gyr sich vorläufig umgetan und bei den Vorgesetzten gemeldet hatte, suchte er, da es Abend geworden, das Trinkhaus zum Elsasser auf, wo die Stadt durch ihren eigenen Wirt elsässischen Wein ausschenken ließ und jetzt die Unteroffiziere und alten Streithähne des zurückgekehrten Heerhaufens beieinander saßen oder standen; denn schon unter der Haustüre, über welcher das Stadtwappen gemalt war, und auf dem Flur waren die reisigen Gesellen in Gruppen versammelt und gingen ab und zu in aufrechter, schlanker Haltung, wie Leute, die seit Jahren den Rücken nicht gebeugt und den Karst nicht mehr geführt haben oder die Axt. Hansli drängte sich durch und eroberte noch einen äußersten Platz in der dichtgefüllten Stube, die vom lauten und aufgeregten Gespräche widerhallte, soweit die niedere Decke das zuließ. Scharfe Sprüche und Reden schwirrten durcheinander; die in den höchsten Lagen ertönenden Stimmen gehörten gerade den längsten und stärksten Männern an, erklangen aber nur um so schneidender und drohender. Sie stritten auf allen Seiten darüber, ob dem Kriegsverbote zu gehorchen oder offen zu trotzen sei, oder ob man einfach das Land verlassen und, das übrige der Zukunft anheimstellend, ziehen wolle, wo es beliebe.

Als Hansli sich genauer umsah, bemerkte er den kalten Wirtz von Goßau, der mitten unter den Kriegern zuhinterst an der Wand saß, dicht neben einem andern seltsamen Nichtkrieger, einem verkappten Mönch und Papist, den niemand kannte, der aber bis jetzt allerlei aufreizende Worte zum Widerstand und zum Festhalten an der alten Kriegsfreiheit in Umlauf gesetzt hatte. Plötzlich zog Wirtz seine Augsbrauen bis unter den Hut hinauf und fing an zu rufen, die Männer sollten diesem römischen Teufelsgesellen nicht glauben, aber auch nicht den Herren und Räten, sondern sie sollen ihre Spieße auf einen Haufen werfen mitten in der Stadt und dieselben feierlich verbrennen; denn das neue Jerusalem sei im Anzuge, das seine eigenen Stadtsoldaten mitbringe, Legionen von Engeln mit feurigen Schwertern, gegen die kein irdisches Eisen mehr aufkommen könne. Dieses werde nur noch dazu bestimmt sein, die willige Erde mit leichter Mühe zu graben und der mildesten Witterung zu öffnen. Jeder bekomme überdies eine neue junge Frau und könne sich der alten, wenn er eine solche habe, bei dieser Gelegenheit entledigen, da mit jeglichem Übel aufgeräumt würde.

Ein schallendes Gelächter unterbrach Wirtzens Rede, die sich anfänglich einiger Aufmerksamkeit erfreut hatte; nur drei oder vier ältere Hähne, welche die Heimkehr ersorgen mochten, schienen der Sache reiflicher nachzudenken, bis auch sie das Unwahrscheinliche einsahen und den Propheten weiter keines Blickes würdigten. Hansli Gyr aber voll Unwillen, daß der Fratzenmann, den er erst gestern gesehen, ihm heute schon wieder vor Augen kam und ihn an die unglückliche Wendung erinnerte, die das Wiedersehen mit Ursula genommen, rief jetzt mit lauter Stimme, man sei nicht dazu da, sich mit allerhand Eselsschwänzen abzugeben, wie sie im Lande jetzt vom Himmel zu fallen scheinen; man habe Ernsteres zu schaffen und müsse zusammenhalten.

Als er nun begrüßt und gefragt wurde, wie er denn von den Sachen denke, sagte er: »Liebe Brüder, ich bin erst seit ein paar Stunden hier und habe gleichwohl erkundet, daß die Räte und Bürger, die Zweihundert und das Volk auf der Landschaft in großer Mehrheit einig gehen und die Gewalt bei ihnen ist nach wie vor! Darum halte ich dafür, daß es uns nicht anstehe oder nützlich sei, Streit zu erregen und von der Ordnung zu weichen.«

»Das ist eine gute Rede von einem jungen Kriegsmann!« sagte jemand neben ihm mit wohlklingender Stimme, und eine Hand legte sich warm und fest auf seine Schulter. Als er sich verwundert umschaute, sah er den Meister Ulrich Zwingli, der von einem angesehenen Zunftvorsteher und einem jungen Humanisten begleitet, aus den Staatsgeschäften kommend, hier vorsprechen wollte, um selber wahrzunehmen, wie es um die Kriegsleute stehe.

»Ist unter den Waffen«, fuhr Zwingli fort, »eine so biedere Meinung und noch ein Plätzchen für uns übrig, so möchte ich gern auch ein Glas von dem elsässischen Wein trinken, der einem Geistlichen, der die Soldaten lieb hat, nicht minder wohl tun muß, als diesen selbst!«

Zum Teil willig und freundlich, zum Teil nur langsam und murrend rückten die Männer zusammen; aber diese Bewegung wurde mit jedem Augenblicke kräftiger, je länger das sonnige Auge des Reformators auf der Versammlung ruhte, weshalb bald hinlänglicher Raum für die Neuangekommenen vorhanden war, freilich auf Kosten des römischen Mönches und des kalten Wirtzen; denn weil diese beiden allein sich nicht gerührt hatten, so wurden sie von zwei Seiten her zusammengedrückt und aneinandergepreßt, so daß sie sich nicht mehr bewegen konnten zwischen den starken und breiten Gesellen und dabei alle Mühe bloß darauf verwenden mußten, ihre feindlichen Gesichter voneinander abzukehren.

Um so ungestörter konnte Zwingli, der die beiden Eingeklemmten mit heiterer Laune gar wohl bemerkte und erkannte, sich mit den Soldaten unterhalten; bald hörten sie auch mit sichtlichem Wohlgefallen auf seine Reden, deren toggenburgischer heller Dialekt anmutig abstach gegen den Vokalismus der Zürcher, der bald dumpf geschlossen, bald ungefügsam breit dem Inhaber selbst zuweilen beschwerlich fällt, bis der erstarkende Redestrom alle Hindernisse besiegt und wie ein geschiebeführendes Bergwasser einherdonnert. Die bewegliche Sprache Meister Ulrichs war zudem die Blüte des frischen und unbefangenen Wesens des Gebirgskindes, das hoch unter Felsenhäuptern und Firnen geboren, mit gelenker Kraft ins Leben hernieder gesprungen ist und überall den Glanz der Heimat im

Auge zu tragen und die wehende Bergluft auf den Wangen zu fühlen scheint.

Es wurde auch dem Manne, der später die merkwürdige Instruktion für einen Feldhauptmann, wie er sein soll, geschrieben hat, nicht schwer, die Wehrmänner zu überzeugen, daß er kein Feind und Verächter redlicher Kriegsleute, sondern ihr Freund und guter Bruder sei. Sie folgten mit Aufmerksamkeit seinen Worten, als er die höhere Art eines Wehrvolkes schilderte, welches nicht sein Blut für Geld und fremde Händel verspritze, wohl aber mit seinen Ehrenwaffen die Unabhängigkeit des Vaterlandes, das selbstgeschaffene Recht, die gute Sitte und die Freiheit des Gewissens zu schirmen verstehe.

Es wurde zuletzt so still, daß man plötzlich die Glocke läuten hörte, welche den Schluß aller Trinkstuben und Wirtschaften gebot. Sogleich erhob sich Zwingli mit seinen Begleitern und begab sich nach seinem Hause, das ihm ungewohnte Abenteuer beendigend. Allein auch die Soldaten, denen in Anbetracht ihrer langen Kriegsfahrt sowie ihrer besondern Stimmung niemand den Aufbruch anzubefehlen wagte, erhoben sich zum größten Teile freiwillig, und einige von ihnen geleiteten den Magister bis zu seiner unfern beim Münster gelegenen Pfarrwohnung und schüttelten ihm dort traulich die Hand, unter ihnen auch Hans Gyr, der mit großer Zufriedenheit dicht neben ihm gesessen und ihn, soviel es die Bescheidenheit erlaubte, fleißig angeschaut hatte. Zwingli wachte noch den größten Teil der Nacht hindurch, indem er an seine gelehrten Zeit- und Kampfgenossen lateinische Briefe schrieb über die Dinge, die ihn und sie bewegten.

Die Mannschaft aber ging dann am nächsten Tage friedlich auseinander und zerstreute sich über die Landschaft, jeder seinen Herd suchend; nur Hansli Gyr blieb mit einer kleinen Zahl zuverlässiger Leute, die keine andere Unterkunft wußten, in der Stadt, um für alle Fälle bei der Hand zu sein und inzwischen mannigfache vertraute Dienste zu leisten. Hansli wohnte auch am Schlusse des Monates der ersten großen Disputation bei, durch welche die Oberherrschaft des Staates und die Unabhängigkeit der Gemeinde festgestellt, die für wahr gehaltene biblische Urkunde zur alleinigen Grundlage des Glaubens erklärt wurde. Er ging auch fleißig in die Predigt des Reformators und nach Maßgabe seines schlichten Verständnisses war er Zeuge einer wirklichen Reformationsarbeit, die noch das Glück hatte, aus dem Ganzen zu bauen. Von dem festen Grunde der Erde erhoben sich die Pfeiler und Giebel des Werkes in die Höhe der übersinnlichen Welt, bis sie wie lauterer Kristall in den kristallenen Äther tauchten, ohne die Umrisse zu verlieren, und die Baumeister standen nicht wie willkürliche Macher hinten in einer geistigen oder körperlichen Sakristei, sondern mitten im Tempel und blickten, selber leidend, hoffend und vertrauend, siegend oder untergehend, in die Höhe, die vom Dunste des Priesterheidentums, soweit das Zeitalter es erlaubte, gereinigt war. Aber die Religion blieb die alte und wurde nicht zu einer mythologischen Literatur, welche, über eine philosophische Formel gespannt, mit mehr oder weniger Kunstfertigkeit gespielt werden kann, wie ein anderes Instrument.

Daher waren die Reformatoren samt ihrem Volke naiv fromm und mit sich einig bei aller Freiheit des Geistes, und es wurde auch dem einfachen Soldaten Hansli Gyr möglich, mit Bewußtsein und wachem Auge die neuen Wege zu gehen.

III.

Die Pfingstzeit des Jahres 1524 war für die in den Kirchen zu Stadt und Land versammelte Bilderwelt kein liebliches Fest geworden; denn infolge einer weiteren Disputation und daherigen Ratsbeschlusses wurde, unter Zustimmung des Volkes, alles Gemalte, Geschnitzte und Gemeißelte, Vergoldete oder Bunte von den Altären und Wänden, Pfeilern und Nischen genommen und zerstört, also daß der Kunstfleiß vieler Jahrhunderte, so bescheiden er auch in diesem Erdenwinkel war, vor der Logik des klanglosen Wortes erstarb; allein die eigentlichen Religionen dulden keine Surrogate; entweder gehen sie in denselben unter oder sie verzehren sie, wie das Feuer den Staub. Trotz allem Schonen und Zögern brach es los wie ein Gewitter, und unter dem Rufe: fort mit den Götzen! ging es an ein Hämmern, Reißen, Abkratzen, Übertünchen, Zerschlagen und Zerspalten, daß in kurzer Frist die ganze kleine Farben- und Formenwelt vom Tageslicht hinweggeschwunden war gleich dem Hauch auf einer Fensterscheibe.

Ein Jahr später, an einem schönen Herbsttage, fand das Nachspiel statt, als im Chorherrenstift zu Zürich der Kirchenschatz ausgehoben und zu Handen des Staates genommen wurde. Von den in Silber und Gold gebildeten Heiligtümern trennten sich die geistlichen Hüter nicht so leicht und sie wichen schließlich nur dem bestimmten Befehl, als die Abgeordneten des Rates in die Sakristei drangen. Hansli Gyr war zu Schutz und Wache beigegeben und wunderte sich, indem er das zudringende Volk in Schranken hielt, selber über die verjährte Kostbarkeit, die nun durch die verödeten Kirchenhallen, den hellen Sonnenschein getragen und zunächst in das gegenüber liegende Kaufhaus gebracht wurde, welches ein grauer alter Ritterturm war.

Voran schwankten die silbernen Bilder der Schutzheiligen Zürichs, der Märtyrer Felix, Regula und Exuperantius, welche trotz aller Reformation zur Stunde noch, die Häupter in den Händen, das Zürcher Staatssiegel bilden. Dann folgte ein sechzig Pfund schweres Muttergottesbild von purem Golde, dann eine Reihe goldener und silberner Kreuze, schwere gotische Monstranzen, gleich kleinen Münsterkirchen einherwandelnd, ein dichter Schwarm goldener Kelche und anderer Gefäße, von den ältesten byzantinischen, dann gotischen Formen bis zur neuesten Gestaltung im Stil der Renaissance; Rauchfässer und dergleichen begleiteten die Reliquienkasten, Plenarien und andere Behältnisse der Heiligtümer, das goldene Gebetbuch Karls des Kahlen und ähnliche Raritäten, alles mit Edelsteinen und

Perlen mannigfach übersäet; das alles schimmerte auf dem kurzen Wege im letzten Sonnenblick, eh' es in den düstern Hallen des Turmes verschwand.

Sogleich folgte aber ein noch farbenreicheres Schauspiel, das mehr von einem fröhlichen Geräusch begleitet war, als die unabsehbare Menge der Meßgewänder und Paramente, der Kirchenfahnen, Altartücher, Teppiche und Buntgewebe aller Art erschien, von Schülerknaben und anderer Jugend getragen und geschwenkt. Dieser Zug ging aber nicht in den Kaufhausturm, sondern bewegte sich wie ein Katarakt von Seide, Gold- und Silberfäden, Leinwand und weißen Spitzengeflechten die Münstertreppe hinunter auf das im Flusse stehende Helmhaus, ein offener Estrich, wo die Trödler und Krämer saßen und allerhand Schacher getrieben wurde. Dort hielt man nun einen Markt über alle die Stoffe und Gewebe von zum Teil sehr alter Abkunft und kunstreicher Arbeit; ein Haufe eitler oder leichtsinniger Weiber und Dirnen eilte aus seinen Schlupfwinkeln herbei, worin die alte Zeit noch ihr Wesen trieb, ehe sie völlig überwunden war, und es begann ein Feilschen und Bieten um die schimmernden und glitzernden Stoffe. Nicht nur Frauensleute wühlten und zupften darin herum und suchten möglichst bunte Zeugstücke für ihres Leibes Putz heraus, um sie für wenig Geld zu erstehen, sondern auch hie und da ein unverbesserlicher Kriegsgeck zog eine Decke oder ein Gewand von vielleicht sarazenischer Wirkerei hervor, das er zu einer stattlichen Jacke zuzuschneiden gedachte.

Hans Gyr betrachtete das unruhige und ungewohnte Schauspiel mit Verwunderung und entdeckte sogar den Schneck von Agasul, den Winkelpropheten, wie derselbe an einer uralten Dalmatika zerrte, welche von Löwen und Adlern in roter und gelber Seide bedeckt war und sich zur Umwandlung in ein Offizierskleid des neuen Jersualems zu eignen schien. Dabei bemerkte Hansli, wie jener in der Hast einen schön gewirkten länglichen Teppich zur Seite warf; er hob ihn auf, breitete das Tuch auseinander und sah eine anmutige Schilderei sich entwickeln. In einem Walde, der durch einige auf bläulichem Grunde stehende Ebereschenbäume angedeutet war, haschte eine Drossel, auf dem Aste sitzend, nach dem blutroten Beerenbüschel, sich daran zu letzen. Ein Fuchs lauerte gierig auf den arglosen Vogel, nicht ahnend, daß hinter ihm ein junger Jäger den Bogen nach ihm spannte, während dem Jäger schon der Tod nach dem Genicke griff, zuletzt aber der Heiland durch den Wald kam und den Tod an dem Reste des Haarschopfes packte, der ihm hinten am kahlen Schädel saß. Da diese Decke oder Tapete für keinerlei Gewandstück zu brauchen war, so achtete niemand weiter darauf, und Hansli Gyr, dem sie gefiel, kaufte dieselbe und faltete sie sorgfältig zusammen. Beim Anblicke des Schnecken war ihm nämlich unversehens die Ursula durch den Sinn gefahren und sodann der Wunsch erwacht, ihr den Teppich für den Haushalt zu schenken, den er immer noch mit ihr zu führen hoffte; schon ging es nun ins dritte Jahr, daß er aus dem Kriege heimgekehrt war, ohne doch zu Hause zu sein, wo der Wahnwitz ihn fern hielt.

Gerade in diesen Tagen sollte auf einer Bergmatte, welche ihm gehörte, eine Versammlung der jetzt zur Wiedertäuferei offen gewendeten Schwärmer jener Gegend stattfinden. Ursula hatte im Sommer das Gras gemäht und mit Mühe auf einen Haufen gebracht, da sich sonst niemand darum kümmerte und bei aller Verfinsterung der Seele sie doch unbewußt nicht lassen konnte, was dem Hansli nützte. Denn obgleich ihr Vater zunächst den Nutzen bezog, so gewährte es ihm doch ein boshaftes Vergnügen, Hanslis Sache verderben zu lassen, abgesehen davon, daß ihn das schwärmerische Treiben und Spekulieren schon vielfach von der nötigen Arbeit abzog. Knechte aber konnte er schon seit einem Jahre nicht mehr finden, weil jeder ihm gleich sein und keiner ihm gehorchen wollte.

Ursula fürchtete, daß der Heuschober, den sie mit so viel Arbeit in jener Matte errichtet, von dem versammelten Volke zerstört und zertreten werden könnte; sie ging daher am frühen Morgen des betreffenden Tages mit Rechen und Gabel hinauf, um das Heu möglichst auf die Seite zu schaffen, und tat ihr Vorhaben niemandem kund. Die Wiese war so gelegen, daß sie von drei Seiten mit Wald umgeben und nach der vierten Seite hin offen, aber nur in der Ferne sichtbar war, von wo man etwa mit Fernröhren hätte erkennen können, was darauf vorging, wenn es damals solche gegeben.

Wie sie nun in der Morgensonne und in der Bergeinsamkeit schaffte und sich mühte, wurde das blasse und freudelose Gesicht sanft gerötet und von frohem Mute belebt. Während der Herbstnebel die Täler deckte, war es hier oben so warm wie im Mai oder Brachmonat; sie warf daher im holden Eifer Kopf- und Halstuch zur Seite und blühte jetzt wie eine junge Rose, während sie für Hansli Gyr sich regte und sein Goldreif an ihrer Hand schimmerte. Denn so oft sie sich des Nachts schlafen legte oder des Tages allein war, steckte sie sogleich den Ring an den Finger. Manchmal sah sie sich mit leuchtenden Augen um, bald in die duftige Ferne, in welcher die Gebirgshäupter gleich bläulichen Schatten sich reihten, bald in die nahen Waldsäume, die mit purpurner und goldener Farbe sie umgaben, so geheimnisvoll, als ob jeden Augenblick der geliebte Mann aus den Bäumen hervortreten sollte.

Da schien plötzlich ein Teil des Laubes, ein rotgelber Busch selber lebendig zu werden und heranzuwandeln; es war der Schneck von Agasul, der die Dalmatika in eine Art Talar verwandelt, mit Ärmeln versehen und angezogen hatte, um darin vor dem zu erwartenden Volke aufzutreten und eine hohe Stellung einzunehmen. Auf dem Kopfe trug er einen alten Hut von blauem Sammet, den er mit Goldschnüren in die Höhe gebunden und zu etwas Undeutlichem geformt hatte, und alle seine Finger waren mit gläsernen Juwelen besteckt, welche in der Oktobersonne schwächlich glänzten wie falsche Redensarten.

Mit angenehmer Überraschung bemerkte er die einsame Ursula und beschleunigte seine Schritte, bis er sie erreichte, deren unbewachter Liebreiz seine Augen blendete.

»Ich finde dich zu guter Stunde, Töchterlein Zions!« rief er; »es ist Zeit, daß man dich zu Ehren zieht, und längst habe ich dich ausersehen, an meiner Seite zu sitzen auf den Stühlen des Gerichts und zu liegen an meiner Seite auf der Liegerstatt der ewigen Herrlichkeit! Heut' ist ein großer Tag, und ehe die Sonne wieder aufgeht, muß vieles vollendet sein!«

Ohne Zögern wollte er sie packen und an sich ziehen; doch die aus süßen Träumen Aufgeschreckte wehrte den Andringenden mit ihrer Heugabel ab und stieß mit derselben so heftig nach ihm, daß die Zinken sich in dem Mummenschanz verfingen und der übel zusammengesetzte Talar, als der Prophet sich befreien wollte, in verschiedenen getrennten Stücken ihm vom Leibe fiel und er in schäbigen und beschmutzten Unterkleidern dastand. Da zugleich fremde Schritte nahten, las er fluchend die Fetzen zusammen und lief in das Gehölze zurück, um seine Blöße zu decken und das Herrschergewand wieder herzustellen, so gut es ging.

Auf ihre Waffe gestützt blickte ihm Ursula aufatmend und erschrocken nach, wie einem unholden Gespenst, das uns aus einem Traume geweckt hat; aber schon schrie sie noch erschreckter auf, als sie sich von zwei Armen umfaßt fühlte. Sich umdrehend ersah sie den Mann der Gelassenheit, Jakob Rosenstil, den Unbeweglichen, der aber jetzt ganz rührig war, ein Glücklein zu erhaschen. Er griff mit beiden Händen fortwährend nach der Abwehrenden und mit großer Schnelligkeit, wodurch er das Aussehen eines Hundes gewann, der im Wasser schwimmt; Ursula wies ihn jedoch mit ebenso großer Sicherheit mit nur einer Hand ab, indem sie aufs neue erstaunt den merkwürdigen Mann betrachtete, den sie nicht für so gefährlich gehalten hatte.

»Du hast recht«, sagte er schnaufend, »daß du den, der dort wegflieht, nicht willst! Er ist zu scharf und zu hitzig für dein sanftes Gemüt, trotz deiner Heugabel! Teile mit mir meinen lieblichen Seelenstillstand, die Ruhe unter den Palmen; da ist volles Genügen und stille Zeit, bis der Herr kommt und sagen wird: Aha! die zwei sind nicht dumm gewesen, die haben das Paradies schon zum voraus gehabt!«

»Geh, ich will dich nicht«, rief Ursula, »ich weiß schon meinen Engel und Herren, auf den ich warten muß; der ist schlank und schön, hell und sauber von Angesicht und nicht so schlumpig, wie du! Pfui Teufel, mach dich fort, du Aschensack! Schäm dich, es kommen ja Leute!«

In der Tat näherten sich mehrere Gruppen von Männern und Frauen und begannen sich zu sammeln. Gleichzeitig kam aber der alte Enoch herzugelaufen und schrie: »Fort, fort! Der Landvogt von Grüningen ist auf dem Weg mit Spieß und Schwert! Wir sind verraten!«

Alle flohen waldeinwärts und verloren sich so geschwinde wie ein Luftzug; die Bergmatte war still und leer, nur Ursula kehrte von der Seite, wohin sie schon vorher unbemerkt entwichen, zurück, um unbekümmert ihre Arbeit fortzusetzen, da sie das Heu erst zur Hälfte an eine geschütztere Stelle gebracht hatte. Ihre Gedanken irrten aber, von dem Abenteuer und der eingetretenen Stille gedrängt, vom Ziele ab; ohne es zu wissen, setzte sie sich auf den halb abgetragenen Heuschober, stützte den Kopf in beide Hände und versank in tiefes Sinnen.

Indessen war der Landvogt von Grüningen, welchen Enoch von weitem gesehen und der von dem Vorhaben der Täufer nichts wußte, sondern einfach mit seinem Gefolge auf die Jagd ritt, eine andere Straße gefahren und aus der Gegend wieder verschwunden. Was seinem kleinen Zuge das Ansehen einer amtlichen oder militärischen Unternehmung gegeben hatte, war das zufällige Voranschreiten des Hansli Gyr gewesen. Wie es in Zeit und Umständen lag, ging er bewaffnet als Soldat auch auf diesen friedlichen Wegen, auf denen er mit der erworbenen Tapezerei die Ursula suchte, und er hatte so einer spähenden Vorhut allerdings nicht ungleich geschienen, als er die Höfe von Menschen verlassen gefunden und in die Höhe gestiegen war, nach ihnen zu sehen. So gelangte er, während die Baptisten im Walde herum huschten, auf seine Matte und ging langsam über dieselbe weg, die er jetzt seit Jahren nie mehr betreten hatte. So wird man fremd auf seiner eigenen Scholle, dachte er, und weiß selbst kaum, warum!

»Aber wer macht sich denn hier noch mit Heu zu schaffen?« fuhr er in seinen Gedanken fort, als er den Schober bemerkte, die Person, die auf demselben saß, und den Rechen nebst der Gabel. Er schritt ungehört auf die unerwartete Erscheinung zu und stand nun in seiner ganzen Länge vor der in sich zusammengesunkenen Ursula, welche eingeschlummert war. Da er vor der Sonne stand, so bedeckte er sie mit seinem Schatten, so daß ein leichter Schauer über ihre bloßen Schultern flog. Aber erst, als er sie beim Namen rief, wachte sie auf und sah seine hohe Gestalt, die sich dunkel von der leuchtenden Fernsicht abhob und nur auf den Achseln vom beglänzten Eisen schimmerte. Aber so stattlich er anzusehen war, so verblaßte doch seine soldatische Pracht und Herrlichkeit vor dem seltsamen Schönheitsstrahle, der ihr Gesicht verklärte, als sie ihn plötzlich erkannte. Und zwar entstand diese Schönheit sozusagen in Abwesenheit des Geistes wie der Sonnenblick, der über ein stilles Wasser läuft. Zitternd stand das arme Mädchen auf und streckte dem Manne lächelnd die Hände entgegen; doch wankten ihr die Kniee und sie sank wieder zurück und zugleich ward sie erst jetzt ihrer halb entblößten Brust gewahr, bedeckte sie mit den Händen und schlug schamrot die Augen nieder.

»Ursula, was schaffst du hier?« sagte Hans Gyr; »komm, gib mir die Hand und deck dich nicht so ängstlich!«

»Nein, das schickt sich nicht!« flüsterte sie; »ich bin nicht so liederlich!«

Hansli sah ihre Tücher liegen, holte sie und ließ sich bei ihr nieder, indem er ihr half, dieselben umzulegen. Dann nahm er sie in den Arm und küßte sie.

»Und was tust du hier im Heu?« fragte er sie wieder.

Sie schaute ziemlich lange zu ihm auf, das Haupt auf seinem Arme zurücklegend, eh' sie antwortete. Doch dann besann sie sich.

»Ei, was wollt' ich tun? Euer Heu besorge ich, wie es meine Pflicht ist, o schönster Herr Engel Gabriel! Wißt Ihr denn nicht, daß Ihr hier eine Matte habt und keine von den schlechtesten?«

»Wie sagst du mir? Gabriel?«

»Herr Gabriel, freilich! Herr, Herr, Herr, sag' ich, nicht so grobweg Gabriel!«

»Kennst du den Hansli Gyr nicht mehr?«

»Den Hansli? Wo ist er? Ach, ach! den hab' ich ja ganz vergessen! Wie traurig ist doch die Welt! Und hab' ich ihn doch so lieb gehabt! Aber das kann ihm nun nichts mehr helfen und mir auch nicht; jetzt bin ich die Braut eines englischen Herren und himmlischen Barons, da hat Hansli das Nachsehen, der Ärmste! Freilich dauert er mich, wenn ich das Unglück recht betrachte! Drum küsse mich, Herr Gabriel, aber leise, daß er es nicht hören kann!«

Sie sagte diese Sachen so anmutig, daß Hansli sich nicht enthalten konnte, sie wieder zu küssen, und er sah ihr dabei tief und prüfend in die Augen; denn er wußte nicht, ob sie scherzte oder irre redete, und zwar über das Maß hinaus, das ihm bekannt gewesen. Er konnte aber nichts entdecken als eine unergründliche Flut von Liebe, Traurigkeit, Freude und Sorglosigkeit, was alles er eben nicht auseinanderzuhalten vermochte. Und doch war es ihm zu Mute, als ob er allein da wäre, der bei sich selbst sei, und keine zweite Person in der Nähe. Und doch lag sie warm genug in seinem Arm; auch fand er, als er mit ihrer Hand spielte, den Ring, den er als den seinigen erkannte.

»Woher hast du denn das Ringlein?« fragte er jetzt; »hast du es vom Engel Gabriel?«

»Wie kannst du so töricht fragen«, erwiderte sie, »du hast es mir ja selbst gegeben! Aber was ist das für ein Bündelein, das du da bei dir trägst?«

»Das ist ein gewirktes Tuch, das ich dir mitgebracht habe für deinen Haushalt. Schau, was zierliche Bilder drauf sind!«

Er breitete den Teppich auseinander, so gut er es vermochte;

denn sie wollte ihm durchaus nicht so viel Freiheit geben und hielt sich fest an ihm. Sie betrachtete, ohne sich zu rühren, die Schilderei, jedoch aufmerksam und mit Verstand und sagte nachdenklich:

»Das ist gar ein schönes Tuch, wie ich noch keines gesehen; man sieht wohl, daß es im Himmel gewoben ist und du hast es mir gebracht wie einen Brief. Der ganze Lauf der Welt ist drauf zu lesen, eines jagt dem andern nach und zuletzt kommt der Heiland und überwindet den Tod und alle Übel. Das gibt eine schickliche und feine Wiegendecke für unsern Haushalt! Bst! Schweig nur, du wilder Vogel mit deinen Rauscheflügeln, mit deinen klingenden Federn! Wenn die Zeit gekommen ist, wirst du es sehen, wozu das Tuch bestimmt ist!«

Hans Gyr ertrug das Spiel nicht länger, dessen Süßigkeit für ihn mit bitterer Galle gemischt war. Er vermochte nicht zu erkennen, ob Ursulas Reden sich nur in den gemeinsamen Wahnvorstellungen ihrer Genossen bewegten, oder ob sie durch jene noch persönlich und vielleicht unheilbar in der Seele gestört sei. Er sprang gewaltsam in die Höhe, schüttelte sich, daß sein Rüstzeug klirrte, und mit bleichen Wangen rief er: »Komm, Ursula, wir wollen zu den Häusern hinunter!«

Verschüchtert und demütig stand sie vor ihm. »Sogleich, liebster Herr Engel Gabriel, werde ich Euch folgen«, sagte sie; »ich kann ja die Arbeit hier später verrichten und was noch zu tun ist.«

»Laß das dürre Gras fliegen, wo es will, wie unsere armen Sinne«, rief er nochmals, »und komm!«

Er ergriff Rechen und Gabel, während sie ungesäumt das Tuch zusammenwickelte, es an sich drückte und still und eilfertig an seiner Seite den Berg hinunter lief. Zuweilen sah sie furchtsam zu ihm auf; wenn er aber ihren Blick mit leid- und liebevollem Aug' erwiderte, faßte sie Mut, und da Land und Himmel immer sonniger und freundlicher wurden, kehrten auch die Vertraulichkeit und das Glücksgefühl der verwirrten Jungfrau zurück. Sie plauderte und erzählte dies und jenes und antwortete verständig auf die Fragen, die Hansli an sie richtete, wie der Weg, den sie gingen, es mit sich brachte.

Seine Behausung war die nächste, die sie erreichten. Verschlossen, still, wie eine Wohnung Abgeschiedener lag sie da, der Boden vor der Türe mit gefallenem Laube bedeckt, das niemand wegräumte. Mit einem tiefen Seufzer blieb er stehen; leise raunte Ursula ihm ins Ohr:

»Was suchst du hier? Da wohnt mein alter Schatz, machen wir, daß wir weiter kommen!«

»Ist er denn zu Haus und sitzt da drin im Dunkeln?«

»Kann wohl sein! Er hat heitere blaue Augen, bei deren Licht er allerhand schaffen kann, selbst wenn alle Fensterläden geschlossen sind. Hörst du? Ich glaub', er klopft und hämmert was! Hu! es wird mir gruselig!«

»Wir wollen sehen, ob er drin ist!« sagte Hansli und ging gegen die Haustüre. Ursula kam ihm aber zuvor; sie horchte mit dem Ohr am Schlüsselloch. »Jetzt ist er mäuschenstill«, flüsterte sie; dann pochte sie mit dem gekrümmten Finger sachte und höflich an der Türe und rief halb furchtsam, halb schalkhaft: »Hänslein?«

»Er ist doch nicht drin!« sagte sie herzhafter, als alles still blieb und man nur das Geräusch des Brunnens hörte, welcher unter den Bäumen unverdrossen sein Wasser in den Trog ergoß, auf den der bekümmerte Hansli sich gesetzt hatte. Er fühlte sich wie in zwei Teile gespalten und war auf sich selbst eifersüchtig, weil er in seinem einfachen Sinne den Irrwegen, die Ursulas Gedanken gingen, nicht folgen konnte und ein unbegreifliches Unglück vor sich sah. In dieser Not gedachte er des Evangeliums und des allmächtigen, barmherzigen Gottes, der ihn jetzt gewiß sehen und hören werde, und verrichtete ein stilles Gebet für die Ursel, welchem er das Unservater beifügte.

Sogleich wurde ihm leichter, als er sah, wie inzwischen Ursula den Rechen genommen hatte und mit fester Hand das gefallene Laub vor der Türe und auf der ganzen Hofstatt zusammenkehrte und zur Seite schaffte. Sie sah dabei so gesund und verständig aus, wie jemals, bis sie fertig war und sagte: »So, nun kann er doch ordentlich laufen, wenn er kommt, derselbige Schwartenmagen, und man muß nicht singen:

Traut Hänslein über die Heide reit,
er schoß nach einer Tauben,
da strauchelt ihm sein graues Roß
über eine Fenchelstauden!«

»Ach, so eine alte Lieb' ist doch nicht ganz leicht auszureuten!« fuhr sie nachdenklich fort und setzte sich neben den Hansli, »auch ist die Untreu nichts Schönes, nein, und nichts Gutes, man mag sagen, was man will – und doch ist mir so wohl bei der Sache! Ich bin so leicht, wie ein Vögelein in der Luft, wie das kleinste Fläumlein, das ein solches verloren hat und das nun still steht zwischen Himmel und Erde und nicht weiß, soll es steigen oder fallen!«

In diesem Augenblicke fielen ein paar Nüsse von den Bäumen. »Er kommt, er kommt! Fort, fort!« rief sie und eilte so schnell davon, daß Hansli sie kaum einholen konnte.

»Ist er's? hast du ihn gesehen?« fragte sie, sobald er bei ihr war.

»Wen?«

»Ei, der dort wohnt!«

»Vergiß ihn jetzt, ich bin ja bei dir!«

»Ja, das ist auch wahr, und er kann mir nichts tun!«

Hansli ging nun mit ihr zu ihres Vaters Haus und sah mit Verwunderung, daß um dasselbe her eine fast ebenso große Verwahrlosung herrschte, wie um das seine. Die Mutter saß auf der Türschwelle mit abgehärmten Zügen, mit düsterem, beinahe wildem Blicke, und schien sehr gealtert zu haben. Sie hielt ein Messer, ein Gericht Rüben zu schneiden, hatte aber beide Hände sinken lassen und den grauen Kopf brütend vornübergebeugt.

»Mutter! Sieh, wer da ist, die Herrlichkeit kommt!« rief ihr Ursula mit rosigen Wangen entgegen; »mach, steh auf, ich will nur hinein und einen süßen Hirsbrei rüsten! Den liebt Ihr doch, Herr Gabriel? Ach bedenkt, wenn Ihr mit uns gehen wollt, so müßt Ihr eben vorlieb nehmen!«

Sogleich eilte sie ins Haus und machte sich dort zu schaffen. Die Alte hatte erstaunt aufgeblickt; als sie den Soldaten erkannte, schrak sie leicht zusammen.

»Mein Mann ist nicht da«, sagte sie, »wenn du etwa mit ihm rechnen willst; er hat übrigens jetzt kein Geld; du mußt dich gedulden, bald wird's besser kommen!«

»Ich brauche kein Geld und kann warten«, versetzte Hansli, »aber zu rechnen hätt' ich allerdings etwas und möchte fragen, was habt ihr mit euerer Tochter Ursula angefangen?«

»Wieso? Was weißt du von ihr?«

»Ich habe sie draußen getroffen und bin über zwei Stunden mit ihr gewesen; sie behauptet, ich sei der Engel Gabriel und redet als eine Irrsinnige. Denn daß sie nur ein Spiel treibe, kann ich nicht glauben, es ist nicht ihre Art!«

»Das sind eben Sachen, die dir verschlossen und auch dem Kinde noch dunkel sind; aber es ahnt sie und ist davon erfüllt. Es gehen Dinge vor, und die Wunder werden da sein, ehe du dich dessen versiehst!«

»Sie werden ein Ende mit Schrecken nehmen, eh' ihr euch dessen verseht; ich fürchte, der Enoch führt euch alle ins Unglück mit seinen Spitzfindigkeiten!«

»Im Gegenteil! Alles baue ich nur auf ihn und halte fest an ihm und seinem Geiste!« sagte die bedrängte Frau mit einem Tone, dem man wohl anfühlte, daß sie geheime Zweifel zu bekämpfen hatte und sie nur mit Mühe überwand, wenn sie sich selbst überlassen war. Mit unbewußter Vorsorge äußerte sie denn auch keine feindliche Gesinnung gegen den Hansli, noch brauchte sie harte Worte, noch dachte sie daran, ihm den weiteren Verkehr mit dem Kinde zu untersagen, obgleich sie wissen mußte, daß das gegen den Willen ihres Mannes ging.

»Ich weiß nichts zu tun«, sagte Hansli nach einigen Minuten stummen Sinnens, »als daß ich mich in Geduld fasse und die

Zeit abwarte, die diese Verwirrungen lösen wird. Aber es ist schad um die schönen Jahre, um die arme Jugendzeit! Ihr Alten hättet die Besessenheit während eueres eigenen Lenzen abspinnen können, wenn es so nötig war, so könnten die Jungen jetzt ihrer Tage froh werden!«

Ursula war allein guter Dinge; sie bereitete das Essen und holte den Hansli und die Mutter herein.

»Essen die Engel auch Hirsebrei?« sagte ersterer mit trübem Lächeln, während er doch ihr treuliches und geschäftiges Wesen und Treiben wohlgefällig bemerkte.

»Wenigstens essen sie Weizenkuchen und Kalbsfleisch«, rief sie fröhlich; »beim Erzvater Abraham im Hain Mamre sind sie zu Tisch gesessen drei Mann hoch und haben fest abgespiesen!«

Nur mit gepreßtem Herzen entschloß er sich, für diesmal wieder zu scheiden, brach aber dann plötzlich auf und machte sich Abschied nehmend auf den Weg. Ursula ging eine Strecke weit mit ihm; dann blickte sie ihm nach, bis er hinter einer Erdwelle verschwand, und als das geschehen war, kehrte sie mit entblühtem, fahlem Antlitz zurück, wie der Seele beraubt.

»Ich bin doch froh, daß er da gewesen ist, um des Kindes willen!« dachte die Mutter, »es hat doch einmal wieder eine gute Stunde gehabt und sich etwas erholen können!« Als sie aber die Ursula zurückkommen sah, rief sie aus: »Um des Herren Christi willen, wie siehst du aus! Was für ein Elend ist das!«

Erst gegen Abend kam der alte Enoch nach Hause, aber nicht in guter Laune. Die Bewegung hatte sich stark verbreitet und schlug hohe Wellen; aber sie war aus den Händen der Winkelpropheten und in diejenigen der bekannten mehr oder minder gelehrten Führer geraten, welche die gröberen Narrheiten darnieder hielten und bewußtere Ziele verfolgten. So sehr sich Enoch überall hervortat mit Schreien und wildem Possenreißen, so vermochte er doch nicht obenauf zu kommen, sondern trug nur dazu bei, Verwirrung und Gefahr, Haß und Leidenschaft zu vergrößern.

Bei allen drohenden Aufläufen und Kundgebungen war er

einer der vordersten, zog in einem groben Sacke umher, streute sich Asche auf den Kopf und schrie: Zion! Zion!

Dabei ließ er seine Augen fleißig umhergehen und spähte, was er sich nach dem Umsturz aller Dinge wünschen und aneignen solle. Die große Menge der Aufgeregten dagegen glich, wie es jeweilig die Weise dieses Volkes war, einem von leidenschaftlicher Grab- und Hackarbeit, von Schleppen und Tragen, Grübeln und Sorgen ermüdeten Mann, der plötzlich einmal aufwallt, sich über die eigene Sorge und Mühsal ärgert und den Spaten wegwirft, um ihn später von selbst wieder aufzuheben, nachdem das Trugbild entschwunden ist, das ihn gelockt hat.

Jedoch Regiment und Mehrheit behielten die Oberhand über das Wirrsal; es wurde abermals zum lebendigen Worte und zur Bibel gegriffen, die Wiedertäuferei zum öffentlichen Gespräch geladen, für überwiesen und besiegt erklärt und verurteilt, d. h. bei fernerem Beharren verfolgt, verbannt oder an Freiheit und Leben bestraft.

Enoch Schnurrenberger gehörte zu denjenigen, welche sich nicht fügen wollten oder stets rückfällig wurden; bald war er flüchtig und trieb sich in benachbarten Gebieten herum, bald kehrte er heimlich zurück und suchte neue Zusammenrottungen aufzubringen oder an solchen teilzunehmen. Auf allen diesen Fahrten eignete er sich immer neue Manieren, Gebarungen und Schaustücke an; er konnte Feuer essen, mit Gott durch das Dach reden, sterben und wieder auferstehen, so oft er wollte, obgleich ihm diese Künste bei zunehmendem Alter beschwerlich wurden, insbesondere das Sterben, wo er sich gewaltsam auf den Boden werfen und in Zuckungen verfallen mußte.

Eines Tages aber wurde er mit Frau und Tochter, die er elendiglich mitschleppte, gefangen genommen, als er sich in einem Holze eben am Ausüben von Taufhandlungen beteiligte, und mit einem ganzen Trupp anderer Schwärmer nach Zürich geführt. Es waren gegen zwanzig Personen, die zuerst im Spital untergebracht, dann auf den Platz vor dem Rathause gestellt und hierauf in einen hohen Turm an der östlichen Ringmauer der Stadt, den seither sogenannten Ketzerturm geleitet wurden, wo sie auf Stroh liegend bei geringster Nahrung »ersterben« sollten, jeder solang er nicht abschwur. In dem kleinen Aufzuge gingen auch der Schneck von Agasul und der gelassene Rosenstil, der sich ein für allemal an diese Gruppe gehängt hatte, weil er bei seiner Unbeweglichkeit so nie für ein Unterkommen sorgen mußte. Voran zog der Enoch mit gebieterischer Haltung, zuletzt kamen einige Weiber. Ursula stützte ihre Mutter und trug in einem Bündel etwas Kleider für dieselbe und für sich, in den gestickten Teppich Hansli Gyrs gewickelt. Sie schaute sich schüchtern mit suchenden Augen um; als aber das Volk am Wege den Zug mit mißbilligender, ja verächtlicher Miene besah, wagte sie nicht mehr aufzublicken, während die trotzigen Männer sangen und riefen: Hie Jerusalem, hie Zion!

Hansli Gyr stand auch am Wege; sein Herz schlug ihm erbärmlich, allein er regte sich nicht. Wie er nur in Verständigkeit und Ordnung und klarer Luft zu leben vermochte, war ihm auch die bürgerliche Ehre notwendig zum Atmen. Da nun aber diese Betörten durch die Wendung der Dinge als Verbrecher und Verurteilte erschienen und wohl auch zu gutem Teil in Unehren dahinzogen, wendeten seine Gedanken sich schmerzlich ringend von seiner Neigung und von der Ursula weg und er ließ sie ungesehen vorüberwandeln.

Im Turme erhoben die Gefangenen, besonders in stiller Nacht, einen unheimlichen Lärm mit Singen und Schreien, das zuweilen in ein weithin schallendes Geheul von furchtbaren Verwünschungen und Ausrufungen ausartete von Angst und Not, Blitz und Donner, Jammer, Tod und Teufel, Untergang und Zerknisten, worauf zuweilen plötzlich wieder ein Siegesgesang ertönte.

Das ertrug Hansli doch nicht länger; er beschloß, wenigstens die Ursula aus dem Turme zu ziehen, wenn es irgend anginge, und beobachtete einige Tage die Gelegenheit. Der Eingang des Turmes befand sich in einem kleinen angebauten Holzschuppen und war nicht bewacht, da der Hochwächter, der zu oberst im Dachstübchen saß, den Schlüssel inwendig abzog und mit sich nahm, während die Wiedertäufer ungefähr in der Mitte des Turmes lagen. Überdies waren keine besonders festen Schlösser angebracht, weil der Turm ursprünglich nicht zu einem Gefängnisse bestimmt gewesen.

In einer dunkeln Nacht nahm Hansli das nötige Geräte sowie eine kleine Laterne und begab sich an Ort und Stelle. Er öffnete leicht ein paar Türen und stieg die steilen Treppen hinan, nachdem er das Licht angezündet. Es fand sich, daß die Gefangenen auf einem Estrich lagen, der nur durch einen leichten Lattenverschlag abgesperrt war. Diesmal schliefen die Wiedertäufer oder verhielten sich wenigstens still. Männer und Weiber lagen blaß und verwahrlost durcheinander; Hansli zündete jedem ins Gesicht, ohne die Ursula zu finden. Endlich sah er, daß sie abseits in einer Ecke auf einem Bündel Stroh lag, über welches sie den Teppich mit dem Tod und dem Heilande gebreitet hatte. Sie schlief tief und fest wie jemand, der nach langem kummervollem Wachen endlich eine Stunde der Ruhe gefunden hat. Um jedes Geräusch zu vermeiden, rief er sie nicht an, sondern berührte nur leise ihr Kinn, und da sie hievon nicht erwachte, ergriff er ihre Hand, an welcher sein Ring im schwachen Laternenschimmer glänzte. Davon betroffen schwankte er eine kurze Weile, ob er den Reif nicht vom Finger streifen und an sich nehmen sollte? In diesem Augenblicke aber schlug Ursula die müden Augen auf und er wurde durch den unbeschreiblichen Ausdruck derselben an dem schnöden Vorhaben verhindert.

Wie im Traume eines Traumes erhob sie sich ungesäumt und schweigend, raffte die Decke zusammen und verließ an der Hand des Retters den schauerlichen Raum, mit dem sichern Tritte einer Nachtwandlerin; aber vor und hinter ihnen wischten und huschten gleich grauen Lemuren auf leisen Sohlen die munter gewordenen Mitgefangenen die langen Treppen hinunter und davon. Wie ein Nebelstreif vor dem Nachtwinde glitten sie an der Ringmauer dahin und stoben aus dem in Friedenszeiten offenstehenden, unweiten Kronentore und verschwanden in Nacht und Nebel. Auch die Ursula war dem Hansli Gyr von der Hand gekommen, ohne daß er wußte, wie es zugegangen; sie selber kam erst mit anbrechendem Tage zu völligem Bewußtsein, und es war begreiflich, daß auf ihre Aussage hin die Entsprungenen ein Wunder vorgaben und im Lande herum verbreiteten, der Engel des Herren habe sie aus dem Gefängnis geführt. Zwei oder drei von ihnen wurden abermals rückfällig, wieder eingefangen und hingerichtet; Enoch Schnurrenberger irrte mit den Seinigen im St. Gallischen herum und kehrte erst später in seine Heimat zurück, wo er sich einstweilen still verhielt und unbehelligt gelassen wurde.

Hansli Gyr, der vor dem leeren Gefängnisse stehen geblieben war, hatte die Türen so gut als möglich zugemacht, sein Licht ausgelöscht und sich still hinwegbegeben. Das Aufblicken der erwachenden Ursula in dem Momente, wo er mit sich zu Rate ging, ob er ihr den Ring nehmen solle, hatte einen so tiefen Eindruck auf ihn gemacht, daß er viele Tage voll bitterer Reue zubrachte. Freilich konnte er glauben, Ursula sei ihm freiwillig entflohen, während er gehofft hatte, sie in der Stadt behalten und guter Pflege übergeben zu können. Dann aber war er wieder versucht, das Verschwinden unlauteren Kräften zuzuschreiben, besonders wenn er bedachte, wie es der alten Frau möglich geworden sei, mit so hexenhafter Schnelligkeit davon zu kommen, zumal er von den Wirkungen solcher Seelenzustände, wie diejenigen der Entflohenen waren, keine Kenntnis besaß, noch besitzen konnte.

Die Berichte von dem Treiben der Baptisten in den Gegenden, in welchen die Flüchtlinge sich jetzt aufhielten, von den greulichen Verirrungen und Handlungen derselben waren so abstoßender Art, daß Hansli die Hoffnung auf eine Wendung zum Guten aufzugeben begann und zunächst eine Gelegenheit, die sich ihm bot, benutzte, um sein bescheidenes Besitztum am Berge Bachtel zu verkaufen.

Nach Abzug der Lasten, die darauf ruhten, erhielt er einen

mäßigen freien Gewinn, durch welchen er nun von der Heimatflur so gut wie geschieden war.

IV.

So sah und hörte er lange nichts mehr von dem Nachbarvölklein und vergaß dasselbe beinahe über all' den Ereignissen, deren Zeuge und eifriger Mithelfer er an seinem bescheidenen Orte war. Zwinglis und seiner Freunde Werk hatte sich in der Zeit siegreich über die ganze offene Schweiz verbreitet und mit den deutschen Reformationsverhältnissen berührt; das mächtige Bern war hinzugetreten, welches ein verschiedenes Temperament und eine anders geartete politische Auffassung mitbrachte; mannigfache weitere Träger, Gegensätze und Ansprüche wirkten mit, so daß eine größere Masse in Bewegung ging, hier vorwärts drängend, dort schwerfälliger an sich haltend, und dazwischen schwankende, vermittelnde Teile schwebten, alles das um den festen Kern der katholischen Orte her flutend, welche unveränderlich, listig und entschlossen wie eine Insel inmitten der Flut widerstanden, auf altbewährte Kraft bauend und von den auswärts waltenden Mächten der Vergangenheit angefeuert.

Auf dieser stürmisch hin und wider wogenden See fuhr das Schifflein der Zürcher mit seinem Zwinglischen Steuermann ohne Aufenthalt weit voran. Mit vollkommener Einfalt in seinem Vertrauen auf die unmittelbare persönliche Vorsehung Gottes und ebenso großer Wachsamkeit und Kenntnis der Dinge und Menschen kämpfte er unermüdlich gegen List und Gewalt der gegnerischen Welt; er war die Seele des geheimen und des offenen Rates, Lehrer und Prediger, Staatsmann und Diplomat und schrieb mit der gleichen Feder theologische Abhandlungen, Sittengesetze, Staatsschriften und Kriegspläne.

Denn endlich war die Sache zum kriegerischen Austrage gediehen; der Reformator lebte des heiligen Glaubens, daß diese

Welt des Widerstandes nur gezwungen zu werden brauche, das Wort Gottes zu hören, um sich zu ergeben, und statt der völkerrechtlichen Verträge führte er lediglich das Evangelium in der Hand, während das alles den Widersachern unleidlich war und jener nicht wußte, daß ein Volk aus dem gleichen Grunde eine Religions- oder Staatsänderung abweisen kann, aus welchem eine Weibsperson ein für allemal einen Freier verwirft.

Aber unerschütterlich standen jetzt Regiment und Volk hinter dem Meister, wobei freilich die Eintracht und das gute Einvernehmen mit eine Frucht steten Berichtens und Anfragens bei den Gemeinden waren. Auch dem Hans Gyr, der eine Versinnlichung des Volksgeistes vorstellen konnte, wie dieser jetzt lebte, waren die Dinge geläufig, und er wurde in brauchbarer Tätigkeit zur Hand gefunden, als jetzt zu den Waffen gegriffen wurde.

Die beiden Lager des ersten Kappeler-Krieges standen sich jenseits des Albisgebirges gegenüber in der Weise, daß die Katholischen nicht genügend vorbereitet und zahlreich, die Zürcher aber im Vorteil waren an Macht sowohl, als in der politischen Stellung überhaupt. Ihre Verbündeten waren zum großen Teil ebenfalls aufgebrochen und im Felde, während der österreichische König Ferdinand, mit welchem die fünf Orte ein Bündnis geschlossen, keine Anstalten traf, ihnen tatsächlich beizuspringen.

Da die fünf Orte unter diesen Umständen etwas kleinlaut und eine gute Zahl Vermittler und Schiedleute mit im Felde waren, kam es zu jenem Frieden, der nur von kurzer Dauer sein sollte und die Zürcher sowie das von ihnen geführte Werk um den Vorteil brachte. Indessen bot das zürcherische Lager während der Zeit der Unterhandlungen das neuartige Bild eines reformierten Kriegslagers, wie es später vielleicht nur unter dem Schwedenkönig oder bei den englischen Puritanern eine Wiederholung fand, und in diesem Musterlager stellte der Hansli Gyr einen wahren Mustersoldaten vor.

Die Trommel rief täglich zu Predigt und Gebet; jeder war gut genährt und getränkt, aber es wurde keine Betrunkenheit gelitten, noch Fluchen oder lästerliches Schwatzen. Keiner durfte eine Pflanze im Acker schädigen oder einen Zaunstecken entwenden, und freundliches Benehmen unter sich und gegen jedermann, selbst gegen die Feinde im Felde, war allgemeine Übung. Die Jüngeren verbrachten ihre Zeit mit fröhlichen Liedern oder mit solchen Spielen, welche die Glieder schmeidigten, mit Leibesübungen, wie Steinstoßen und gewaltiges Springen; alle landläufigen Dirnen wurden ferngehalten oder verjagt, wenn sich eine sehen ließ.

Hansli Gyr war einer der eifrigsten, solche Ordnung zu halten. Für einen jungen Krieger (freilich jetzt bald nicht mehr ganz jung) betete er fast etwas zu gern und zu laut und mit zu feierlichem Gesichte, wie wenn er sich selbst wohlgefällig belauschen würde, obgleich dies wenigstens jetzt noch nicht der Fall war, wohl aber kommen konnte, wenn es lange so fort ging. Immerhin hörte er sich nicht ungern sprechen, während er früher einsilbiger gewesen war. Das lag aber in den Zeitläufen und in der aufgeregten Teilnahme, in welcher der einzelne bei den gemeinsamen Angelegenheiten festgehalten wurde.

Sah er aber einen Burschen von fern mit einer Landmagd reden oder gar schäkern, so sandte er sofort eine Wache hin, zu betrachten, was dort vorgehe, und ließ sich gar eine kurzgeschürzte Kriegsdirne blicken, so hätte er am liebsten den Merkur oder die Venus auf sie gerichtet und abgeschossen, welche unter dem Züricher Feldgeschütze standen, und der Vogel tat wohl, zu dem Lager der Katholischen zurückzufliegen, von woher er gekommen. Denn dort gab es Weiber die Menge nebst Karten- und Würfelspiel, obgleich Speise und Trank teuer waren.

Nachdem nun die im Felde anwesenden Vermittler und Schiedleute die Stimmung auf beiden Seiten so weit gebracht hatten, daß ein Frieden verhandelt werden konnte, wurde beschlossen, denselben vor offene Kriegsgemeinden zu bringen. Zuerst stellte sich das zürcherische Heer auf freiem Felde auf im weiten Ringe um eine hohe Bühne, auf welche das Panner, umgeben von den übrigen Fahnen, gepflanzt war, nach dem Ausspruche: Wo das Panner weht, da ist Zürich. Dabei standen die Hauptleute und Fahnenträger, die Rottmeister aber vor ihren Leuten auf freiem Platze und unter ihnen Hans Gyr; ihnen lag ob, vor andern aufmerksam zu hören, was gesprochen wurde, und Hans stand in der Tat so ernst und schweigend da wie eine Bildsäule, sobald die dreißig Abgeordneten des katholischen Heeres, von einem Trompeter eingeführt, zu Pferde erschienen waren und vor der Tribüne hielten.

Zuerst stiegen die Schiedsmänner hinauf und hielten ihre zum Frieden mahnenden Reden, worauf die Katholiken ihre Redner absitzen, die Tribüne besteigen und ihre Klagepunkte vorbringen ließen, worauf sie wegritten und die zürcherischen Führer wieder auftraten, Zwingli an der Spitze, um über das Gehörte weiter zu sprechen und zu beraten.

Mit dem Ergebnis dieser Beratung ritten am dritten Tage die reformierten Abgeordneten, an sechzig Mann stark, in das Lager der fünf Orte hinüber. Dort stand in gleicher Weise die Heergemeinde versammelt und es kam die Reihe nun an die Zürcher, vor dem katholischen Volke ihre Beredsamkeit zu entwickeln.

Leider waren sie in diesem Punkte nicht gut bestellt. Der Reformator selbst hätte bei dem gegen ihn obwaltenden Hasse in keinem Falle mitgehen können; die ersten Hauptleute aber waren dem Reformationswerke nie grün gewesen und dem Frieden allzu günstig gestimmt, so daß von ihrer Vertretung keine große Wirkung erhofft wurde. Es blieb nichts anders übrig, als einen Advokaten von Beruf zum Sprecher zu wählen, welcher vor dem aufmerksamen Heer der Waldstätte, das an Landsgemeinden regelmäßig gewöhnt war, seine Aufgabe nur dürftig löste.

Es waltete daher eine kühle und ungewisse dünne Stimmung über der Szene; da trat zuerst Hansli Gyr den Herren zur Seite und erhob das Wort, indem er aus seinem Volksgemüte heraus zu demjenigen der Gegner sprach, wie es der Meister Ulrich nicht besser hätte wünschen können. Frischweg und verständlich ließ er jene hören, was dem reformierten Volke das Herz bewege und wie es auf seine Wege geraten; was es für recht und billig halte und wie es zu seinen Führern stehen werde bis in den Tod, einem gerechten Frieden aber nicht entgegen sei, sondern mit Freuden zu seinen alten Eidgenossen zurückzukehren sich sehne, sobald diese zu gerechten und notwendigen Friedensartikeln die Hand bieten.

Ihm folgten ohne Zögern andere Kriegsleute aus den zürcherischen Landgemeinden und verteidigten in kräftiger Rede ihre und ihrer Herren Sache. Das katholische Heervolk erhielt durch dieses Auftreten den bestimmten Eindruck, daß die reformierte Bevölkerung mit sich einig sei und wisse, wohin sie wolle, und die Gemeinde ging nachdenklich über das Gehörte auseinander.

Die Schiedleute, Männer von Straßburg, Konstanz, Basel, Bern u.s.w., eifrig und ängstlich, den Krieg und die offenbare Spaltung der Eidgenossenschaft zu hindern, setzten sich nun in der Mitte zwischen den beiden Lagern, in dem Dorfe Steinhausen, zusammen und minderten oder mehrten die Artikel, wie dieselben dann beiden Teilen vorgelegt und nach abermaliger Beratung und Zögerung schließlich angenommen wurden.

Kein Teil war recht zufrieden; immerhin war eine Hauptsache für die Reformierten erreicht, nämlich daß die fünf Orte der Ferdinandischen Vereinigung absagten und den Bündnisbrief herausgaben. Der Landammann von Glarus, welcher mit nassen Augen erst den Ausbruch der Tätlichkeiten verhindert und die Verhandlungen ermöglicht hatte, zerschnitt das Pergament mit seinem Dolche vor allem Volke und mit jener Genugtuung, welche wohlmeinende aber nicht weitsehende Friedensstifter in solchen Augenblicken empfinden.

Das Heer der fünf Orte kehrte mißmutig und in gedrückter Stimmung nach seinen Bergen zurück, die Zürcher aber als eine Art Sieger mit fliegenden Fahnen und beim Schalle der Musik in ihre Stadt.

Die Auslegung und Durchführung des Friedenstraktates verursachte bald genug neue Schwierigkeiten und Anstöße an allen Enden, so gutmeinend und vorzüglich in an sich rechtlicher und eidgenössischer Hinsicht das Instrument abgefaßt war, trotzdem es im Feldlager entstanden. Denn wo die Zeiten ineinanderströmen und die Leidenschaften, die reinen und die unreinen, darauf einherfahren, sind die Rechtsleute schwache Dammwächter. Als Zeichen der wieder eintretenden Verschlimmerung zeigte sich die wider den Frieden neuerdings erwachende Neigung der fünf Orte, mit dem Österreicher abermals anzubinden und die stets wache Bereitschaft des Bruders Karls V., mit seinen hinterlistigen Einwirkungen die Schweizer auseinander zu bringen, ohne tatsächlich einen Mann daran zu wagen. Eine derartige Hinterlist veranlaßte den sogenannten Müsserkrieg, durch welchen Hansli Gyr wieder ins Feld kam. Der berüchtigte Kondottiere Jakob Medicis, der von Karl V. zum Markgrafen und Kastellan von Musso, einem festen Schloß am Comersee, gemacht worden war, fiel in die den Graubündnern gehörigen Täler von Kläven und Veltlin, nachdem er ähnliche Überfälle schon früher gewagt und bündnerische Gesandte nach Mailand mit Assassinat hatte anfallen und aufheben lassen. Sein Verwandter, Markus Sittich von Hohenems, machte Miene ihm mit östreichischen Völkern beizuspringen, und es gelang der Plan insoweit, als die Aufmerksamkeit der evangelischen Orte auf diesen Punkt gezogen wurde. Zürich mahnte Bern und die übrigen zur Hülfe für Bünden, und es zog eine hinreichende Macht an Ort und Stelle, warf den Eindringling unverweilt aus dem Lande, veranlaßte die Regierung zu Inspruck zu einer höflichen Entschuldigung wegen des unliebsamen Vorfalls und übertrug dann mit den Bündnern die Fortsetzung des Krieges gegen den von Musso dem Herzog von Mailand sowie das eroberte Gebiet des erstern. Etwa zweitausend Mann blieben behufs der Belagerung des Schlosses zurück, dessen Zerstörung die Schweizer selbst besorgen wollten. Diese Mannschaft wurde unter den Befehl des Herrn Stephan

Zeller von Zürich gestellt, welcher den Hansli Gyrbewog, bei ihm zu bleiben, statt mit den Heimkehrenden zu ziehen.

Besagter Stephan Zeller war nämlich ein gar frommer, wachsamer und reformatorischer Mann, welcher sich vornahm, die gute Ordnung des Kappeler Lagers hier einzuführen, nachdem er zu seiner Betrübnis bemerkt hatte, daß auf dem jetzigen Kriegszuge von jener christlichen Zucht nicht viel zu sehen gewesen, teils weil viele Kriegsleute von der alten Observanz dabei, teils weil man außer Landes war und es einen fremden Feind zu schlagen gab. Statt der gottesfürchtigen Liedlein, die Zwingli in seinem alten Toggenburger Dialekt gedichtet und in Noten gesetzt hatte, sangen die Knechte wieder: »Nur schürz' dich, Gretlein, schürz' dich«, und »Frisch auf, gut Gsell, laß ume gan!« und ließen den Worten häufig die Tat folgen, was dem würdigen Hauptmann keineswegs gefiel; und eben zu einer Unterstützung und Mittelsperson gegen die Verwilderung, gewissermaßen als einen Mustersoldaten behielt er den Hansli bei sich. Der entsprach dieser Anforderung mit großem Eifer; er suchte mit unveränderlichem Ernste Zucht und Ordnung aufrecht zu halten, ging in Mäßigkeit und Sitte mit gutem Beispiele voran und war dem Hauptmann, der bei Tag und Nacht alle Posten und Wachen selbst beging und untersuchte, behülflich in seiner Arbeit.

Denn der eingeschlossene Raubtyrann war mit allem Rüstzeug und mit Leuten wohl versehen und sein Nest außerordentlich fest; und so streng ihn die Schweizer mit Hülfe eines trefflichen Geschützmeisters, welchen Landgraf Philipp von Hessen der Stadt Zürich gesandt, beschossen, so ergiebig erwiderte jener das Feuer, und es bedurfte aller Vorsicht, dem Schaden desselben in den offenen Stellungen auszuweichen.

Inzwischen aber nahmen die Knechte, von alten Söldnern aufgestiftet, Ärgernis an der strengen Ordnung, in welcher sie gehalten werden wollten, und spielten dem Hauptmann einen Schabernack, wo sie konnten. Bald artete dies Wesen in eigentliche Anfeindungen und Anschwärzungen aus, die einige nach

Zürich zu fördern wußten, also daß Bericht hierüber verlangt und der Hauptmann seinerseits wiederum geärgert und gekränkt wurde.

Der üble Wille mancher schlimmen Gesellen kehrte sich natürlich auch gegen den Hansli, der es treulich mit dem Hauptmann hielt und von ihnen der tugendreiche Feldküster genannt wurde; und wo sie ihm eine Falle zu stellen verhofften, unterließen sie es ungern. Nicht ohne einen Anhauch von Selbstgerechtigkeit ertrug er solche Unbill, seine Wege um so unbestechlicher mit feierlichem Wesen verfolgend.

An einem schönen Septembertage, als das Schießen ruhte, überschritt er den Lagerkreis und wandelte unter dem paradiesischen Himmel dahin, der sich über dem dunkelblauen See von Como wölbte. Er gelangte endlich vor ein Haus, in welchem ein mailändischer Wirt, die Kriegsläufe und Anwesenheit der verschiedenen Heerhaufen benutzend, sich festgesetzt hatte und neben gutem Wein allerhand Kramsachen verkaufte, wie sie von den Soldaten im Felde gesucht werden. Ein paar wohlgestalte Nichten unterstützten das Geschäft und lockten ebenso stark, als das Getränke, die mailändischen wie die schweizerischen Soldaten herbei.

Unter einer steinernen Bogenhalle, zu welcher eine lange, halbverfallene Treppe hinaufführte, saßen auch jetzt zehn oder zwölf wackere Eidgenossen und zechten. »Da geht der tugendsame Küster!« sagte einer, als er den Hansli unten vorüberschreiten sah. »Lockt ihn herauf!« rief ein anderer, »wir wollen ihn einmachen!«

Sogleich rief der erste hinunter: »Rottmeister! Hie gute Gesellen und guter Wein, auf einen Schluck!«

Hansli Gyr bedachte, daß sich vielleicht eine Unordnung verhüten und eine rechtzeitige Rückkehr ins Lager betreiben lasse, wenn er auf ein Stündchen teilnehme, und er kletterte in die Burg der Fröhlichkeit hinauf und setzte sich zu den Zechbrüdern.

Der dunkle Wein war wirklich so frisch und gut, daß er sein

kühles Herz erwärmte und Hansli den zutrinkenden Gesellen mehr nachgab, als ihm nützlich war, zumal das goldene Wetter und der scheinbar harmlose Frohsinn der Gesellschaft ihre Rechte geltend machten und ihn seine ernsthaften Grillen vergessen ließen. Einzig die hübschen Aufwärterinnen hielten einiges Bedenken wach; doch würdigte er sie nicht manchen Blickes, sondern hielt sich als einer, dem dergleichen fremd ist.

Da brachte unversehens einen Krug Wein, den er selbst zum besten gab, die schönste Weibsgestalt herbei, die er je gesehen, hoch und fein, mit dunklen Haarflechten, noch dunkleren Augen, und reich in grüne Seide gekleidet, Brust und Arme in faltiges, weißes Nesseltuch gehüllt. Das ist die lange Freska von Bergamo! hieß es unter den Soldaten (zu deutsch Fränzchen oder Franzi), was aber Hans überhörte, weil er nur auf die auserwählte Erscheinung sehen mußte, die sich keineswegs unbescheiden, aber mit lächelnder Sicherheit bewegte und ohne weiteres an seiner Seite Platz nahm, als er sein gut gefülltes Geldbeutelchen hervorzog, nur um für den Augenblick sich mit ihr zu schaffen zu machen; denn die Worte versagten ihm trotz der ungewohnten Weinlaune, in die er unbewußt geraten war. Immer wieder mußte er das edel geformte Gesicht, die schlanke Gestalt, die im Knochengerüste hoch gewölbte breite Brust anschauen, was alles eher für einen Fürsten gemacht schien, als für arme Kriegsgesellen; und so viel schöne Weiber er in Italien auch schon gesehen hatte, so war ihm dergleichen eine doch noch nie vorgekommen.

So oft sie aufstand und wegging, kam sie doch immer wieder zu ihm zurück und gab sich, ohne unhöflich zu sein, mit den andern nicht ab. Der gestrenge Rottmeister sah und hörte nichts mehr, als die schöne Person, die sich ruhig und traut mit ihm unterhielt und ihm dabei nicht wie eine verdächtige Gesellin, sondern wie eine wackere gute Freundin in die Augen sah, indem sie nach seiner Heimat und seinen Schicksalen, nach seinen Gewohnheiten und dem, was er gern habe, fragte.

Der Abend rückte vor, es wurde Nacht, die Sterne funkelten

am Himmel und aus dem Seespiegel, und Hansli merkte nicht, daß einer der Gesellen nach dem andern sich weggedrückt hatte und selbst der Wirt mit seinen Leuten verschwunden war, bis die lange Freska mit ihrer wohllautenden Stimme sagte: »Hier wird's zu kühl, wir müssen hineingehen, wenn Ihr noch einen Becher trinken wollt!«

Sie gingen in das anstoßende Gemach, welches, ebenfalls leer und still, von einer Lampe schwach erhellt wurde, die am Gewölbe hing. Er war nun ganz verliebt, sein Herz klopfte in der Fülle seiner Lebenslust, die plötzlich aus dem langen Schlaf erwachte, und da der zu reichlich genossene Wein zugleich seinen Verstand umnebelt hatte und er doch wiederum ein redlicher Mensch war, so tauchte, wie sie jetzt ernst und schweigend in seinen Armen lag, das Projekt in ihm auf, das herrliche Wesen, das an sich ein Glück und ein großes Vermögen wert zu sein schien, mit sich zu nehmen und zu heiraten, wenn sie ihn möchte. Das schien ihm indessen keineswegs unzweifelhaft sicher; auf der andern Seite war es aber wohl des Versuches wert, die Seele eines solchen Körpers zu erretten und dem Papsttum zu entreißen.

Wie er derartige Gedanken in seinem heißen Kopfe erwog, spielte er mit der weißen Hand des Weibes und lüftete einen Goldreif, den sie an einem ihrer Finger trug. Plötzlich bemerkte er, daß der Ring ganz genau demjenigen glich, welchen er einst der Ursula geschenkt hatte, und ein Zwillingsbruder desselben, vom gleichen Schmiede verfertigt sein mußte.

Hansli erblaßte; denn das bleiche liebe Antlitz der armen Ursula stieg vor seinem Geiste empor und warf seinen Widerschein auf sein Gesicht.

»Was ist das für ein Ring?« fragte er mit gepreßter Stimme.

»Das ist der Ring von meinem Geliebten, der mich heiraten wird!« antwortete die schöne Freska gelassen.

»Wo ist er und was ist er?«

»Er ist eigentlich ein Bäcker und Wirt, in den letzten Jahren aber ein Bandit gewesen, da es ihm schlecht ging. Jetzt ist er flüchtig und sitzt in Neapel, weil er im Solde eines großen Herren einen Grafen erschlagen hat und entdeckt worden ist. Sobald ich mir genug Geldes erworben habe, gehe ich zu ihm und wir errichten irgendwo im Süden eine Locanda und Bäckerei. Nächstens gehe ich nach Rom, wo ich eine Schwester habe, die bei einem Kardinale lebt.«

»Und willst du wirklich an jenem Verlobten hangen, der ein Totschläger und Verworfener ist?«

»Warum nicht? Ein Verworfener ist er nicht, sondern nur ein armer wilder Mensch, der nötig hat, daß man ihm hilft und für ihn sorgt. Wir sind von Kindesbeinen an füreinander gewesen und lassen nicht voneinander!«

Also diese verlorene Seele bleibt einem verbannten Mörder getreu und hält an ihm fest, dachte Hansli bei sich selbst, und du elender Mensch hast die unschuldige Seele der Ursel verlassen und jetzt verraten wollen!

Er war bereits wieder nüchtern geworden; der Schweiß stand ihm auf der Stirne, auch hatte er schon die seltsame Person fahren lassen und empfand einen Abscheu vor dem unbegreiflichen Gemische ruhigen, praktischen Wesens, gemeiner Zweckmäßigkeit, Liebe, Selbsttreue und Schamlosigkeit, welches in der edlen Gestalt zum Vorschein kam.

»Gute Nacht!« sagte er; »leuchtet mir ein wenig!«

»Wo wollt Ihr hin?« erwiderte sie verwundert, aber ruhig; »geht hier durch die Küche, da kommt Ihr auf den bessern Weg.«

Allein er hörte nicht darauf, ging nach der Vorlaube, durch die er gekommen, und begann im Dunkeln die gefährliche Treppe hinabzusteigen; denn die Schöne hatte schweigend die Türe hinter ihm zugeschlagen, statt ihm zu leuchten. Er gleitete auch bald aus auf den verwitterten Steinstufen und stürzte in ein dichtes Lorbeergebüsch hinunter, das ihn zum Glücke vor hartem Schaden bewahrte. Doch hatte er einige Mühe, sich zurechtzufinden und auf festen Fuß zu kommen und sein Quartier zu suchen.

»Ist es möglich! Ist es möglich!« sagte er wiederholt vor sich her, ohne sich in seiner Verwirrung klar bewußt zu sein, ob er die lange Freska oder sich selber meine. Denn er war ja noch länger als das Weibsbild und von festerem Stoffe, und war doch gefallen.

Am nächsten Tage machte er kein heiteres Gesicht, als er die Zechbrüder traf, die ihn mit verschmitzten Augen beguckten und mit halblauten Spottworten verfolgten.

»Ihr habt recht und habt nicht recht!« sagte er sich umwendend zu ihnen, »doch habt ihr mir mehr Gutes als Übles getan!«

»Ei, das haben wir auch bezweckt, Herr Rottmeister!« riefen sie mit Gelächter, »wer wollte Euch etwas Schlimmes wünschen? Heut' ist auch ein Tag und da könnet Ihr ruhig mit den Tugendwerken fortfahren!«

Eine Botschaft und Verrichtung, mit welcher er von den Befehlshabern unerwartet nach Zürich gesandt wurde, kam ihm soeben erwünscht, und er machte sich zur selben Stunde auf den Weg.

In der Heimat hatten sich die Dinge wieder zum innern Kriege angelassen und drängten nach jener Entscheidung hin, welche durch die unglückliche Kappeler Schlacht zu Ungunsten Zürichs ausfiel und die Reformation auf dem Punkte festhielt, auf dem sie gerade stand.

Die Stadt Zürich war jetzt mit Gelehrten und Theologen wohl besetzt, ein Geist der Klugheit und Überlegenheit erfüllte sie; jedermann hatte die Heilige Schrift und die Traktate in der Hand, und die allgemeine Wohlweisheit beleidigte und reizte nicht nur die katholischen Gegner, sondern selbst die Freunde; das starke Bern, wo die weltliche Staatsklugheit die Oberhand über die geistliche behielt, empfand den schulmeisterlichen Ton ebenso unangenehm, so daß, als Zürich durch gewaltsame Rechtsverletzungen und einseitiges Vorgehen sich in seinem Eifer in gefahrvolle Lage gebracht, ein Berner Regent einem zürcherischen, der zu Tathandlungen mahnte, zu verstehen gab, die Zürcher werden sich wohl allein zu helfen wissen, da sie so gescheit seien.

V.

Enoch Schnurrenberger war in letzter Zeit mit den Seinigen zurückgekehrt, nachdem man in den Nachbargebieten mit der Sache wegen zu großer Tollheit aufgeräumt hatte und diesseits die Sektierer längst still geworden und ihre Geschichten halb verrochen, die eigentlichen Häupter aber entweder tot oder verbannt oder eingekerkert waren.

Nur Enoch konnte sich nicht ganz zur Ruhe geben; je weniger er noch bemerkt und beobachtet wurde, desto weniger verließ ihn der Drang, eine Darstellung zu machen und eine neue Gestalt zu finden, in welcher die rechte Zeit und das tausendjährige Reich, wo er durchaus Vorsteher oder wenigstens Einnehmer werden wollte, abzuwarten sei.

Neuestens hatte er den Spruch: »Wer sich nun selbst erniedrigt, wie dies Kind, der ist der Größeste im Himmelreich!« wörtlich auszulegen und auszuüben begonnen. So saß er denn schon am Vormittage des zehnten Weinmonats 1531, statt der Arbeit nachzugehen, mit dem Anhange, der ihm geblieben und ihm heimlich nachzog, auf seinem abgelegenen Hofe und spielte kleines Kindlein. Er war gebückt und eingefallen, hatte einen langen weißen Bart, der ihm fast bis zum Nabel ging. Mit nackten Beinen hockte er in einem roten alten Weiberrock, der ein Kinderröcklein vorstellen sollte, auf dem Stubenboden und baute ein kleines Fuhrwerklein von Brettchen, das er mit Spreuer belud und dazu mit Kinderlauten stöhnte: Lo lo lo, da da da! wobei ihm die eingetretene Engbrüstigkeit zu schaffen machte. Der Schneck von Agasul hatte sich von Zaunstecken einen Laufstuhl gezimmert, in welchem er umherhumpelte, einen Lutschbeutel im Munde. Manchmal zog er diesen heraus und rief: Schneck heiß' ich, ein Schneck bin ich und hole dennoch den geschwinden Herrgott ein, der auf der Windsbraut reitet! Der kalte Wirtz von Goßau an seinem Orte hatte eine Schnur um einen Ofenfuß gebunden und peitschte den Ofen unablässig mit einer Kindergeißel, bald auf dem Boden kauernd, bald auf dem Ofen sitzend wie auf einem Pferde. Den besten Teil hatte Jakob Rosenstil erwählt; er lag auf einem Strohsack in der Ecke und stellte das Kind in der Wiege vor, indem er versuchte, die große Zehe des rechten Fußes zum Munde zu bringen, was wegen seiner Beleibtheit nicht wohl möglich war. Ein paar fremde Weiber zogen Tannzapfen an langem Faden in der Stube herum, weil sie kein anderes Spielzeug zu schaffen wußten oder solches ihren eigenen Kleinen abgesehen hatten.

Zuweilen vereinigten sich alle die bejahrten Leutchen, bildeten einen Ring und tanzten im Kreise, sangen Kinderliedchen, klatschten in die Hände und hüpften in die Höhe.

Die alte Schnurrenbergerin stand in der Küche vor dem Herde, unter dem Arm eine von Lumpen gemachte Puppe haltend und ein blaues Kindermützchen, in welchem einst Ursula getauft worden, auf den grauen Haaren tragend, an welchen es notdürftig festgebunden war, doch so, daß es schief auf dem linken Ohre saß. Das machte eine unheimliche Wirkung bei dem Ausdruck von hoffnungslosem Kummer, der in ihrem runzlichten Gesichte nistete; denn sie fing an zu glauben, daß sie selber den Nutzen von ihres Mannes Klugheit doch nicht mehr genießen und er selbst den Sieg nicht mehr erleben werde. Sie kochte einen Haferbrei für die sämtliche Gesellschaft. Ursula saß vor dem Hause allein unter den Ahornbäumen, deren herbstliches schön gezacktes Laub einen goldenen von blauer Luft durchwirkten Himmel über ihr ausbreitete. Sie selber sah nicht bunt oder sonnig aus, sondern sie war ganz düster und dunkel in braune und graue Zeugstücke und Kleider gewickelt vom Kopfe bis zum Fuße, wie sie dieselben hatte zusammenlesen können; die Füße waren mit starken Ackerschuhen bekleidet und neben ihr auf der Bank lag ein gut eingeschnürtes Päcklein und lehnte ein Stab; denn sie sagte seit Wochen schon, sie werde mit dem Engel Gabriel davon wandern, sobald er gesund sei. Diesen hielt sie nämlich in Gestalt eines heiligen Sebastian, eines hölzernen Männleins von ungefähr anderthalb Schuh Länge, im Arm. Der Vater hatte das Bildchen einst beim Plündern einer Kapelle vom Altare genommen und nach Hause gebracht, um irgend einen Scherz damit zu treiben, die Ursula es aber weggenommen und verborgen, weil es in ihren Augen dem Hansli Gyr oder vielmehr jenem Engel glich wegen der blonden Haare und der blauen Augen; denn das Holzbild war noch ziemlich frisch bemalt gewesen. Sie hatte ihm die Drahtpfeile, mit denen es besteckt war, sorgfältig ausgezogen, und verband ihm nun täglich die rot angetupften Wunden mit weißen Leinwandstreifchen und wickelte den kleinen Herren Gabriel liebevoll ein, nachdem sie jedesmal vergeblich versucht hatte, die auf den Rücken gebundenen Händchen loszulösen.

Sie beschaute den englischen Bräutigam immer nur, wenn sie sich ungestört glaubte, und wickelte ihn eben jetzt wieder in seine Binden und Tüchlein, indem sie die Figur mit aller Behendigkeit drehte und wendete.

Im Hause drin spielten sie nach ihrer Weise auch fort; zuweilen hielt der eine oder der andere eine kurze Predigt im Kinderton, dann aßen sie, was sie dürftig zusammen getragen hatten, und zankten sich scheinbar, wie die kleinen Kinder, um die größeren Bissen; Ursula dagegen holte sich etwas Nahrung und machte sich mit ihrem eingewickelten Schatze wieder beiseite. Als es aber gegen Abend ging, erhob sich Enoch plötzlich und sagte mit seiner gewöhnlichen unverstellten Stimme: »Nun haben wir genug getan für heute, ihr Kinder! Nun wollen wir Feierabend machen und noch ein wenig zusammensitzen!«

Sogleich juckten alle mit einem Frohgefühl in die Höhe, so rasch sie es in ihren verschiedenen Altersjahren vermochten, dehnten ihre Glieder, kratzten sich die Beine und saßen dann unverweilt um den Tisch herum, wo sie, wie ehmals, mit nüchternem Ernste anhuben, Karten zu spielen.

Kaum hatten sie aber eine halbe Stunde im tiefsten Ernste die Köpfe zusammengesteckt und die Karten auf den Tisch geschlagen, so wurden die Türen aufgestoßen und es stürmten zwei Männer in Waffen so aufgeregt herein, daß die Spieler zusammenfuhren und meinten, die öffentliche Gewalt breche wieder über sie los. Es war jedoch der benachbarte Landmann, der den Hof des Hansli erworben hatte, mit seinem Sohne.

»Hört ihr denn gar nichts, was in der Welt vorgeht?« riefen die Männer; »macht doch die Fenster auf! Der Rottmeister Gyr reitet wie der wilde Türst durch die Dörfer und rafft Volk zusammen! Die fünf Orte sind aufgebrochen und stehen in großer Zahl an der Grenze; alles muß nach Zürich! Hört ihr, wie der Landsturm geht? Lasset euere Narrenspossen und wahret Haus und Hof, so gut ihr könnt, und eile mit, wer noch Kraft hat! Denn euch geht's erst recht um Leib und Leben!«

Damit liefen sie davon und den Berg hinunter. Die erschreckten Leute traten vor das Haus und hörten, wie es überall Sturm läutete, Trommeln tönten, und sahen die Feuerzeichen auf den Hochwachten weit ins Land hinaus.

Staunend schauten und horchten sie; allein es war jedes Gefühl und Verständnis für die Bedeutung des Augenblicks abhanden gekommen; fröhlich oder spöttisch gelaunt wurden sie gerade nicht, weil es ihnen keineswegs geheuerlich vorkam und sie zu erschrocken waren, und so gafften sie denn in Gottes Namen blöde in die erregte Nacht hinaus.

Ursula aber hatte im Ofenwinkel, wo sie saß und wachend träumte, bei den Worten der Nachbaren das Haupt erhoben, und als sie den Hansli nennen gehört, augenblicklich die Holzpuppe fallen gelassen, den Stab und das Bündel ergriffen und war still aus dem Hause entwichen. Sie spähte und lauschte eine kleine Weile in die dunkle Welt hinaus, sah die Feuer und hörte die Sturmglocken; dann schritt sie ohne Aufenthalt in der Richtung nach der tiefern Gegend, welche die beiden Bewaffneten eingeschlagen hatten. Im nächsten Dorfe sah sie einen kleinen Trupp Wehrleute, die sich bereits versammelt hatten; die zogen weiter und vereinigten sich auf dem Wege mit andern, und so ging es die Nacht hindurch, bis die zusammen geeilten Männer die Stadt erreichten, und immer wanderte und wanderte die dunkle Gestalt der Ursula ungesehen hinter den Scharen und gelangte unbehelligt mit ihnen durch das Tor.

Alle Straßen waren beleuchtet und es wurde gerufen, befohlen, gerüstet und ab- und zugegangen. Die Vorhut war schon am Nachmittage nach Kappel gezogen; jetzt sammelte sich nur langsam das überraschte Volk. Es wurde eingereiht und abgezählt, gespiesen und getränkt, was da war; Ursula huschte unter der wogenden Bevölkerung hin und her und sah den Hansli Gyr deutlich und genau, wie er im Fackellichte, jetzt zu Fuß und ganz ruhig auf und nieder ging und die Züge ordnen half. Sie erkannte ihn, wie sie sich später erinnerte, jetzt zum ersten Mal wieder als ihn selbst, hütete sich aber, ihm unter das Gesicht zu kommen, und ebensosehr, ihn aus dem Gesichte zu verlieren. Erst als er nach Tagesanbruch in ein Haus ging, setzte sie sich unweit desselben mit verhülltem Kopfe auf einen Wehrstein und ruhte aus. Als aber gegen Mittag endlich das Banner abzog, war sie schon auf der Straße nach dem Albisberge vorausgegangen und schlüpfte längs derselben in den anstoßenden Wäldern unverdrossen dahin.

Mitte Weges ruhte sie wieder aus und sah durch die Bäume hindurch das unvollständige und in Verwirrung aufgebrochene Heerwesen vorüberziehen. Reiter, Geschütz, Fußvolk waren durcheinander gemengt; doch der tiefe Ernst, welcher über den Ziehenden schwebte, und das schöne, der Ursula ungewohnte Aussehen derselben, muteten sie wie eine reinere Luft an. Unter den stattlichen Männern, die in der Nähe des Banners ritten, war Ulrich Zwingli selbst und sein sympathischer Anblick erhellte die Seele des unverwandt schauenden Weibes. Der schlanke Mann trug über dem langen Gelehrten- oder Predigerrocke einen guten Stahlharnisch, seinen Kopf schützte ein eigentümlicher runder Stahlhut mit breitem Rande, auf der Schulter lehnte eine halblange eiserne Halbarte oder eher Streitaxt von zierlicher Form, und an seiner linken Seite hing das Schwert. Aber trotz allen diesen Waffen lag auf seinem schön geprägten Gesichte ein so ahnungsvoll trauriger, frommer und ergebener Ausdruck, die Lippen beteten leise vor sich hin, aber so sichtbar aufrichtig aus tiefstem Herzen herauf, daß von dieser Erscheinung ein lichter Strahl von Gesundheit und lindem Troste in ihre gequälte Brust hinüberzog und sie beinahe den Hansli übersehen hätte, der dem entschwindenden Reformator an der Spitze seiner rüstigen Rotten folgte.

Sie rührte sich aber nicht und setzte ihren Weg erst wieder fort, als der Zug vorbei war und die Berghöhe überschritten hatte und sich zu sammeln begann. In weitem Bogen umkreiste die farblose Gestalt, vom braunen Erdboden kaum zu unterscheiden, alle Bewegungen des kleinen Heeres, das seine Hauptstärke erst noch erwarten sollte, während verbündete Kriegsmassen untätig fern im Westen lagerten, die feindlichen Brüder aber achttausend Mann stark heranzogen.

Sie stand jetzt vor jenem Gehölze zur Linken der Zürcher Stellung, welches zu besetzen diese versäumt hatten, und sah beide Heere; der Geschützkampf, der schon seit geraumer Zeit angefangen, scheuchte sie jedoch in das Innere des Waldes. Sie fand eine alte Buche, deren starke Wurzeln eine Bucht bildeten und überdies eine kleine Erdhöhlung umspannten; in diesen Schutzort schmiegte sie sich hinein und saß da wohl geborgen, wie sie glaubte. Sie öffnete jetzt rasch ihr Reisebündelchen, da die Zeit gekommen war, sich zu stärken, und zog ein Fläschlein Wein und ein Stück getrockneten Fleisches mit Brot hervor, aß und trank und war ziemlich guter Dinge; atmete sie doch die gleiche Luft mit dem Manne, dem sie nachging.

Jetzt knisterte und schallte es aber auf einmal in den Bäumen und in ihrem Rücken; die wenigen Schützen von Uri, welche die Stellung und die hier mögliche Umgehung der Zürcher erkundeten, hatten das Gehölz besetzt und schossen aus demselben, worauf die Zürcher einen Teil ihres Geschützes herwendeten und ihre Kanonenkugeln über Ursulas Haupt in die Bäume schlugen.

Sie saß unbeweglich still, kein Auge sah das in sich geduckte graubraune Häuflein Menschenleben.

Dann wurde es wieder still um sie her; die Schützen hatten das Gehölz verlassen, um die bisher zum Angriff noch unentschlossene Hauptmacht der Katholischen heranzurufen. Dann nahte das Gewitter in Ursulas Rücken wirklich heran; zu vielen Tausenden brach der Gewalthaufe der fünf Orte durch Wald und Gebüsch und zu beiden Seiten darüber hinaus, daß, wie der Chronist sagt, ein so gewaltiges Getöse, Prasseln und Brausen entstand, als ob die Erde erbebte und der Wald brüllte. Ursula duckte sich mit gefalteten Händen; aber es schien kein Ende nehmen zu wollen. Links und rechts stürmten unaufhörlich neue Scharen ergrimmter Männer an ihr vorüber, sie sah jedoch fast nur deren breite Füße, unter welchen der Waldboden samt dem Unterbusch sich bald in eine zerstampfte Heerstraße verwandelte. Zum Glücke zerteilte der alte Buchenbaum, in dessen Wurzeln sie saß, den Strom des wilden Heeres in ihrem Rücken; um so betäubender tönten die Landhörner, Trompeten und Trommeln ihr in die Ohren, und sie lehnte sich zuletzt halb ohnmächtig an das gute und sichere Baumfundament.

Endlich aber wurde es abermals still um sie her. Die letzten waren vorüber geeilt, die ganze Heermenge war nun zwischen ihr und der geringen Schlachtordnung der Reformierten, welche zudem eben im Vollzug einer Wendung begriffen war.

Jetzt hörte Ursula das Geschrei des Angriffs die Luft erschüttern, als die Rache für vermeintlich oder wirklich erlittene geistige Verachtung mit einem Sturme von Schmähworten eröffnet und der furchtbare Gruß mit ebenso lautem und bitterem Schelten erwidert wurde.

Hierauf hörte sie das Getöse eines heftigen Schlagens, das aber nicht lange dauerte, da die Schlacht von jetzt an den unglücklichen Verlauf nahm, der für die Zürcher in den Sternen geschrieben stand.

Die Sonne neigte sich zum Untergange; unter den Gefallenen der Walstatt lagen bis auf wenige die angesehensten Zürcher, die ausgezogen, gegen dreißig Ratsglieder, ebenso viele reformierte Seelsorger, vielfach Vater und Sohn und Brüder nebeneinander, Land- und Stadtleute. Zwingli lag einsam unter einem Baume. Er hatte nicht geschlagen, sondern war nur mannhaft bei den Seinigen im Gliede gestanden, um zu dulden, was ihnen bestimmt war. Er war mehrmals gesunken, als die Flucht begonnen, und hatte sich wieder erhoben, bis ein Schlag auf und durch den Helm ihn an der Mutter Erde festgehalten.

Die sinkende Sonne glänzte ihm in das noch feste und friedliche Antlitz; sie schien ihm zu bezeugen, daß er schließlich nun doch recht getan und sein Amt als ein Held verwaltet habe. Wie die große goldene Welthostie des gereinigten Abendmahles schwebte das Gestirn einen letzten Augenblick über der Erde und lockte das Auge des darnieder liegenden Mannes an den Himmel hinüber.

Vom Rigiberge bis zum Pilatus hin und von dort bis in die fernab dämmernden Jurazüge lagerte eine graue Wolkenbank mit purpurnem Rande gleich einem unabsehbaren Göttersitze. Auf derselben aber schwebten aufrechte leichte Wolkengebilde in rosigem Scheine, wie ein Geisterzug, der eine Weile innehält. Das waren wohl die Seligen, die den Helden in ihre Mitte riefen, und zwar, wie er einst an König Franz I. geschrieben, nicht nur die Heiligen des Alten und Neuen Testamentes und der Christenkirche, sondern auch die rechtschaffenen Heiden: Herkules, Theseus, Sokrates, Aristides, Antigonus, Numa, Camillus, die Catonen und die Scipionen. Und auch Pindaros war da mit schimmernder Kythara, dem der Sterbende einst eine begeisterte Vorrede geschrieben.

Auch der Mann, welchem Ursula in ihrem ahnenden Wandertriebe nachgegangen war, lag reglos dahingestreckt, etwa fünfzig Schritte von der Stelle, wo der ehrwürdige Bannerherr über der geglückten Rettung des Banners gefallen. Hansli Gyr hatte sich mannhaft geschlagen und die ersten Anfälle wiederholt abwehren geholfen. Als die Verwirrung und Flucht eintrat und das Banner niedergelassen worden, hörte er, selbst im Strudel mitgerissen, Hülfe für das Feldzeichen rufen. Sich einigen zustürmenden Feinden entgegenstellend, kämpfte er mit Hieb und Stoß gegen die Andringenden, was er vermochte, mußte aber einen Schritt um den andern zurückweichen und stürzte, da er nicht hinter sich sah, rücklings in den Graben, der für den Tag so verhängnisvoll geworden. Schwer gerüstet, wie er war, hatte er auch einen schweren Fall getan und lag von der Erschütterung bewußtlos geworden in der Tiefe, die Füße nach oben gerichtet.

Als die Nacht auf das Land herniedergestiegen und Ursula unterscheiden konnte, daß die Schlacht vorüber war, trat sie aus dem Gehölze hervor. Sie sah das Feld von den zahlreichen Feuern der Sieger bedeckt und hörte deren Jubel. Alsobald merkte sie wohl, wer gesiegt habe, besann sich aber keinen Augenblick, vorwärts zu gehen und über das Schlachtfeld. Es kümmerte sich auch niemand um sie, als sie nun wie ein Nachtgeist herum strich; denn es liefen aus dem Trosse der Sieger noch manche Weibsbilder unter den Männern herum. Überall, wo sie sah, daß man um Tote oder Verwundete beschäftigt war, trat sie herzu, fand aber nicht, was sie befürchtete, und trachtete voll Hoffnung, allmählig aus den Katholischen hinaus zu kommen und die zürcherischen Trümmer zu erreichen. Aus einem der Wachtfeuer hatte sie unbemerkt ein hell brennendes Kienscheit gezogen und leuchtete sich unerschrocken durch diese seltsame nächtliche Welt voll Übermut, Freude, Elend und Todesschrecken. Schon wurde es dunkler und stiller, als sie an einen Steg gelangte, der über den Mühlegraben führte. Sie schaute wie zufällig seitwärts und sah, wie ein Lichtstrahl ihrer Fackel auf ein Waffenstück fiel, das in der Tiefe lag. Ohne Zögern kehrte sie um und stieg an dem buschigen Bord hinunter, wo unter Erlen ein Toter lag. Es war aber nicht Hansli; doch ging sie auf dem Grunde des Grabens, durch welchen sich das Wasser schlängelte, weiter und fand noch einen stillen Mann, aber auch nicht den rechten. Gleich der nächste aber, auf den sie stieß, war es. Sie erkannte ihn auf den ersten Blick. Augenblicklich begann sie, seine aufwärts am Bachbord liegenden Beine herunter zu ziehen und ihm mit Mühe das Haupt zu erhöhen, und erst jetzt warf sie sich auf ihn und lauschte an seinem Munde. Er atmete noch, gab aber sonst kein Lebenszeichen; doch auch von Blut war nichts an ihm oder um ihn zu sehen. Hastig nestelte sie an Helm und Panzer, ohne sie loszubringen, und fing laut an dabei zu seufzen, besonders nachdem ihr auch der Kienbrand ins Bachwasser gefallen und erloschen war.

Da erschienen oben zwei Männer mit einer Fackel und leuchteten hinunter. »Da unten liegt auch einer am Ausweben!« sagte der eine und der andere: »Wir wollen hinab steigen, vielleicht ist's einer der Unsern!« »Gotts Wunden! das ist ja ein Pärlein!« riefen sie, als sie unten anlangten.

»Den hab' ich auch schon gesehen!« fuhr der eine fort, als er dem Gefallenen ins Gesicht leuchtete.

»Auch ich, aber ich weiß nicht, wo?« versetzte der zweite Kriegsmann, der aber, wie sein Kamerad, besänftigt und menschlich aussah.

»Wer ist der, der da liegt, und wer bist du selbst, du Nachtschatten?« fragten sie nun die Ursula.

»Es ist ein Rottmeister Hänslein Gyr und ein guter Mann«, erwiderte sie flehend; »habt Erbarmen, ihr Herren, und helfet ihm, denn er lebt noch!«

»So wahr Gott lebt, das ist jener Hansli!« und »Ein alter ehrlicher Kamerad! Wie die Jahre vergehen!« riefen nun die beiden voll Verwunderung aus. »Aber wer bist denn du selbst und wie kommst du in diesen Graben?«

»Ich bin seine Nachbarin, Kindergespielin und gewesene Braut und ihm nachgelaufen, ohne daß er's weiß!«

»Nun«, sagte der eine, »wem der Herrgott ein so treues Mensch geschenkt hat, den darf man nicht verderben lassen! Komm her, du Feldgespenst, wir wollen dir helfen!«

Die Befehlshaber der Fünförtigen hatten eben mit Trommelschlag verkünden lassen, daß keine Verwundeten oder Gefangenen mehr getötet werden dürfen, und so hatte es für die zwei Gesellen, die Schwyzer waren, keine Schwierigkeit, den Hansli aus dem Graben hinaus zu arbeiten und ihn nach dem Kloster Kappel zu bringen, dessen reformierter Abt auch auf der Walstatt lag und das mit Verwundeten angefüllt wurde.

Hansli geriet durch Vorsorge der braven Männer in eine kleine Mönchszelle auf ein ordentliches Bett; die Ursula wich nicht von seiner Seite und lauschte auf jeden seiner Atemzüge. Erst am dritten Tage kam er wieder zu sich selbst; in acht Tagen aber konnte er das Bett verlassen, und als er sich, da sich eine Verletzung sonst nirgends zeigte, völlig erholt und seine Gedanken wieder beisammen hatte, fand er die ebenfalls durch die Ereignisse auf wunderbare Weise genesene Ursula in seiner nächsten Nähe, so nah er es nur wünschen konnte.

Sie wußte durchaus nicht zu sagen, wie sie von Hause fortgekommen sei, und doch waren ihre Gedanken und Augen jetzt vollkommen sicher und klar. Das Glück, das sie empfand, half ihr bald wieder zu blühenden Wangen; denn sie war wie ein gesegnetes Fleckchen Erde, das alsobald wieder ergrünt, sobald nur ein Sonnenblick und ein Tau darauf fällt.

Als die nächsten Folgen der Schlacht und auch die weiteren Kriegswirrsale sich verzogen, nahm Hansli Gyr die Ursula zur Frau nach der Vorschrift der bestehenden Ordnung, der sie sich nicht länger widersetzte, und zog mit ihr auf ihren eigenen Hof, wo der alte Enoch das Zeitliche gesegnet hatte und seine gebeugte und zerknistete Frau ihm gehorsam in das neue Jerusalem nachgefolgt war. Sie hatte aber, freilich hinter dem Rücken des Mannes, noch den Trost erlebt, die Tochter versorgt und glücklich zu sehen.

Der Rottmeister und seine Ehefrau aber lebten als würdige Glieder des Volkes, welches nach jener Schlacht die Regierung und die Führer, statt sie im allgemeinen Unglücke mit Vorwürfen zu überhäufen und mit Unzufriedenheit zu quälen, zur Standhaftigkeit aufmunterte und seiner Opferfreudigkeit versicherte, freilich nicht ohne seine aufrichtige Meinung über dies und jenes beizufügen, was vielleicht besser zu machen wäre. Und Hansli gehörte zu den Männern der Landschaft, welche mit wohlwollender Offenheit ihre Stimme erhoben, aber zugleich mit eiserner Zuverlässigkeit für das gemeine Wesen einstanden. Gegen zweihundert Jahre lang hausten seine Nachkommen auf dem gut bestellten Hofe, welcher der Gyrenhof genannt wurde. Den Winkelpropheten aber schenkte das brave Ehepaar jedesmal ein Glas Wein oder guten Apfelmost ein, so oft einer derselben mit irgend einer neuen Lustbarkeit auf den Hof kam. Denn immer trieben sie etwas Schnurriges, obgleich sie nicht mehr predigten. Ihre Art spukt indes ab und zu immer noch um jenen Berg herum.

NACHWORT
VON WERNER WEBER

I.

»Züricher Novellen« – bezeichnet der Titel nicht allzu entschieden einen Rückzug ins Lokale? Ist dieser Titel geeignet, eine andere als die auf solch Lokales neugierige Leserschaft anzuziehen? Das Bedenken war schon da, als die »Züricher Novellen« geplant wurden. – Am 4. Juni 1874 schreibt Julius Rodenberg an Gottfried Keller, er würde glücklich sein, vom »Verfasser des ›Grünen Heinrich‹ und von ›Romeo und Julia auf dem Dorfe‹« einen Beitrag zu erhalten für die »Deutsche Revue« (später »Deutsche Rundschau«).[1] Keller sagt zu. Im Brief an Rodenberg vom 31. Mai 1875 kommt er auf den Titel zu sprechen: »Würde der Titel ›Züricher Novellen‹ Ihnen, namentlich auch für Ihre Zeitschrift, zu abgelegen, zu wenig versprechend und klingend oder überhaupt nicht konvenabel sein? Ich kann mir ganz gut denken, daß mir z. B. ein Titel ›Frankfurter oder Stuttgarter Novellen‹ wenig interessant vorkommen würde.«[2] Rodenberg antwortet ohne Umschweif; der Titel »Züricher Novellen« sei schön und »verheißungsvoll als nur irgend möglich«.[3] Aber verheißungsvoll wird der Titel nur durch den Rang des Mannes, der selbst dort, wo er seine Sache lokal anmeldet, etwas Weiterreichendes erwarten läßt. Das überblickt Rodenberg; es ist nicht Schönrednerei, sondern ein Reden aus Erfahrung, wenn er an die »von Tag zu Tag wachsende« Keller-Gemeinde erinnert, die »verehrungsvoll« an dem Dichter hange.[4] Ist diese »Gemeinde« bis heute weiter gewachsen? Man kann nicht sagen, wie viele jetzt Keller, wie viele im besondern die »Züricher Novellen« lesen; sagen kann man, daß »Keller« im Rahmen der Literatur für viele ein Name ist und die Bedeutung des Werks, das dazugehört, wenigstens ein Gerücht.

Walter Benjamin, ein unerbittlich Gegenwärtiger, ein durch

seine Unerbittlichkeit die Nachfahren fordernder Beobachter, schrieb über Gottfried Keller: »Zu Ehren einer kritischen Gesamtausgabe seiner Werke«.[5] Das war 1927. Benjamin gab ein Beispiel seiner Überprüfungen, auf einer geschichtlichen Strekke, die er nicht nur als Nachkrieg, sondern als Zwischenkrieg erkannte und bis zur Katastrophe erlitt. Er gibt zu bedenken: ». . . die neu-alte Wahrheit, die Keller unter die drei oder vier größten Prosaiker der deutschen Sprache aufnimmt . . .«[6] Diese Wahrheit, sagt er, habe noch immer einen schweren Stand: »Sie ist zu alt, um die Leute zu interessieren, und zu neu, um sie zu verpflichten.«[7] Da kommt zum Ausdruck: das Erfahren von Qualität ist doppelt behindert, durch Gewöhnung einerseits, durch Überraschung andererseits. Qualität ist keine alte und ist keine neue, sie ist eine »neu-alte« Wahrheit; in ihr werden frühere Setzungen bewahrt und überwunden; sie ist prozeßhaft, »neu-alt«, und darin geschichtlich. In solchem Vollzug erwahrt sich ein Rang.

Der Leser der »Züricher Novellen«, heute, empfindet zunächst vielleicht nichts stärker als die Fremde des Stoffs und die Fremde des Vortrags. Und auch das hat schon Zeitgenossen Kellers beschäftigt. Unter andern versuchte Theodor Fontane den Sachverhalt zu verstehen und zu benennen, beirrt durch das eigene Schwanken im Urteil beim Umgang mit Werken Kellers. Einmal sagt er: Keller sei »au fond ein Märchenerzähler«.[8] Er sagt es im Hinblick auf die Seldwyler-Geschichten; Keller erzähle nicht aus einem bestimmten Jahrhundert, kaum aus einem bestimmten Lande, nicht aus ständisch gegliederten und deshalb sprachlich verschiedenen Verhältnissen heraus – er habe »für seine Darstellung eine im wesentlichen sich gleichbleibende Märchensprache, an der alte und neue Zeit, vornehm und gering gleichmäßig partizipieren. Historie, Kultur- und Sittengeschichte kümmern ihn nicht . . .«[9] In solcher Ausschließlichkeit ist das Urteil über die Seldwyler-Geschichten falsch – und gar nicht dürfte es für die »Züricher Novellen« übernommen werden, denn da kümmern, ja binden den Dichter Historie, Kultur- und Sittengeschichte. Dadurch verschärft sich nun aber die Frage nach den sprachlichen Verhältnissen. Es ist eine Frage nach »Stil«. Fontane stellt sie. Worauf er zielt, wird im Fortgang des kritischen Begegnens klar, vollends in der Stellungnahme zu jener Studie Otto Brahms über Gottfried Keller, die im Juni 1882 in Rodenbergs »Rundschau« erschienen war. Da urteilt Fontane unter den Bedingungen einer neuen Ästhetik – einer Ästhetik, auf welche Keller als Gestalter auch mit dem spätesten seiner Werke, mit »Martin Salander«, erschienen 1886, nicht frei zu antworten vermochte. Wer vermochte es? 1889 kam Gerhart Hauptmann mit »Vor Sonnenaufgang«; 1890 kamen Arno Holz und Johannes Schlaf mit »Familie Selicke«: das waren Antworten; da erfüllte sich, was Fontane als Kritiker Kellers dekretiert hatte: »›Ein Werk ist um so stilvoller, je objektiver es ist‹, d. h. je mehr nur der Gegenstand selbst spricht, je freier es ist von zufälligen oder wohl gar der darzustellenden Idee widersprechenden Eigenheiten und Angewöhnungen des Künstlers. Ist dies richtig (und ich halt' es für richtig), so läßt sich bei Keller eher von Stilabwesenheit als von Stil sprechen.«[10] Hinter diesem Urteil steht die Erfahrung eines Stilwandels; es trifft sein Objekt in einer Zone zwischen Nicht-mehr und Noch-nicht. Schärfer als der Kritiker empfand es der Kritisierte selber. Der Brief an Rodenberg vom 31. Mai 1875, in welchem der Plan zu den »Züricher Novellen« vorgelegt wird, schließt mit der Bemerkung: »Gebe der Himmel, daß die Sachen nicht zu früh oder zu *spät* kommen; man ist jetzt keinen Augenblick mehr sicher, ob man nicht ein alter Simpel wird.«[11] Während der Arbeit an den »Züricher Novellen«, in seinem Brief an Rodenberg vom 10. Oktober 1876, faßt Keller die Bedenken deutlicher, er spricht von der »Entlegenheit« seines Genres und von dem »großen Publikum«, »das an die modernen Sozialstoffe gewöhnt ist«.[12]

Hat er da noch fraglos seinen Ort? Gerade in der Zone zwischen dem Nicht-mehr und dem Noch-nicht festigt sich der Vorsatz, unter dem Kellers Produktion von Anfang an stand:

Dichtung auch als Erziehungswerk. Beim Einlösen dieses Vorsatzes veränderte sich die Tönung vom Goldschimmer Seldwylas bis in das Angedunkelte von Salanders Münsterburg-Kreuzhalde; es veränderte sich das Verhältnis zwischen Übertragen und Vortragen: Opfer an »Poesie« zugunsten der »Realität«, zugunsten des Diskursiven. Keller durchschaute den Prozeß. Er hat dazu als alter Mann seine Bemerkungen gemacht. So berichtet Adolf Frey, der Dichter sei während der Arbeit an »Martin Salander« »in manche trübe Stimmung« verfallen; auf die Frage, was er denn gegen das Werk habe, kam die Antwort: »Was ich habe – ? Es ist nicht schön! Es ist nicht schön! Es ist zu wenig Poesie darin!«[13] Hinter solcher Enttäuschung aber steht der pädagogische Eros, der, als er jung war, ein Wort wie dieses bestimmen konnte: ». . . dagegen halte ich es für Pflicht eines Poeten, nicht nur das Vergangene zu verklären, sondern das Gegenwärtige, die Keime der Zukunft so weit zu verstärken und zu verschönern, daß die Leute noch glauben können, ja, so seien sie und so gehe es zu! Tut man dies mit einiger wohlwollender Ironie, die dem Zeuge das falsche Pathos nimmt, so glaube ich, daß das Volk das, was es sich gutmütig einbildet zu sein und der innerlichen Anlage nach auch schon ist, zuletzt in der Tat und auch äußerlich wird. Kurz, man muß, wie man schwangeren Frauen etwa schöne Bildwerke vorhält, dem allezeit trächtigen Nationalgrundstock stets etwas Besseres zeigen, als er schon ist; dafür kann man ihn auch um so kekker tadeln, wo er es verdient.«[14]

So hat Keller am 25. Juni 1860 an Berthold Auerbach geschrieben, im Zusammenhang mit der Novelle »Das Fähnlein der sieben Aufrechten«. Er habe vor, sagt er weiter, nach und nach »eine Reihe Zürchernovellen« zu schreiben; zu diesen solle dann die »Fähnleingeschichte« kommen.[15] Hier sind nun die wichtigsten Daten zum Wachsen der »Züricher Novellen« einzuordnen. – In der ersten Hälfte des Jahres 1860 korrespondiert Keller mit Auerbach über eine Novelle, die dann unter dem Titel »Das Fähnlein der sieben Aufrechten« in »Berthold

Auerbach's deutschem Volks-Kalender auf das Jahr 1861« erscheint. Keller denkt an weitere »Zürchernovellen«. – 4. Juni 1874: Rodenberg lädt Keller zur Mitarbeit ein; Keller nimmt den alten Plan auf. Der Briefwechsel zwischen den beiden gewährt Einblick in die Entwicklung des Geschäfts: 23. Dezember 1874: Keller meldet, er habe »eine kleine ineinander verflochtene Erzählungsgruppe mit gemeinsamem Hinter- oder Untergrund in der Arbeit«, welche er »nächstes Jahr in Verbindung mit einer ältern Erzählung« zu veröffentlichen gedenke.[16] Mit der »ältern Erzählung« ist »Das Fähnlein der sieben Aufrechten« gemeint. – 31. Mai 1875: Keller präzisiert: »Die 3–4 Geschichten oder Novellchen spielen in Zürich; es sind Tatsächlich- und Persönlichkeiten aus dem 13., 14. und 18. Jahrhundert, mit der Rahmennovelle aus dem 19.« Und er nennt die Titel: »Herr Jacques (Rahmen, 19. Jahrhundert) / Hadlaub (13. Jahrhundert) / Der Narr auf Manegg (14.) / Der Landvogt von Greifensee (18.).«[17] – 6. Juni 1876: Keller hat es schwer, die Termine einzuhalten, auch aus äußeren Gründen: er bereitet den Rücktritt vom Amt des Staatsschreibers vor. »Nachher geht's dann hoffentlich auf längeres Nimmeraufhören los mit der Literatur.«[18] – 1876, im Novemberheft der »Deutschen Rundschau«, beginnt der Abdruck der durch den Rahmen »Jacques« zusammengehaltenen Novellen; 1877, im Aprilheft, erscheint der Schluß. – Dezember 1877: Die »Jacques-Novellen« (»Hadlaub«, »Der Narr auf Manegg«, »Der Landvogt von Greifensee«) erscheinen als erster Band der »Züricher Novellen«; auf denselben Zeitpunkt kommt der zweite Band heraus, er enthält »Das Fähnlein der sieben Aufrechten« (bereit seit dem Sommer 1860) und »Ursula«, die Geschichte, die Keller zu Ende schrieb, während der Druck des ersten und des zweiten Bandes der »Züricher Novellen« schon im Gange war.

II.

Keller wußte, wie schnell ein Autor von seinen Lesern auf einen bestimmten Ton festgelegt wird; er ahnte, daß es für ihn der

»Seldwyla«-Ton sein würde. Dem wollte er sich nicht ergeben. Die ersten Seldwyler-Geschichten waren anfangs 1856 erschienen; am 18. Oktober danach meldete er dem Freunde Hermann Hettner, er werde »einen anderen Ton anschlagen«; er hoffe »allmählich zu zeigen oder zu versuchen«, daß er »nicht nur auf einer Saite geige«.[19] Spiel auf neuen Saiten bezeugen unter anderem auch die »Züricher Novellen«. Ihre Weise, wie gesagt, ist bestimmt durch ein engeres Verhältnis von Dichtung und Historie. Hierin hat Keller teil an jener stoff- und formgeschichtlichen Bewegung des neunzehnten Jahrhunderts, welche den Dichter an die Seite des Historiographen brachte. Zu ihrer Zeit boten Wilhelm Hauff, Willibald Alexis und Joseph Viktor von Scheffel dafür im deutschen Sprachgebiet progammatisch deutliche Beispiele. Was Scheffel im Vorwort zu seinem »Ekkehard« schrieb, hat die Geltung einer Parole: »Auf der Grundlage historischer Studien das Schöne und Darstellbare einer Epoche umspannend, darf der Roman auch wohl verlangen, als ebenbürtiger Bruder der Geschichte anerkannt zu werden, und wer ihn achselzuckend als das Werk willkürlicher und fälschender Laune zurückweisen wollte, der mag sich dabei getrösten, daß die Geschichte, wie sie bei uns geschrieben zu werden pflegt, eben auch nur eine herkömmliche Zusammenschmiedung von Wahrem und Falschem ist, der nur zu viel Schwerfälligkeit anklebt, als daß sie es, wie die Dichtung, wagen darf, ihre Lücken spielend auszufüllen.«[20]

Was ist denn nun aber die Eigenart von Gottfried Kellers »Blick in die Geschichte«? Dem ist Max Wehrli nachgegangen, 1949, in seinem Vortrag zum 18. Herbstbott der Gottfried-Keller-Gesellschaft. Er sagte: »Der grüne Heinrich lernt in der Münchener Zeit einsehen: ›Wenn man den Dingen ins Gesicht schaut und sie mit Aufrichtigkeit behandelt, so ist nichts negativ, sondern alles ist positiv, um diesen Pfefferkuchenausdruck zu gebrauchen.‹ Von diesem Standpunkt aus erscheint die Geschichte nicht als ein Kampf zwischen Gut und Böse, zwischen Sein und Nichtsein, sondern höchstens als eine

Mischung echten und unechten Lebens, die sich einem innerlich aufrichtigen und klugen Blick von selbst in Wesenhaftes und Wesenloses scheidet . . .«[21]

Damit sind Leitwörter gegeben: echtes Leben, unechtes Leben; Wesenhaftes, Wesenloses. Von Bedingungen, unter denen das eine oder das andere eintritt, handeln die »Züricher Novellen«. Darin haben sie ihre Aktualität. Sie treffen den Leser heute, wie sie den Leser vormals getroffen haben – unter einer Voraussetzung: er muß sein Lesevermögen schärfen für die »wohlwollende Ironie«, auf welche Keller in jenem Brief an Auerbach vom 25. Juni 1860 hinweist – die Ironie, »die dem Zeuge das falsche Pathos nimmt«, so, daß einem aufgeht, was Benjamin meint, wenn er mit Bezug auf Kellers Stil von »namenloser Süße« und »klingender Fülle« spricht.[22]

III.

Jacques, die Hauptgestalt im Rahmen zu den »Züricher Novellen«, ist umgetrieben vom Wunsch, ein Original zu werden, ein Original zu sein. Er wird dem Leser vorgestellt als »ein junger Mensch«[23], als ein »Heranwüchsling«[24], »Jünglingsknabe«[25], »Adolescent«.[26] Ein Wesen im Da-Zwischen. Dem entspricht das Pronomen, mit welchem Jacques von näheren Bekannten angeredet wird: Ihr. Das ist das sprachliche Einstweilen zwischen dem Du, das nicht mehr, und dem Sie, das noch nicht angemessen ist. Und daß die Dienstboten des Hauses den jungen Menschen »Herr Jacques« nennen, macht das Übergängliche abermals deutlich; sie nennen ihn so gerade »wegen seines Heranwachsens«.[27] »Herr«: das ist ein Ziel. Auf dem Wege dahin begleitet ihn der Pate. Durch Rücksicht und Zielstrebigkeit ist der Rhythmus des pädagogischen Vorgangs zwischen direkter und indirekter Unterweisung bestimmt.

»Also ein Original möchtet Ihr gerne sein, Meister Jacques?«[28] Der Ort, an dem die Frage gestellt wird, ist wesentlich: der alte Herr und der »Heranwüchsling« sind auf eine

Höhe gestiegen; sie haben Übersicht gewonnen; »reiche Fernsicht«[29] ist möglich, hinein in die Natur und ihr Geschehen, hinein in die Stadt und ihre Geschichte. Nähe und Ferne, Gegenwart und Tiefe der Vergangenheit. So in unmittelbar erlebter Raum-Zeit gibt der alte Herr seine Antwort: »Ein gutes Original ist nur, wer Nachahmung verdient! Nachgeahmt zu werden ist aber nur würdig, wer das, was er unternimmt, recht betreibt und immer an seinem Orte etwas Tüchtiges leistet, und wenn dieses auch nichts Unerhörtes und Erzursprüngliches ist!«[30] Das ist der Lehrsatz, der nun mit Geschichten erwahrt werden soll.

Es ist nicht vom »Original«, sondern vom »guten Original« die Rede. Die Bewährung, welche von diesem gefordert wird – etwas recht zu betreiben, am gegebenen Ort etwas Tüchtiges zu leisten wissen – ist bürgerlich, ist eine Gegensetzung zu »unerhört« und »erzursprünglich«, zu den Auszeichnungen, die hundert Jahre früher dem Genie, dem Originalgenie, zugesprochen worden sind. Der junge Goethe, von Herder geweckt, hat in seinem Aufsatz »Zum Schäkespears Tag« das Ereignis der Begegnung mit solchem Genie benannt: ». . . Ich erkannte, ich fühlte auf's lebhaffteste meine Existenz um eine Unendlichkeit erweitert . . .«[31] Das »gute Original« dagegen wirkt recht und tüchtig aus der Endlichkeit und erwirkt, daß Endlichkeit in ihrem Ernst, in ihrer Würde, in ihrer Vorläufigkeit als der Ort begriffen werden kann, wo der Einzelne zu seinem Besten kommt, indem er sich gemeinschaftlich tätig verhält. Dazu geben die »Züricher Novellen« positive und negative Fälle. Der Begriff »gutes Original« bekommt spielende Ränder; aber der Kern bleibt deutlich: Bindung des Einzelnen an die Gemeinschaft. Keller überprüft es im geschichtlichen Lauf. Er beobachtet die Verschiebungen im politischen, im sozialen Gefüge. Sein eigener Standort hierin ist in jeder der »Züricher Novellen« auszumachen, selbst in den ältesten Stoffschichten – in »Hadlaub«, dort in dem mythisch gesteigerten Bild: Eine vornehme Gesellschaft reitet zur Jagd; »in heller

Freude ließen die ›seldenvollen‹ Frauen die Federspiele steigen«.[32] Dann: »Vor der Kompanie, die in der Richtung nach Norden zog, breitete sich ins Blaue hinaus über Zürich-, Thur- und Aargau hin bis zu den schwäbischen Höhen und den Gebirgen des Jura das Land, und von allen Punkten schimmerten die Türme der herrschenden Geschlechter oder die Gotteshäuser und Kirchen. Einem Zuge von Göttern gleich eilten sie auf dem Berggrate dahin, Lust und Stolz auf allen Gesichtern; von den hohen Spitzhüten der Herrn flatterten die Bindeschnüre, an den Enden zierlich verknüpft, modisch in der Luft und verkündeten den von jedem Drucke freien Sinn des Augenblickes. Einzig die schöne Fides ritt mit ernstem Gesicht, auf welchem Trauer und hoher Mut, Gefühl der Heimatlosigkeit und niedergehaltene Lebenslust sich mischten, geheimnisvoll wie die Dämmerungen der Tiefe, in welcher unsichtbares Volk waltete, dem die Zukunft gehörte.«[33]

In der frühesten der »Züricher Novellen«, im »Fähnlein der sieben Aufrechten« – in der Novelle, welche aus den politischen und aus den sozialen Erfahrungen der Jahre unmittelbar nach 1848 lebt, ist jenes unsichtbare Volk als sichtbares Volk vorgegeben. Sein Bild ist bestimmt durch das heitere Vertrauen, aus welchem »wohlwollende Ironie« hervorgehen kann. Und allein solche Ironie macht dann Kundgebungen wie die Rede des jungen Hediger nicht nur erträglich, sondern bewegend in ihrer gewissenhaft lauteren Liberalität und darin schön. Der Redner stellt Mannigfaltigkeit in der Einheit als »die rechte Schule der Freundschaft« vor – »erst da, wo die politische Zusammengehörigkeit zur persönlichen Freundschaft eines ganzen Volkes wird, da ist das Höchste gewonnen! Denn was der Bürgersinn nicht ausrichten sollte, das wird die Freundesliebe vermögen und beide werden zu *einer* Tugend werden!«[34] Dagegen der alte Hediger: er durchschaut den politisch-sozialen Umbruch der Zeit nicht nur auf Förderliches, sondern auch auf Störendes hin: »Es wird eine Zeit kommen, wo in unserem Lande, wie anderwärts, sich große Massen Geldes zusammenhängen, ohne auf tüchtige Weise erarbeitet und erspart worden zu sein; dann wird es gelten, dem Teufel die Zähne zu weisen; dann wird es sich zeigen, ob der Faden und die Farbe gut sind an unserem Fahnentuch!«[35] Solche Sorge aber gegenüber dem Lauf der öffentlichen Angelegenheiten wird in den »Züricher Novellen« nicht übermäßig. Sie ist freilich da; sie gibt dem alles durchdringenden Vertrauen den geprüften Ernst, von welchem bei Keller die Freude umschlossen ist.

Nicht nur im politisch-sozialen, auch im religiösen Bereich fragt Keller nach jenem Förderlichen, nach jenem Störenden. Die späteste der »Züricher Novellen«, »Ursula«, steht dafür. Zum Förderlichen gehört da die Besonnenheit; zum Störenden der Wahn – oder, wie es von der durch Wiedertäuferwesen verwirrten jungen Frau heißt: »die Flamme des Irrlichts, welche die Bescheidenheit dieser Seele versengt hatte«.[36] Bescheidenheit der Seele; das ist für Keller eine Vorleistung zur Echtheit, durch welche einem die menschenmögliche Seelenruhe gegeben wäre. Sogar aus dem Gegenbilde des Narrs auf Manegg ist es zu lesen: »Man legte den Toten auf grünes Moos unter den Bäumen; friedlich und beruhigt lag er da, erlöst von der Qual, sein zu wollen, was man nicht ist, und es schlummerte mit ihm ein unechtes Leben, das über hundert Jahre im verborgenen gewuchert hatte, endlich ein.«[37] Der Tod vollzieht die Bereinigung. Mehr aber liegt dem Mann, dem Dichter Gottfried Keller an der Bereinigung, welche der Mensch im Leben, von Tag zu Tag, zu leisten versucht: durch Entsagung. Auch dieser Begriff hat in den »Züricher Novellen« spielende Ränder; aber sein Kern ist durch den Hinweis bestimmt: das Auge an die wahre Größe gewöhnen, das Erhabene sehen lernen, »ohne dabei gleich an sich selbst zu denken«.[38]

In solchen Zusammenhang gehört Kellers Nachdenken über die Echtheit des Redens. (Ein Nachdenken übrigens, das sich seit Kants Rhetorik-Kritik auffallender als zuvor in der Arbeit politisch sorgender Schriftsteller zeigt – bis in unsere Zeit; zum Beispiel bei Heinrich Böll in seiner Rede »Die Sprache als Hort der Freiheit«.) An der Stelle, wo in der Folge der »Züricher Novellen« das Redevermögen bis zur Bravour gesteigert erscheint, wird eine Sorge laut – abermals in Mahnworten des alten Hediger: »Sohn! Eine schöne, aber gefährliche Gabe hast du verraten! Pflege sie, baue sie, mit Treue, mit Pflichtgefühl, mit Bescheidenheit! Nie leihe sie dem Unechten und Ungerechten, dem Eiteln und dem Nichtigen . . . Glaube nicht immer sprechen zu müssen . . . und sprich nie um deinetwillen, sondern immer einer erheblichen Sache wegen! . . . Wirke nie mit Trugschlüssen und kleinlichen Spitzfindigkeiten, mit denen man nur die Spreuer bewegt; den Kern des Volkes rührst du nur mit der vollen Wucht der Wahrheit um. Darum buhle nicht um den Beifall der Lärmenden und Unruhigen, sondern sieh auf die Gelassenen und Festen, unentwegt!«[39] Und gerade hier ist eines der Beispiele dafür gegeben, wie Kellers »wohlwollende Ironie« dem Zeuge das Pathos nimmt: Frymann setzt die Ermahnungen des alten Hediger fort, jedoch mit einem Anflug von Pomp, so, daß sich Heiterkeit einschleichen und die gewichtigen Wahrheiten freundlich machen kann. Übrigens: daß die Anstrengung, echt zu reden, mit der Anstrengung, echt zu leben – daß die Anstrengung, das Scheinhafte hier wie dort zu vermeiden, unteilbar ist: das wird angedeutet schon in den ersten Bemerkungen zu den Versuchen des Herrn Jacques-»Sikamber«, die eigene Schreibweise eigen zu färben. Und da Herr Jacques sich einmal sehr in Redensartlichem umtut, verzieht der Pate darüber das Gesicht, »wie wenn er einen Schluck sauren Bieres erwischt hätte«[40]; er wird den jungen Menschen die verschiedenen Voraussetzungen von Redensart und Rede erkennen lehren.

Aufmerksamkeit gegenüber der Sprache – Sprache verantworten, nicht ihr verfallen – ist aber nicht nur ein Thema im Lehrgang für Herrn Jacques, sie erweist sich auch am Texte selbst. Vor allem in den nach Epochen getönten Zügen, die mit fremden, mit befremdenden Elementen ironisch gestört werden, unauffällig, bisweilen aber auch mit offenem Hinweis auf die Brechungen: »Daß dieser Graf, gerade weil er ein vornehmer Ritter war, vielleicht gar keine ernsten Absichten, wie man heute sagen würde, mit seinem Minnedienste verband, nach alter Sitte, da man nicht freite, wo man minnte, das konnte ihm nicht möglich scheinen.«[41] Und dieselbe Aufmerksamkeit bezeugt sich, wo Phrase auf Wörtlichkeit zurückgeführt, danach in ihrer Spannung zu einem gegebenen Sachverhalt erkannt und durch entsprechende Rede ersetzt wird: »Allein es dünkte ihn nicht mehr geheuer; in der Meinung, er habe eine Unschicklichkeit begangen, nahm er das Fiedelzeug wieder unter den Arm und machte sich seinerseits auch aus dem Staube, oder vielmehr aus den Blumen.«[42]

IV.

Die wesentlichen Gestalten in den »Züricher Novellen« haben ihre Aura. Fides sieht den Johannes Hadlaub »im Widerscheine einer großen goldenen Abendwolke«.[43] Das bezieht sich auf eine bestimmte Gelegenheit; es gilt aber, für Hadlaub so gut wie für die andern Gestalten, im übertragenen Sinne: sie stehen im Widerscheine einer großen goldenen Abendwolke; sie stehen im Licht des Niedergangs, das auch ein Vorscheinen des Aufgangs in sich birgt. Das ist die stärkste Ausschmückung des Didaktischen in den »Züricher Novellen«: das Wechsellicht der laufenden Zeit; darin Vanitas-Erfahrung, übergeführt in die festliche Dichte des So-Einmal und des So-Nichtwieder.

In Kellers Sonett »Dankbares Leben« steht im Abgesang: »So mag man breiter stets den Strom erschauen, / Auch tiefer mählig sehn den Grund wir winken / Und lernen täglich mehr der Flut vertrauen.«[44] Das könnte als ein Leitwort zu den »Züricher Novellen« herangeholt werden – sofern das Bedrohliche mitgehört und der Schauder wahrgenommen wird, gegen welche das Vertrauen anwachsen und auf jedem seiner Grade sich behaupten muß. Früh, schon in den »Tagebuchblättern« aus dem Mai des Jahres 1848[45], sind epochegefärbte, rhetorisch gehöhte Thesen über Solidarität umgeben von der Ahnung, die für Keller mehr und mehr zur Gewißheit wurde: der einsame Einzelne ist jenem Lehrgang zum Vertrauen kaum gewachsen; der gemeinschaftlich Einzelne – mit Kellers Waldmetapher zu reden: Stammholz im Waldesdickicht – kann ihn bestehen. Durch diesen Gedanken ist Kellers Werk bewegt, von der politisch-sozialen Stoffschicht bis in das geheimste menschliche Verhältnis. Für dieses Innerlichste steht in den »Züricher Novellen« die Frau, welche Keller mit jener reinlichen Innigkeit auszeichnet, die keine große Gebärde zuläßt: Figura Leu. Sie ist dem Landvogt von Greifensee unter allen »Liebschaften« die liebste; sie ist ihm die nächste – sie ist dem Dichter die liebste, die nächste. An ihr, mitten in schelmischer Maskerade, in der Täuschung gesteigert, kommt der ernsteste Schmerz zum Ausdruck: daß ein Mensch seine Einsamkeit allein tragen müßte – »Figura vermochte kaum ein paar schwere Tränen zu verbergen, die ihr an den Wimpern hingen; denn sie hatte sich an die Meinung gewöhnt, daß Landolt ledig bleibe, und wußte jetzt, daß sie die Einsamkeit ganz allein tragen müsse.«[46]

Anmerkungen

Aus Kellers Werken (W) und Briefen (B) wird nach folgenden Ausgaben zitiert:

Keller, Gottfried: Sämtliche Werke. Auf Grund des Nachlasses besorgte und mit einem wissenschaftlichen Anhang versehene Ausgabe. 24 Bde., hrsg. v. Jonas Fränkel (17 Bde.) u. Carl Helbling (7 Bde.). – Bern: Benteli, teilw. Erlenbach-Zürich: Rentsch; 1926–1949.

Keller, Gottfried: Gesammelte Briefe. 4 Bde., hrsg. v. Carl Helbling. – Bern: Benteli 1950–1954.

Die Zahlen in Klammern hinter den W-Verweisen bezeichnen die entsprechenden Seiten der vorliegenden Ausgabe.

[1] B III/2, 334
[2] B III/2, 337
[3] B III/2, 337
[4] B III/2, 338
[5] Benjamin, Walter: Über Literatur. – Frankfurt: Suhrkamp 1969 (= Bibliothek Suhrkamp, Bd. 232). S. 21–32.
[6] a.a.O., 21
[7] a.a.O., 21 f.
[8] Fontane, Theodor: Sämtliche Werke. Hrsg. v. Edgar Groß, Kurt Schreinert, Rainer Bachmann, Charlotte Jolles, Jutta Neuendorff-Fürstenau. – München: Nymphenburger Verlagsbuchhandlung 1959 ff. Bd. XXI/1, S. 256.
[9] a.a.O., 256
[10] a.a.O., 264 f.
[11] B III/2, 337
[12] B III/2, 345
[13] Frey, Adolf: Erinnerungen an Gottfried Keller. – Leipzig: Haessel [3]1919. S. 43.
[14] B III/2, 195
[15] B III/2, 197
[16] B III/2, 335
[17] B III/2, 337
[18] B III/2, 341
[19] B I, 436
[20] Scheffel, Joseph Viktor: Werke. Kritisch durchgesehene und erläuterte Ausgabe, hrsg. v. Friedrich Panzer. 4 Bde. – Leipzig: Bibliographisches Institut 1919. Bd. III, S 21.
[21] Wehrli, Max: Die »Züricher Novellen«. – Zürich: Gottfried-Keller-Gesellschaft 1950 (in: Achtzehnter Jahresbericht der Gottfried-Keller-Gesellschaft, 1949). S. 11.
[22] Benjamin, a.a.O., 21
[23] W IX, 1 (9)
[24] W IX, 16 (21)
[25] W IX, 16 (21)
[26] W IX, 156 (131)
[27] W IX, 1 (9)
[28] W IX, 16 (21)
[29] W IX, 16 (21)
[30] W IX, 17 (21)
[31] Goethe: Gedenkausgabe der Werke, Briefe und Gespräche. Hrsg. v. Ernst Beutler. – Zürich: Artemis 1948–1963. Bd. IV, S. 123.
[32] W IX, 82 (73)
[33] W IX, 82 f.(73 f.)

[34] W X, 72 (288)
[35] W X, 36 f. (261)
[36] W X, 103 (313)
[37] W IX, 154 (129)
[38] W IX, 156 (131)
[39] W X, 73 f. (289 f.)
[40] W IX, 132 (112)
[41] W IX, 107 (92)
[42] W IX, 68 (62)
[43] W IX, 121 (103)
[44] W I, 144
[45] W XXI, 90 ff.
[46] W IX, 274 (222)

INHALT

Hadlaub 25
Der Narr auf Manegg 109
Der Landvogt von Greifensee 133
Das Fähnlein der sieben Aufrechten 235
Ursula 305
Nachwort 374

insel taschenbücher
Alphabetisches Verzeichnis

Aladin und die Wunderlampe it 199
Ali Baba und die vierzig Räuber it 163
Allerleirauh it 115
Alte und neue Lieder it 59
Andersen: Märchen (3 Bände in Kassette) it 133
Lou Andreas-Salomé: Lebensrückblick it 54
Apulejus: Der goldene Esel it 146
Arnim/Brentano: Des Knaben Wunderhorn it 85
Arnold: Das Steuermännlein it 105
Aus der Traumküche des Windsor McCay it 193
Bakunins Beichte it 29
Balzac: Das Mädchen mit den Goldaugen it 60
Baudelaire: Blumen des Bösen it 120
Beaumarchais: Figaros Hochzeit it 228
Berg: Leben und Werk im Bild it 194
Bierce: Mein Lieblingsmord it 39
Blake: Lieder der Unschuld it 116
Die Blümchen des heiligen Franziskus von Assisi it 48
Boccaccio: Das Dekameron (2 Bände) it 7/it 8
Brandys: Maria Walewska, Napoleons große Liebe it 24
Brentano: Gockel Hinkel Gackeleia it 47
Brontë: Die Sturmhöhe it 141
Büchner: Der Hessische Landbote it 51
Bürger: Münchhausen it 207
Busch: Kritisch-Allzukritisches it 52
Campe: Bilder Abeze it 135
Carroll: Alice hinter den Spiegeln it 97
Carroll: Alice im Wunderland it 42
Carroll: Briefe an kleine Mädchen it 172
Cervantes: Don Quixote (3 Bände) it 109
Chamisso: Peter Schlemihls wundersame Geschichte it 27
Claudius: Wandsbecker Bote it 130
Dante: Die Göttliche Komödie (2 Bände) it 94
Daudet: Tartarin von Tarascon it 84
Defoe: Robinson Crusoe it 41
Denkspiele it 76
Dickens: Oliver Twist it 242
Die Erzählungen aus den Tausendundein Nächten (12 Bände in Kassette) it 224
Die großen Detektive it 101

Diderot: Die Nonne it 31
Eichendorff: Aus dem Leben eines Taugenichts it 202
Eisherz und Edeljaspis it 123
Fabeln und Lieder der Aufklärung it 208
Der Familienschatz it 34
Ein Fisch mit Namen Fasch it 222
Flaubert: Ein schlichtes Herz it 110
Fontane: Der Stechlin it 152
Fontane: Effi Briest it 138
le Fort. Leben und Werk im Bild it 195
Caspar David Friedrich: Auge und Landschaft it 62
Manuel Gassers Köchel-Verzeichnis it 96
Gasser: Tante Melanie it 192
Gebete der Menschheit it 238
Das Geburtstagsbuch it 155
Geschichten der Liebe aus 1001 Nächten it 38
Gespräche mit Marx und Engels (2 Bände) it 19/20
Goethe: Dichtung und Wahrheit
(3 Bände in Kassette) it 149/it 150/it 151
Goethe: Die Leiden des jungen Werther it 25
Goethe: Die Wahlverwandtschaften it 1
Goethe: Faust (1. Teil) it 50
Goethe: Faust (2. Teil) it 100
Goethe: Hermann und Dorothea it 225
Goethe: Italienische Reise it 175
Goethe: Maximen und Reflexionen it 200
Goethe: Reineke Fuchs it 125
Goethe: Tagebuch der italienischen Reise it 176
Goethe: West-östlicher Divan it 75
Grandville: Bilder aus dem Staats- und Familienleben
der Tiere (2 Bände) it 214
Grimmelshausen: Courasche it 211
Hauff-Märchen (2 Bände in Kassette) it 216/it 217
Hebel: Kalendergeschichten it 17
Heine: Aus den Memoiren des Herren von
Schnabelewopski it 189
Heine: Buch der Lieder it 33
Heras: Am Anfang war das Huhn it 185
Hesse: Dank an Goethe it 129
Hesse: Geschichten aus dem Mittelalter it 161
Hesse: Hermann Lauscher it 206
Hesse: Kindheit des Zauberers it 67
Hesse: Leben und Werk im Bild it 36
Hesse: Piktors Verwandlungen it 122
Hillmann: ABC-Geschichten von Adam bis
Zufall it 99

E. T. A. Hoffmann: Der unheimliche Gast it 245
E. T. A. Hoffmann: Kater Murr it 168
Hölderlin-Chronik it 83
Hölderlin: Dokumente seines Lebens it 221
Homer: Ilias it 153
Ricarda Huch: Der Dreißigjährige Krieg
(2 Bände) it 22/23
Jacobsen: Niels Lyhne it 44
Kant-Brevier 61
Kaschnitz: Eisbären it 4
Kästner: Die Lerchenschule it 57
Kästner: Die Stundentrommel vom heiligen Berg
Athos it 56
Kästner: Griechische Inseln it 118
Kästner: Kreta it 117
Kästner: Ölberge, Weinberge it 55
Keller: Züricher Novellen it 201
Zum Kinderbuch it 92
Kinderheimat it 111
Kinder- und Hausmärchen gesammelt durch
die Brüder Grimm (3 Bände in Kassette)
it 112/it 113/it 114
Kleist: Der zerbrochene Krug it 171
Klingemann: Nachtwachen von Bonaventura it 89
Klinger: Leben und Werk in Daten und Bildern it 204
Konfuzius: Materialien zu einer Jahrhundert-
Debatte it 87
Kropotkin: Memoiren eines Revolutionärs it 21
Laclos: Schlimme Liebschaften it 12
Lamb: Shakespeare Novellen it 268
Das große Lalula it 91
Das Buch der Liebe it 82
Liebe Mutter } it 230 (in Kassette)
Lieber Vater } it 231
Lichtenberg: Aphorismen it 165
Linné: Lappländische Reise it 102
Longus: Daphnis und Chloë it 136
Lorca: Die dramatischen Dichtungen it 3
Der Löwe und die Maus it 187
Majakowski: Werke I it 16 Werke II it 53 Werke III it 79
Marc Aurel: Wege zu sich selbst it 190
Märchen deutscher Dichter it 13
Maupassant: Pariser Abenteuer it 106
Mäusegeschichten it 173
Melville: Moby Dick it 233
Michelangelo: Handzeichnungen und

Dichtungen it 147
Michelangelo. Leben und Werk it 148
Minnesinger it 88
Mirabeau: Der gelüftete Vorhang it 32
Montaigne: Essays it 220
Mordillo: Das Giraffenbuch it 37
Mordillo: Das Giraffenbuch 2 it 71
Mordillo: Träumereien it 108
Morgenstern: Alle Galgenlieder it 6
Mörike: Die Historie von der schönen Lau it 72
Mozart: Briefe it 128
Musäus: Rübezahl it 73
Mutter Gans it 28
Die Nibelungen it 14
Nietzsche: Also sprach Zarathustra it 145
Novalis. Dokumente seines Lebens it 178
Orbeliani: Die Weisheit der Lüge it 81
Orbis Pictus it 9
Oskis Erfindungen it 227
Ovid: Ars Amatoria it 164
Paul: Des Luftschiffers Gianozzo Seebuch it 144
Petzet: Das Bildnis des Dichters it 198
Phaïcon 1 it 69
Phaïcon 2 it 154
Pocci: Kindereien it 215
Polaris 1 it 30
Polaris 2 it 74
Polaris 3 it 134
Pöppig: In der Nähe des ewigen Schnees it 166
Potocki: Die Handschrift von Saragossa
(2 Bände) it 139
Rabelais: Gargantua und Pantagruel (2 Bände) it 77
Die Räuber vom Liang Schan Moor (2 Bände) it 191
Reden und Gleichnisse des Tschuang Tse it 205
Rilke: Ausgesetzt auf den Bergen des Herzens it 98
Rilke: Das Buch der Bilder it 26
Rilke: Duineser Elegien / Die Sonette an
Orpheus it 80
Rilke: Geschichten vom lieben Gott it 43
Rilke: Neue Gedichte it 49
Rilke: Das Stunden-Buch it 2
Rilke: Wladimir, der Wolkenmaler it 68
Rilke: Leben und Werk im Bild it 35
Rilke: Zwei Prager Geschichten it 235
Rousseau: Macaire it 249
Der Sachsenspiegel it 218

Schadewaldt: Sternsagen it 234
Scheerbart: Rakkóx der Billionär it 196
Schiller: Der Geisterseher it 212
Schiller: Leben und Werk it 226
Schlote: Das Elefantenbuch it 78
Schlote: Fenstergeschichten it 103
Schmögner: Das Drachenbuch it 10
Schmögner: Ein Gruß an Dich it 232
Schmögner: Das unendliche Buch it 40
Schopenhauer: Aphorismen zur Lebensweisheit it 223
Schumacher: Ein Gang durch den
Grünen Heinrich it 184
Schwab: Sagen des klassischen Altertums
(3 Bände in Kassette) it 127
Scott: Im Auftrag des Königs it 188
Shakespeare: Sonette it 132
Shaw-Brevier it 159
Sindbad der Seefahrer it 90
Sonne, Mond und Sterne it 170
Sophokles: Antigone it 70
Sophokles: König Ödipus it 15
Stendhal: Rot und Schawrz it 213
Stendhal: Über die Liebe it 124
Stevenson: Die Schatzinsel it 65
Storm: Am Kamin it 143
Swift: Ein bescheidener Vorschlag . . . it 131
Swift: Gullivers Reisen it 58
Tillier: Mein Onkel Benjamin it 219
Toepffer: Komische Bilderromane
(2 Bände in Kassette) it 137
Tolstoj: Die großen Erzählungen it 18
Tolstoj: Kindheit, Knabenalter, Jünglingsjahre it 203
Tschechow: Die Dame mit dem Hündchen it 174
Turgenjew: Väter und Söhne it 64
Der Turm der fegenden Wolken it 162
Twain: Huckleberry Finns Abenteuer it 126
Twain: Tom Sawyers Abenteuer it 93
Voltaire: Candide it 11
Voltaire: Sämtliche Romane und Erzählungen
(2 Bände) it 209/it 210
Voltaire: Zadig it 121
Wagner: Ausgewählte Schriften it 66
Walser: Fritz Kochers Aufsätze it 63
Das Weihnachtsbuch it 46
Das Weihnachtsbuch der Lieder it 157
Das Weihnachtsbuch für Kinder it 156

Wilde: Die Erzählungen und Märchen it 5
Wilde: Salome it 107
Wilde: Leben und Werk it 158
Zimmer: Yoga und Buddhismus it 45